全国本科院校
税收风险管控案例大赛
TRMC

U1012186

全国本科院校税收风险管控案例大赛精选案例与点评

2023年

全国本科院校税收风险管控案例大赛组委会 ◎ 编

中国财经出版传媒集团
中国财政经济出版社
北京

图书在版编目（CIP）数据

全国本科院校税收风险管控案例大赛精选案例与点评.2023年／全国本科院校税收风险管控案例大赛组委会编. --北京：中国财政经济出版社，2024.7

ISBN 978-7-5223-3156-0

Ⅰ.①全… Ⅱ.①全… Ⅲ.①税收管理-风险管理-案例-中国-2023 Ⅳ.①F812.423

中国国家版本馆CIP数据核字（2024）第096328号

责任编辑：马 真　　　　责任校对：张 凡

封面设计：智点创意　　　　责任印制：史大鹏

全国本科院校税收风险管控案例大赛精选案例与点评（2023年）

QUANGUO BENKE YUANXIAO SHUISHOU FENGXIAN GUANKONG ANLI DASAI JINGXUAN ANLI YU DIANPING（2023 NIAN）

中国财政经济出版社 出版

URL：http：//www. cfeph. cn

E-mail：cfeph@ cfeph. cn

社址：北京市海淀区阜成路甲28号 邮政编码：100142

营销中心电话：010-88191522

天猫网店：中国财政经济出版社旗舰店

网址：https：//zgczjjcbs. tmall. com

北京鑫海金澳胶印有限公司印刷 各地新华书店经销

成品尺寸：185mm×260mm 16开 25.5印张 536 000字

2024年7月第1版 2024年7月北京第1次印刷

定价：70.00元

ISBN 978-7-5223-3156-0

（图书出现印装问题，本社负责调换，电话：010-88190548）

本社质量投诉电话：010-88190744

打击盗版举报热线：010-88191661 QQ：2242791300

序

如何培养出新时代高质量发展所需人才，是高等教育服务国家经济社会发展重大战略必须回答的现实问题。当前，数字经济和科技革命在不断孕育出新质生产力的同时，也对高等教育的人才培养提出了新要求，尤其随着科技竞争和国际较量的日趋激烈，变革高等教育人才培养模式，高质量推进创新型人才培养，变得更加紧迫。为了切实回答好高等教育人才培养的现实问题，落实习近平总书记提出的“走好人才自主培养之路”的要求，更好地服务中国式现代化，全国高等教育在教育部的指导下，不断深化新工科、新医科、新农科、新文科建设，主动对接国家重大战略需求，不断探索人才培养新模式，持续优化人才培养机制，努力提高人才培养能力，不仅重视战略需求导向下的理论体系的系统性学习，而且开展多种形式的学科交叉实践，通过跨学科综合素质和解决真实问题的实践能力培养，全面而系统地提升学生的创新能力，通过打通课堂教学和课外实践，让学生真正具备理论联系实际的核心能力。

税收学作为应用经济学科中实践性相对较强的专业，其人才培养更需顺应时代要求。随着数字技术和信息技术的加速迭代，新产业、新技术、新模式、新业态不断涌现，以物理经济为基础的税权分配规则和税收征管方法变得不再适用，面对新的经济形态，不仅是税收征管，就连税收制度和纳税服务等都需要积极拥抱变化，进行开放式变革。同时，随着“双支柱”解决方案的逐步落地，不仅传统的税收治理需要重塑，而且企业在“走出去”过程中面临的涉税问题也更加复杂。面对数字经济带来的创新潮涌，我国正在加速推进现代税收制度建设，后者不只是需要税收制度的现代化，更需要有创新能力的税务管理人才。同样在数字技术和信息技术的驱动下，经济中的交易活动也变得日趋复杂，相应地，税收制度及其征管也在变得更加现代化，在这样的趋势之下，无论是企业，还是个人，在涉税问题上的专业能力都需要升级，对高素质涉税服务人员的需求也会不断增强。回应现实需求，培养出适应数字时代的通用型税收人才，高等教育税收学专业人才培养正在努力前行，积极探索。

由浙江财经大学创办的全国本科院校税收风险管控案例大赛（以下简称“大赛”）可

视为回应现实需求和时代要求的一次尝试。大赛本着“学生为本、创新发展、追求卓越、服务社会”的办赛理念，持续优化办赛模式，提升赛事品质。大赛在教育部高等学校财政学类专业教学指导委员会和中国高等教育学会的指导下，在行业协会、企业和兄弟院校的共同参与下，于 2023 年成功入选全国普通高校大学生竞赛目录。为了让大赛对税务人才培养有更大溢出效应，让大赛成果进入课堂和税收实践，真正实现以赛促教、以赛促学、服务社会的办赛初心，大赛组委会在征得参赛团队同意的基础上，从大赛获奖案例中遴选出部分案例编辑出版。案例集中的每个案例都是以企业鲜活的涉税问题为案源，又经过大赛组委会专业导师组的精心点评，所以具有极强的现实场景感和学术逻辑性，极大地拉近了理论与实践的距离，让学生能在理论学习中畅想实践应用，在实践教育中深化理论思考。

李永友

前言

在知识的海洋中，学科竞赛如同一座灯塔，指引着求知者的方向。它不仅是检验学生学习成果的重要手段，而且是推动教育创新和人才培养的关键一环。遗憾的是，财税类专业作为一个实务性极强的专业，其理论与实践的结合尤为重要，但由于长期缺乏自己专业领域的全国性赛事，这不仅使学生实践能力的提升受到限制，还不利于学生的学习兴趣和创新思维的激发。因此，我们开始思考，如何打造一个既能检验学生理论知识，又能锻炼实践技能的竞赛平台，经过几年的探索和实践，特别是在税务系统、税务师行业协会、中介机构和企业等多方主体的支持和参与下，以高校为举办主体的税收风险管控案例大赛（以下简称“大赛”）就应运而生了。

大赛项目主要有以下几个特点：一是选择税收实践中的重点领域开展，通过模拟真实场景，让学生在仿真环境中磨砺技能。通过科学的风险评估和预警机制，能够及时发现和应对可能出现的政策执行偏差问题；通过深入挖掘案例背后的风险因素，分析风险产生的原因及过程，能够提出切实可行的防范措施和解决方案。通过这样的实践探索，不仅能够增强纳税人的风险防控意识，而且能够为税务系统的税收风险管控贡献智慧和力量。二是将知识学习与能力提升融为一体，促进财税、会计、法学等经济管理专业教学环境与学生培养的“零距离”对接，搭建行业与高校的协同创新平台，引导学生关注行业发展，培养未来视角。三是激发学生学习财税知识的兴趣，培养、提升学生财税业务处理能力、综合素养和团队协作创新精神，树立财税风险管控理念，展示财税专业课程教学改革与实践创新成果，为税收改革及税收队伍建设培养后备人才。四是坚持开放办赛，以赛促学，以赛促训，为来自不同学校、不同背景的选手提供一个展示自我、相互学习、共同进步的舞台。通过跨校际、跨区域的联合竞赛，拓宽学生的视野，增进不同地区、不同学校之间的交流与合作。五是以赛促教，推进高校人才培养模式的转变，通过比赛提供的培训机会、综合性案例及模拟系统来培养、储备师资。同时，探索整合现有实务课程，在税制基础上，把税收管理、稽查、代理实务、筹划等进行整合、优化，围绕税收风险管控这一改革实践方向，建设既贴近实际、解决实际关切，又具有前沿性的课程体系。

大赛项目自2018年开展以来，吸引了国内包括顶尖名校在内的几百所高校上万名学子参与，他们怀揣着对科学的热爱和对知识的渴望，在自身的专业领域展现出非凡的能力和创新精神，成为推动专业发展和涉税行业进步的重要力量。在大赛项目优秀案例的评审中，我们感受到，专业知识是参赛选手们最显著的优势。无论是对理论的深入理解还是实践技能的熟练应用，他们都展现出了超越常人的专业水平。如何将这些大赛案例深度加工，深度挖掘和提炼出其中蕴含的专业逻辑、创新思维和实践经验，并将其转化为教育资源，成为大赛组委会的重要使命。我们精心编纂案例，就是考虑将这些宝贵的知识整合成系统的资料，可以作为未来大赛参与者的“指南针”，也可以作为教学和研究的参考材料，从而将大赛中的创新理念和技术传授给更多的学生和从业者，这样不仅可以提高整体行业的技术水平，还能激发更多人参与到未来的大赛中来。总之，大赛组委会策划并推出的大赛精选案例，旨在将大赛的精髓与价值发挥至极致。通过这些精心编纂的案例，我们期望为高校人才培育提供新的视角和思路。在传统教育和人才培养模式逐渐显露局限性的今天，这些生动的实践案例能够引导学子们走出课本，直面挑战，培养解决实际问题的能力。我们相信，这些案例的集结出版将有效促进高等教育教学模式的革新，引领学生从知识的消费者转变为知识的创造者。让竞赛成为连接理论与实践、学校与社会的桥梁，共同推动人才的全面成长与发展。让我们携手，以赛促学，以学促用，共同见证高校人才培养的华丽转变。

关于案例遴选情况，有必要在最后进行说明。一开始组委会根据行业多样化原则初步选择了12个案例，逐一联系这些案例的指导老师，得到10个案例指导老师的授权同意。后来，组委会对10个案例进行查重，结果有2个案例的重复率略微偏高。再加上出版书籍受字数限制，最终只收录了8个案例。在此，对入选本书的参赛选手和指导老师表示衷心感谢！没有他们的付出，就不可能有本书的出版。

与此同时，组委会还邀请不同身份的专家对这8个案例进行了深度点评。当然，由于留给点评专家点评的时间比较短，点评专家不一定能够吃透案例作者的写作用意，在缺少相互交流的情况下，点评专家所作出的点评可能不是十分到位。尽管每个案例都安排了三重点评，仍难免挂一漏万，敬请读者谅解。

随着本书的顺利出版，编写组借此对参与主办和协办大赛的中国注册税务师协会、浙江省注册税务师协会，对大赛给予较多指导的国家税务总局浙江省税务局，对给予大赛技术支持的税安科技（杭州）有限公司，对参与本书案例点评的专家们一并表达最诚挚的谢意。

感谢浙江财经大学财政税务学院、浙江财经大学地方财政研究院对本书出版的资助。

全国本科院校税收风险管控案例大赛组委会

目 录

第一章　先进制造业税收风险管控案例与点评

第一节　甲制造公司税收风险管控案例

一、学习指引

对税收风险的识别和控制对于先进制造企业的高速发展来说是必不可少的，不仅有利于企业及时调整经营和决策行为，降低税收风险发生的可能性，还能促进先进制造业根据自身发展的需求由追求高速增长转为追求高质量增长，为我国迈向制造业强国打下坚实基础。本案例以甲公司税收管理中出现的税收风险为例，对其风险形式、风险集聚过程进行分析展现，提出供纳税人加强税务内控、防范税收遵从风险的建议。

二、行业背景

我国制造业持续稳定发展，制造业规模进一步壮大，为推动我国经济高质量发展起到了不可替代的作用。我国制造业增加值稳步增长，近十年来，我国制造业增加值高达14.4万亿元。截至目前，我国制造业已连续12年位居世界第一，为全球经济发展作出了巨大贡献。

目前，我国制造业发展的外部环境不稳定因素较多，经济下行背景下国际经贸摩擦加剧，制造业的发展面临诸多挑战，制造业企业的生存压力在加大。制造业的税收负担是企业成本的重要组成部分，我国制造业税收收入构成中，主要为增值税、企业所得税和消费税，税收负担较重，导致企业生产成本较高，生存压力大。国家大力支持制造行业发展，因此，增值税、企业所得税等税种不断出台众多政策，鼎力支持制造业发展。其中，作为制造业转型升级的核心，先进制造技术不断发展。全球领先的制造公司研发费用率几乎都高于10%，更有甚者达35%以上。要想在先进制造领域建立和保持竞争优势，就需要紧贴行业需求，跟进行业发展现状，持续进行研发投入至关重要。各地方也出台了不少支持高新技术先进制造企业的优惠政策。另外，国家对企业税收风险管控高度重视，并出台相关政策帮助企业减少税收风险、降低税收负担。

三、企业资料

（一）企业基本情况

甲公司基本情况如表1－1所示。

表1－1　　甲公司基本情况

企业名称	甲公司		
经营状态	开业	成立日期	19×9－08－03
注册地址	××省××市	注册资本	××××××（万元）
实缴资本	×××××（万元）	企业类型	股份有限公司
所属行业	制造业	工商注册号	××××××××××××××
纳税人资质	增值税一般纳税人	营业期限	19×9－08－03至无固定期限
经营范围	计算机及软件、电子及通信设备（不含无线电发射设备）的生产、销售；商用密码产品的开发、生产、销售（有效期限以许可证为准）；许可证范围内的进出口业务；电器机械；计算机应用、出租及计算机人员培训服务；智能化工程设计、施工（凭资质证书经营）；集成电路、半导体发光材料、管芯器件及照明应用产品的设计、开发、生产、销售、安装施工；房屋租赁、物业管理；设备租赁（依法须经批准的项目，经相关部门批准后方可开展经营活动）		

（二）企业涉税事项

甲公司经营环节可分为"购进→生产→销售→储运→资产管理→其他"，其具体经营环节涉税情况如表1－2所示。

表1－2　　甲公司涉税情况

经营环节	涉及税种	涉及事项
购进	增值税、印花税	进项税额抵扣、书立合同
生产	企业所得税	产品成本归集、加计扣除、税前扣除
销售	增值税、印花税、企业所得税	销项税额核算、书立合同、出口退税
储运	增值税、印花税、房产税	进项税额抵扣和转出、书立合同、厂房使用
资产管理	企业所得税、房产税、印花税	税前扣除、厂房使用、书立合同
其他	企业所得税、印花税	税前扣除、增发股权

（三）企业经营情况

1. 基本情况

甲公司是我国领先的服务器供应商，主要业务涉及计算装备、服务器以及硬件的制造和销售。甲公司是乙公司与丙公司的母公司，分别持有乙公司（系高新技术企业）和丙公司（系研发公司）51%的股份。

2. 企业经营模式

（1）直接与客户联系。甲公司通过电话、网站和其他渠道与客户直接联系，以了解他们的需求与偏好，这使企业可以快速响应客户需求，提供定制化的解决方案和产品，并及时处理客户的投诉和问题。

（2）定制化的产品。甲公司允许客户自定义配置，以满足不同客户的需求和预算，客户可以选择处理器、硬件等不同的配置选项，以获得符合其需求的服务器。此外，公司还会提供一些定制化的工具，进一步提高客户满意度。

（3）数据分析和预测需求。甲公司利用数据分析和预测技术来了解客户需求和市场趋势，并据此制订生产计划和采购计划。通过收集和分析客户反馈、销售数据、社交媒体数据和其他数据源，甲公司可以预测不同产品的需求和销售趋势，并相应地调整生产计划和采购计划。

（4）减少渠道成本。企业通过直接与客户联系，省去了传统的渠道成本，这使企业可以提供更具竞争力的价格并拥有更高的利润率。此外，公司还通过合理的供应链管理，如精细的库存管理，减少成本和浪费。

（四）企业会计报表

甲公司2021年利润表、2022年利润表、2021年资产负债表和2022年资产负债表分别如表1－3、表1－4、表1－5和表1－6所示。

表1－3　　2021年利润表

编制单位：甲公司　　2021年度　　单位：元

项目	本期金额	上期金额
一、营业收入	67047551558.14	63037990367.04
减：营业成本	59379318169.68	55660508811.34
税金及附加	82418299.75	91640724.35
销售费用	1460708162.61	1864031696.37
管理费用	723675429.67	821401512.23
研发费用	2411426546.74	2635456131.65
财务费用	－61064951.14	134420695.42

续表

项目	本期金额	上期金额
其中：利息费用	239056415.85	156351475.42
利息收入	117306361.98	49442986.20
加：其他收益	0.00	0.00
投资收益（损失以“－”号填列）	0.00	0.00
其中：对联营企业和合营企业的投资收益	0.00	0.00
以摊余成本计量的金融资产终止确认收益		
净敞口套期收益（损失以“－”号填列）		
公允价值变动收益（损失以“－”号填列）	531719.52	－3759015.84
信用减值损失（损失以“－”号填列）	－170502032.79	－69303515.64
资产减值损失（损失以“－”号填列）	－725284060.76	－532199606.00
资产处置收益（损失以“－”号填列）	－2179205.00	14774.07
二、营业利润（亏损以“－”号填列）	4737744106.33	3930028305.49
加：营业外收入	7742056.98	4699533.66
减：营业外支出	1524866.43	62633871.31
三、利润总额（亏损总额以“－”号填列）	4743961296.88	3872093967.84
减：所得税费用	129623800.32	176402583.84
四、净利润（净亏损以“－”号填列）	4614337496.56	3695691384.00
（一）持续经营净利润（净亏损以“－”号填列）	4614337496.56	3695691384.00
（二）终止经营净利润（净亏损以“－”号填列）		
五、其他综合收益的税后净额		
（一）不能重分类进损益的其他综合收益		
1. 重新计量设定受益计划变动额		
2. 权益法下不能转损益的其他综合收益		
3. 其他权益工具投资公允价值变动		
4. 企业自身信用风险公允价值变动		
……		
（二）将重分类进损益的其他综合收益		
1. 权益法下可转损益的其他综合收益		
2. 其他债权投资公允价值变动		
3. 金融资产重分类计入其他综合收益的金额		
4. 其他债权投资信用减值准备		
5. 现金流量套期储备		
6. 外币财务报表折算差额		
……		
六、综合收益总额	4614337496.56	3695691384.00

续表

项目	本期金额	上期金额
七、每股收益		
（一）基本每股收益		
（二）稀释每股收益		

表 1-4　　2022 年利润表

编制单位：甲公司　　2022 年度　　单位：元

项目	本期金额	上期金额
一、营业收入	69525458182.69	67047551558.14
减：营业成本	60706349924.14	59379318169.68
税金及附加	80073144.72	82418299.75
销售费用	1508901480.78	1460708162.61
管理费用	1008341433.17	723675429.67
研发费用	2585763745.48	2411426546.74
财务费用	113686248.13	-61064951.14
其中：利息费用	359727643.53	239056415.85
利息收入	139560832.31	117306361.98
加：其他收益	0.00	0.00
投资收益（损失以"-"号填列）	0.00	0.00
其中：对联营企业和合营企业的投资收益	0.00	0.00
以摊余成本计量的金融资产终止确认收益		
净敞口套期收益（损失以"-"号填列）		
公允价值变动收益（损失以"-"号填列）	8388352.17	531719.52
信用减值损失（损失以"-"号填列）	-1247622.09	-170502032.79
资产减值损失（损失以"-"号填列）	-392985374.64	-725284060.76
资产处置收益（损失以"-"号填列）	242416.85	-2179205.00
二、营业利润（亏损以"-"号填列）	5723508929.28	4737744106.33
加：营业外收入	6722925.64	7742056.98
减：营业外支出	1500149.81	1524866.43
三、利润总额（亏损总额以"-"号填列）	5728731705.11	4743961296.88
减：所得税费用	104281847.35	129623800.32
四、净利润（净亏损以"-"号填列）	5624449857.76	4614337496.56
（一）持续经营净利润（净亏损以"-"号填列）	5624449857.76	4614337496.56
（二）终止经营净利润（净亏损以"-"号填列）		
五、其他综合收益的税后净额		
（一）不能重分类进损益的其他综合收益		
1. 重新计量设定受益计划变动额		
2. 权益法下不能转损益的其他综合收益		

续表

项目	本期金额	上期金额
3. 其他权益工具投资公允价值变动		
……		
4. 企业自身信用风险公允价值变动		
（二）将重分类进损益的其他综合收益		
1. 权益法下可转损益的其他综合收益		
2. 其他债权投资公允价值变动		
3. 金融资产重分类计入其他综合收益的金额		
4. 其他债权投资信用减值准备		
5. 现金流量套期储备		
6. 外币财务报表折算差额		
……		
六、综合收益总额	5624449857.76	4614337496.56
七、每股收益		
（一）基本每股收益		
（二）稀释每股收益		

表 1－5　　2021 年资产负债表

编制单位：甲公司　　2021 年 12 月 31 日　　单位：元

资产	期末余额	上年年末余额	负债和所有者权益	期末余额	上年年末余额
流动资产：			流动负债：		
货币资金	2781014201.13	2277279340.91	短期借款	4558032922.89	2691316995.77
交易性金融资产	0.00	829149144.89	交易性金融负债	3016539.09	3555903.85
衍生金融资产	0.00	0.00	衍生金融负债	0.00	0.00
应收票据	12111747161.69	2100000000.00	应付票据	1543741666.65	1107565846.64
应收账款	4969771797.48	4269771797.48	应付账款	17753554347.60	17011825639.12
应收款项融资	0.00	0.00	预收款项	0.00	0.00
预付款项	2454866314.11	3481866314.11	合同负债	0.00	0.00
其他应收款	0.00	0.00	应付职工薪酬	960225555.09	410495457.76
存货	22402228567.57	20450579062.15	应交税费	317864605.11	323724518.48
合同资产	0.00	0.00	其他应付款	0.00	0.00
持有待售资产	0.00	0.00	持有待售负债	0.00	0.00
一年内到期的非流动资产	0.00	0.00	一年内到期的非流动负债	21392229.28	203993643.85
其他流动资产	0.00	0.00	其他流动负债	0.00	0.00
流动资产合计	44719628041.98	33408645659.54	流动负债合计	25157827865.71	21752478005.47
非流动资产：			非流动负债：		

续表

资产	期末余额	上年年末余额	负债和所有者权益	期末余额	上年年末余额
债权投资	0.00	0.00	长期借款	5538956271.65	610290445.49
其他债权投资	0.00	0.00	应付债券	0.00	0.00
长期应收款	0.00	0.00	其中：优先股	0.00	0.00
长期股权投资	0.00	0.00	永续债	0.00	0.00
其他权益工具投资	0.00	0.00	租赁负债	0.00	0.00
其他非流动金融资产	0.00	0.00	长期应付款	735000.00	735000.00
投资性房地产	0.00	0.00	预计负债	0.00	0.00
固定资产	979437091.63	1263826938.88	递延收益	0.00	0.00
在建工程	121384942.40	1217686703.29	递延所得税负债	0.00	0.00
生产性生物资产	0.00	0.00	其他非流动负债	0.00	0.00
油气资产	0.00	0.00	非流动负债合计	5539691271.65	611025445.49
使用权资产	0.00	0.00	负债合计	30697519137.36	22363503450.96
无形资产	398902390.93	529742751.22	所有者权益（或股东权益）：		
开发支出	0.00	0.00	实收资本（或股本）	1453721310.00	1453721310.00
商誉	643015.39	643015.39	其他权益工具	999697169.81	796516981.13
长期待摊费用	84408961.85	114280282.83	其中：优先股	0.00	0.00
递延所得税资产	0.00	0.00	永续债	1922564669.12	1376835379.84
其他非流动资产	0.00	0.00	资本公积	6548512035.69	6538107510.94
非流动资产合计	1584776402.20	3126179691.61	减：库存股	0.00	0.00
			其他综合收益	0.00	0.00
			专项储备	0.00	0.00
			盈余公积	1062029829.24	407773846.74
			未分配利润	3620360292.97	3598366871.54
			所有者权益（或股东权益）合计	15606885306.83	14171321900.19
资产总计	46304404444.18	36534825351.15	负债和所有者权益（或股东权益）总计	46304404444.18	36534825351.15

表 1-6　　2022 年资产负债表

编制单位：甲公司　　2022 年 12 月 31 日　　单位：元

资产	期末余额	上年年末余额	负债和所有者权益	期末余额	上年年末余额
流动资产：			流动负债：		
货币资金	3270818027.58	2781014201.13	短期借款	4954374375.02	4558032922.89
交易性金融资产	0.00	0.00	交易性金融负债	676787500.00	3016539.09
衍生金融资产	0.00	0.00	衍生金融负债	0.00	0.00

续表

资产	期末余额	上年年末余额	负债和所有者权益	期末余额	上年年末余额
应收票据	74613121.71	12111747161.69	应付票据	1201414222.43	1543741666.65
应收账款	5041407202.22	4969771797.48	应付账款	11353554347.60	17753554347.60
应收款项融资	0.00	0.00	预收款项	0.00	0.00
预付款项	10229575848.10	2454866314.11	合同负债	0.00	0.00
其他应收款	0.00	0.00	应付职工薪酬	523772637.16	960225555.09
存货	16077032514.82	22402228567.57	应交税费	268219887.06	317864605.11
合同资产	0.00	0.00	其他应付款	0.00	0.00
持有待售资产	0.00	0.00	持有待售负债	0.00	0.00
一年内到期的非流动资产	0.00	0.00	一年内到期的非流动负债	107073889.56	21392229.28
其他流动资产	0.00	0.00	其他流动负债	0.00	0.00
流动资产合计	34693446714.43	44719628041.98	流动负债合计	18408409358.83	25157827865.71
非流动资产：			非流动负债：		
债权投资	0.00	0.00	长期借款	4132244746.31	5538956271.65
其他债权投资	0.00	0.00	应付债券	0.00	0.00
长期应收款	0.00	0.00	其中：优先股	0.00	0.00
长期股权投资	0.00	0.00	永续债	0.00	0.00
其他权益工具投资	0.00	0.00	租赁负债	0.00	0.00
其他非流动金融资产	0.00	0.00	长期应付款	735000.00	735000.00
投资性房地产	0.00	0.00	预计负债	0.00	0.00
固定资产	1415186230.72	979437091.63	递延收益	0.00	0.00
在建工程	218363669.28	121384942.40	递延所得税负债	0.00	0.00
生产性生物资产	0.00	0.00	其他非流动负债	0.00	0.00
油气资产	0.00	0.00	非流动负债合计	4132979746.31	5539691271.65
使用权资产	0.00	0.00	负债合计	22541389105.14	30697519137.36
无形资产	380898235.99	398902390.93	所有者权益（或股东权益）：		
开发支出	0.00	0.00	实收资本（或股本）	1463709516.00	1453721310.00
商誉	643015.39	643015.39	其他权益工具	999697169.81	999697169.81
长期待摊费用	90070482.95	84408961.85	其中：优先股	0.00	0.00
递延所得税资产	0.00	0.00	永续债	2124587141.36	1922564669.12
其他非流动资产	0.00	0.00	资本公积	6704525315.36	6548512035.69
非流动资产合计	2105161634.33	1584776402.20	减：库存股	0.00	0.00
			其他综合收益	0.00	0.00
			专项储备	0.00	0.00

续表

资产	期末余额	上年年末余额	负债和所有者权益	期末余额	上年年末余额
			盈余公积	732093402.35	1062029829.24
			未分配利润	2232606698.74	3620360292.97
			所有者权益（或股东权益）合计	14257219243.62	15606885306.83
资产总计	36798608348.76	46304404444.18	负债和所有者权益（或股东权益）总计	36798608348.76	46304404444.18

（五）纳税材料与申报表

甲公司2021年12月增值税纳税申报表、2022年12月增值税纳税申报表、2022年度企业所得税申报表、2021年印花税纳税申报（报告）表、2022年印花税纳税申报（报告）表、固定资产明细表、2022年研发费用加计扣除优惠明细表、2021年房产税纳税登记表（部分）、2022年房产税纳税登记表（部分）、2022年12月的某次出口业务报关单分别如表1－7至表1－16所示。

表1－7　　2021年12月增值税纳税申报表

税款所属时间：自2021年12月1日至2021年12月31日　填表日期：2021年12月31日　金额单位：元

纳税人识别号（统一社会信用代码）：×××××××××××××××　所属行业：制造业

项目		栏次	一般项目		即征即退项目	
			本月数	本年累计	本月数	本年累计
销售额	（一）按适用税率计税销售额	1	6029456075.37	67047551558.14	650000.00	7322250.00
	其中：应税货物销售额	2	6029456075.37	67047551558.14	650000.00	7322250.00
	应税劳务销售额	3	0.00	0.00	0.00	0.00
	纳税检查调整的销售额	4	0.00	0.00	0.00	0.00
	（二）按简易办法计税销售额	5	0.00	0.00	0.00	0.00
	其中：纳税检查调整的销售额	6	0.00	0.00	0.00	0.00
	（三）免、抵、退办法出口销售额	7	0.00	0.00	—	—
	（四）免税销售额	8	0.00	0.00	—	—
	其中：免税货物销售额	9	0.00	0.00	—	—
	免税劳务销售额	10	0.00	0.00	—	—
税款计算	销项税额	11	931531862.33	8871732022.17	74778.76	842382.74
	进项税额	12	762706559.13	7263871991.70	48318.58	544308.85
	上期留抵税额	13	0.00	0.00	0.00	—

续表

项目		栏次	一般项目		即征即退项目	
			本月数	本年累计	本月数	本年累计
税款计算	进项税额转出	14	0.00	0.00	0.00	0.00
	免、抵、退应退税额	15	39784568.00	489748032.08	—	—
	按适用税率计算的纳税检查应补缴税额	16	0.00	0.00	—	—
	应抵扣税额合计	17 = 12 + 13 − 14 − 15 + 16	722921991.13	—	48318.58	—
	实际抵扣税额	18（如 17 < 11，则为 17，否则为 11）	722921991.13	6774123959.62	48318.58	544308.85
	应纳税额	19 = 11 − 18	208609871.20	2097608062.56	26460.18	298073.89
	期末留抵税额	20 = 17 − 18	0.00	0.00	0.00	—
	简易计税办法计算的应纳税额	21	0.00	0.00	0.00	0.00
	按简易计税办法计算的纳税检查应补缴税额	22	0.00	0.00	—	—
	应纳税额减征额	23	0.00	0.00	0.00	0.00
	应纳税额合计	24 = 19 + 21 − 23	208609871.20	2097608062.56	24159.29	272154.42
税款缴纳	期初未缴税额（多缴为负数）	25	0.00	0.00	0.00	0.00
	实收出口开具专用缴款书退税额	26	0.00	0.00	—	—
	本期已缴税额	27 = 28 + 29 + 30 + 31	94232161.92	94232161.92	0.00	0.00
	①分次预缴税额	28	0.00	—	0.00	—
	②出口开具专用缴款书预缴税额	29	0.00	—	—	—
	③本期缴纳上期应纳税额	30	94232161.92	94232161.92	0.00	0.00
	④本期缴纳欠缴税额	31	0.00	0.00	0.00	0.00
	期末未缴税额（多缴为负数）	32 = 24 + 25 + 26 − 27	261557963.31	2003375900.63	0.00	0.00
	其中：欠缴税额（≥0）	33 = 25 + 26 − 27	0.00	—	0.00	—
	本期应补（退）税额	34 = 24 − 28 − 29	208609871.20	—	24159.29	—
	即征即退实际退税额	35	—	—	24159.29	272154.42
	期初未缴查补税额	36	0.00	0.00	—	—
	本期入库查补税额	37	0.00	0.00	—	—
	期末未缴查补税额	38 = 16 + 22 + 36 − 37	0.00	0.00	—	—
附加税费	城市维护建设税本期应补（退）税额	39	0.00	0.00	—	—

续表

项目		栏次	一般项目		即征即退项目	
			本月数	本年累计	本月数	本年累计
附加税费	教育费附加本期应补（退）费额	40	0.00	0.00	—	—
	地方教育附加本期应补（退）费额	41	0.00	0.00	—	—

表 1-8　　2022 年 12 月增值税纳税申报表

税款所属时间：自 2022 年 12 月 1 日至 2022 年 12 月 31 日　填表日期：2022 年 12 月 31 日　金额单位：元

纳税人识别号（统一社会信用代码）：××××××××××××××　所属行业：制造业

项目		栏次	一般项目		即征即退项目	
			本月数	本年累计	本月数	本年累计
销售额	（一）按适用税率计税销售额	1	7105501825.27	69525458182.69	630000.00	7096950.00
	其中：应税货物销售额	2	7105501826.27	69525458183.69	630000.00	7096950.00
	应税劳务销售额	3	0.00	0.00	0.00	0.00
	纳税检查调整的销售额	4	0.00	0.00	0.00	0.00
	（二）按简易办法计税销售额	5	0.00	0.00	0.00	0.00
	其中：纳税检查调整的销售额	6	0.00	0.00	0.00	0.00
	（三）免、抵、退办法出口销售额	7	0.00	0.00	—	—
	（四）免税销售额	8	0.00	0.00	—	—
	其中：免税货物销售额	9	0.00	0.00	—	—
	免税劳务销售额	10	0.00	0.00	—	—
税款计算	销项税额	11	961773802.53	9159750500.26	72477.88	816463.27
	进项税额	12	855228081.28	8145029345.49	48318.58	544308.85
	上期留抵税额	13	0.00	0.00	0.00	—
	进项税额转出	14	0.00	0.00	0.00	0.00
	免、抵、退应退税额	15	42750000.00	492052500.00	—	—
	按适用税率计算的纳税检查应补缴税额	16	0.00	0.00	—	—
	应抵扣税额合计	17=12+13-14-15+16	812478081.28	—	48318.58	—

续表

项目		栏次	一般项目		即征即退项目	
			本月数	本年累计	本月数	本年累计
税款计算	实际抵扣税额	18（如17<11，则为17，否则为11）	812478081.28	7652976845.49	48318.58	544308.85
	应纳税额	19=11-18	149295721.25	1506773654.77	24159.29	272154.42
	期末留抵税额	20=17-18	0.00	0.00	0.00	—
	简易计税办法计算的应纳税额	21	0.00	0.00	0.00	0.00
	按简易计税办法计算的纳税检查应补缴税额	22	0.00	0.00	—	—
	应纳税额减征额	23	0.00	0.00	0.00	0.00
	应纳税额合计	24=19+21-23	149295721.25	1506773654.77	24159.29	272154.42
税款缴纳	期初未缴税额（多缴为负数）	25	0.00	0.00	0.00	0.00
	实收出口开具专用缴款书退税额	26	0.00	0.00	—	—
	本期已缴税额	27=28+29+30+31	0.00	0.00	0.00	0.00
	①分次预缴税额	28	0.00	—	0.00	—
	②出口开具专用缴款书预缴税额	29	0.00	—	—	—
	③本期缴纳上期应纳税额	30	0.00	0.00	0.00	0.00
	④本期缴纳欠缴税额	31	0.00	0.00	0.00	0.00
	期末未缴税额（多缴为负数）	32=24+25+26-27	149295721.25	1506773654.77	0.00	0.00
	其中：欠缴税额（≥0）	33=25+26-27	0.00	—	0.00	—
	本期应补（退）税额	34=24-28-29	149295721.25	—	24159.29	—
	即征即退实际退税额	35	—	—	24159.29	272154.42
	期初未缴查补税额	36	0.00	0.00	—	—
	本期入库查补税额	37	0.00	0.00	—	—
	期末未缴查补税额	38=16+22+36-37	0.00	0.00	—	—
附加税费	城市维护建设税本期应补（退）税额	39	0.00	0.00	—	—
	教育费附加本期应补（退）费额	40	0.00	0.00	—	—
	地方教育附加本期应补（退）费	41	0.00	0.00	—	—

表 1 -9　　2022 年度企业所得税申报表　　单位：元

行次	类别	项　目	金　额
1	利润总额计算	一、营业收入（填写 A101010 \ 101020 \ 103000）	69525458182.69
2		减：营业成本（填写 A102010 \ 102020 \ 103000）	60706349924.14
3		减：税金及附加	80073144.72
4		减：销售费用（填写 A104000）	1508901480.78
5		减：管理费用（填写 A104000）	1008341433.17
6		减：财务费用（填写 A104000）	113686248.13
7		减：资产减值损失	-392985374.64
8		加：公允价值变动收益	8388352.17
9		加：投资收益	0.00
10		二、营业利润（1-2-3-4-5-6-7+8+9）	5723508929.28
11		加：营业外收入（填写 A101010 \ 101020 \ 103000）	6722925.64
12		减：营业外支出（填写 A102010 \ 102020 \ 103000）	1500149.81
13		三、利润总额（10+11-12）	5728731705.11
14	应纳税所得额计算	减：境外所得（填写 A108010）	1691942953.00
15		加：纳税调整增加额（填写 A105000）	1288327086.87
16		减：纳税调整减少额（填写 A105000）	285186427.47
17		减：免税、减计收入及加计扣除（填写 A107010）	3351149814.14
18		加：境外应税所得抵减境内亏损（填写 A108000）	0.00
19		四、纳税调整后所得（13-14+15-16-17+18）	1688779597.36
20		减：所得减免（填写 A107020）	60000.00
21		减：弥补以前年度亏损（填写 A106000）	0.00
22		减：抵扣应纳税所得额（填写 A107030）	0.00
23		五、应纳税所得额（19-20-21-22）	1688719597.36
24	应纳税额计算	税率（15%）	0.25
25		六、应纳所得税额（23×24）	422179899.34
26		减：减免所得税额（填写 A107040）	351149814.14
27		减：抵免所得税额（填写 A107050）	0.00
28		七、应纳税额（25-26-27）	71030085.20
29		加：境外所得应纳所得税额（填写 A108000）	42685080.97
30		减：境外所得抵免所得税额（填写 A108000）	0.00
31		八、实际应纳所得税额（28+29-30）	113715166.17
32		减：本年累计实际已缴纳的所得税额	10630918.82
33		九、本年应补（退）所得税额（31-32）	103084247.35
34		其中：总机构分摊本年应补（退）所得税额（填写 A109000）	0.00
35		财政集中分配本年应补（退）所得税额（填写 A109000）	0.00
36		总机构主体生产经营部门分摊本年应补（退）所得税额（填写 A109000）	0.00

表 1 – 10

2021 年印花税纳税申报（报告）表

税款所属期限：自 2021 年 1 月至 2021 年 12 月

纳税人名称：甲公司

金额单位：元

应税凭证	计税金额或件数	核定征收			本期应纳税额	本期已缴税额	本期减免税额		小规模纳税人减征额	本期应补（退）税额
		核定依据	核定比例	适用税率			减免性质代码	减免税额		
	1	2	3	4	5 = 1 × 4 + 2 × 3 × 4	6	7	8	9	10 = 5 – 6 – 8 – 9
购销合同	43336608594.43			0.3‰	13000982.58	0.00				13000982.58
加工承揽合同	404849881.42			0.5‰	202424.94	0.00				202424.94
建设工程勘察设计合同	66760818.15			0.5‰	33380.41	0.00				33380.41
建筑安装工程承包合同	139674327.48			0.3‰	69837.16	0.00				69837.16
财产租赁合同	0.00			1‰	0.00	0.00				0.00
货物运输合同	54583827.00			0.5‰	27291.91	0.00				27291.91
仓储保管合同	251428.32			1‰	251.43	0.00				251.43
借款合同	0.00			0.05‰	0.00	0.00				0.00
财产保险合同	0.00			1‰	0.00	0.00				0.00
技术合同	0.00			0.3‰	0.00	0.00				0.00
产权转移书据	12032736.79			0.5‰	6016.37	0.00				6016.37
营业账簿	0.00	—		0.5‰	0.00	0.00				0.00
营业账簿（其他账簿）	0.00	—		5	0.00	0.00		—		0.00
权利、许可证照	0.00	—		5	0.00	0.00				0.00
合计	—	—		—	13340184.80	0.00				13340184.80

表 1-11

2022 年印花税纳税申报（报告）表

税款所属期限：自 2022 年 1 月至 2022 年 12 月

纳税人名称：甲公司

金额单位：元

应税凭证	计税金额或件数	核定征收			本期应纳税额	本期已缴税额	本期减免税额		小规模纳税人减征额	本期应补（退）税额
		核定依据	核定比例	适用税率			减免性质代码	减免税额		
	1	2	3	4	5 = 1 × 4 + 2 × 3 × 4	6	7	8	9	10 = 5 - 6 - 8 - 9
购销合同	52366575103.20			0.3‰	15709972.53	0.00				15709972.53
加工承揽合同	365617343.00			0.3‰	109685.20	0.00				109685.20
建设工程勘察设计合同	63079402.22			0.3‰	18923.82	0.00				18923.82
建筑安装工程承包合同	125170643.79			0.3‰	62585.32	0.00				62585.32
财产租赁合同	0.00			1‰	0.00	0.00				0.00
货物运输合同	54583827.00			0.3‰	27291.91	0.00				27291.91
仓储保管合同	238898.81			1‰	238.90	0.00				238.90
借款合同	0.00			0.05‰	0.00	0.00				0.00
财产保险合同	0.00			1‰	0.00	0.00				0.00
技术合同	0.00			0.3‰	0.00	0.00				0.00
产权转移书据	12378784.13			0.5‰	6189.39	0.00				6189.39
营业账簿	0.00	—		0.25‰	0.00	0.00				0.00
营业账簿（其他账簿）	0.00	—		5	0.00	0.00		—		0.00
合计	—	—		—	15934887.08	0.00				15934887.08

表1-12　　固定资产明细表

单位：甲公司　　登记年度：2022年　　单位：元

项目分类和名称	年初金额	本期增加	本期处置报废	期末余额
一、房屋及建筑物	487434109.56	325449734.02	40648738.73	772235104.85
二、机器设备	342802982.07	120849291.54	22083009.74	441569263.87
三、运输设备	1200000.00	181862.00	0.00	1381862.00
总计	831437091.63	446480887.56	62731748.47	1215186230.72

表1-13　　2022年研发费用加计扣除优惠明细表　　单位：元

行次	项目	金额（数量）
1	本年可享受研发费用加计扣除项目数量	5
2	一、自主研发、合作研发、集中研发	897176195.19
3	（一）人员人工费用	546953263.47
4	1. 直接从事研发活动人员工资薪金	353751675.44
5	2. 直接从事研发活动人员五险一金	182726135.29
6	3. 外聘研发人员的劳务费用	10475452.74
7	（二）直接投入费用	117971081.01
8	1. 研发活动直接消耗材料费用	13575852.74
9	2. 研发活动直接消耗燃料费用	32477.54
10	3. 研发活动直接消耗动力费用	7602477.54
11	4. 用于中间试验和产品试制的模具、工艺装备开发及制造费	0.00
12	5. 用于不构成固定资产的样品、样机及一般测试手段购置费	0.00
13	6. 用于试制产品的检验费	36374468.82
14	7. 用于研发活动的仪器、设备的运行维护、调整、检验、维修等费用	60385804.37
15	8. 通过经营租赁方式租入的用于研发活动的仪器、设备租赁费	0.00
16	（三）折旧费用	177609095.09
17	1. 用于研发活动的仪器的折旧费	96596679.71
18	2. 用于研发活动的设备的折旧费	81012415.38
19	（四）无形资产摊销	54522755.62
20	1. 用于研发活动的软件的摊销费用	30261721.49
21	2. 用于研发活动的专利权的摊销费用	24261034.14
22	3. 用于研发活动的非专利技术（包括许可证、专有技术、设计和计算方法等）的摊销费用	0.00
23	（五）新产品设计费等	120000.00
24	1. 新产品设计费	120000.00
25	2. 新工艺规程制定费	0.00
26	3. 新药研制的临床试验费	0.00
27	4. 勘探开发技术的现场试验费	0.00

续表

行次	项目	金额（数量）
28	3. 新药研制的临床试验费	0.00
29	4. 勘探开发技术的现场试验费	0.00
30	（六）其他相关费用	944850.64
31	1. 技术图书资料费、资料翻译费、专家咨询费、高新科技研发保险费	150124.47
32	2. 研发成果的检索、分析、评议、论证、鉴定、评审、评估、验收费用	167433.82
33	3. 知识产权的申请费、注册费、代理费	232283.47
34	4. 职工福利费、补充养老保险费、补充医疗保险费	208269.94
35	5. 差旅费、会议费	186738.94
36	（七）经限额调整后的其他相关费用	0.00
37	二、委托研发	2261460800.19
38	（一）委托境内机构或个人进行研发活动所发生的费用	1357102626.20
39	（二）委托境外机构进行研发活动发生的费用	904358174.00
40	其中：允许加计扣除的委托境外机构进行研发活动发生的费用	602905449.33
41	（三）委托境外个人进行研发活动发生的费用	0.00
42	三、年度研发费用小计	2585763745.48
43	（一）本年费用化金额	982590223.28
44	（二）本年资本化金额	1603173522.20
45	四、本年形成无形资产摊销额	3206347044.40
46	五、以前年度形成无形资产本年摊销额	0.00
47	六、允许扣除的研发费用合计	4188937267.68
48	减：特殊收入部分	0.00
49	七、允许扣除的研发费用抵减特殊收入后的金额	4188937267.68
50	减：当年销售研发活动直接形成产品（包括组成部分）对应的材料部分	0.00
51	减：以前年度销售研发活动直接形成产品（包括组成部分）对应材料部分结转金额	0.00
52	八、加计扣除比例（%）	80%
53	九、本年研发费用加计扣除总额	3351149814.14
54	十、销售研发活动直接形成产品（包括组成部分）对应材料部分结转以后年度扣减金额	

表 1－14

2021 年房产税纳税登记表（部分）

税款所属期限：自 2021 年 1 月至 2021 年 12 月

纳税人名称：甲公司　　金额单位：元　　面积单位：平方米

二、房产税											
本期是否适用增值税小规模纳税人减征政策（减免性质代码 08049901）			□是　☑否		本期适用增值税小规模纳税人减征政策起始时间		年　月		减征比例（%）		
					本期适用增值税小规模纳税人减征政策终止时间		年　月				
（一）从价计征房产税											
序号	房产编号	房产原值	其中：出租房产原值	计税比例	税率	所属期起	所属期止	本期应纳税额	本期减免税额	本期增值税小规模纳税人减征额	本期已缴税额	本期应补（退）税额
1	*	306374704.96		70%	1.2%	2021.1	2021.12	2573547.52				2573547.52
2	*	181059404.6		70%	1.2%	2021.1	2021.12	1520899.00				1520899.00
合计	*	*	*	*	*	*	*	4094446.52	0.00	0.00	0.00	4094446.51

表 1－15

2022 年房产税纳税登记表（部分）

税款所属期限：自 2022 年 1 月至 2022 年 12 月

纳税人名称：甲公司　　金额单位：元　　面积单位：平方米

本期是否适用增值税小规模纳税人减征政策（减免性质代码 08049901）			□是　☑否		本期适用增值税小规模纳税人减征政策起始时间		年　月		减征比例（%）			
					本期适用增值税小规模纳税人减征政策终止时间		年　月					
（一）从价计征房产税												
序号	房产编号	房产原值	其中：出租房产原值	计税比例	税率	所属期起	所属期止	本期应纳税额	本期减免税额	本期增值税小规模纳税人减征额	本期已缴税额	本期应补（退）税额
1	*	270282286.70		70%	1.2%	2022.1	2022.12	2270371.20				2270371.20
2	*	216225829.36		70%	1.2%	2022.1	2022.12	1816296.96				1816296.96
3	*	177449734.02		70%	1.2%	2022.1	2022.12	1490577.76				1490577.76
合计	*	*	*	*	*	*	*	5577245.92	0.00	0.00	0.00	5577245.92

表 1-16　**2022 年 12 月的某次出口业务报关单**　金额单位：元

境内发货人：×××××××××××××××××	出境关别：××	出口日期：2022 年 12 月 17 日	申报日期：2022 年 12 月 18 日	备案号：××××××××××××			
境外收货人：×××××××××××××××××	运输方式：海运	运输工具名次及航次号：×××××	提运单号：××××××××××××××				
生产销售单位：甲股份有限公司	监管方式：一般贸易	免征性质：一般征税	许可证号：×××××××××				
合同协议号：××××××××××××××	贸易国（地区）：中国	运抵国（地区）：××	指运港：××××	离境口岸：××			
包装种类：木箱	件数：2 件	毛重（千克）：9615.3	净重（千克）：9600.5	成交方式：FOB	运费	保费	杂费
随附单证及编号：发票×2，装箱单×2							
标记唛码及备注							
项号	商品名称及规格型号	数量及单位	单价/总价/币制	原产国（地区）	最终目的国（地区）	境内货源地	征免
1	SKY-8201L 服务器	3200 台	¥120000/¥975000/人民币	中国	××	××	照章
2	控制集成电路 DL4120	15000PCS	¥42/¥630000/人民币	中国	××	××	照章

（六）案头资料

（1）2017年开始，甲企业研发费用归集口径采取会计核算口径，同时为在职企业研发科研人员购买基本养老保险、基本医疗保险、工伤保险、生育保险和住房公积金。甲企业研发部门有10名高级返聘研发人员，每人每年给予35万元的年薪，同时为每名返聘人员每年购买价值1.5万元的商业医疗保险，并将以上所有费用统一计入研发费用。

（2）2020年9月，甲公司购进一批价值为60万元的，符合《环境保护专用设备企业所得税优惠目录》《节能节水专用设备企业所得税优惠目录》和《安全生产专用设备企业所得税优惠目录》规定的环境保护、节能节水、安全生产等专用设备，并于当月投入使用，2022年9月由于市场需求收缩，甲公司决定将其中部分设备转让、出租以获取租金。

（3）2021年12月，甲公司为了提高生产能力，决定扩建厂房，同时另外购进一批新的机器设备，该扩建项目于2022年6月竣工并投入使用。

（4）2022年2月15日，甲公司销售1000个硬盘给某经销商，双方签订销售价格为125590元的合同。货物于当日发出，货款于当年5月待经销商销售出硬盘才能返款，返款前并未对此交易申报增值税。

（5）2022年市场存在紧缩趋势，市场需求下滑。甲公司2022年属于正常纳税期，而位于某经济特区的子公司乙公司自2021年获取高新技术企业资格以来，依据国发〔2007〕40号文件，2022年享受“两免三减半”政策，对其在该经济特区所取得的所得免征企业所得税。

（6）甲公司具有合法进出口资质，拥有合法进出口的权利，出口产品主要是自己生产的产品。在2022年8月有一批货物出口给海外某企业，海关报关单显示：SKY－8201L服务器在该市平均售价为50000元/台，控制集成电路DL4120平均售价为22元/PCS。目前该类型商品技术已经十分成熟，产品同质化较严重，在一定程度上可视为完全竞争市场。

（7）2022年甲公司从应交增值税明细账中发现企业合计接受上游企业的增值税发票23199份，其中，增值税专用发票18219份，增值税普通发票4980份，部分增值税专用发票折痕较多、质量老旧、抬头单位较为混乱。2021年甲公司从增值税明细账中发现企业合计接受上游企业的增值税发票17236份，其中，增值税专用发票13536份，增值税普通发票3700份。

（8）甲公司主营业务除了制造、加工统一的计算机外围设备外，还针对其他用户群体采取品牌联动等方式生产特定的定制产品设备。已知该类定制产品与统一生产的设备产品并无本质区别，仅为外形或者个别产品参数的优化提升，但其售价较统一品而言较高。统一产品与定制产品的加工、销售收入分别占主营业务收入的60%与40%，两种产品利润分别占营业利润的60%与40%。

（9）甲公司生产定制产品的厂房内部控制管理松散、部分规章制度不健全。生产定制产品时，成本归集采用约当产量法。甲公司年末已经生产 A 定制产品 2500 件，在产品完工程度为 60%，A 定制产品生产成本为 250 元/件，年末分配该批约当产品成本 500000 元。

（10）甲公司在海外仅委托丙公司进行研发活动。丙公司注册地位于开曼群岛，该地实行 0% 企业所得税。甲公司与关联企业丙的关联交易内容为甲公司向丙企业进口生产技术的专利权、非专利技术和特许权等无形资产。据统计，2020—2022 年，经过当期汇率换算，丙企业向其他非关联企业销售的无形资产平均价格分别为 777217392.22 元、760985570.01 元和 795835193.12 元，向甲企业销售的无形资产平均价格分别为 1064681359.20 元、1207913600 元和 1283605150.19 元。

制造业风险指标情况如表 1－17 所示。

表 1－17　　制造业风险指标情况

指标	预警值	风险模型
1. 投入产出率推算销售收入	> 报表中反映的收入	> 报表中反映的收入，有风险； < 报表中反映的收入，无风险
2. 增值税专用发票用量变动异常	>30%	>30%，有风险；<30%，无风险
3. 行业增值税税负率	<2.6%	>2.6%，有风险；<2.6%，无风险
4. 一般纳税人税负偏离度	>20%	>20%，有风险；<20%，无风险
5. 主营业务收入成本率	>20%	>20%，有风险；<20%，无风险
6. 增值税收入与企业所得税收入不一致	>10%	>10%，有风险；<10%，无风险
7. 进项税额变动高于销项税额变动	>10%	>10%，有风险；<10%，无风险
8. 营业成本增长率	> 本企业营业收入增长率	> 本企业营业收入增长率，有风险； < 本企业营业收入增长率，无风险
9. 主营业务收入费用率	>20%	>20%，有风险；<20%，无风险
10. 年管理费用增长率与营业收入增长率弹性系数	>20%	>20%，有风险；<20%，无风险
11. 预付账款占销售收入比例	>20%	>20%，有风险；<20%，无风险

注：按上述指标项目对纳税对象进行评估：①预警区间无指标项目满足，无风险；②一个指标项目满足，低风险；③三个指标项目满足，中风险；④五个及以上项目满足，高风险。

四、案头分析

（一）可能存在的风险点概述

（1）可能存在未确认收入。

（2）可能存在非货币性资产交换。

（3）可能存在企业资金占用或对外提供财务资助。

（4）可能构成预付账款欺诈。

（5）可能存在销项税额异常减少。

（6）可能存在进项税额异常增多。

（7）可能存在骗取出口退税。

（8）可能存在部分增值税未及时申报。

（9）可能存在部分产品成本归集错误。

（10）可能存在费用加计扣除错误。

（11）可能存在未补缴企业所得税。

（12）可能存在不符合独立交易的关联交易。

（13）可能存在少计印花税计税金额。

（14）可能存在少计房产税计税金额。

（二）部分风险点的推理分析、计算与确认

1. 增值税

（1）2022年期末存货金额大量减少。存货大量减少可能与以下几个原因相关：一是市场销售消耗库存商品；二是企业产量下降，对原材料的需求减少；三是企业可能存在非货币性资产交换。存货下降的原因与税务风险点的关系如下所示。

①可能存在未确认收入。企业存货的减少一般对应着收入的增加，即通过正常的市场销售将企业存货转变为货币资金、应收账款、预收账款或者应付票据等货币性资产科目，同时企业利润表的营业收入、销售费用等应该有对应的金额变化。如果企业账上金额变动无法与之相对应，考虑企业是否有产品卖出但未确认收入的情况。

计算：

存货变动率＝(期末存货余额－期初存货余额)/期初存货余额

2022年存货变动率＝(16077032514.82－22402228567.57)/22402228567.57＝－28.23%

2021年存货变动率＝(22402228567.57－20450579062.15)/20450579062.15＝9.54%

营业收入变动率＝(期末营业收入－期初营业收入)/期初营业收入

2022年营业收入变动率＝(69525458182.69－67047551558.14)/67047551558.14
＝3.70%

2021年营业收入变动率＝(67047551558.14－63037990367.04)/63037990367.04
＝6.36%

存货变动率与营业收入变动率同步增长系数＝存货变动率/营业收入变动率

2022年存货变动率与营业收入变动率同步增长系数＝－28.23%/3.70%＝－7.63

2021年存货变动率与营业收入变动率同步增长系数＝9.54%/6.36%＝1.50

货币资金变动率＝(期末货币资金－期初货币资金)/期初货币资金

2022 年货币资金变动率 =（3270818027.58 - 2781014201.13）/2781014201.13 = 17.61%

应收票据变动率 =（期末应收票据 - 期初应收票据）/期初应收票据

2022 年应收票据变动率 =（74613121.71 - 12111747161.69）/12111747161.69 = -99.38%

应收账款变动率 =（期末应收账款 - 期初应收账款）/期初应收账款

2022 年应收账款变动率 =（5041407202.22 - 4969771797.48）/4969771797.48 = 1.44%

分析：

通过存货变动率、营业收入变动率、存货变动率与营业收入变动率同步增长系数、货币资金变动率、应收票据变动率、应收账款变动率结合其科目的数值绝对变动可知，存货金额变动难以与以上科目对应。如果甲公司将该批存货卖出，则很有可能存在未按时确认收入的风险，需要进一步检查。

②可能存在非货币性资产交换。企业存货作为一种非货币性资产，在企业经营运行中存在着与其他非货币性资产交换的可能。如果企业进行非货币性资产交换，需要关注固定资产、无形资产、应付账款、长期股权投资等科目金额变动。

计算：

2022 年固定资产增长额 = 1415186230.72 - 979437091.63 = 435749139.09（元）

2022 年应付账款增长额 = 10301153769.05 - 17753554347.6 = -7452400578.55（元）

2022 年无形资产增长额 = 480898235.99 - 398902390.93 = 81995845.06（元）

分析：

如果该批存货并没有卖出，企业可能以该批存货交换固定资产、无形资产、长期股权投资，或者以该批存货抵债、应付职工薪酬、对外捐赠等。根据上述计算结果，结合表 1-6 中固定资产、无形资产、营业外支出资金数量变动均无法与存货 6325196052.75 元对应，遂排除以上科目对存货的影响；应付账款负增长 6400000000.00 元与存货减少金额相似，无法排除应付账款与存货的关联可能，存在企业以存货抵债的可能，需要进一步检查。

（2）2022 年增值税税负率与同行业相比过低。增值税税负率与同行业相比过低说明企业可能在销项税额、进项税额、免抵退税、增值税纳税申报上存在税务风险。

①可能存在销项税额异常减少。销项税额异常减少可能说明企业所售产品市场价格波动、部分收入未开票、部分收入未申报等原因，需要结合当期市场环境、企业收入的明细账簿具体分析。

计算：

销项税额变动率 =（本期销项税额 - 同期销项税额）/同期销项税额

2022 年销项税变动率 =（9159750500.26 - 8871732022.17）/8871732022.17 = 3.24%

营业收入变动率 =（期末营业收入 - 期初营业收入）/期初营业收入

2022 年营业收入变动率 =（69525458182.69 - 67047551558.14）/67047551558.14 = 3.70%

分析：

2022年产品市场需求收缩，销项税额增长率较低；同时，对比上述计算结果可以看出，2022年增值税销项税额与营业收入变动率基本符合、差额较小。这说明甲公司按照规范开出了增值税专用发票，可以排除销项税额异常减少的风险点。

②可能存在进项税额异常增多。进项税额异常增多可能说明存在申报期内买入大量固定资产、买卖增值税专用发票、财务不规范抵扣进项税额等行为，需要结合企业固定资产明细账、记账凭证、原始凭证、企业内部控制制度等判断税务风险。

计算：

进项税额变动率 =（本期进项税额 − 同期进项税额）/同期进项税额

2022年进项税变动率 =（8145029345.48 − 7263871991.70）/7263871991.70 = 12.13%

营业成本变动率 =（期末营业成本 − 期初营业成本）/期初营业成本

2022年营业成本变动率 =（60706349924.14 − 59379318169.68）/59379318169.68 = 2.23%

增值税专用发票用量变动率 =（一般纳税人专票本月使用量 − 一般纳税人专票上月使用量）/一般纳税人专票上月使用量

2022年增值税专用发票用量变动率 =（18219 − 13536）/13536 = 35.00%

分析：

对比以上计算结果可知，2022年企业进项税额变动率较高，与营业成本变动率相比可认定为非同步变动，表明甲公司可能存在多抵扣进项税额的情况；同时，2022年增值税专用发票用量相比2021年有所提高。结合进项税额与营业成本变动不相匹配的结果，怀疑甲公司有买卖增值税专用发票、虚增进项税额的风险点。

③可能存在骗取出口退税。企业可能通过低值高报、假自营真代理、买单配票、票货分离、代码不实、循环出口六种方式骗取出口退税，偷逃增值税。

计算：

价格横向对比水平 =（甲公司报关价格 − 该市类似产品价格）/该市类似产品价格

SKY − 8201L服务器价格横向对比水平 =（120000 − 50000）/50000 = 140.00%

控制集成电路DL4120价格横向对比水平 =（42 − 22）/22 = 90.91%

分析：

通过对比2022年12月某一批次的海关报关单，可以看出甲公司报关产品的报关价格较该市类似产品价格来说较高，对比水平均超过90%，表明甲公司很可能通过低值高报的形式过关骗税，需要进一步调查。

甲公司出口产品较同类来说价格较高、出口商品偏同质化，但仍有较大的海外商品需求，此现象不符合市场逻辑，需要对海外买家公司的真实性进行进一步核查，核查甲公司是否存在循环出口骗税的现象。

案头资料中提到甲公司有自营资质，同时出口自己生产的产品，甲公司假自营真代理、买单配票、票货分离等风险点可以排除，代码不实的风险点需要进一步检查。

④存在部分增值税未及时申报。

分析：

案头资料提到，甲公司于2022年2月15日与某经销商达成收款合同并于当日发货。当日发出货物时开具的出货单等属于索取销售款凭据，此时增值税纳税义务已发生，需要申报该增值税款。

政策依据：

《中华人民共和国增值税暂行条例实施细则》《国家税务总局关于增值税纳税义务发生时间有关问题的公告》（国家税务总局公告2011年第40号），增值税申报期限为1日、3日、5日、10日、15日、1个月或者1个季度。无论甲公司申报期限如何选择，甲公司在经销商返款前并未将此笔交易填入当期增值税纳税申报表，未申报该部分增值税款。

法律责任：

《中华人民共和国税收征收管理法》第六十二条规定：纳税人未按照规定的期限办理纳税申报和报送纳税资料的，或者扣缴义务人未按照规定的期限向税务机关报送代扣代缴、代收代缴税款报告表和有关资料的，由税务机关责令限期改正，可以处二千元以下的罚款；情节严重的，可以处二千元以上一万元以下的罚款。

2. 企业所得税

（1）2022年期末预付账款款项大幅上升。预付账款变动率大幅上升，表明本年度企业预付账款存在大额增长。企业该笔预付账款的增长原因、去向很可能引起相应的税务风险，需要进一步核查。

①可能存在企业资金占用或对外提供财务资助。预付账款是对本企业对供货商或服务商产品或需求的表现，大量企业资金在预付账款科目上可能掩盖了企业原有资金的挪动，或是通过预付账款对外提供财务资助的可能。此风险点需要结合企业总分类账、商业合同等进一步判断。

计算：

预付账款变动率 =（期末预付账款 - 期初预付账款）/期初预付账款

2022年预付账款变动率 =（10229575848.10 - 2454866314.11）/2454866314.11 = 316.71%

2022年预付账款占流动资产比 = 10229575848.1/33641046135.88 = 30.41%

2022年预付账款增长额 = 10229575848.1 - 2454866314.11 = 7774709533.99（元）

分析：

由上述计算结果，结合表1-6可知，企业2022年预付账款变动量大且迅速，占整个流动资产的30.41%。在企业资金总体不变的前提下，大量预付账款挂在账上可能说明企业某项或多项金额被占用，占用的科目可能带来一定的税务风险。同时，企业可能以预付账款为跳板对其他企业进行财务资助，逃避资金监管。

②可能构成预付账款欺诈。预付账款大量、突然增加表明企业有可能通过不实采购、不实合同、不实交易等，向关联企业或其他企业提供便利，逃避资金监管的可能。此风险点需要结合企业资产负债关系、签订合同企业的相互关系进一步判断。

分析：

2022 年产品市场需求收缩，一般情况下对原材料或者其他服务支出需求也随之收缩，企业的营业收入也可能随之下滑。大规模的预付账款资金流出表明企业对某一商品或者服务有较大的需求，该笔交易与市场大环境不景气相悖。需要进一步调查该笔资金的具体流向，以确定企业是否存在预付账款欺诈。

（2）2022 年企业所得税税负率与同行业相比较低。企业所得税税负率与同行业相比较低的原因可以从企业隐瞒收入、成本错误归集、错误加计扣除、未补缴企业所得税等方面来考虑。

①可能存在企业隐瞒收入。该点在增值税部分已经分析过，因此企业所得税部分不再分析。

②可能存在部分产品成本归集错误。

计算：

约当产量 $=2500\times0.6=1500$

实估约当成本 $=500000/1500=333.33$（元）

实估约当成本 > 定制生产成本

分析：

由案头资料可知，定制产品与普通产品本质差别较小。甲公司普通产品与定制产品的销售收入与营业利润分别为占主营业务收入与营业利润的 60% 和 40%，这与之前案头资料显示的定制产品的成本利润率高相悖，表明定制产品成本可能存在虚增现象。

经过上述计算，可以看出企业该批次 A 定制产品通过虚估约当产量来虚增产品成本，存在部分产品成本归集错误的风险。

③可能存在加计扣除错误。

分析：

案头资料中提到，甲企业采用会计口径归集研发费用。甲企业研发部门有 10 名高级返聘研发人员，每人每年给予 35 万元的年薪，同时为每名返聘人员每年购买价值 1.5 万元的商业医疗保险，并将以上所有费用统一计入研发费用。退休返聘人员的工资保险不在会计口径的归集范围内，不应扣除。

政策依据：

《财政部关于企业加强研发费用财务管理的若干意见》（财企〔2007〕194 号）规定，企业人员人工费用仅包括在职研发人员的工资、奖金、津贴、补贴、社会保险费、住房公积金等人工费用以及外聘研发人员的劳务费用。

法律责任：

《中华人民共和国税收征收管理法》第六十三条规定：纳税人伪造、变造、隐匿、擅自销毁账簿、记账凭证，或者在账簿上多列支出或者不列、少列收入，或者经税务机关通知申报而拒不申报或者进行虚假的纳税申报，不缴或者少缴应纳税款的，是偷税。对纳税人偷税的，由税务机关追缴其不缴或者少缴的税款、滞纳金，并处不缴或者少缴的税款百分之五十以上五倍以下的罚款；构成犯罪的，依法追究刑事责任。

《中华人民共和国刑法》第二百零三条规定：纳税人欠缴应纳税款，采取转移或者隐匿财产的手段，致使税务机关无法追缴欠缴的税款，数额在一万元以上不满十万元的，处三年以下有期徒刑或者拘役，并处或者单处欠缴税款一倍以上五倍以下罚金；数额在十万元以上的，处三年以上七年以下有期徒刑，并处欠缴税款一倍以上五倍以下罚金。

④可能存在未补缴企业所得税。

分析：

案头资料中提到，该企业于2020年9月购进了一批价值60万元符合政策规定的环境保护、节能节水、安全生产等专用设备，但两年后企业决定将其中部分设备转让、出租以获取租金，此时企业专用设备用途改变应该补缴企业所得税。

由表1－9可知，企业并未补缴已经抵免的企业所得税税款，甚至仍然在错误抵扣税款。

政策依据：

《中华人民共和国企业所得税法》第三十四条、《中华人民共和国企业所得税法实施条例》第一百条、《财政部 税务总局 国家发展改革委 工业和信息化部 环境保护部关于印发节能节水和环境保护专用设备企业所得税优惠目录（2017年版）的通知》（财税〔2017〕71号）规定：企业改变专用设备用途的，应当停止享受企业所得税优惠，并补缴已经抵免的企业所得税税款。

法律责任：

《中华人民共和国税收征收管理法》第六十三条规定：纳税人伪造、变造、隐匿、擅自销毁账簿、记账凭证，或者在账簿上多列支出或者不列、少列收入，或者经税务机关通知申报而拒不申报或者进行虚假的纳税申报，不缴或者少缴应纳税款的，由税务机关追缴其不缴或者少缴的税款、滞纳金，并处不缴或者少缴的税款百分之五十以上五倍以下的罚款；构成犯罪的，依法追究刑事责任。

《中华人民共和国刑法》第二百零三条规定：纳税人欠缴应纳税款，采取转移或者隐匿财产的手段，致使税务机关无法追缴欠缴的税款，数额在一万元以上不满十万元的，处三年以下有期徒刑或者拘役，并处或者单处欠缴税款一倍以上五倍以下罚金；数额在十万元以上的，处三年以上七年以下有期徒刑，并处欠缴税款一倍以上五倍以下罚金。

（3）可能存在超高价购入无形资产。

可能存在不符合独立交易的关联交易。

计算：

关联交易与非关联交易价格差异率=（关联交易价－非关联交易价）/关联交易价

2020年关联交易与非关联交易价格差异率=（1064681359.20－777217392.22）/1064681359.20
=27%

2021年关联交易与非关联交易价格差异率=（120791360－760985570.01）/120791360
=37%

2022年关联交易与非关联交易价格差异率=（1283605150.19－795835193.12）/1283605150.19
=38%

委托丙公司研发费用占委托研发比率=904358174.00/2261460800.19=39.99%

委托丙公司研发费用占年度研发费用比率=904358174.00/2585763745.48=34.97%

分析：

案头资料显示，甲公司与关联企业丙的关联交易是甲公司向丙企业进口无形资产，其中包括专利权、非专利技术和特许权。甲公司研发费用扣除明细表中可以看出，2022年委托丙公司进行研发活动发生的费用占整个委托研发费用的39.99%，占年度研发费用的34.97%，所占金额较大。

丙企业位于开曼群岛，具有避税港优势。同时，丙企业采取自制的标准成本加成定价法与实际生产成本的差异率较大，与甲公司的关联交易存在不符合独立交易的嫌疑。

2020—2022年关联交易与非关联交易价格差异率分别为27%、37%、38%，均已突破预警值，说明两种成本核算方法之间存在较大的差异，表明丙企业与甲公司关联交易的关联价格可能并未采取独立交易原则。

3. 印花税

存在少计印花税计税金额。

分析：

2022年企业实收资本较2021年增加9988206.00元，企业同样未申报此项金额，构成少缴印花税。

政策依据：

《中华人民共和国印花税法》第十一条规定：已缴纳印花税的营业账簿，以后年度记载的实收资本（股本）、资本公积合计金额比已缴纳印花税的实收资本（股本）、资本公积合计金额增加的，按照增加部分计算应纳税额。

法律责任：

《中华人民共和国税收征收管理法》第六十三条规定：纳税人伪造、变造、隐匿、擅自销毁账簿、记账凭证，或者在账簿上多列支出或者不列、少列收入，或者经税务机关通知申报而拒不申报或者进行虚假的纳税申报，不缴或者少缴应纳税款的，由税务机关追缴其不缴或者少缴的税款、滞纳金，并处不缴或者少缴的税款百分之五十以上五倍以下的罚款；构成犯罪的，依法追究刑事责任。

《中华人民共和国刑法》第二百零三条规定：纳税人欠缴应纳税款，采取转移或者隐匿财产的手段，致使税务机关无法追缴欠缴的税款，数额在一万元以上不满十万元的，处三年以下有期徒刑或者拘役，并处或者单处欠缴税款一倍以上五倍以下罚金；数额在十万元以上的，处三年以上七年以下有期徒刑，并处欠缴税款一倍以上五倍以下罚金。

4. 房产税

存在少计房产税计税金额。

分析：

由表 1－15 可知，该企业从价计征房产税房产原值之和为 663957850.08 元，与表 1－12 中房屋及建筑物的期末金额对比有较大金额出入，存在少缴房产税。

政策依据：

《中华人民共和国房产税暂行条例》第三条规定：房产税依照房产原值一次减除 10% 至 30% 后的余值计算缴纳。具体减除幅度，由省、自治区、直辖市人民政府规定。没有房产原值作为依据的，由房产所在地税务机关参考同类房产核定。

法律责任：

《中华人民共和国税收征收管理法》第六十三条规定：纳税人伪造、变造、隐匿、擅自销毁账簿、记账凭证，或者在账簿上多列支出或者不列、少列收入，或者经税务机关通知申报而拒不申报或者进行虚假的纳税申报，不缴或者少缴应纳税款的，由税务机关追缴其不缴或者少缴的税款、滞纳金，并处不缴或者少缴的税款百分之五十以上五倍以下的罚款；构成犯罪的，依法追究刑事责任。

《关于公安机关管辖的刑事案件立案追诉标准的规定（二）》第五十二条规定，纳税人五年内因逃避缴纳税款受过刑事处罚或者被税务机关给予二次以上行政处罚，又逃避缴纳税款，数额在五万元以上并且占各税种应纳税总额百分之十以上的；纳税人在公安机关立案后再补缴应纳税款、缴纳滞纳金或者接受行政处罚的，不影响刑事责任的追究。

综上所述，已经可以确认甲企业存在欠缴部分增值税、未补缴部分企业所得税、少缴印花税和少缴房产税的税务风险点，但对其他可能存在的风险点需要结合税务部门对企业的约谈举证与实地调查方能判断。

五、约谈举证

当地税务局风控部门在“金税三期”系统中发现，企业若干项纳税指标存在异常、财务报表部分数据异常变动。针对这些问题，当地税务机关提前发出《约谈通知书》，要求企业财务负责人对相关疑点作出解释。

1. 存货变动率与营业收入变动率同步增长系数为负数

甲公司财务负责人解释称：2022 年市场需求收缩，为防止大量库存商品积压仓库，增加仓储成本负担，企业将部分库存商品以低价甚至略微亏本的价格售出，因此造成存货大幅减少而营业收入增长缓慢的现象，该部分库存商品已经按要求缴纳税款。

税务人员翻阅企业出货单、主营业务收入明细账簿，认为企业说法难以解释同步增长系数变化，决定对甲公司开展现场调查。

2. 预付账款变动率偏高

甲公司财务负责人解释称：此项款项为甲公司帮助子公司乙公司在若干年内做强自主研发而一次性支付的专家研发、劳务、咨询、翻译等相关费用，后续将根据乙企业的经营情况实现部分资金返还。

税务人员检查了企业的预付账款明细账，发现甲公司的预付账款主要是与子公司乙企业之间的资金往来。依据《财政部 税务总局关于延长部分税收优惠政策执行期限的公告》（财政部 税务总局公告 2021 年第 6 号）之规定，自 2019 年 2 月 1 日至 2023 年 12 月 31 日，对企业集团内单位（含企业集团）之间的资金无偿借贷行为，免征增值税；但对不符合独立交易原则的资金借款，资金出借企业需要相应调整利息所得。因此，税务人员提出要进一步检查甲公司与乙公司的资金往来情况，调阅其具体的合同以作判断。

3. 增值税专用发票用量变动率与进项税额异常增多

甲公司财务负责人解释称：增值税专用发票的大量变动主要来源于 2021 年后为扩建厂房而购买的相关基建材料、机器等设备。同时，本企业研发费用相比 2021 年有较大提升，其资料翻译费、专家咨询费、差旅费和会议费等支出有所增加，报销的增值税专用发票数量随之上升。

税务人员认为该说法可以解释增值税专用发票用量的现象，但对发票的具体用途仍有疑问，提出对甲公司进行现场调查。

4. 出口价格对比市场均价偏高

甲公司财务负责人解释称：本企业出口产品定位海外高端市场，所售产品是企业高端产品，制造成本较高；且近期原材料价格上涨，带动所产产品的价格上升，因此对外出口价格偏高，同时造成免抵退税额较高，降低了企业增值税税负。企业按照相关规范列支的成本费用，成本处于正常区间。

税务人员认为，需要对该企业成本归集进行进一步检查，同时调查该批出口产品买方真实性，以确认企业是否存在循环出口的情况。

5. 可能存在超高价购入无形资产

甲公司财务负责人解释称：甲公司向丙企业进口为无形资产，是技术密集型产品。同时丙企业位于海外，人工、动力和材料等成本较高。自制的标准再销售价格法与实际生产成本差异率较大主要是海内外物价、汇率变动等原因造成的，甲公司进口价格处于正常区间，符合独立交易原则。

税务人员认为，丙企业为非居民企业，其在国内所得涉及源泉扣缴，丙企业源泉扣缴是否规范需要对丙企业进行进一步纳税检查确定。

6. 定制产品成本利润率与预期不符

甲公司财务负责人解释称：该部分定制产品存在与其他企业品牌联动现象，品牌方对该定制产品质量要求较高，故采用成本昂贵的原料予以制作。与此同时，定制产品成本内包含品牌方的部分外观专利费、商标使用权费等费用，从而拉高了定制产品的整体成本。

税务人员认为该说法可以解释定制产品部分成本上升的现象，但仍有疑问，提出对甲公司进行现场调查。

六、实地调查

经过约谈举证，税务机关确定了部分企业已经存在的风险点，但仍有部分风险点无法确认。因此当地税务机关向甲企业送达《税务检查通知书》，对甲企业进行税务检查。

1. 不存在未确认收入

税务人员查阅了企业的货币资金、应收票据、应收账款、预付账款等明细账，同时检查了该年度与甲公司交易往来合同，并未发现有金额类似、方向相同的合同，可以确认企业确实不存在未确认收入的现象，排除此项风险点。存货异常变动的风险指向非货币性资产交换。

2. 存在非货币性资产交换

税务人员查阅了企业的固定资产、无形资产、长期股权投资、应付账款和营业外支出等明细账。在应付账款明细账中发现借方若干笔金额较大、同一家下游公司、都在一年以内发生的金额总和为6亿元的会计分录。税务人员顺着该批业务找到了去年与该下游公司签订的合同。合同上记录了甲公司遇到特殊情况时可用存货抵债，在记账凭证上确实记录有一笔以库存商品抵偿债务的会计分录，确定企业以非现金资产清偿债务。

政策依据：

根据《中华人民共和国企业所得税法实施条例》第二十五条规定：企业发生非货币性资产交换，以及将货物、财产、劳务用于捐赠、偿债、赞助、集资、广告、样品、职工福利或者利润分配等用途的，应当视同销售货物、转让财产或者提供劳务，但国务院财政、税务主管部门另有规定的除外。

法律责任：

《关于公安机关管辖的刑事案件立案追诉标准的规定（二）》第五十二条规定，纳税人采取欺骗、隐瞒手段进行虚假纳税申报或者不申报，逃避缴纳税款，数额在五万元以上并且占各税种应纳税总额百分之十以上，经税务机关依法下达追缴通知后，不补缴应纳税款、不缴纳滞纳金或者不接受行政处罚的；

纳税人五年内因逃避缴纳税款受过刑事处罚或者被税务机关给予二次以上行政处罚，又逃避缴纳税款，数额在五万元以上并且占各税种应纳税总额百分之十以上的；纳税人在公安机关立案后再补缴应纳税款、缴纳滞纳金或者接受行政处罚的，不影响刑事责任的追究。

3. 存在企业资金占用或对外提供财务资助

税务人员前往乙企业调阅了与甲公司相关的合同，经查甲公司与乙企业并未签订任何购销合同，乙公司仅有一张时间为2022年、金额为60亿元的来自甲公司的收据。同时，通过调取乙公司研发部门的员工花名册发现，甲公司向乙企业提供的专家支持为乙企业开设以来的常驻专家，并无甲公司财务负责人所言2022年新派专家的说法。

税务人员认为，甲公司与乙公司属于关联企业，企业集团内部资金的无偿借贷行为虽然可以免征增值税，但甲企业并未按照独立交易原则向乙企业收取相应的利息，需要进行纳税调整。结合当时银行贷款利率，企业应增加6000000000×3.66%＝219600000.00元利息收入并将其计入财务费用贷方。

政策依据：

《财政部 税务总局关于延长部分税收优惠政策执行期限的公告》（财政部 税务总局公告2021年第6号）规定，自2019年2月1日至2023年12月31日，对企业集团内单位（含企业集团）之间的资金无偿借贷行为，免征增值税。

《中华人民共和国企业所得税法》第四十一条规定：企业与其关联方之间的业务往来，不符合独立交易原则而减少企业或者其关联方应纳税收入或者所得额的，税务机关有权按照合理方法调整。

法律责任：

《关于公安机关管辖的刑事案件立案追诉标准的规定（二）》第五十二条规定，纳税人采取欺骗、隐瞒手段进行虚假纳税申报或者不申报，逃避缴纳税款，数额在五万元以上并且占各税种应纳税总额百分之十以上，经税务机关依法下达追缴通知后，不补缴应纳税款、不缴纳滞纳金或者不接受行政处罚的；

纳税人五年内因逃避缴纳税款受过刑事处罚或者被税务机关给予二次以上行政处罚，又逃避缴纳税款，数额在五万元以上并且占各税种应纳税总额百分之十以上的；纳税人在公安机关立案后再补缴应纳税款、缴纳滞纳金或者接受行政处罚的，不影响刑事责任的追究。

4. 不构成预付账款欺诈

税务人员查阅了甲公司与上游企业签订的合同，同时结合存货明细账，管理费用、销售费用明细账，并未发现与预付款项金额大小类似，或者向某一公司多次预付款的合同，不存在不实交易、不实采购、不实合同，排除此项风险点。

5. 存在进项税额异常增多

税务人员前往甲公司检查其增值税专用发票真伪，同时检查其对应的记账凭证，发现这些报销的费用分散在不同科目中，主要集中在研发费用、管理费用、生产成本当中。大量记账凭证后所附单据无法连贯反映同一业务，同时部分业务与报销单位描述的业务不符。现金流、发票流和货物流三流不一致。税务部门认为此类发票无法证明企业的真实业务，需要接受增值税补税及相关处理。

税务机关调取了甲企业近三年以来的记账凭证及其所附单据，结合对营业账簿的核查，发现 2022 年存在 8489453.42 元的进项税额违规抵扣，需要调整。

政策依据：

《中华人民共和国增值税暂行条例》第九条规定：纳税人购进货物、劳务、服务、无形资产、不动产，取得的增值税扣税凭证不符合法律、行政法规或者国务院税务主管部门有关规定的，其进项税额不得从销项税额中抵扣。

法律责任：

《中华人民共和国刑法》第二百零五条之一规定：虚开本法第二百零五条规定以外的其他发票，情节严重的，处二年以下有期徒刑、拘役或者管制，并处罚金；情节特别严重的，处二年以上七年以下有期徒刑，并处罚金。单位犯前款罪的，对单位判处罚金，并对其直接负责的主管人员和其他直接责任人员，依照前款的规定处罚。

6. 存在骗取出口退税

税务人员检查了甲公司的营业收入明细账、生产成本明细账和相关原材料的进项发票。税务人员发现，甲公司存在“配票”现象，部分所收进项发票抬头与供销商不相符合。

对企业的海外买家，通过当地税务局稽查局、当地海关缉私局与公安经侦部门的联合调查，发现买家为海外某皮包公司所冒充。甲公司出口商品后，通过走私重新进口该批产品，达到循环出口骗取国家退税的目的。

政策依据：

根据《财政部 国家税务总局关于出口货物劳务增值税和消费税政策的通知》（财税〔2012〕39 号）第七条规定：出口企业或其他单位提供虚假备案单证的货物，或者出口企业或其他单位增值税退（免）税凭证有伪造或内容不实的货物，不适用增值税退（免）税和免税政策。

法律责任：

《中华人民共和国刑法》第二百零四条规定：以假报出口或者其他欺骗手段骗取国家出口退税款，数额较大的，处五年以下有期徒刑或者拘役，并处骗取税款一倍以上五倍以下罚金；数额巨大或者有其他严重情节的，处五年以上十年以下有期徒刑，并处骗取税款一倍以上五倍以下罚金；数额特别巨大或者有其他特别严重情节的，处十年以上有期徒刑或者无期徒刑，并处骗取税款一倍以上五倍以下罚金或者没收财产。

《中华人民共和国刑法》第二百一十一条规定：单位犯本罪的，对单位判处罚金，并对其直接负责的主管人员和其他直接责任人员，依照各该条的规定处罚。

7. 存在部分产品成本归集错误

税务人员检查了甲公司的生产成本明细账，对材料领用情况进行逐笔审查。税务人员发现，该定制产品生产车间内控不严，不但成本会计未如实采用约当产量法计算约当产量，而且生产中存在职工交回加工后余下的边角余料，不办理交库手续，不填废料交库单，不冲减当月的领料数，故意调增定制产品成本。而且甲公司财务负责人所说的外观专利费、商标使用权费仅占该定制产品生产产品的一部分，因此确定甲公司虚增成本，需要调整应纳税所得额，进而补缴企业所得税。

政策依据：

《企业会计准则第 1 号——存货》第九条规定：非正常消耗的直接材料、直接人工和制造费用应当在发生时确认为当期损益，不计入存货。

法律责任：

《中华人民共和国会计法》第四十三条规定：伪造、变造会计凭证、会计账簿，编制虚假财务会计报告，构成犯罪的，依法追究刑事责任。有前款行为，尚不构成犯罪的，由县级以上人民政府财政部门予以通报，可以对单位并处五千元以上十万元以下的罚款；对其直接负责的主管人员和其他直接责任人员，可以处三千元以上五万元以下的罚款。

《中华人民共和国刑法》第二百零一条规定：纳税人采取欺骗、隐瞒手段进行虚假纳税申报或者不申报，逃避缴纳税款数额较大并且占应纳税额百分之十以上的，处三年以下有期徒刑或者拘役，并处罚金；数额巨大并且占应纳税额百分之三十以上的，处三年以上七年以下有期徒刑，并处罚金。

8. 存在不符合独立交易的关联交易

税务人员检查了甲公司与丙企业的关于进口无形资产的合同，同时与市面上类似技术进行比较，综合考虑甲公司的对外进口资金流量、海外研发费用与本土研发费用占比、甲公司的成本利润水平、丙企业的成本利润水平，发现此次无形资产交易将大部分利润留在了丙公司的所在地开曼群岛，处于国内的甲公司由于高成本压缩了企业经营成本，从而降低了企业应纳税所得额，侵蚀了企业所得税税基。

综合比较，税务人员认为甲公司与关联丙企业之间的无形资产交易不符合独立交易原则。根据无形资产的特殊不可比性，税务机关将采取利润分割法对该年度的无形资产进行纳税调整。

经过税务机关研究决定，决定以无形资产的研发费用作为衡量利润大小的唯一参数。经过对比可得，甲、丙两家公司的无形资产的研发费用比例为 1:3，这样丙企业对甲企业的合理出售价格 = 丙企业的销售成本 + 甲、丙公司使用该项无形资产创造的利润 × 丙 5% = 795835193.12 元，调减了 487769957.07 元。

政策依据：

《特别纳税调查调整及相互协商程序管理办法》（国家税务总局公告 2017 年第 6 号）第十六条规定：税务机关应当在可比性分析的基础上，选择合理的转让定价方法，对企业关联交易进行分析评估。转让定价方法包括可比非受控价格法、再销售价格法、成本加成法、交易净利润法、利润分割法及其他符合独立交易原则的方法。

法律责任：

《中华人民共和国刑法》第二百零一条规定：纳税人采取欺骗、隐瞒手段进行虚假纳税申报或者不申报，逃避缴纳税款数额较大并且占应纳税额百分之十以上的，处三年以下有期徒刑或者拘役，并处罚金；数额巨大并且占应纳税额百分之三十以上的，处三年以上七年以下有期徒刑，并处罚金。

七、更正的纳税申报表

甲公司 2022 年更正后的增值税纳税申请表、2022 年增值税纳税申报表调整情况、2022 年更正后的印花税纳税申报（报告）表、2022 年印花税纳税申报表调整情况、2022 年更正后的企业所得税纳税申报表、2022 年企业所得税纳税申报表调整情况、2022 年更正后的房产税纳税申报表（部分）、2022 年房产税纳税申报表调整情况分别如表 1－18 至表 1－25 所示。

表 1－18　　2022 年 12 月更正后的增值税纳税申报表　　单位：元

项目		栏次	一般项目		即征即退项目	
			本月数	本年累计	本月数	本年累计
销售额	（一）按适用税率计税销售额	1	7105501825.27	70125458182.69	630000.00	7096950.00
	其中：应税货物销售额	2	7105501826.27	70125458182.69	630000.00	7096950.00
	应税劳务销售额	3	0.00	0.00	0.00	0.00
	纳税检查调整的销售额	4	0.00	0.00	0.00	0.00
	（二）按简易办法计税销售额	5	0.00	0.00	0.00	0.00
	其中：纳税检查调整的销售额	6	0.00	0.00	0.00	0.00
	（三）免、抵、退办法出口销售额	7	0.00	0.00	—	—
	（四）免税销售额	8	0.00	0.00	—	—
	其中：免税货物销售额	9	0.00	0.00	—	—
	免税劳务销售额	10	0.00	0.00	—	—
税款计算	销项税额	11	969980531.83	9237909826.96	72477.88	816463.27
	进项税额	12	854336688.67	8136539892.07	48318.58	544308.85
	上期留抵税额	13	0.00	0.00	0.00	—
	进项税额转出	14	0.00	0.00	0.00	0.00

续表

项目		栏次	一般项目		即征即退项目	
			本月数	本年累计	本月数	本年累计
税款计算	免、抵、退应退税额	15	42750000.00	462893500.00	—	—
	按适用税率计算的纳税检查应补缴税额	16	0.00	0.00	—	—
	应抵扣税额合计	17＝12＋13－14－15＋16	811586688.67	—	48318.58	—
	实际抵扣税额	18（如17＜11，则为17，否则为11）	811586688.67	7673646392.07	48318.58	544308.85
	应纳税额	19＝11－18	158393843.16	1564263434.89	24159.29	272154.42
	期末留抵税额	20＝17－18	0.00	0.00	0.00	—
	简易计税办法计算的应纳税额	21	0.00	0.00	0.00	0.00
	按简易计税办法计算的纳税检查应补缴税额	22	0.00	0.00	—	—
	应纳税额减征额	23	0.00	0.00	0.00	0.00
	应纳税额合计	24＝19＋21－23	158393843.16	1564263434.89	24159.29	272154.42
税款缴纳	期初未缴税额（多缴为负数）	25	0.00	0.00	0.00	0.00
	实收出口开具专用缴款书退税额	26	0.00	0.00	—	—
	本期已缴税额	27＝28＋29＋30＋31	0.00	0.00	0.00	0.00
	①分次预缴税额	28	0.00	—	0.00	—
	②出口开具专用缴款书预缴税额	29	0.00	—	—	—
	③本期缴纳上期应纳税额	30	0.00	0.00	0.00	0.00
	④本期缴纳欠缴税额	31	0.00	0.00	0.00	0.00
	期末未缴税额（多缴为负数）	32＝24＋25＋26－27	158393843.16	1564263434.89	0.00	0.00
	其中：欠缴税额（≥0）	33＝25＋26－27	0.00	—	0.00	—
	本期应补（退）税额	34＝24－28－29	158393843.16	—	24159.29	—
	即征即退实际退税额	35	—	—	24159.29	272154.42
	期初未缴查补税额	36	0.00	0.00	—	—
	本期入库查补税额	37	0.00	0.00	—	—
	期末未缴查补税额	38＝16＋22＋36－37	0.00	0.00	—	—
附加税费	城市维护建设税本期应补（退）税额	39	0.00	0.00	—	—
	教育费附加本期应补（退）费额	40	0.00	0.00	—	—
	地方教育附加本期应补（退）费额	41	0.00	0.00	—	—

续表

项目		栏次	一般项目		即征即退项目	
			本月数	本年累计	本月数	本年累计
销售额	（一）按适用税率计税销售额	1	7105501825.27	70125458182.69	630000.00	7096950.00
	其中：应税货物销售额	2	7105501826.27	70125458182.69	630000.00	7096950.00
	应税劳务销售额	3	0.00	0.00	0.00	0.00
	纳税检查调整的销售额	4	0.00	0.00	0.00	0.00
	（二）按简易办法计税销售额	5	0.00	0.00	0.00	0.00
	其中：纳税检查调整的销售额	6	0.00	0.00	0.00	0.00
	（三）免、抵、退办法出口销售额	7	0.00	0.00	—	—
	（四）免税销售额	8	0.00	0.00	—	—
	其中：免税货物销售额	9	0.00	0.00	—	—
	免税劳务销售额	10	0.00	0.00	—	—
税款计算	销项税额	11	969980531.83	9237909826.96	72477.88	816463.27
	进项税额	12	854336688.67	8136539892.07	48318.58	544308.85
	上期留抵税额	13	0.00	0.00	0.00	—
	进项税额转出	14	0.00	0.00	0.00	0.00
	免、抵、退应退税额	15	42750000.00	462893500.00	—	—
	按适用税率计算的纳税检查应补缴税额	16	0.00	0.00	—	—
	应抵扣税额合计	17 = 12 + 13 − 14 − 15 + 16	811586688.67	—	48318.58	—
	实际抵扣税额	18（如 17 < 11，则为 17，否则为 11）	811586688.67	7673646392.07	48318.58	544308.85
	应纳税额	19 = 11 − 18	158393843.16	1564263434.89	24159.29	272154.42
	期末留抵税额	20 = 17 − 18	0.00	0.00	0.00	—
	简易计税办法计算的应纳税额	21	0.00	0.00	0.00	0.00
	按简易计税办法计算的纳税检查应补缴税额	22	0.00	0.00	—	—
	应纳税额减征额	23	0.00	0.00	0.00	0.00
	应纳税额合计	24 = 19 + 21 − 23	158393843.16	1564263434.89	24159.29	272154.42

续表

项目		栏次	一般项目		即征即退项目	
			本月数	本年累计	本月数	本年累计
税款缴纳	期初未缴税额（多缴为负数）	25	0.00	0.00	0.00	0.00
	实收出口开具专用缴款书退税额	26	0.00	0.00	—	—
	本期已缴税额	27 = 28 + 29 + 30 + 31	0.00	0.00	0.00	0.00
	①分次预缴税额	28	0.00	—	0.00	—
	②出口开具专用缴款书预缴税额	29	0.00	—	—	—
	③本期缴纳上期应纳税额	30	0.00	0.00	0.00	0.00
	④本期缴纳欠缴税额	31	0.00	0.00	0.00	0.00
	期末未缴税额（多缴为负数）	32 = 24 + 25 + 26 − 27	158393843.16	1564263434.89	0.00	0.00
	其中：欠缴税额（≥0）	33 = 25 + 26 − 27	0.00	—	0.00	—
	本期应补（退）税额	34 = 24 − 28 − 29	158393843.16	—	24159.29	—
	即征即退实际退税额	35	—	—	24159.29	272154.42
	期初未缴查补税额	36	0.00	0.00	—	—
	本期入库查补税额	37	0.00	0.00	—	—
	期末未缴查补税额	38 = 16 + 22 + 36 − 37	0.00	0.00	—	—
附加税费	城市维护建设税本期应补（退）税额	39	0.00	0.00	—	—
	教育费附加本期应补（退）费额	40	0.00	0.00	—	—
	地方教育附加本期应补（退）费额	41	0.00	0.00	—	—

表 1 – 19　　2022 年增值税纳税申报表调整情况　　单位：元

税务风险	调整部分	调增/减	税务风险	调整部分	调增/减
视同销售	销项税额	增 600000000 × 13% = 78000000	出口骗税	免、抵、退应纳税额	减（224000000 + 300000）× 13% = 29159000
虚增进项	进项税额	减 8489453.42	未申报的增值税款	销项税额	增 125590 × 13% = 16326.70

表 1-20　　**2022 年更正后的印花税纳税申报（报告）表**　　单位：元

应税凭证	计税金额或件数	核定征收			本期应纳税额	本期已缴税额	本期减免税额		小规模纳税人减征额	本期应补（退）税额
		核定依据	核定比例	适用税率			减免性质代码	减免税额		
	1	2	3	4	5 = 1 × 4 + 2 × 3 × 4	6	7	8	9	10 = 5 - 6 - 8 - 9
购销合同	52366575103.20			0.3‰	15709972.53	0.00				15709972.53
加工承揽合同	365617343.00			0.3‰	109685.20	0.00				109685.20
建设工程勘察设计合同	63079402.22			0.3‰	18923.82	0.00				18923.82
建筑安装工程承包合同	125170643.79			0.3‰	62585.32	0.00				62585.32
财产租赁合同	547500.00			1‰	547.50	0.00				547.50
货物运输合同	54583827.00			0.3‰	27291.91	0.00				27291.91
仓储保管合同	238898.81			1‰	238.90	0.00				238.90
借款合同	0.00			0.05‰	0.00	0.00				0.00
财产保险合同	0.00			1‰	0.00	0.00				0.00
技术合同	0.00			0.3‰	0.00	0.00				0.00
产权转移书据	12378784.13			0.5‰	6189.39	0.00				6189.39
营业账簿（记载资金的账簿）	9988206.00	—		0.25‰	2497.05	0.00				2497.05
营业账簿（其他账簿）	0.00	—		5	0.00	0.00		—		0.00
合计	—	—		—	15937931.63	0.00				15937931.63

表1－21　　2022年印花税纳税申报表调整情况　　单位：元

税务风险	调整部分	调增/减
实收资本增加未贴花	营业账簿（记载资金的账簿）	增 9988206.00×0.25‰=2497.05

表1－22　　2022年更正后的企业所得税纳税申报表　　单位：元

行次	类别	项　　目	金　额
1	利润总额计算	一、营业收入（填写 A101010＼101020＼103000）	69525458182.69
2		减：营业成本（填写 A102010＼102020＼103000）	60218329967.07
3		减：税金及附加	80073144.72
4		减：销售费用（填写 A104000）	1508901480.78
5		减：管理费用（填写 A104000）	1008341433.17
6		减：财务费用（填写 A104000）	－105913751.87
7		减：资产减值损失	－392985374.64
8		加：公允价值变动收益	8388352.17
9		加：投资收益	0.00
10		二、营业利润（1－2－3－4－5－6－7＋8＋9）	6431128886.35
11		加：营业外收入（填写 A101010＼101020＼103000）	6722925.64
12		减：营业外支出（填写 A102010＼102020＼103000）	1500149.81
13		三、利润总额（10＋11－12）	6436351662.18
14	应纳税所得额计算	减：境外所得（填写 A108010）	1691942953.00
15		加：纳税调整增加额（填写 A105000）	1310287086.87
16		减：纳税调整减少额（填写 A105000）	285186427.47
17		减：免税、减计收入及加计扣除（填写 A107010）	3342769414.14
18		加：境外应税所得抵减境内亏损（填写 A108000）	0.00
19		四、纳税调整后所得（13－14＋15－16－17＋18）	2426739954.43
20		减：所得减免（填写 A107020）	0.00
21		减：弥补以前年度亏损（填写 A106000）	0.00
22		减：抵扣应纳税所得额（填写 A107030）	0.00
23		五、应纳税所得额（19－20－21－22）	2426739954.43
24	应纳税额计算	税率（25%）	0.25
25		六、应纳所得税额（23×24）	606684988.61
26		减：减免所得税额（填写 A107040）	351149814.14
27		减：抵免所得税额（填写 A107050）	0.00
28		七、应纳税额（25－26－27）	255535174.47
29		加：境外所得应纳所得税额（填写 A108000）	42685080.97
30		减：境外所得抵免所得税额（填写 A108000）	0.00
31		八、实际应纳所得税额（28＋29－30）	298220255.44

续表

行次	类别	项　目	金　额
32	应纳税额计算	减：本年累计实际已缴纳的所得税额	10630918.82
33		九、本年应补（退）所得税额（31－32）	287589336.62
34		其中：总机构分摊本年应补（退）所得税额（填写 A109000）	0.00
35		财政集中分配本年应补（退）所得税额（填写 A109000）	0.00
36		总机构主体生产经营部门分摊本年应补（退）所得税额（填写 A109000）	0.00

表 1－23　　2022 年企业所得税纳税申报表调整情况　　单位：元

税务风险	调整部分	调增/减	税务风险	调整部分	调增/减
关联企业无偿借款	财务费用	减　6000000000　×　3.66%　＝219600000.00	错误加计扣除	免税、减计收入及加计扣除	减（350000＋15000）×10＝3650000
虚增部分产品成本	营业成本	减 500000－250×2500×60%＝125000	未补缴企业所得税	所得减免	减 60000
不符合独立交易原则的关联交易	营业成本	减 487769957.07			

表 1－24　　2022 年更正后的房产税纳税申报表（部分）

纳税人名称：甲公司　　金额单位：元　　面积单位：平方米

（一）从价计征房产税

序号	房产编号	房产原值	其中：出租房产原值	计税比例	税率	所属期起	所属期止	本期应纳税额	本期减免税额	本期增值税小规模纳税人减征额	本期已缴税额	本期应补（退）税额
1	*	306374704.96		70%	1.2%	2022.1	2022.12	2573547.52				2573547.52
2	*	252318247.62		70%	1.2%	2022.1	2022.12	2119473.28				2119473.28
3	*	213542152.28		70%	1.2%	2022.1	2022.12	1793754.08				1793754.08
合计	*	*	*	*	*	*	*	6486774.88	0.00	0.00	0.00	6486774.88

表 1－25　　2022 年房产税纳税申报表调整情况　　单位：元

税务风险	调整部分	调增/减
少计房产原值	房产原值	增（306374704.96＋270282286.70＋213542152.28）－（252318247.62＋216225829.36＋177449734.02）×70%×1.2%＝909528.96

八、评估调查结论

（一）企业风险点评估

经过当地税务局风控与稽查部门、海关缉私部门、公安经侦部门的联合调查，确定甲公司纳税风险登记为高风险。

1. 甲公司确定存在的风险点

（1）非货币性资产交换未补增值税。

（2）部分产品成本归集错误。

（3）企业资金占用或对外提供财务资助。

（4）费用加计扣除错误。

（5）进项税额异常增多。

（6）未补缴企业所得税。

（7）骗取出口退税。

（8）不符合独立交易的关联交易。

（9）部分增值税未及时申报。

（10）少计印花税计税金额。

（11）少计房产税计税金额。

2. 甲公司排除的风险点

（1）不存在未确认收入。

（2）不构成预付账款欺诈。

（3）不存在销项税额异减少。

（二）企业反映的问题

甲公司纳税风险税种主要集中在增值税、企业所得税、印花税和房产税。增值税方面所出现的问题主要集中在买卖增值税专用发票、违规抵扣进项税额和出口骗取退税，以上行为涉及较强的主观偷漏税行为，涉及刑事犯罪。企业所得税出现的问题主要集中在企业成本的核算和加计扣除政策的理解，反映出企业财税人员专业素质不强、内部管理松散的问题。印花税和房产税等小税种的问题，主要是企业财税人员的重视程度不够所造成的。

（三）企业风险防控措施

1. 建立内部税务管理制度

企业应建立完善的内部税务管理制度，明确税务管理流程和规范，确保企业在日常经营活动中能够遵循相关税法规定，降低因违规操作而引发的税务风险。

2. 强化税务风险意识

企业应提高全体员工的税务风险意识，使其充分认识到税务风险对企业经营的潜在影响。同时，企业应注重对员工进行税务知识的培训，提高其税务风险防范能力。

3. 定期进行税务审计

企业应定期进行税务审计，以检查税务管理制度的执行情况，发现和纠正潜在的税务风险。同时，企业还应积极配合税务机关的审计工作，及时整改存在的问题。

4. 关注政策变化

企业应密切关注国家税收政策的变化，以便及时调整自身的经营策略和税务筹划方案，降低因政策变化带来的税务风险。

（四）政策建议

1. 重视沟通交流，防范税企关系风险

企业可以根据实际经营情况设置税务专员具体负责税务工作，改善税企关系，加强税企联系。当相关税收法律法规出现变动时，企业税务人员要及时向税务机关咨询，详细了解相关法律法规，并具体落实到企业的纳税筹划方案中。如果企业在纳税筹划工作中对具体的法律法规条文有疑问，要及时向当地税务机关咨询，依据税务机关的解释开展纳税筹划工作，确保纳税筹划方案与税务机关法律法规的要求相一致。当企业的纳税情况受到税务机关质疑时，一定要积极做好必要的解释工作，合理合法地维护企业权益。

2. 强化纳税评估，做好风险化解

充分利用汇缴采集的企业申报、财务数据，进行统计分析，加强对收入确认、成本结转、费用列支等具体项目的评估，搭建行业评估指标体系及其峰值和评估模型，不断降低执法风险。完善纳税评估集体评析制度，提高评估工作的科学性。在企业财税工作中，不管是纳税筹划从业人员还是接受纳税筹划的纳税人，都应在企业日常经营中增强税务风险意识，做好税务风险的防范工作。为提高税务风险的防范效果，企业需要不断加强对网络设备的运用，构建科学完善的税务风险预警系统，实时监控过程中的风险，一旦发现风险，需要在第一时间向经营者示警。

3. 以纳税服务为宗旨，提高政务服务水平

在风险应对策略上，从偏重税收执法向综合配套运用税法宣传、咨询辅导等措施转变。一是按月组织开展税收政策宣传和解读，提高公众对所得税法的认知，召开行业座谈会，宣讲财产损失税前扣除、技术开发费加计抵扣、国产设备投资抵免、备案管理等政策，排解企业在执行政策方面存在的问题。二是组织新企业所得税法和汇缴业务培训辅导，提高办税人员业务水平。

九、案例总结

（一）案例的简要描述

本案例选择了先进制造业中的典型企业作为评估对象，对其经营业务和财务报表进行分析，计算相关指标，推断出可能存在的风险，再结合约谈举证和实地调查，对相关风险进行排除确认。对税务局而言，可以更加规范地监控相关企业的纳税行为；对企业而言，能够提高风险防范意识，规范纳税。

（二）案例分析的特点

本次案例分析具有代表性、系统性、深刻性、具体性等特点。通过大数据搜寻相关行业的龙头企业作为案例代表，从行业特点分析出发，查找存在的税收风险点，利用增值税专用发票用量变动率、预收账款变动率等筛选指标扫描企业税收风险，结合对企业经营及纳税情况测算分析，确定纳税评估对象。

（三）案例分析的优势与不足

本次案例分析优势主要集中在风险点的推导确认层层递进、逻辑性强。从企业异常的税务或者财务指标变化入手确定税务风险的方向，运用税收知识排除筛选风险点，结合企业案头资料的具体事例，逐渐缩小范围，最后以约谈和实地调查的方式确定是否存在之前推理的风险点。

本次案例分析的不足之处，主要体现在部分数据缺失。由于企业存在部分商业秘密加之所选行业具有一定特殊性，企业部分数据无法获取，可能造成部分指标失真，或者误判风险点的情况。同时，由于制造业税收政策多变，财务人员水平的限制，本次案例分析视角可能比较局限，缺乏一定的全面性和专业性。

（案例作者：山东财经大学郝文清、王子健、关绍睿；指导老师：马静、李子云、黄夏岚）

第二节　高校专家点评

一、对案例的总体评价

该案例分析以我国领先的服务器供应商甲公司为评估对象，先对先进制造业中的典型企业的经营业务、财务报表和纳税申报表进行分析，通过计算一般纳税人税负偏离度、主营业务收入成本率、营业成本增长率、主营业务收入费用率、年管理费用增长率与营业收入增长率弹性系数、预付账款占销售收入比例等相关指标，并与行业指标进行对比，进而推断出可能存在的风险。再结合约谈举证和实地调查，对相关风险疑点进行排除确认，并对纳税申报表进行更正。最后给出评估调查结论。该案例结构完整，逻辑清晰，为我们提供了一个制造业行业税收风险管理的典型样本。

首先，该案例资料较为翔实，对企业的基本情况、涉税事项、经营情况、会计报表和纳税申报表进行了详细的介绍，并通过明晰公司关系，展示甲公司控股的子公司情况，为后续股权结构方向的税收风险点提前做好铺垫。

其次，该案例分析逻辑关系较为清晰，基于会计报表、纳税申报表以及案头资料，结合制造业风险指标情况，初步分析出可能存在的风险点；并通过疑点问题分析、约谈举证、实地调查，给出评估结论，层层递进，条理分明。

最后，该案例风险点推理分析过程较为扎实，对部分风险点可能存在的原因一一列出，并对每个可能的疑点进行多项指标计算与确认，直到排除疑点或确认疑点，或需通过进一步分析，翔实的分析过程保证了分析结论的可靠性。

二、案例的优点

1. 资料翔实

该案例详细介绍了企业的基本情况、不同经营环节涉及的税种、股权结构关系、企业经营模式等；提供了 2020 年、2021 年和 2022 年三年的会计报表，具体包括利润表和资产负债表；介绍了 2021 年和 2022 年的增值税等税种的申报表，以及房产税纳税登记表；并对该案例公司的固定资产明细表、企业研发费用加计扣除优惠明细表和某次出口业务报关单进行了说明，为后续可能存在的风险点提供翔实的数据支持。

2. 逻辑清晰

该案例分析逻辑关系较为清晰，基于会计报表、纳税申报表以及案头资料，结合制造业风险指标情况，从企业异常的税务或者财务指标变化入手确定税务风险的方向，运用税收知识筛选、排除风险点，结合企业案头资料的具体事例，逐渐缩小范围，最后以约谈和实地调查的方式来排除或确认之前需进一步分析的风险点。该案例分析过程层层递进，方便评审人能够较快把握该案例分析的重点，也显示了案例分析团队较为扎实的会计数据和税收数据分析基本功。

3. 分析扎实

该案例从各个税种入手来对可能存在的部分风险点进行排除或确认，基于会计报表和纳税申报表中的异常数据，结合与之相关联的各税种常见的税收风险点，进行了多项指标的计算和比较，达到税收风险点的确认或排除。例如，2022 年期末存货金额大量减少，在增值税方面可能存在未确认收入、非货币资产交换等风险，通过计算存货变动率、营业收入变动率、同步增长系数、货币资金变动率、应收票据变动率、应收账款变动率等指标，结合其科目的数值来分析是否存在未确认收入；通过计算固定资产、无形资产、应付账款等科目金额变动，来分析是否存在以存货交换其他非货币性资产，分析过程扎实，结论可靠。

三、案例存在的问题和不足

该案例分析整体是一篇较为优秀的案例分析报告，但为了方便后来者学习和进一步提升，从案例典型性、数据完善度、企业风险防控措施和政策建议针对性等方面提出几点建议。

1. 提升案例典型性

一个质量上乘的税收风险管控案例，应该不仅能让读者学习风险分析的过程和方法，还应该能让读者了解样本公司所属行业特殊的税收风险点。若能做到通过一篇案例分析报告就让读者大致了解某子行业特有的税收风险点，那该案例分析报告绝对是优秀的、典型的。尽管该案例以先进制造业的典型企业为评估对象，但无论是行业税收风险管理难点，还是后续的政策建议，均是模板化内容，如行业税收风险管理难点部分的内容放到绝大多数案例中均适用，未突出该企业所处行业的特殊性。特别是在案头分析部分，风险评估指标建立的过程，若能与行业结合起来，显示出先进制造业较为独特的税收风险点，则会较大程度提升该案例的质量。

2. 提高故事丰富性

除了提升案例典型性外，案例故事的丰富性也是案例质量的重要体现。从税收风险管控的角度出发，一个优秀的案例应该也如有趣的、丰富的故事，有主线和支线，不仅能够看到常见的简单税收风险点，还能看到相对复杂的税收风险点，案例分析的过程层层递进，从简单的风险点分析到复杂的风险点分析。虽然该案例分析逻辑关系较为清晰，但超过一半的风险点是直接依据某种指标变动率来分析的，略显四平八稳，缺乏多种指标间的勾稽逻辑关系推演和分析。另外，虽然该案例试图通过股权关系来增加风险点分析的复杂性和丰富性，但仅涉及一个风险点，若能在股权关系这个方向上再尝试2—3个风险点分析，则会大大提高目前案例的丰富性。

3. 增强结论说服力

该案例大部分数据较为翔实，但存在部分数据不够充分，导致相关指标变动率分析结果说服力不强，分析结论的可靠性则有待验证。例如，该案例的案头分析部分使用了不少历史数据对比，例如在分析企业是否存在未确认收入时，案例计算了2021年和2022年的存货变动率、营业收入变动率、同步增长系数、货币资金变动率、应收票据变动率、应收账款变动率等，存在部分指标变动率仅与2021年的变动率对比，就得出了分析结论的情况，论据不够充分，一般来说至少要3年的变动率数据（即至少4年的会计报表数据），才能看出一个近期的趋势变动。

4. 加强建议针对性

该案例分析的企业风险防控措施和政策建议针对性都不太强，对于提升先进制造业的税收风险管控水平作用有限。该案例依据企业的经营业务、财务报表和纳税申报表等对风险点进行了大篇幅分析，并通过约谈举证和实地调查进而得出评估结论，评估结论中的企业风险防控措施和政策建议更应是案例分析的精华部分，只有这样才能够对于先进制造业企业和该企业完善税收风险防控起到借鉴作用，而不是泛泛之谈，放之四海皆可。

5. 提升指标严谨性

部分风险指标不合理。例如，案例中罗列了制造业风险指标情况，设置营业成本增长率>本企业营业收入增长率时，就认为企业可能存在税收风险点，这点不太合理，而应该采用进项税额变动率高于销项税额变动率的预警值（该案例设置10%）。正常情况下，只有当营业成本增长率超过营业收入增长率某个预警值上限时，才认为此处可能存在风险。关于具体预警值的上限，各行业差异较大，所以熟悉和了解一个行业是极为必要的。

6. 提升数据逻辑性

该案例分析报告在编写过程中，可能由于数据脱敏等原因对会计和税务数据进行了部分改写，但由于忽略了部分数据间的逻辑性，导致出现一些不该出现的小问题。例如，2022年增值税纳税申报表显示本年累计按适用税率计税销售额为69525458182.69元，按简易办法计税销售额显示为0；2022年度企业所得税申报表显示营业收入为69525458182.69元，表明2022年的增值税计税销售额和企业所得税销售额完全相等，但正常情况下由于在视同销售和纳税义务发生时间等方面的差异，增值税销售额和企业所得税销售额是不一致的，只要这个差异在正常区间即可，完全一致则会让人感到异常。此外，该案例罗列了2022年和2021年的增值税纳税申报表，但仅罗列了2022年的企业所得税纳税申报表，缺少2021年的企业所得税数据，这也是不严谨的，在案头分析部分进行相关指标对比时，则会让很多结论的可靠性打折扣。

四、完善该案例的建议

1. 提升案例典型性

吃透该行业特有的税收风险点，案头分析部分应能显示出该行业的特色。

2. 提升故事丰富性

不再简单停留在对某种指标异常变动的分析，而是进行多种指标间的勾稽逻辑关系推演和分析，并增加股权关系方向的风险点。

3. 完善基础数据

至少增加2020年指标变动率的相关数据，提升指标变动率分析的可靠性和科学性，提升不同税种数据间的逻辑性和风险预警指标的严谨性。

4. 提升建议针对性

结合该行业特色，以及该企业特有的风险点，提出适合该企业和该行业的企业风险防控措施和政策建议。

（点评人：浙江财经大学财政税务学院张永强）

第三节　行业专家点评（1）

一、对案例的总体评价

1. 风险点的数量多且质量较高

列举风险点的数量多且贴近实务。案例风险点列举了制造业常见的虚增成本、费用或隐瞒收入，虚开发票，不调整会税差异，未按规定时间申报纳税，骗取出口退税等风险点，也列举了非货币性资产交换偷逃税、利用关联交易避税、滥用税收优惠政策等复杂的经济交易、跨境贸易情形下的特殊类税收风险点。通过初步案头分析能挖掘出 14 个潜在风险点，最终确定 8 个实质性风险问题。风险点与制造业企业密切相关，紧贴税法关注点，既关注风险点的全面性也注重其真实性，保证了锁定风险问题的质量。对单一事项需增加多税种风险点分析，以完善风险点分析，提高分析质量。

2. 税收风险识别方法多样

案例全面采用如财务数据分析、风险指标体系的应用以及实地访谈和现场核实等多种风险识别方法，多元化的方法组合有助于全方位、多角度地审视企业的税收合规情况，提高了识别潜在税收风险的完整性和精确度。同时，外部审计等第三方信息数据比对，大数据分析、数据分析模型等信息集成分析方法需进一步引入用于风险识别。

3. 税收风险识别证据具有较高可靠性

案例相关企业资料、企业会计报表和纳税申报表等资料数据完整，通过约谈举证和实地调查等手段获取的资料和直接证据，与风险点评估关联性强，增强了风险判断的客观性和可信度。案例实地调查中，针对各项风险点均取得了相应实质性证据，如经济合同、增值税专用发票、与业务相关联的上下游企业的证明以及明细账凭证等，由此识别出的风险问题具备较高的可靠性。

4. 税收风险识别的逻辑严密性

案例从案头分析到约谈举证再到实地调查，得出结论的整个过程中，各个环节应当相互支持、互为因果，形成闭合的逻辑推理。通过数据分析发现疑点后，通过约谈和调查找到相应的事实依据来印证或反驳初步判断，确保每个确认的风险问题均有扎实的逻辑基础。但对法规的索引方面存在引用税收规定滞后，将会计核算原则和会计准则当作税法政策依据等问题。

5. 故事前后的冲突性

案例中高新企业背景、投资架构、全球产业分工化经营模式等场景，非常贴近制造业企业实际经营背景。案例整体故事逻辑没有出现明显的冲突问题，仅在部分报表数据逻辑上有所欠缺，整体案例比较连贯，风险点发现及推理分析、约谈举证、实地调查和评估调查结论，前后呼应。

二、案例的优点

1. 风险点推导确认的层层递进、逻辑性强

案例在风险识别与确认过程中，展现了清晰的逻辑链条和递进式的工作流程，具体表现为：首先，从税负率异常波动、成本结构不合理、关联交易比例过高、税收优惠使用异常等异常指标入手，通过对比行业平均值、历史趋势或同类型企业数据，识别出可能隐藏风险的异常点。其次，通过查阅企业提供的各类财务报告、合同协议、业务单据等案头资料，对初步筛选出的风险点进行具体化、实例化；找出支持或反驳风险假设的具体交易、行为或安排，进一步验证风险的存在性及其严重程度。再次，通过与企业相关人员进行面对面访谈（约谈），获取更直接、详细的信息，核实数据真实性，揭示隐性关系，澄清模糊之处。最后，进行实地考察，查验实物资产、观察业务流程、核实账实相符情况等，为风险确认提供直观、有力的证据。

2. 常涉税种均有风险点设定

针对制造业具有产业链条长、交易复杂、国家政策倾斜性强等特点，企业经营场景设置多，涉及税收风险点贴合现行制造业企业经营，对税收风险管控实务操作有较强的参考学习价值。

三、案例存在的问题和不足

1. 存在的问题

（1）税收政策依据引用错误。“案头分析 ④存在部分增值税未及时申报”政策依据应为《增值税暂行条例实施细则》第 19 条关于纳税义务时间的规定。

（2）将高级返聘研发人员工资在企业申报研发费用加计扣除金额中扣除处理错误，同时漏计商业医疗保险支出不得税前扣除税收风险点。“案头分析 ③存在加计扣除错误”甲企业研发部门有 10 名高级返聘研发人员工资及商业医疗保险不作为研发费用加计扣除范围判断错误。高级返聘研发人员工资可按规定企业所得税前扣除，同时作为研发人员工资可加计扣除。但高级返聘研发人员的商业医疗保险支出属于《企业所得税法实施条例》第

三十六条规定的不得扣除项目，同时也是不得加计扣除。案例存在风险处理错误，将会计核算原则和会计准则当作税法政策依据引用不当。同时，对商业医疗保险支出不得税前扣除事项漏计为税收风险点。

法规依据：

《所得税申报表填报说明（2021 年版）》规定：4. 第 4 行“1. 直接从事研发活动人员工资薪金”：填报纳税人直接从事研发活动人员，包括研究人员、技术人员、辅助人员的工资、薪金、奖金、津贴、补贴以及按规定可以在税前扣除的对研发人员股权激励的支出。5. 第 5 行“2. 直接从事研发活动人员五险一金”：填报纳税人直接从事研发活动人员，包括研究人员、技术人员、辅助人员的基本养老保险费、基本医疗保险费、失业保险费、工伤保险费、生育保险费和住房公积金。6. 3“外聘研发人员的劳务费用”：填报与纳税人或劳务派遣企业签订劳务用工协议（合同）的外聘研发人员的劳务费用，以及临时聘用的研究人员、技术人员、辅助人员的劳务费用。

《国家税务总局关于企业所得税应纳税所得额若干税务处理问题的公告》（国家税务总局公告 2012 年第 15 号）规定：企业因雇用返聘离退休人员所实际发生的费用，应区分为工资薪金支出和职工福利费支出，并按《企业所得税法》规定在企业所得税前扣除。

《企业所得税法实施条例》第三十六条规定：除企业依照国家有关规定为特殊工种职工支付的人身安全保险费和国务院财政、税务主管部门规定可以扣除的其他商业保险费外，企业为投资者或者职工支付的商业保险费，不得扣除。

（3）企业资料数据存在逻辑错误。

一是增值税申报表中“（一）按适用税率计税销售额一般项目本年累计数”与即征即退项目本年累计数合计应小于或等于利润表营业收入金额，案例 2021 年以及 2022 年增值税申报表中年销售额合计数大于利润表营业收入金额，无视同销售收入事项，故存在逻辑错误。

二是企业所得税申报表主表管理费用应包含研发费用，案例提供的 2022 年度企业所得税申报表中管理费用未包含研发费用，影响研发费用加计扣除风险点数据比对。

三是固定资产明细表中披露的是固定资产原值，资产负债表中披露的是固定资产账面余额（原值减去累计折旧），但固定资产明细表期末合计数大于资产负债表中账面余额，不符合逻辑，影响房产税风险点计算准确性。

四是 2022 年甲企业研发费用加计扣除优惠明细表中第四项本年形成无形资产摊销额比第三项本年资本化金额大，不符合逻辑，并且第五项以前年度形成无形资产本年摊销额为零，不符合常理。

（4）“更正的纳税申报表”存在数据引用错误。“2022 年房产税纳税申报表调整情况”正确为（306374704.96 + 252318247.62 + 213542152.28）-（270282286.70 + 216225829.36 + 177449734.02）

（5）“企业资金占用或对外提供财务资助”风险点存在证据不充分和政策引用错误。根据财政部 税务总局公告2021年第6号文件规定：对企业集团内单位（含企业集团）之间的资金无偿借贷行为，免征增值税，甲、乙公司属于关联企业，但甲公司不是企业集团，故甲、乙公司无偿借贷行为不可以享受免征增值税政策，应视同销售计增值税。

甲、乙公司无偿借贷行为不符合独立交易原则，同时因乙公司属于高新企业享受企业所得税优惠，甲、乙公司不同程度享受研发费用加计扣除、固定资产加速折旧等企业所得税优惠政策，造成甲、乙公司企业所得税税负不同，不符合不作特别纳税调整条件，应结合当时银行贷款利率计算利息收入纳税调整。

政策依据：

《税收征收管理法》第五十四条规定：纳税人与其关联企业之间的业务往来有下列情形之一的，税务机关可以调整其应纳税额：（一）购销业务未按照独立企业之间的业务往来作价；（二）融通资金所支付或者收取的利息超过或者低于没有关联关系的企业之间所能同意的数额，或者利率超过或者低于同类业务的正常利率。

国家税务总局公告2017年第6号文件规定：实际税负相同的境内关联方之间的交易，只要该交易没有直接或者间接导致国家总体税收收入的减少，原则上不作特别纳税调整。

2. 不足之处

（1）增值税计算未考虑价税分离。非货币性资产交换未补增值税风险点中，涉及存货抵偿企业应付账款金额6亿元，正常交易金额应为含增值税金额，在增值税补充申报计算中以6亿元乘以13%税率计销项税不严谨。

（2）部分数据未提供：未提供2021年所得税申报表以进行比对分析；未提供2021年固定资产明细表以进行比对分析。

（3）部分案例条件不清晰。实地调查第三点存在企业资金占用或对外提供财务资助部分，利息计算方法欠考虑，60亿元认定为内部借款，但未说明具体发生时间，且LPR利率在变动。另外，应考虑借款期限以判断采用一年期LPR利率还是五年期LPR利率。

（4）未按新出台《印花税法》修改相关应税凭证的名称。2022年更正后的印花税纳税申报（报告）表，营业账簿（记载资金的账簿）项的适用税率填写有瑕疵。且《印花税法》于2022年7月1日开始实施，关于应税凭证的名称有所变化，该表中未进行调整。

（5）未考虑“新购进的设备、器具享受加速折旧企业所得税政策”的税收风险点。案头资料第三点“2021年12月，甲公司为了提高生产能力，决定扩建厂房，同时另外购进一批新的机器设备，该扩建项目于2022年6月竣工并投入使用”，后面仅关注增值税进项税抵扣情况，未考虑购进的机器设备是否享受税收优惠政策对所得税的影响。

（6）未考虑“增值税进项税额违规抵扣”等增值税违规行为相应企业所得税不得税前扣除的税收风险点。“实地调查5. 存在进项税额异常增多”确认发票无法证明企业的真实业务，进项税额违规抵扣的风险点，同时相关发票支出不属于与取得收入有关的、合理的支出，应作企业所得税纳税调增，需增加企业所得税不得税前扣除的税收风险点。“实地调查 6. 存在骗取出口退税”确认甲公司出口商品后，通过走私重新进口该批产品，循环出口骗取国家退税的风险点，同时走私行为因存在票据不合规，行为不合法，相关支出不得税前扣除，需增加企业所得税不得税前扣除的税收风险点。

政策依据：

《企业所得税法》第八条规定：企业实际发生的与取得收入有关的、合理的支出，包括成本、费用、税金、损失和其他支出，准予在计算应纳税所得额时扣除。

四、完善该案例的建议

1. 注意数据间逻辑一致性

检查各项数据之间的内在逻辑关系，如收入与成本、利润与税负、财务报表间以及与纳税报表之间的勾稽关系等，确保数据间的逻辑一致，不存在相互矛盾的现象。

2. 适当引入行业与市场对标

将案例企业的数据与同行业、同规模企业的平均水平或标杆企业进行对比，判断数据是否偏离行业规律或市场常态，对于显著异常的数据点，需深入探究原因。

3. 结合新出台的税收政策及税收热点增加税收风险点

“新购进的设备、器具享受加速折旧企业所得税政策”“研发费用加计扣除”“增值税加计抵减”等税收新政为促进制造业的发展和转型具有倾斜性优惠，易存在滥用税收优惠政策的风险点，案例案头资料对相关事项均有列举，但未设立相关风险点，如新购进的设备、器具享受加速折旧后期折旧有无重复扣除，委托国外机构的研发费用有无超比例加计扣除，增值税加计抵减是否符合规定范围等，建议依据现有案头资料增加税收风险点，提高案例质量。

4. 简化风险点处理“法律责任”索引

风险点处理“法律责任”反复索引《税收征收管理法》第六十三条和《刑法》第二百零三条的规定，略显啰唆，可简化。同时，国家法律对逃避缴纳税款行为有免追刑责条款，不区分情形一味强调刑责不适用。

5. 增加增值税混合销售兼营业务相关风险点

增值税混合销售与兼营是增值税业务中两个重要的概念，两者在税务处理上有着不同的规则，处理不当则会产生税收风险。制造企业在混合销售行为中，如果不能准确区分货物销售与运输、软件等配套服务的关系，可能导致适用税率的选择错误。同时，混淆不同税率的货物或服务，存在按照较低税率申报纳税的税收风险，建议案例可适当增加相关内容。

（点评人：浙江中瑞税务师事务所有限公司吴凯）

第四节 行业专家点评（2）

一、对案例的总体评价

本案例针对一家制造业企业进行了详尽的税收风险分析，内容涵盖了学习指引、行业背景、企业资料、案头分析、约谈举证、实地调查等多个方面。案例结构完整，层次清晰，行文规范，结合了我国的现行的税收制度以及企业所在的行业特点，进行了税收风险的分析，具有较强的现实意义；选取了作为重要支柱的制造业中的先进制造业作为典型，综合分析此类企业适用的各税种的优惠政策，为我们提供了一个制造业行业税收风险管理的典型样本。

首先，案例提供了丰富的企业资料，包括企业基本情况以及经营模式，主要包括直接与客户联系、定制化的产品、数据分析和预测需求以及减少渠道成本四种模式。

其次，财务报表及纳税申报表齐全，提供了2021年度、2022年度的资产负债表、利润表，还提供了同期主要税种增值税、企业所得税、财产及行为税的纳税申报表，对于资产处置事项提供资产清单，对于研发费用加计扣除提供明细，对出口业务提供出口报关单。这些数据种类多样，为后续税种分析提供了全方位的数据，增加了各税种间交差比对的可能性。

最后，案例展示的税收风险点较多，所涉业务众多，税种齐全。主要组成的案头资料分为“研发费用归集口径”等十个部分，详略得当，层层递进。

二、案例的优点

该方案以先进制造业企业甲公司为典型的税收风险案例对象进行分析，对税收风险有较好的识别，体现在以下方面。

（1）分析的维度多样，结合量化分析和性质判定。通过量化财务指标、建立模型、计算和对比会计科目间的变动关系、查找完整的证据链等方式推理企业存在风险的原因，从实质上分析原因。

（2）对于风险提出相应对策。对于实地调查中存在的不合理的情况，给出了政策依据和法律责任，把正确的处理方法和违法需要承担的后果都清晰地展示出来，有助于提高受众的税收风险防范意识。

（3）注重监管流程的效率和节省成本。在执行监管的过程中，先进行分析和推理，对于存在疑惑的部分再进一步实地考察，将理论数据和实地考察高效地结合，在执法程序上逻辑清晰，在方法上注重效率和节省成本。

（4）风险点覆盖全面，判断依据充分。本案例涉及的税种涵盖了制造业行业的所有主要税种。此外，本案例还涉及两免三减半、关联方交易等风险事项，休现业务的典型性和广泛性。

（5）案头分析脉络清晰。案例的核心部分——案头分析分为两个部分，即“可能存在的风险点”和“部分风险点的推理分析、计算与确认”。这种对症下药的方法论有助于我们根据风险给出对应的特定的解决办法。

三、案例存在的问题和不足

然而，该方案在风险评价过程中也存在不足之处，体现在以下方面。

（1）未全面分析财务指标的合理性。主营业务收入2021年比2020年增长了6%，但是信用减值损失却比上年增加146%，有通过信用价值损失操纵会计利润的嫌疑；定制化产品价格较普通产品更高，成本相当，但是利润占比并没有较普通产品更高，有虚增定制化产品成本的的风险；利润总额2021年增长22%，但是所得税费用反而下降27%，有少纳税的嫌疑；长期借款2021年约为2020年的9倍，但是利息费用却仅高出52%，不成比例，有少计利息费用的风险。

（2）对于特殊事项未进一步确认口径。根据《研发费用加计扣除政策指引2.0》，直接从事研发活动人员的五险一金可以作为人员人工费用100%加计扣除，但是商业保险不在研发费用加计扣除范围之内，存在多加计扣除的风险。另外，离休返聘人员是否可以纳入研发活动人员的范畴，没有明确的规定，因此对于此类人员的工资能否进入研发费用的范畴需要和当地税局确认口径。

（3）纳税义务确认时间不准确。《增值税暂行条例实施细则》第三十八条第五款规定：委托其他纳税人代销货物，为收到代销单位的代销清单或者收到全部或者部分货款的当天。未收到代销清单及货款的，为发出代销货物满180天的当天。根据甲公司和经销商的约定，在实际完成销售之后才付款，对此需要确认销售性质是经销还是代销，需提供合同判定性质，进一步判定纳税义务发生时间。

（4）加计扣除比例不正确。《财政部 税务总局关于进一步完善研发费用税前加计扣除政策的公告》（财政部 税务总局公告2021年第13号）规定：一、制造业企业开展研发活动中实际发生的研发费用，未形成无形资产计入当期损益的，在按规定据实扣除的基础上，自2021年1月1日起，再按照实际发生额的100%在税前加计扣除；形成无形资产的，自2021年1月1日起，按照无形资产成本的200%在税前摊销。根据2022年甲企业研发费用加计扣除优惠明细表，企业享受的加计扣除的比例是80%，需要按照最新的法规进一步更新制造业加计扣除的比例至100%，正确享受税收优惠。

（5）不同报表间的数据不自洽。更正后的申报表增值税的销售额，本年累计合计金额为70132555132.69元，更正后的企业所得税申报表的营业收入为69525458182.69元。当然并非要求增值税申报表的销售额与企业所得税年度申报表、利润表的营业收入数据必须完全一致。但如两者不一致并差异过大，本身就是一个应该分析的风险点。

四、案例的完善建议

（1）本案例选取了作为重要支柱的制造业中的先进制造业作为典型，业务类型表现多样，建议案例进一步清晰图表应用，明确资料指代，只有这样才能使受众群体理解业务实质，通过指标来解读涉税风险，达到案例风险的指导性意义。

（2）结合行业税收特点，进一步更新预警指标，综合考虑效率风险和效率，以更好地提供建设性意见。

（3）提供的报表及有关数据要正确，有可比性。

（4）参考的法规需要更新为最近的法规，以保证法规适用的效力。

（点评人：税安科技（杭州）有限公司财税专家陈华）

第二章　有色金属制造业税收风险管控案例与点评

第一节　甲有色金属制造企业税收风险管控案例

一、学习指引

本案例选取有色金属制造行业甲企业作为研究对象，在了解其行业发展状况和涉税风险特点后，以现有税收法律法规为基础，着眼于增值税、企业所得税两个大税种，以及资源税、环境保护税、印花税、城镇土地使用税四个小税种，结合资产负债表、利润表等相关资料，运用纳税评估方法进行比对分析，筛选评估对象的税收风险点。根据指标计算得分，判断评估对象的风险等级，并据此采取相应的风险应对措施。

二、行企背景

（一）行业发展状况及趋势

随着国家提高资源型企业在节能减排、环境保护、安全生产等方面的要求，有色金属企业在经营管理方面朝着“绿色矿山”方向迈进，促进矿业绿色发展和资源高效利用。行业产业链可概括为上游矿产采选、中游冶炼加工和下游产品应用。我国有色金属资源相对稀缺，精矿供给能力较冶炼能力略有不足，依靠加工产品获取固定加工费，行业整体盈利能力有待提升。

甲有色金属制造企业（以下简称“甲企业”）所在地A地区是中国锡资源最集中的地区之一，2022年锡金属国内市场占有率为47.78%，全球市场占有率为22.54%，为该行业龙头企业。甲企业拥有锡金属勘探、开采、选矿、冶炼及深加工全产业链，公司面向国内供应商采购锡、铜、锌等原料，相关采购价格主要参照SMM和SHFE交易价格。

（二）行业涉税风险特点

甲企业所属的有色金属冶炼和压延加工行业，其涉及税种以增值税、企业所得税、资源税为主，还涉及环境保护税、印花税等小税种。其涉税风险有以下特点：第一，隐匿增值税应税收入；第二，关联交易数量多、数额大；第三，精细化管理意识薄弱，部分收入费用难以核实；第四，污染排放难以有效监测；第五，拆分收入少缴资源税。

三、企业资料

（一）企业基本资料

庚集团是一家大型有色金属制造集团，注册地址为A省B市×路×号，甲企业为庚集团母公司，旗下拥有乙锡材有限公司、丙实业有限公司、丁锌铟冶炼公司、辛（德国）资源有限公司等子公司和戊物流公司、己研究院有限公司等分公司。由于有色金属价格动荡，专设申投资发展有限公司（子公司），进行套期保值等业务。

甲企业位于A市，主要从事有色金属勘探、开采、选矿和冶炼以及有色金属深加工业务，拥有员工10473人（见表2-1）。

表2-1　企业基本信息

纳税人名称	甲有色金属制造企业
公司成立时间	20×0年×月1日
注册资本	××××××××××元
经济性质	股份有限公司
所属行业	制造业—有色金属冶炼和压延加工业
增值税类型	增值税一般纳税人
注册地址	A省B市×区×路×号
经营范围	主要从事锡、铜、锌等有色金属矿的勘探、开采、选矿和冶炼以及有色金属深加工及高新技术产品的开发、生产及销售业务；进出口业务

（二）企业的经营情况

1. 经营情况

甲企业经营情况如表2-2所示。

表 2 - 2　　经营情况　　单位：元

经营情况	2022 年	2021 年
营业收入	31345232422.89	27843745668.23
其中：主营业务收入	31123360494.00	27625650122.26
营业成本	29153692442.94	24025045782.80
其中：主营业务成本	28992445005.38	23893002839.00

2. 主要涉及税种及税率

甲企业主要税种及税率如表 2 - 3 所示。

表 2 - 3　　主要税种及税率

主要税种	税率
增值税	13%；9%；6%
企业所得税	15%
个人所得税	3% ~45% 的七级超额累进税率
资源税	锡矿 6%；铜矿 8.5%；锌矿 9.5%
	锡矿 4%；铜矿 5%；锌矿 5%
环境保护税	1.2 ~12 元；1.4 ~14 元
印花税	0.05‰；0.3‰；1‰；0.25‰
城市维护建设税	7%；5%；1%
教育费附加	3%
地方教育附加	2%

（三）会计报表

1. 2021—2022 年资产负债表

甲企业 2021—2022 年资产负债表如表 2 - 4 所示。

表 2 - 4　　2021—2022 年资产负债表　　单位：元

资产	2022 年 12 月 31 日	2021 年 12 月 31 日
流动资产：		
货币资金	1581083858.23	2758374634.19
交易性金融资产	0	0
应收票据	1193123872.44	199028727.00
应收账款	1113436379.77	1367283529.67
预付款项	487125095.62	437489107.91
其他应收款	2642271047.71	2011689072.81

续表

资产	2022 年 12 月 31 日	2021 年 12 月 31 日
存货	4520276307.45	5062577873.41
一年内到期的非流动资产	55331034.00	0
其他流动资产	214903681.26	644914692.26
流动资产合计	11807551276.48	12481357637.25
非流动资产：		
长期应收款	70827380.85	367769921.66
长期股权投资	8803023152.40	8079319241.26
投资性房地产	22727551.53	8121234.50
固定资产	12205983033.94	13605712391.54
在建工程	440420786.13	446277288.20
使用权资产	224677448.66	142728092.94
无形资产	766999633.73	734363932.72
长期待摊费用	317172399.81	321972648.61
递延所得税资产	158003484.52	152667935.68
其他非流动资产	31184600.00	32119737.60
非流动资产合计	23041019471.57	23891052424.71
资产总计	34848570748.05	36372410061.96
负债和所有者权益（或股东权益）	2022 年 12 月 31 日	2021 年 12 月 31 日
流动负债：		
短期借款	2158006583.11	7253538301.38
应付账款	3131598962.79	3018765822.24
合同负债	65085763.86	172775413.55
应付职工薪酬	167326502.38	250240452.58
应交税费	37252288.71	334897035.59
其他应付款	3041729104.44	962594275.61
一年内到期的非流动负债	4507706120.67	2275735081.83
其他流动负债	8927574.19	18400093.52
流动负债合计	13117632900.15	14286946476.30
非流动负债：		
长期借款	7621400000.00	7114263025.64
应付债券	0	619275000.00
租赁负债	3696185.74	7973309.24
长期应付款	580291469.43	767045613.14
长期应付职工薪酬	85145311.67	81749882.63
预计负债	61486907.02	58801562.69

续表

负债和所有者权益（或股东权益）	2022 年 12 月 31 日	2021 年 12 月 31 日
递延收益	507269298.44	542756758.13
递延所得税负债	0	1877271.00
非流动负债合计	8859289172.30	9193742422.47
负债合计	21976922072.45	23480688898.77
所有者权益（或股东权益）：		
股本	1645801952.00	1668776379.00
资本公积	9939173981.46	10153330438.97
减：库存股	0	237130884.51
其他综合收益	-69123704.25	3822943.00
专项储备	5542673.09	878.44
盈余公积	533649156.73	463385921.86
未分配利润	816604616.57	365273717.41
所有者权益（或股东权益）合计	12871648675.60	12891721163.19
负债和所有者权益（或股东权益）总计	34848570748.05	36372410061.96

2. 2021—2022 年利润表

甲企业 2021—2022 年利润表如表 2-5 所示。

表 2-5 **2021—2022 年利润表** 单位：元

项目	2022 年度	2021 年度
一、营业收入	31345232422.89	27843745668.23
减：营业成本	29153692442.94	24025045782.80
税金及附加	101765319.47	141177089.14
销售费用	43621597.63	51453859.01
管理费用	775801952.56	1000158914.46
其中：研发费用	109344399.75	78632406.96
财务费用	489088454.95	692450039.44
其中：利息费用	593882109.54	693813485.96
利息收入	39789419.50	25835837.83
加：其他收益	75023507.95	70728848.61
投资收益（损失以"-"号填列）	713004967.58	2850356.73
汇兑收益（损失以"-"号填列）	—	—
公允价值变动收益（损失以"-"号填列）	-8698445.00	638241000.00
信用减值损失（损失以"-"号填列）	-30257.14	-1334062.90
资产减值损失（损失以"-"号填列）	-846379334.95	-3198410.88

续表

项目	2022 年度	2021 年度
资产处置损益（损失以“－”号填列）	11118220.78	68018990.78
二、营业利润	725301314.56	2076908115.72
加：营业外收入	18111508.86	12596346.91
减：营业外支出	33854992.64	148014424.56
三、利润总额	709557830.78	1941490038.07
减：所得税费用	6925482.03	227477588.88
四、净利润	702632348.75	1714012449.19

3. 2022 年税金及附加明细表

甲企业 2022 年税金及附加明细表如表 2－6 所示。

表 2－6　　2022 年税金及附加明细表　　单位：元

项目	本期发生额	上期发生额
城市维护建设税	2806192.68	2285661.01
教育费附加	1202654.00	979569.00
地方教育费附加	801769.34	653046.00
资源税	45951221.08	49086839.68
房产税	14476016.45	14621338.33
城镇土地使用税	2066143.42	3707443.19
车船税	302564.44	301259.73
印花税	11058167.07	11226025.47
环境保护税	344907.99	498241.25
其他	22755683.00	57817665.47
合计	101765319.47	141177089.14

（四）纳税申报表

1. 增值税及附加税费申报表

甲企业 2021—2022 年增值税及附加税费申报表如表 2－7 所示。

表 2－7　　2021—2022 年增值税及附加税费申报表（一般纳税人适用）　　单位：元

项目		栏次	2021 年	2022 年
销售额	（一）按适用税率计税销售额	1	16088693993.50	14725862094.05
	其中：应税货物销售额	2	16088693993.50	14725862094.05
	应税劳务销售额	3	0	0
	纳税检查调整的销售额	4	0	0

续表

	项目	栏次	2021 年	2022 年
销售额	（二）按简易办法计税销售额	5	2863730.87	23888693.80
	其中：纳税检查调整的销售额	6	0	0
	（三）免、抵、退办法出口销售额	7	0	0
	（四）免税销售额	8	229443042.51	66133091.94
	其中：免税货物销售额	9	0	0
	免税劳务销售额	10	0	0
税款计算	销项税额	11	2091088669.91	1913427825.48
	进项税额	12	2059222566.17	1901155454.65
	上期留抵税额	13	0	0
	进项税额转出	14	643756.51	27134275.52
	免、抵、退应退税额	15	0	0
	按适用税率计算的纳税检查应补缴税额	16	0	0
	应抵扣税额合计	17 = 12 + 13 − 14 − 15 + 16	—	1874021179.13
	实际抵扣税额	18（如 17 < 11，则为 17，否则为 11）	2058578809.66	1874021179.13
	应纳税额	19 = 11 − 18	32509860.25	39406646.35
	期末留抵税额	20 = 17 − 18	0	0
	简易计税办法计算的应纳税额	21	142439.84	1193675.63
	按简易计税办法计算的纳税检查应补缴税额	22	0	0
	应纳税额减征额	23	0	511855.15
	应纳税额合计	24 = 19 + 21 − 23	32652300.09	40088466.83
税款缴纳	期初未缴税额（多缴为负数）	25	5770360.48	9895747.58
	实收出口开具专用缴款书退税额	26	0	0
	本期已缴税额	27 = 28 + 29 + 30 + 31	28526912.99	49215894.86
	①分次预缴税额	28	—	—
	②出口开具专用缴款书预缴税额	29	—	—
	③本期缴纳上期应纳税额	30	28526912.99	49215894.86
	④本期缴纳欠缴税额	31	0	0
	期末未缴税额（多缴为负数）	32 = 24 + 25 + 26 − 27	9895747.58	768319.55
	其中：欠缴税额（≥0）	33 = 25 + 26 − 27	—	—
	本期应补（退）税额	34 = 24 − 28 − 29	—	—
	即征即退实际退税额	35	—	—
	期初未缴查补税额	36	0	0
	本期入库查补税额	37	0	0
	期末未缴查补税额	38 = 16 + 22 + 36 − 37		
附加税费	城市维护建设税本期应补（退）税额	39	2285661.01	2806192.68
	教育费附加本期应补（退）费额	40	979569.00	1202654.00
	地方教育附加本期应补（退）费额	41	653046.00	653046.00

2. 所得税申报表

甲企业 2021—2022 年企业所得税年度纳税申报表如表 2－8 所示。

表 2－8　2021—2022 年企业所得税年度纳税申报表　　单位：元

行次	类别	项目	2021 年	2022 年
1	利润总额计算	一、营业收入（填写 A101010 \ 101020 \ 103000）	27843745668.23	31345232422.89
2		减：营业成本（填写 A102010 \ 102020 \ 103000）	24025045782.80	29153692442.94
3		减：税金及附加	141177089.14	101765319.47
4		减：销售费用（填写 A104000）	51453859.01	43621597.63
5		减：管理费用（填写 A104000）	1000158914.46	775801952.56
6		减：财务费用（填写 A104000）	692450039.44	489088454.95
7		减：资产减值损失	3198410.88	846379334.95
8		加：公允价值变动收益	6382410.00.00	－8698445.00
9		加：投资收益	2850356.73	713004967.58
10		二、营业利润（1－2－3－4－5－6－7＋8＋9）	2076908115.72	725301314.56
11		加：营业外收入（填写 A101010 \ 101020 \ 103000）	12596346.91	18111508.86
12		减：营业外支出（填写 A102010 \ 102020 \ 103000）	148014424.56	33854992.64
13		三、利润总额（10＋11－12）	1941490038.07	709557830.78
14	应纳税所得额计算	减：境外所得（填写 A108010）	70000000.00	58700561.96
15		加：纳税调整增加额（填写 A105000）	98611067.66	909056237.50
16		减：纳税调整减少额（填写 A105000）	201998012.69	977642558.67
17		减：免税、减计收入及加计扣除（填写 A107010）	621349645.47	755695753.88
18		加：境外应税所得抵减境内亏损（填写 A108000）	0	58700561.96
19		四、纳税调整后所得（13－14＋15－16－17＋18）	1146753447.57	－114724244.27
20		减：所得减免（填写 A107020）	0	0
21		减：弥补以前年度亏损（填写 A106000）	0	0
22		减：抵扣应纳税所得额（填写 A107030）	0	0
23		五、应纳税所得额（19－20－21－22）	1146753447.57	－114724244.27
24	应纳税额计算	税率（25%）	0.25	0.25
25		六、应纳所得税额（23×24）	286688361.89	—
26		减：减免所得税额（填写 A107040）	110140617.42	—
27		减：抵免所得税额（填写 A107050）	11070497.27	—
28		七、应纳税额（25－26－27）	165477247.20	—
29		加：境外所得应纳所得税额（填写 A108000）	18175646.53	—
30		减：境外所得抵免所得税额（填写 A108000）	2702586.11	—
31		八、实际应纳所得税额（28＋29－30）	180950307.62	—
32		减：本年累计实际已缴纳的所得税额	166294687.23	169129594.87
33		九、本年应补（退）所得税额（31－32）	14655620.39	－169129594.87

（五）案头资料

行业风险指标情况如表 2 –9 所示。

表 2 –9 行业风险指标情况

序号	指标名称	计算公式
1	综合税负率	实际缴纳各项税收总额/营业收入
2	综合税负变动率	（本年综合税负率 – 上年综合税负率）/上年综合税负率
3	所得税贡献率	应纳所得税额/主营业务收入
4	所得税税负变动率	（本年所得税税负率 – 上年所得税税负率）/上年所得税税负率
5	净利润率变动率	（本年净利润率 – 上年净利润率）/上年净利润率
6	毛利率	（营业收入 – 营业成本）/营业收入
7	营业成本变动率与营业收入变动率弹性系数	营业成本变动率/营业收入变动率
8	期间费用变动率与营业收入变动率弹性系数	期间费用变动率/营业收入变动率
9	环境保护税税额变动率	（本年应纳环境保护税税额 – 上年应纳环境保护税税额）/上年应纳环境保护税税额
10	印花税税额变动率	（本年应纳印花税税额 – 上年应纳印花税税额）/上年应纳印花税税额
11	资源税税负率	应纳资源税税额/资源税计税依据
12	应税资源品平均销售价格	应税资源品销售收入/应税资源品销售数量
13	应税资源品平均运输单价	应税资源品运费收入/应税资源品销售数量
14	增值税税负变动率	（本年增值税税负率 – 上年增值税税负率）/上年增值税税负率
15	增值税销售额增长率与企业销售收入增长率之比	增值税销售额增长率/企业销售收入增长率
16	其他应收款变动率	（本年其他应收款 – 上年其他应收款）/上年其他应收款
17	其他应付款变动率	（本年其他应付款 – 上年其他应付款）/上年其他应付款
18	关联交易平均价格	关联交易销售收入/关联交易销售量
19	关联交易价格偏离比率	（关联交易平均价格 – SHFE 期货价格）/SHFE 期货价格
20	主营业务收入与企业收入总额之比	主营业务收入/企业收入总额
21	耗电量能耗比	生产量/耗电量
22	实际分摊成本	企业实际申报分摊成本

（六）纳税风险等级评定标准

本案例根据有色金属制造行业经营业务、行业特性、税务管理规范等，设计税收风险识别模型（见表 2－10），将指标分为定量和定性两类指标。定量指标总分 100 分，权重 70%，设计时主要考虑各税种税负以及税负变动、财务指标变动、各报表勾稽关系等，通过与同行业对比、变动率大小等设置预警值，根据指标重要程度设置不同分值。定性指标总分 100 分，权重 30%，结合企业社会责任报告、内控系统、套期保值业务等进行设计，通过判断是否存在相关内容（社会责任报告披露、内控系统建设况等），设置不同分值。

表 2－10　　纳税风险等级评定模型

指标类型	序号	名称	预警值	项目分值（总分为 100）
定量指标（70%）	1	综合税负率	同行业综合税负率 1%	0/6
	2	综合税负变动率	30%	0/5
	3	所得税贡献率	同行业所得税贡献率 1%	0/6
	4	所得税税负变动率	30%	0/5
	5	净利润率变动率	30%	0/5
	6	毛利率	10%	0/3
	7	营业成本变动率与营业收入变动率弹性系数	1 ±10%	0/3
	8	期间费用变动率与营业收入变动率弹性系数	1 ±10%	0/3
	9	环境保护税税额变动率	30%	0/6
	10	印花税税额变动率	30%	0/6
	11	资源税税负率	同行业资源税税负率 1%	0/6
	12	应税资源品平均销售价格	＜SHFE 期货价格	0/3
	13	应税资源品平均运输单价	＞市场运输价	0/3
	14	增值税税负变动率	30%	0/6
	15	增值税销售额增长率与企业销售收入增长率之比	1	0/5
	16	其他应收款变动率	30%	0/4
	17	其他应付款变动率	30%	0/4
	18	关联交易平均价格	SHFE 期货价格	0/5
	19	关联交易价格偏离比率	20%	0/3
	20	主营业务收入与企业收入总额之比	60%	0/3
	21	耗电量能耗比	同行业耗电量能耗比	0/5
	22	实际分摊成本	可比条件下为获得相应受益权而支付的成本	0/5

续表

指标类型	序号	名称	预警值	项目分值（总分为 100）
定性指标（30%）	1	社会责任报告	有社会责任报告	0
			无社会责任报告	5
	2	是否存在完整内部控制系统	有/无内部环境制度	0/3
			有/无风险评估	0/3
			有/无控制活动	0/3
			有/无信息与沟通	0/3
			有/无内部监督	0/3
	3	第三方审计意见	无保留意见	0
			有保留意见	10
			否定意见	15
	4	内部发票管理制度	有/无发票使用规范	0/4
			有/无发票申请制度	0/4
			有/无发票领用及保管制度	0/4
			有/无发票使用统计制度	0/4
	5	处罚及整改情况	不存在处罚整改	0
			存在行政监管措施	7
			存在行政处罚	12
			存在刑事处罚	17
	6	是否存在证监会年报会计监管报告所述问题	不存在	0
			1 个	7
			2 个	12
			3 个及以上	17
	7	套期保值业务	业务覆盖所有金属	0
			业务涉及两项金属	5
			业务涉及一项金属	10
			无业务	15

根据上述税收风险识别模型计算得出企业综合分值，根据表 2－11 判断风险等级，并采取相应的风险应对措施。

表 2－11　风险等级判定标准

分值区间	风险等级	风险应对
(0—55 分)	低风险	风险提示、纳税人自查补正
(55—75 分)	中风险	纳税评估
(75—100 分)	高风险	税务稽查

四、案头分析

（一）风险点及风险指标

1. 风险点 1

甲企业综合税负率低于同行业综合税负率的风险。

风险指标：综合税负率、综合税负变动率。

2. 风险点 2

甲企业营业收入增加，净利润为正，实际缴纳的企业所得税为 0，企业存在虚列成本费用或扩大税前扣除范围导致少缴企业所得税的风险。

风险指标：所得税贡献率、所得税税负变动率、净利润率变动率、毛利率、营业成本变动率与营业收入变动率弹性系数、期间费用变动率与营业收入变动率弹性系数。

3. 风险点 3

甲企业营业收入增加，实际缴纳的环境保护税减少，企业存在产生应税污染物未如实申报，少缴环境保护税的风险。

风险指标：环境保护税税额变动率。

4. 风险点 4

甲企业销售收入增加，实际缴纳的印花税减少，企业存在取得应税凭证未足额缴纳印花税的风险。

风险指标：印花税税额变动率。

5. 风险点 5

甲企业资源税税负率低于同行业资源税税负率，应税资源品平均销售价格低于 SHFE 期货价格，应税资源品平均运输单价高于市场运输价格，企业存在将取得的全部收入人为拆分为应税资源品销售额和运杂费用，少计资源税应税收入，少缴资源税的风险。

风险指标：资源税税负率、平均销售价格与 SHFE 期货价格、平均运输单价与市场运输价格。

6. 风险点 6

甲企业本年土地使用权增加，缴纳的城镇土地使用税减少，企业存在少缴城镇土地使用税的风险。

7. 风险点 7

甲企业增值税销售额与企业营业收入变动不一致，增值税销售额减少，企业营业收入增加，企业存在取得应税收入未计算缴纳增值税的风险。

风险指标：增值税税负变动率、增值税销售额增长率与企业销售收入增长率之比。

8. 风险点 8

甲企业购进安全生产专用设备，实际投入使用后 5 个纳税年度内出租，存在未补缴已经抵免企业所得税税款的风险。

9. 风险点 9

甲企业往来款项期末余额较大，怀疑企业存在少记收入，甚至账外挂账，少缴相关税费的风险。

风险指标：其他应收款变动率、其他应付款变动率。

10. 风险点 10

甲企业发生的关联交易中，部分交易价格偏低，未体现独立交易原则，存在少计收入，少缴增值税、企业所得税、资源税的风险；部分关联交易价格偏高，企业存在向下游企业虚开增值税专用发票，多抵扣进项税的风险。

风险指标：关联交易平均价格与 SHFE 期货价格、关联交易价格偏离比率。

11. 风险点 11

甲企业存在滥用西部大开发税收优惠政策的风险。

风险指标：主营业务收入与企业收入总额之比。

12. 风险点 12

甲企业通过劳务公司委托开采队对矿山进行勘探和开采，向 N 劳务派遣公司支付相关人员工资，将该部分工资计入工资薪金支出，扩大了工资薪金基数，存在多扣除职工福利费、职工教育经费、工会经费的风险。

13. 风险点 13

甲企业生产锡锭等产品耗电量高于同行业水平，企业存在将隐匿的产品对外销售不做账务处理，少缴增值税、企业所得税、资源税的风险。

风险指标：耗电量能耗比。

14. 风险点 14

甲企业对研发人员实施股权激励，授予员工股票期权，存在未按规定代扣代缴个人所得税的风险。

15. 风险点 15

甲企业为收购 M 公司采矿权，向其支付部分货币资金及股份。由于甲企业与 M 公司税务处理方法不一致，甲企业存在扩大采矿权计税基础，多计提摊销的风险。

16. 风险点 16

甲企业研发费用全部费用化，企业存在未区分资本化支出和费用化支出或将生产成本计入研发费用，扩大税前扣除范围的风险。

风险指标：研发费用变动率。

17. 风险点 17

甲企业本年与境外德国关联企业签订成本分摊协议，共同研发绿色冶炼技术（无形资产），甲企业按照实际发生的支出在税前扣除，导致本年承担的成本与非关联方在可比条件下为获得相应受益权而支付的成本并不匹配，存在没有遵循收益与成本配比原则，多在税前扣除分摊成本的风险。

风险指标：实际分摊成本与在可比条件下为获得相应受益权而支付的成本进行比对。

（二）分析、计算过程及结论

1. 风险点 1

A：本年综合税负率 =（40088466.83 +0 +101765319.47）/31345232422.89 ×100%
=0.45% <1%

上年综合税负率 =（32652300.09 +180950307.62 +141177089.14）/27843745668.23 ×100%
=1.2%

B：本年综合税负变动率 =（0.45% -1.2%）/1.2% = -62.50%

根据计算可得，甲企业本年综合税负率为 0.45%，低于同行业综合税负率 1%，本年综合税负变动率为 -62.50%，综合税负相较上年大幅降低。营业收入增加，综合税负却减少，企业存在少缴相关税费的风险。企业本年企业所得税为 0，税金及附加也在减少，需重点关注该部分。

2. 风险点 2

A：所得税贡献率 =0/31123360494.00 ×100% =0 <1%

B：本年所得税税负率 =0/31345232422.89 ×100% =0

上年所得税税负率 =286688361.89/27843745668.23 ×100% =1.03%

所得税税负变动率 =（0 -1.03%）/1.03% = -100% < -30%

C：本年净利润率 =702632348.75/31345232422.89 ×100% =2.24%

上年净利润率 =1714012449.19/27843745668.23 ×100% =6.16%

净利润变动率 =（2.24% -6.16%）/6.16% = -63.64%

D：毛利率 =（31345232422.89 -29153692442.94）/31345232422.89 ×100% =6.99% <10%

E：营业成本变动率 =（29153692442.94 -24025045782.80）/24025045782.80 ×100%
=21.35%

营业收入变动率 =（31345232422.89 -27843745668.23）/27843745668.23 ×100%
=12.58%

营业成本与营业收入变动率弹性系数 =21.35%/12.58% =169.71% >110%

F：期间费用变动率 =（1308512005.14 -1744062812.91）/1744062812.91 ×100%
= -24.97%

期间费用与营业收入变动率弹性系数 = -24.97%/12.58% = -198.49% <90%

甲企业本年所得税贡献率为 0，小于预警值 1%，所得税税负变动率为 -100%，怀疑企业少缴所得税。本年净利润率为 2.24%，相较于上年减少，净利润变动率为 -63.64%，大于预警值；毛利率为 6.99%，小于同行业毛利率 10%；企业收入增加，营业成本增加，期间费用减少，营业成本与营业收入变动率弹性系数为 169.71%，期间费用与营业收入变动率弹性系数为 -198.49%，企业同期营业成本增速超过营业收入增速，若无正当理由，怀疑企业虚列成本扩大税前扣除范围。

2018—2020 年企业毛利率接近 10%，相对稳定，2021 年和 2022 年毛利率变动较大，企业可能存在少计收入或虚增成本的风险。近五年企业期间费用一直减少，需核查原因。

3. 风险点 3

环境保护税税额变动率 =(344907.99 -498241.25)/498241.25 ×100% = -30.77%

甲企业本年营业收入增加，环境保护税与营业收入应同方向变动，原则上该企业排放的应税污染物应有所增加，但环境保护税税额变动率为 -30.77%，实际缴纳的环境保护税减少，怀疑企业少缴环境保护税。

4. 风险点 4

印花税税额变动率 =(11058167.07 -11226025.47)/11226025.47 ×100% = -1.5%

甲企业本年营业收入增加，但实际缴纳的印花税却减少，印花税税额变动率为 -1.5%，属于异常范围；根据图 2-1，发现甲企业印花税占营业收入比重长期低于同行业水平，怀疑企业签订合同未足额缴纳印花税。

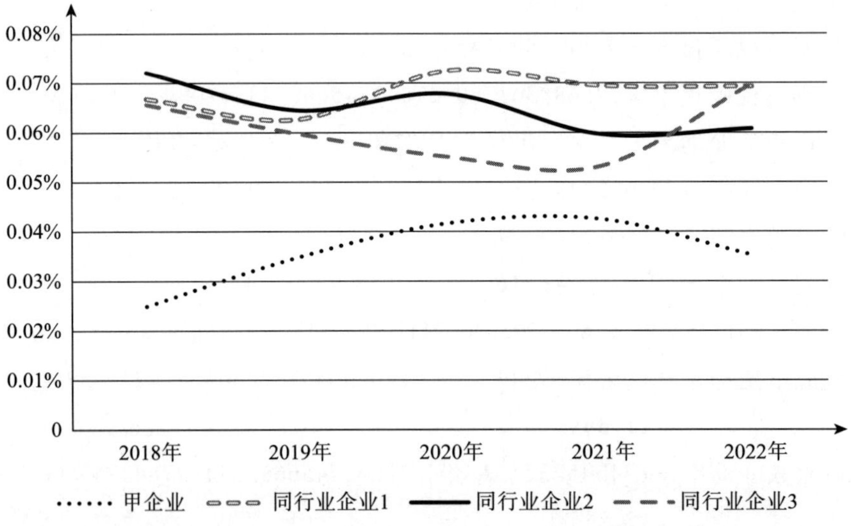

图 2-1　2018—2022 年甲企业与同行业企业印花税占营业收入比重

5. 风险点 5

甲企业 2022 年销售应税资源的销售额为 10595838292.86 元，其中铜、锡、锌的销售数量分别为25870吨、40743吨、17366吨，铜、锡、锌取得销售收入分别为1567264891.07元、8518456924.25元、369853377.54元，相应运输铜、锡、锌支付运输费分别为48768000元、68166500元、23328600元，实际缴纳资源税为45951221.08元。该企业产品主要在本省销售，运输距离在500公里以内。价格在SHFE期货价格上下波动10%范围内均属于正常范围。

A：资源税税负率＝45951221.08/10455575192.86×100%＝0.44%＜1%

B：铜平均销售价格＝1567264891.07/25870＝60582.33（元/吨）＜66540（元/吨）

66540×90%＝59886（元/吨）＜60582.33（元/吨）

锡平均销售价格＝8518456924.25/40743＝209077.80（元/吨）＜244850（元/吨）

244850×90%＝220365（元/吨）＞209077.80（元/吨）

锌平均销售价格＝369853377.54/17366＝21297.56（元/吨）＜25081（元/吨）

25081×90%＝22572.9（元/吨）＞21297.56（元/吨）

C:铜锡锌平均运输价格＝（48768000＋68166500＋23328600）/（25870＋40743＋17366）

＝1670.22（元/吨）＞900（元/吨）

通过对申报表进行计算可得，甲企业资源税税负率为0.44%，低于同行业资源税税负率1%，怀疑企业少计资源税计税依据，少缴资源税。通过计算发现，企业本年铜平均销售价格属于正常范围，锡、锌的平均销售价格均低于SHFE期货（见表2－12），运输产品的平均运输单价高于市场运输单价（见表2－13），怀疑企业销售资源税应税资源品时，将取得的收入人为拆分为销售收入和运费收入，通过运输过程中收取的运杂费用不计入资源税的计税依据，降低销售收入抬高运费收入，从而少计资源税应税收入，少缴纳资源税。

表2－12　　2022年锡、铜、锌SHFE期货价格

产品	SHFE期货价格
锡	244850元/吨
铜	66540元/吨
锌	25081元/吨

表2－13　　2022年市场运输价格

里程	价格
500公里以内	900元/吨
500—1000公里	1600元/吨
超过1500公里	3000元/吨

6. 风险点6

根据图2－2可得，甲企业2018—2021年土地使用权与城镇土地使用税变化趋势一致，而 2022 年土地使用权增加，缴纳的城镇土地使用税减少，怀疑取得土地使用权未按规定缴纳城镇土地使用税。

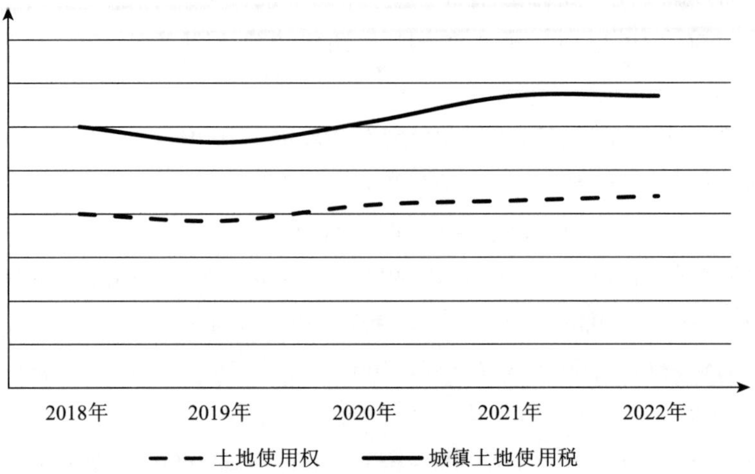

图 2－2　2018—2022 年土地使用权及城镇土地使用税变动情况

7. 风险点 7

A：本年增值税税负率 =40088466.83/（14725862094.05 +23888693.80 +66133091.94）×100%
=0.27%

上年增值税税负率 =32652300.09/（16088693993.50 +2863730.87 +229443042.51）×100%
=0.20%

增值税税负变动率 =（0.27% －0.20%）/0.20% =35.25% >30%

B：本年增值税销售额 =14725862094.05 +23888693.80 +66133091.94 =14815883879.79（元）

上年增值税销售额 =16088693993.50 +2863730.87 +229443042.51 =16321000766.88（元）

增值税销售额增长率 =（14815883879.79 －16321000766.88）/16321000766.88 ×100%
= －9.22%

销售收入增长率 =（31345232422.89 －27843745668.23）/27843745668.23 ×100%
=12.58%

增值税销售额增长率与销售收入增长率之比 = －9.22%/12.58% = －0.7329

甲企业本年增值税税负率为 0.27%，上年增值税税负率为 0.2%，企业增值税税负变动率为 35.25%，大于预警值 30%，其增值税税负变动较大，怀疑企业本年虚增收入，向第三方（尤其是关联方）虚开增值税专用发票抵扣进项税；甲企业本年增值税销售额增长率为 -9.22%，销售收入增长率为 12.58%，二者之比为 -0.7329，小于预警值 100%，销项税额与企业销售收入变动不一致，怀疑企业取得增值税应税收入不予申报，少计销项税额。

8. 风险点 8

甲企业 2019 年购置 4 台功率为 5000kW 的废金属破碎分选机，属于列明的安全生产专用设备，当年取得增值税专用发票注明价税合计金额 24905200 元，已按规定抵免企业所得税 2490520 元，2022 年 5—6 月因锡产品价格持续下跌，企业暂停使用该生产设备，于 2022 年 7 月 1 日将设备租借给非关联企业 A 公司，合同约定时限为 2 年（2022 年 7 月—2024 年 7 月），2022 年 8 月 15 日公司在进行企业所得税预扣预缴时，未申报和补缴已抵免企业所得税税款。

9. 风险点 9

A：其他应收款变动率 $=(2642271047.71-2011689072.81)/2011689072.81\times100\%$

$=31.35\%>30\%$

B：其他应付款变动率 $=(3041729104.44-962594275.61)/962594275.61\times100\%$

$=215.99\%>30\%$

甲企业其他应收款变动率为 31.35%，大于预警值 30%，本年其他应收款占营业收入比重为 8.43%（见表 2-14），超同行业预警值 8%，企业可能存在虚增收入的风险。其他应付款变动率为 215.99%，大于预警值 30%，甲企业本年其他应付款占营业成本比重为 10.43%，超同行业预警值 8%，企业可能存在少计收入或滞后确认收入，推迟纳税义务发生时间的风险。

表 2-14　　2021—2022 年其他款项占比

指标	2022 年	2021 年
预付账款占营业成本比重	1.67%	1.82%
其他应收款占营业收入比重	8.43%	7.22%
合同负债占营业收入比重	0.21%	0.62%
其他应付款占营业成本比重	10.43%	4.01%

10. 风险点 10

根据《2022 年中国有色金属工业经济运行报告》可得 2022 年锡锭等产品 SHFE 期货价格（见表 2-15）。

表 2-15　　2022 年锡锭等产品 SHFE 期货价格

产品	SHFE 期货价格
锡锭	228194.69 元/吨
阴极铜	60646.95 元/吨
锌锭	25197.33 元/吨

企业本年与关联企业发生多笔交易，其中：向乙锡材有限公司销售锡锭 2560 吨，取得收入 467097900 元；向丁锌铟冶炼公司销售锌锭 5796 吨，取得收入 180000000 元；向丙

实业有限公司销售阴极铜 6634 吨，取得收入 410000000 元。

A：向乙锡材有限公司销售锡锭的平均单价 = 467097900/2560 = 182460.12(元/吨)
< 228194.69(元/吨)

关联交易价格偏离比例 = (182460.12 - 228194.69)/228194.69 × 100%
= -20.04% < -20%

B：向丁锌铟冶炼公司销售锌锭的平均单价 = 180000000/5796 = 31055.90(元/吨)
> 25197.33(元/吨)

关联交易价格偏离比例 = (31055.90 - 25197.33)/25197.33 × 100%
= 23.25% > 20%

C：向丙实业有限公司销售阴极铜的平均单价 = 410000000/6634 = 61802.82(元/吨)
> 60646.95(元/吨)

关联交易价格偏离比例 = (61802.82 - 60646.95)/60646.95 × 100% = 1.91%

甲企业销售矿产品没有定价权，计算发现企业发生的关联交易中，向乙锡材有限公司销售锡锭交易价格低于 SHFE 价格，且关联交易价格偏离比例为 -20.44%，可能是自主定价销售，未体现独立交易原则，存在少计收入，少缴增值税及附加税费、企业所得税的风险；向丁锌铟冶炼公司销售锌锭交易价格高于 SHFE 交易价格，且关联交易价格偏离比例为 23.25%，可能存在向丁锌铟冶炼公司虚开增值税专用发票，多抵扣进项税的风险。

11. 风险点 11

主营业务收入与企业收入总额之比 = 31123360494.00/31345232422.89 × 100%
= 99.29% > 60%

根据相关规定，对设在西部地区的鼓励类产业企业，且其主营业务收入占企业收入总额 60% 以上的企业，减按 15% 的税率征收企业所得税。甲企业从事有色金属产品开发及精深加工，属于《西部地区鼓励类产业目录》中的 A 省鼓励类产业，同时企业主营业务收入与收入总额之比为 99.29%，大于 60%，故可以享受西部大开发税收优惠政策。

12. 风险点 12

2022 年 3—9 月，甲企业开采位于 B 省的矿山，由于距离及成本问题，通过委托 N 劳务派遣公司开采队勘探、开采矿山。甲企业将开采队人员工资 1000000 元直接支付 N 劳务派遣公司后，又将该部分工资支出计入工资薪金，扩大了企业工资薪金基数，多抵扣职工福利费、工会经费等。

13. 风险点 13

甲企业本年锡锭冶炼车间电表显示共耗电 218772490 千瓦时；阴极铜冶炼车间电表显示共耗电 40176740 千瓦时；锌锭冶炼车间电表显示共耗电 368283342 千瓦时。

该企业本年各产品生产量及行业用电量能耗区间范围如表 2 - 16 所示。

表 2－16　　2022 年各产品生产量及用电量能耗比

产品	生产量（吨）	行业用电量能耗区间（千瓦时/吨）
锡锭	82066	2100—2500
阴极铜	85823	300—400
锌锭	96420	3700—3900

锡锭指标值＝218772490/82066＝2665.81＞［2100，2500］

阴极铜指标值＝40176740/85823＝468.13＞［300，400］

锌锭指标值＝368283342/96420＝3819.57∈［3700，3900］

锡锭指标值说明甲企业冶炼一吨锡产品大约需要耗电 2665.81 千瓦时，大于行业耗电量区间范围，企业可能少申报了锡锭产量，将隐匿生产的锡锭销售且未申报收入，少缴相关税费。阴极铜指标值说明冶炼一吨阴极铜大约需要耗电 468.13 千瓦时，大于行业耗电量区间范围，企业可能少申报了阴极铜产量，将隐匿生产的阴极铜销售且未申报收入，少缴相关税费。锌锭指标值说明冶炼一吨锌锭大约需要耗电 3819.57 千瓦时，属于行业耗电量区间范围，产量应处于正常范围。

根据该企业本年锡锭和阴极铜的产出量和实际用电量数据计算得出，该企业本年锡锭和阴极铜的用电量能耗比超过行业用电量能耗比区间范围，企业可能少申报应税产品的生产量，并将少申报的生产量对外销售取得收入未缴纳相关税费。

14. 风险点 14

甲企业于 2019 年 6 月 25 日对公司 20 名核心技术研发人员实施股票期权计划，授予该企业员工本企业股票期权。约定如在公司连续服务 3 年，即可以 8 元/股的价格购买本公司股票 10000 股（等待期内公允价格为 12 元/股）。经过股东大会决议后，在证券交易所网站上披露了该事项。研发人员均在 2022 年 12 月 31 日前行权，但企业在员工行权日未按规定代扣代缴个人所得税。

15. 风险点 15

2022 年 7 月，甲企业为收购 M 公司采矿权（预计使用 50 年），该采矿权计税基础为 200000000 元，公允价值为 250000000 元。甲企业向 M 公司支付银行存款 20000000 元和其全资子公司部分股权，股权计税基础为 180000000 元，公允价值为 230000000 元。由于股权支付比例为：230000000/250000000＝92%＞85%，同时符合特殊性税务处理的其他条件，M 公司选择适用特殊性税务处理，对于非股权支付部分确认采矿权转让所得为：(250000000－200000000)×(1－92%)＝4000000 万元，并按此金额缴税。但甲企业对该笔交易选择适用一般性税务处理，将采矿权计税基础确定为其公允价值 250000000 元，而非按特殊性税务处理确定的计税基础 204000000（200000000＋4000000）元。双方税务处理办法不一致，导致少缴税或扩大采矿权的计税基础。

16. 风险点16

通过查看研发费用支出及无形资产摊销情况，发现甲企业投入大量研发经费，但均未形成无形资产，将研发费用支出全部费用化。根据表2-17可以发现，该企业无形资产主要是土地使用权和采矿权、探矿权，研发形成的专利权和非专利技术均不足1%，怀疑企业将无形资产全部费用化或将生产成本计入研发费用，扩大税前扣除范围，少缴所得税。

表2-17　2022年无形资产情况

无形资产	账面价值（元）	占比（%）
土地使用权	233201120.39	30.40
专利权	95.41	0.00
非专利技术	1048612.87	0.14
采矿权、探矿权	532749805.06	69.46
合计	766999633.73	100

17. 风险点17

甲企业本年与境外德国关联企业签订成本分摊协议，与境外德国关联企业共同研发一项绿色冶炼技术（无形资产），根据该项成本分摊协议，在该项技术研发成功以后，甲企业每年可获得该项技术所获收益总额的30%。本年该项绿色冶炼技术的研发共计花费2500万元，甲企业本年实际在税前分摊扣除的金额为1200万元。

在可比非关联条件下为获得相应受益权而支付的成本应为：2500×30%=750（万元），但实际企业在税前扣除的分摊成本为1200万元，说明企业实际分摊的成本与其预期所获收益情况并不匹配，存在利用成本分摊协议多在企业所得税前扣除分摊成本的风险。

（三）风险等级评定

风险等级评定如表2-18所示。

表2-18　风险等级评定

指标类型	序号	名称	项目分值（总分为100）
定量指标（70%）	1	综合税负率	5
	2	综合税负变动率	4
	3	所得税贡献率	6
	4	所得税税负变动率	5
	5	净利润率变动率	4
	6	毛利率	3
	7	营业成本变动率与营业收入变动率弹性系数	3
	8	期间费用变动率与营业收入变动率弹性系数	2

续表

指标类型	序号	名称		项目分值（总分为100）
定量指标（70%）	9	环境保护税税额变动率		4
	10	印花税税额变动率		5
	11	资源税税负率		5
	12	应税资源品平均销售价格		3
	13	应税资源品平均运输单价		3
	14	增值税税负变动率		4
	15	增值税销售额增长率与企业销售收入增长率之比		4
	16	其他应收款变动率		2
	17	其他应付款变动率		4
	18	关联交易平均价格		4
	19	关联交易价格偏离比率		2
	20	主营业务收入与企业收入总额之比		0
	21	耗电量能耗比		4
	22	实际分摊成本		4
	得分			80
定性指标（30%）	1	社会责任报告	有社会责任报告	0
	2	是否存在完整内部控制系统	有内部环境制度	0
			有风险评估	0
			有无控制活动	0
			有信息与沟通	0
			有内部监督	0
	3	第三方审计意见	无保留意见	0
	4	内部发票管理制度	有发票使用规范	1
			有发票申请制度	1
			有发票领用及保管制度	1
			有发票使用统计制度	1
	5	处罚及整改情况	存在行政监管措施	7
	6	是否存在证监会年报会计监管报告所述问题	1个	7
	7	套期保值业务	业务覆盖所有金属	0
	得分			18
综合得分				61.4

定性指标填表情况说明如下。

（1）定性指标1：甲企业每年均会对外发布《社会责任报告》，暨环境、社会及治理

（ESG）报告，从社会责任、合规治理、行业标杆、安全环保、员工发展、社会公益六个方面反映公司报告年度企业社会责任的发展与实践，向利益相关方公开报告企业运行情况。

（2）定性指标 2：甲企业每年均会对外发布《内部控制自我评价报告》，有完整的《内部规章制度管理办法》，已基本形成一套具备指导性、操作性的内部控制评价方法论，具有一定的风险识别、评估及应对能力。

（3）定性指标 3：甲企业 2021 年度报告、2022 年度报告第三方审计意见均为无保留意见。

（4）定性指标 4：甲企业有一套涵盖发票申领、使用、保管及统计的内部发票管理制度，但其制度内容中还未涉及数电票的管理（由于企业虽有涉及发票管理所有流程的内部发票管理制度，但其内容中未涉及有关数电票的管理内容，因此定性指标 4 中所有项目分值均赋值 1 分，即企业在定性指标 4 中共得到 4 分。）。

（5）定性指标 5：甲公司矿产资源补偿费从 1999 年开始一直由其下属某控股子公司统一向 A 市国土资源局缴纳后再向各矿权主体单位收取。企业 2021 年收到该控股子公司的收款通知单，向企业收取由其代为缴纳的 2007—2016 年矿产资源补偿费共计 2.75 亿元。A 省证监局认为由于相关会计差错持续时间长，对部分年度财务报告准确性影响较大，反映出企业财务管理存在薄弱环节，对企业采取责令改正的监督管理措施，并记入证券期货市场诚信档案，处罚类型为行政监管措施。

（6）定性指标 6：企业存在《2021 年上市公司年报会计监管报告》中总结的“未恰当识别暂定价格销售安排是否属于可变对价”问题。

（7）定性指标 7：2021 年度、2022 年度企业均存在通过期货套期保值操作来规避部分金属价格剧烈波动对公司造成的影响，企业经营活动主要涉及的锡、铜、锌三种金属均进行过套期保值。

根据上述建立的风险等级评价模型计算，该企业综合得分为 61.4，处在 55—75 区间范围，属于中风险，风险应对方式为纳税评估。

五、约谈举证

（一）约谈通知书

纳税评估约谈通知书如表 2-19 所示。

表 2-19　　纳税评估约谈通知书

甲有色金属制造企业： 根据《中华人民共和国税收征收管理法》第五十四条规定，请于 2023 年 6 月 28 日 10 时委派贵公司财务人员徐××至 A 省×××税务局，就 2022 年全年是否存在少缴环境保护税、印花税、虚列成本、隐匿收入、纳税义务时间滞后等问题进行解释，请准备好相应材料，找文×和禾××同志面谈解释，望准时到达。

续表

审批意见	同意
参与评估人	文×、禾××
审批人	祝×
签收人	于××，2023年6月21日

（二）笔录

纳税评估约谈情况如表2－20所示。

表2－20　纳税评估约谈情况

纳税评估序号：　　纳税评估所属期：2022.1.1—2022.12.31

<table>
<tr><td>纳税人名称</td><td>甲有色金属制造企业</td><td>纳税人识别号</td><td colspan="4"></td></tr>
<tr><td>被约谈人姓名</td><td>徐××</td><td>被约谈人职务</td><td>财务总监</td><td>被约谈人在职年限</td><td colspan="2">3年</td></tr>
<tr><td>税务代理人姓名</td><td colspan="2"></td><td>税务代理人单位名称</td><td></td><td>约谈人</td><td>文×</td></tr>
<tr><td>约谈时间</td><td colspan="2">2023年6月28日</td><td>约谈地点</td><td>A省××市××路××号</td><td>记录人</td><td>禾××</td></tr>
<tr><td colspan="7">约谈内容</td></tr>
</table>

告知：根据《中华人民共和国税收征收管理法》第五十四条第（四）项的规定，税务机关向你作询问（调查），你若发现询问（调查）人员少于两人或执法工作与身份不符的，有权拒绝询问（调查），你若认为询问（调查）人员与你或询问（调查）的事实有直接利害关系的，有权申请回避。

你负有如实反映情况、回答询问（调查）、提供有关资料的义务。如提供虚假资料，不如实反映情况，或者拒绝提供有关资料的，将依照《中华人民共和国税收征收管理法》第七十条、《中华人民共和国税收征收管理法实施细则》第九十六条第（一）项规定追究法律责任。

问：你对上述告知事项是否明白？

答：明白。

问：请先介绍一下贵公司的业务情况？

答：本公司主要从事锡、铜、锌等有色金属矿的勘探、开采、选矿和冶炼以及有色金属深加工及其高新技术产品的开发、生产和自销。公司本年全年生产有色金属26.3万吨，其中，锡8.2万吨、铜8.6万吨、锌9.6万吨。报告期内，公司实现营业收入313.45亿元，实现净利润7.02亿元。

■ 风险点1：

问：企业本年涉及的相关税费是否都已正常申报缴纳？是否存在补缴、欠缴情况？

答：由于财务人员的失误，本年未就追加订单部分涉及的金额计税贴花，但现已将之前少缴的部分补缴上了。其余税费都是正常申报缴纳的，没有欠缴情况。

■ 风险点2：

问：贵公司本年度为什么利润总额为正，但却亏损申报，企业所得税税负为0？

续表

答：2022 年有色金属价格大幅波动，本公司部分存货受价格下跌影响，因此大量计提资产减值损失。本年成本增加较多，经营业绩较上年同期下降，2022 年度的利润总额大幅减少。本公司作为劳动密集型企业，人工成本逐年增加，企业产能较低，因此公司的毛利率低于同行业平均水平。公司加快调整产业结构，但因体量过大，成本支出不合理。今年优化了产业结构，公司处置了部分固定资产，产生了资产损失和营业外支出。受疫情影响，公司的坏账损失较去年增加、各项合计后的纳税调整减少项目为 977642558.67 元，研发费用加计扣除等合计 755695753.88 元，虽存在部分纳税调增项目合计 909056237.50 元，但调整后的企业所得税应纳所得税额为 -114724244.27 元，应缴纳的企业所得税为负，所以企业的企业所得税税负为 0。

问：为什么贵公司本年的成本增加的数额那么多？

答：公司本年度成本增加的主要原因是自有矿山资源的产量和品位下降，矿产自给率较低，所加工的矿产资源需要大量购进，受 2022 年美元加息影响，外购矿产品的成本较高，加之公司生产的产品需要消耗大量的劳动力和水电，促使 2022 年锡化工、阴极铜等产品营业成本大幅增加。此外，本公司进行了产业升级改造，开发新的锡冶炼生产线，异地搬迁折旧费用增加。由于疫情影响，锡锭、锡材等市场欠佳，计提了大量的存货跌价准备，资产减值损失增加较多。由于以上原因，本公司成本增加的数额较大。

问：贵公司的削减费用，主要是针对哪些费用？

答：因成本较高，为了保证利润与往期保持平衡，本公司大力削减销售费用和财务费用支出。销售费用主要是保险费、包装费、业务接待费减少。财务费用减少主要是银行短期借款规模下降以及资金综合成本降低所致。

■ 风险点 3：

问：贵公司 2022 年的生产规模是否比 2021 年有所调整或扩大？

答：2022 年确实扩大了生产规模。

问：贵公司在生产规模扩大的基础上，为何申报的环境保护税减少？

答：本公司 2022 年对烟气脱硝技术进行了升级改造，采用更为高效的臭氧脱硝技术，进一步降低氮氧化物排放，减少了排放的大气污染物。此外，通过选用低噪设备、对产噪设备安装减振机座、配置减震器、厂房隔声、绿化等降噪措施来减轻设备运转产生的噪声，从而降低了工业噪声。由于减少了排放的大气污染物和降低了工业噪声，使得环境保护税较上年有了大幅度减少。同时，由于对相关排污设备的升级改造，投入了大量研发，我们的研发费用较上年也增加了较多。

■ 风险点 4：

问：贵公司印花税占营业收入比重为什么长期低于同行业？

答：本公司借款来自集团公司统借统贷的借款。庚集团向银行借款后，发放给子公司的借款由庚集团下属的财务公司负责，该类业务印花税由集团缴纳，本公司不需要缴纳印花税，从而导致印花税占比低于同行业。

问：贵公司 2022 年度营业收入较去年有所增长，但为什么印花税所缴纳的税款比去年少？

答：本公司主要采用长单和零单相结合的销售模式，受疫情影响，本公司的长单客户多次修改已签订购销合同的数量和金额，但由于财务人员管理失误，未按照合同所增加的金额计税贴花，导致营业收入增加，缴纳的印花税减少。后续自查发现少缴纳印花税，已经就少缴部分补缴印花税。

■ 风险点 5：

问：本地区有色金属制造业的行业资源税税负率为 1%，贵公司资源税税负率为 0.44%，低于行业税负率，这是什么原因导致的？

答：受国际矿产品价格影响，本公司对矿产品进行深加工的成本过高，深加工后再销售矿产品的利润不如直接销售原矿的利润高，因此，2022 年本企业的大部分矿产品选择开采后直接销售，原矿产品的税率比选矿产品的税率

续表

低。本公司受矿产资源品位下降影响，开采低品位矿和尾矿等较上年有所增加，可以享受资源税税收优惠，由于以上原因本公司缴纳的资源税较少，因此资源税税负率低于行业税负率。

问：贵公司在销售原矿的过程中收取的运费收入为何那么高？是否存在将销售收入拆分为运费收入？

答：本公司的货物运输主要是由下属的戊物流公司负责，该物流公司有统一的运输单价标准，本公司不参与戊物流公司的运输业务定价。但由于戊物流公司的生产经营地址设立在偏远矿区，受限于矿区的山地环境，戊物流公司的运输成本较高，因此存在运费收入高于行业平均水平的情况。

■ 风险点6：

问：贵公司本年度是否处置过房屋、土地使用权等固定资产、无形资产？

答：本公司今年只处置了一些老旧、报废的生产设备。

问：贵公司本年度为何土地使用权增加，但是城镇土地使用税缴纳的比去年缴纳的少那么多？

答：这个是因为本公司的土地归属在A省A市C县，2022年企业名下的2040亩土地因为开发程度较高，土地级次由三级变为四级，适用的税额减小，所缴纳的城镇土地使用税减少。

■ 风险点7：

问：本地区有色金属制造行业的增值税税负率为1%，而贵公司两年的增值税税负率均低于行业平均值，请解释增值税税负率为何低于行业平均值？

答：本公司增值税应税收入均按照有关规定进行申报缴纳，存在免税销售收入和简易计税的应税销售额，本公司销售产品采取以销定产模式，提前预收货款，但相关产品的生产周期较长，在发货时才确认收入。受疫情影响，许多需要深加工的产品，价格波动较快，成本不稳定，需要和客户反复沟通，所以许多订单不能及时发货并确认增值税纳税义务发生时间。

问：贵公司是否存在产生视同销售行为但未确认收入的情况？增值税收入与营业收入数额为何差距较大？

答：本公司2022年未产生视同销售行为。本公司的增值税收入与营业收入数额差距较大的原因主要是：首先，公司在境内设立了北京、上海、深圳等多个实行统一核算的营销机构，对于部分矿产品采取移送到营销机构进行分销，这种情况属于企业内部的资产转移，财务人员对于相应的产品只结转销售成本，未确认企业所得税收入。其次，企业销售产品收取了大量的价外费用，如违约金、包装费、运输装卸费、代收代垫款项等，这些价外费用除代为收取符合规定的政府性基金或者行政事业性收费，以及以委托方名义开具发票代委托方收取的款项外，其他的都要作为价外费用计入增值税销售额，会计核算时并没有将这些价外收费全部计入营业收入。

此外，本公司收取包装费、运输装卸费冲减销售费用，代收代垫款项计入往来项目。加之本公司处置了部分固定资产，这些固定资产在增值税上以出售价格作为销售额，但会计处理则是将资产处置收入扣除账面价值、相关税费后的金额计入营业外收入或营业外支出。

■ 风险点8：

问：为什么贵公司将安全生产专用设备出租后，未补缴已经抵免企业所得税税款？

答：不好意思，我们对这条政策不了解，以为只有将设备转让才需要补缴已抵免的税款，我们后面去补税。

■ 风险点9：

问：为什么贵公司本年其他应收款大幅度增加？是否存在虚增收入？

答：本公司其他应收款大幅度增加是因为本年期货保证金增加。本公司主营产品是锡、铜等有色金属，由于锡、铜价格波动幅度较大，为保证企业利润稳定，专设子公司进行套期保值业务，而相关保证金是由本公司支付，且将其计入其他应收款中。

问：为什么贵公司本年度的其他应付款比上年高了将近3倍？是否有未及时确认收入的情况发生？

续表

答：本公司收到庚集团无偿提供的借款 5 亿元，将其计入其他应付款导致其他应付款增加。同时，本公司借款都是由庚集团统一借贷后，与庚集团下设财务公司签订统借统贷合同，收到借款计入其他应付款。

去年当地自然资源局对各采矿权以前年度应缴矿产资源补偿费进行整理、核实，由本公司承担的矿产资源补偿费近 3 亿元已计入了其他应付款，由于属于以前年度差错更正，所以导致近几年其他应付款增加。

本公司在向客户销售产品时，应合同要求，客户替本公司支付了大量的代收和代垫款项，这些款项要在合同履约完成后的一定期限内统一返还给客户。受疫情影响，向客户销售产品时收取的保证金数额增加，导致了其他应付款金额上升。销售产品取得收入，涉及会计做账，会计人员进行账务处理的前提是生产部门、销售部门将相关的出库单、收付款票据移交给财务部门，如果其他部门未及时取得和移交材料，那确实会产生未及时确认收入的情况。

■ 风险点 10：

问：为什么贵公司向乙锡材有限公司销售锡锭、向丁锌铟冶炼公司销售锌锭的平均销售单价偏离市场销售价格？

答：本公司向乙锡材有限公司销售锡锭交易价格低于市场交易价格，是因为生产锡锭的部分原材料由乙公司提供，并且乙公司一直是本公司的长期稳定客户，所以销售时考虑到乙公司提供的原材料，出于保持长期友好合作的目的，给了对方一定价格优惠。向丁锌铟冶炼公司销售锌锭交易价格高于市场交易价格，这个销售业务安排和具体情况由销售部门负责，我作为财务人员只负责收款和做账，具体的情况不清楚。

问：贵公司向子公司开展销售产品业务时，是否具有合理的商业目的？

答：本公司与子公司开展的业务都是按照正常交易流程进行的，签订了购销合同，也如实发出货物，开具增值税专用发票，相关税款都已缴纳。

■ 风险点 11：

问：贵公司享受的西部大开发优惠政策是否符合规定？

答：本公司咨询过××税务师事务所，该事务所认为本公司具有享受资格。

问：贵公司既然享受西部大开发的税收优惠，那么相关资料是否留存备查？

答：这个应该是有的。

■ 风险点 12：

问：贵公司支付给委托开采人员的工资是直接支付给这些开采人员，还是支付给了劳务派遣公司？

答：本公司通过劳务派遣公司找到的这些开采人员，所以我们是直接将开采人员的工资结算给了 N 公司，由 N 公司代为发放。

问：贵公司向劳务派遣公司支付的这部分工资计入了企业的工资薪金支出吗？

答：本公司支付的这部分工资最后会通过 N 公司给到每位开采人员，因此我们将这部分支出计入了工资薪金支出。

■ 风险点 13：

问：贵公司生产锌锭等产品时耗用多少电？

答：本公司本年锡锭冶炼车间电表显示共耗电 218772490 千瓦时；阴极铜冶炼车间电表显示共耗电 40176740 千瓦时；锌锭冶炼车间电表显示共耗电 368283342 千瓦时。

问：耗电是否属于行业正常区间范围？

答：这一块主要是生产部门负责，我们没有详细数据。

■ 风险点 14：

问：贵公司是否存在股权激励政策？

续表

答：本公司2019年6月25日对本公司20名核心技术研发人员实施股票期权计划，授予本公司员工股票期权。约定如在公司连续服务3年，即可以8元/股的价格购买本公司股票10000股。研发人员均在2022年12月31日前行权。

问：该项股权激励是否履行代扣代缴义务？

答：本公司由于员工行权日不同，相关人员行权时间不同，所以未代扣代缴个人所得税，但已提醒员工在汇算清缴时申报。

■ 风险点15：

问：贵公司购买采矿权，是如何进行税务处理的？

答：本公司购买的采矿权属于无形资产，对于该采矿权选择按照公允价值作为计税基础，并在投入使用当月计提摊销。

问：贵公司对于购买采矿权的税务处理与销售方是否一致？

答：本公司选择以公允价值确定计税基础，销售方如何处理不太清楚。

■ 风险点16：

问：贵公司享受研发费用加计扣除是否符合规定？

答：本公司属于制造企业，可以享受研发费用加计扣除政策。

问：研发为何逐年增加且费用全部费用化？对于研发费用资本化支出和费用化支出是否加以了区分？

答：本公司因产业链升级和长期盈利目标，投入大量研发经费，但是受技术限制和外部市场环境影响，我们的研发均未形成无形资产，只能将研发费用全部费用化支出。我们主要是根据研发部门移交的各项票据区分研发支出是资本化还是费用化，如果研发部门的票据不符合规范，则可能导致会计人员未准确区分资本化支出和费用化支出。

■ 风险点17：

问：与境外德国关联方签订成本分摊协议，共同研发无形资产，根据协议规定研发成功以后贵公司只享有30%的收益权，本年该项研发的总成本为2500万元，企业为什么会分摊扣除了1200万元？

答：本公司本年主要承担研发过程中具体实验发生的相关成本，以及提供一些原始技术支持，上述成本一共花费1200万元，因此我们就按实际发生金额进行了扣除。

问：感谢贵公司的配合，本次的谈话还有需要补充说明的问题吗？

答：没有。谢谢！

约谈人：文××、禾××　　被约谈人：徐××　　记录人：禾××

评估建议	☑建议实地核查确认；□建议纳税人自行改正；□建议转其他有关部门处理；□问题明确，进行评估处理；□符合相关规定，风险点排除

（三）结论

税务局人员就17个业务风险点进行了约谈，排除2个风险点；确认4个违法事实；10个风险点无法确认，具体情况如下。

1. 已排除的风险点

（1）风险点3。

与企业的财务人员约谈，并与本地区的环保部门稽核比对环境保护税的监测数据后发现，企业对产业链进行了改造升级，安装生产新设备和引进生产新技术，导致产生的大气污染物和工业噪声减少，所以少缴纳了环保税。

（2）风险点6。

与甲企业财务人员约谈举证以及与土地资源管理部门进行信息共享比对后，发现甲企业2022年对土地进行了整改，土地级次由三级变为四级，适用税额下降，相关资料已留存备查，该风险点已排除。

2. 已确认的违法事实

（1）风险点8。

通过约谈后发现，甲企业财务人员不了解将安全生产设备出租后需要补缴已抵免的企业所得税的政策，已向财务人员进行政策辅导，甲企业已就该事项于2023年7月5日补缴企业所得税2490520元。

（2）风险点12。

甲企业通过N公司委托开采队对自有矿山进行勘探、开采，经过约谈发现甲企业财务人员并没有认识到，向N公司支付的1000000元开采人员工资，不应该计入工资薪金支出当中，从而导致扩大了三项经费的扣除限额。随即对甲企业财务人员进行了纳税辅导，明确此笔业务的账务处理存在问题，财务人员表示愿意进行账务调整并自查补税。

（3）风险点14。

约谈甲企业的财务人员后，明确了甲企业向员工实行股权激励政策，未及时代扣代缴个人所得税，由于甲企业要求员工在汇算清缴时补税，该笔收入员工已自行申报缴税。

（4）风险点17。

根据相关计算以及约谈，发现在甲企业与境外德国关联企业签订的成本分摊协议中，甲企业确实属于该项研发活动的参与方，主要承担研发过程中具体实验发生的相关成本，以及提供一些原始技术支持，在该项技术研发成功后，每年享有30%收益权。根据该成本分摊协议规定的上述职责，甲企业本年实际发生成本为1200万元，此项研发活动本年的总支出为2500万元，因此可以确定其在研发活动中承担的职责、成本与享有的收益权不匹配，不符合收益与成本配比原则以及独立交易原则。企业应进行特别纳税调整，将实际可分摊成本调减，即 $1200-(2500\times30\%)=450$（万元）。

六、实地调查

甲企业的主管税务机关于2023年7月5日就未确认的风险点到甲企业进行实地调查。

（一）纳税评估实地核查通知书

纳税评估实地核查通知书如表2-21所示。

表 2－21　纳税评估实地核查通知书

甲有色金属制造企业： 根据《中华人民共和国税收征收管理法》第五十四条第1—6款规定，我局决定从2023年7月5日委派王××、李××等到你单位就销售收入、产品库存、原材料库存、矿山和进销项税金核算情况进行核实，届时请将有关纳税资料准备齐全，接受调查。	
分局审批意见	同意
分局审批人	陈××
局长审批意见	同意
局长审批人	赵××
参与核查人员	王××、李××
签收人	徐××，2023年6月29日

（二）实地调查内容

1. 实地调查过程

（1）风险点1：由于企业涉及多个税种，因此在实地核查过程中税务人员根据各税种涉及风险点逐一进行核查。

（2）风险点2：通过实地查看甲企业的主营业务收入明细账、交易合同原件、记账凭证、收付款凭证、发票、相关账簿、产品出入库单，并将企业购进的原矿价格与当期SHFE价格进行比对，发现本年成本上升是因为外购的原矿比例上升，且受各外部因素的影响，外购成本较高，导致企业成本增幅较大，企业本年成本列支暂未发现异常，其余少计收入、扩大税前扣除范围等在之后的风险实地核查中具体反映。

（3）风险点4：检查人员核查甲企业借款合同时发现，所有借款合同均为与庚集团所属财务公司的统借统贷合同及向庚集团借款的借款合同，未发生直接向银行的借款合同，因此借款合同不需要缴纳印花税。同时，核查买卖合同、运输合同、仓储合同等合同，以及土地使用权转移书据、营业账簿等，与印花税计税依据对比后，发现该企业除增加订单印花税未足额缴纳外（已补缴），其余均按规定足额缴纳印花税，排除印花税风险。

（4）风险点5：检查人员在实地核查过程中发现，甲企业拥有运输分公司戊物流公司，在对外销售有色金属矿及加工产品时，均由戊物流公司运输，由戊物流公司收取运输费用并开具增值税发票。核对销售合同和出库单发现其对外销售量无误。

在核查戊物流公司开具的增值税专用发票时发现，戊物流公司运输应税资源品时收取的运输单价高于同类市场运输单价，由于戊物流公司为甲企业的分公司，甲企业利用运杂费用减少资源税计税依据，将部分应计入资源税计税依据的销售额计入了运输费用中，导致资源税计税依据减少，少缴纳资源税。

（5）风险点7：根据企业报送资料，企业今年阴极铜产量为85823吨，但其硫酸产量却只有 213980 吨。由于铜精矿的主要成分为铜和硫，在电解过程中，铜在阴极析出成为阴极铜，硫则通过制酸过程转换成副产物硫酸，在硫酸产出率相对固定的情况下，同行业在生产阴极铜的过程中，阴极铜与硫酸的产出比例大概为 1:4，而甲企业的阴极铜与硫酸的产出比例约为 1:2.49，显然不符合行业常规。

税务人员查阅了企业对于副产品和下脚料建立的管理制度，核实生产各环节副产品及下脚料的称重计量手续，核对了企业硫酸的产量、库存量、出库量和具体销售数量，发现企业将生产阴极铜过程中产生的副产品硫酸对外销售，以及无偿赠送给其关联企业，其中 2022 年 10 月 15 日无偿赠送给关联企业的 126000 吨硫酸仅计入企业所得税营业收入中，并未作视同销售计入其增值税应税收入中申报缴税。

（6）风险点 9：税务人员通过查验该企业其他应付款科目的明细账和原始凭证时，发现企业对外销售阴极铜采取委托代销方式，委托丙实业有限公司销售阴极铜取得收入 351509722.20 元，但代销取得的收入不开发票、在会计科目上核算为其他应付款的定金等方式，推迟增值税、所得税纳税义务的发生，造成了税款滞纳。

（7）风险点 10：实地核查后发现，甲企业向其他关联企业销售的锡锭和锌锭，其价格水平都与 SHFE 的年平均交易价格相差较大，且乙锡材有限公司和丁锌铟冶炼公司报送的资料显示，乙锡材企业从甲企业购进的锡锭、锌锭价格比从其他非关联企业的购进价格明显偏低；丁锌铟冶炼公司从甲企业购进的锌锭价格比从非关联企业购进的锌锭价格明显偏高，并无正当理由。此外，甲企业以该偏高的价格向丁锌铟冶炼公司开具了增值税专用发票，丁锌铟冶炼公司也已进行了进项税额抵扣。

（8）风险点 11：税务人员到甲企业生产经营场所检查，要求财务人员出具享受西部大开发税收优惠政策的留存备查资料，主要包括：一是主营业务属于《西部地区鼓励类产业目录》中具体项目的相关证明材料；二是符合目录的主营业务收入占企业收入总额 60% 以上的说明。然而财务人员无法提供上述资料。核查后发现甲企业虽然自 2011 年开始享受西部大开发税收优惠政策，但相关资料因年限太长，保管不当已遗失。

（9）风险点 13：税务人员到甲企业的仓库和生产经营场所盘查发现，锡锭的库存数量为 4933 吨，出库数量为 80067 吨，比实际产量 82066 吨高；阴极铜库存数量 34744 吨，出库数量为 75256 吨，比实际产量 85823 吨高；锌锭的库存数量为 1021 吨，出库数量为 88979 吨，比实际产量 96420 吨低。因此，甲企业确实少申报了锡锭、阴极铜产量，核查销售合同与出库单发现该企业暂未将隐匿的产量对外销售。

（10）风险点 15：在实地核查过程中，税务人员责成 M 公司提供进行资产收购税务处理的相关留存资料，发现甲企业与 M 公司税务处理方式不一致，双方约定对该笔采矿权交易选择特殊性税务处理，M 公司采用了特殊性税务处理，但甲企业采用了一般性税务处理，且甲企业并未按照要求就该项采矿权收购特殊性税务处理向税务机关报送《企业重组所得税特殊性税务处理报告表及附表》和申报资料。

税务机关责令甲企业限期改正，按照特殊性税务处理确定该采矿权的计税基础，即按照 204000000 元入账。

（11）风险点 16：税务人员结合约谈举证中甲企业财务人员告知甲企业本年由于采用了绿色新技术，导致企业本年缴纳的环境保护税下降，但在企业的资产负债表中无形资产却没有增加，于是实地核查了企业研发部门的相关备查资料及“研发费用”各科目明细、记账凭证等，发现企业本年 4 月研发成功的无形资产产生的相关费用全部进行了费用化，且没有在资产负债表中体现该项无形资产。该无形资产为非专利技术，应资本化的金额为 2000 万元，预计该非专利技术可以使用 10 年。检查项目组编制情况、研发人员名单和职工薪酬发放明细表时，发现企业将生产人员作为研发人员发放工资，将该部分工资作为研发费用享受加计扣除优惠，导致多调减应纳税所得额 69856000 元。

2. 新增的违法事实

（1）风险点 18：在检查企业的过磅房和过磅单时，发现企业申报的低品位矿数据与过磅单中的数据存在一定差异，过磅单中数据显示企业 2022 年实际开采销售低品位铜原矿为 6873.59 吨，锡原矿为 7956.38 吨，但企业申报时，享受 A 省资源税低品位矿税收优惠的铜原矿 7285.67 吨，锡原矿 9362.36 吨。经核实，企业将部分销售的主矿计入了低品位矿中，错误享受税收优惠，导致少缴资源税。

（2）风险点 19：税务人员检查企业购销合同、存货盘点表、收入明细表、出入库单据等会计资料时发现，甲企业 2022 年向客户 W 销售阴极铜产品 10 吨，采用点价结算模式，双方于 2022 年 8 月 1 日签订购销合同，合同中不锁定销售价格，结算到期日为 8 月 31 日。企业向客户发运产品，客户在 8 月 10 日验收，点价结算时间点为 8 月 31 日。交易价格的结算存在两个节点，第一个时间点为产品到货验收，双方根据验收日 8 月 10 日当天 SHFE 现货均价 62130 元/吨，暂估产品价值 621300 元并预结算货款；第二个时间点为验收日至合同约定的结算到期日期间的 8 月 31 日，点价采用当天 SHFE 的市场价格 61690 元/吨，双方点价完成后结清货款 616900 元，甲企业将结算金额变动额 -4400（616900 - 621300）元调整成了销售收入（见表 2-22）。

表 2-22　　不同结算时点 SHFE 阴极铜价格

结算时间	SHFE 阴极铜价格（元/吨）	合计结算金额（元）
2022 年 8 月 10 日	62130	621300
2022 年 8 月 31 日	61690	616900
差额	440	4400

在后续资产负债表日，与定价挂钩的阴极铜价格变动导致的价款变化不属于可变对价范畴，不应调整收入，应计入公允价值变动损益。但甲企业将阴极铜价格的后续变动 4400 元调减了当期收入，导致当期增值税应税收入减少了 4400 元。

七、评估调查结论

运用构建的风险指标体系计算得出甲企业风险等级为中风险，在对其进行约谈举证、实地核查后排除 3 个风险点，确认 14 个违法事实，新增 2 个违法事实，具体情况如下所示。

1. 排除和确认的风险点

（1）风险点 1：经各指标计算，以及对甲企业的约谈举证、实地核查发现，甲企业存在增值税少计应税收入，企业所得税多列支成本费用，资源税拆分应税资源销售额、扩大税收优惠适用范围，印花税未就应税合同足额计税贴花等情况，导致企业综合税负率低于同行业平均水平。

（2）风险点 2：经过对甲企业风险点 2 的相关调查发现，甲企业营业收入增加，净利润率大幅降低，实际缴纳的企业所得税为 0，主要是由于企业本年外购原矿成本增加导致。此外，甲企业还存在少计收入、扩大扣除限额、多计提摊销等情况，将在下面的风险点调查结论中逐一说明。

政策依据：《中华人民共和国企业所得税法实施条例》第二章第二节第十二条、第六条；《中华人民共和国企业所得税法实施条例》第二章第三节第二十七条。

（3）风险点 3：经过与甲企业的财务人员约谈并与本地区的环保部门稽核比对环境保护税的监测数据后发现，甲企业产生的大气污染物和工业噪声减少原因在于企业对产业链进行改造升级，安装生产新设备和引进生产新技术，导致大气污染物和工业噪声减少，所以少缴纳了环境保护税。

政策依据：《中华人民共和国环境保护税法》第二条、第三条；《财政部 税务总局 生态环境部关于环境保护税有关问题的通知》（财税〔2018〕23 号）。

（4）风险点 4：经过与财务人员约谈后发现，甲企业确实未就购销合同的增加金额缴纳印花税，但在自查过程中发现少缴纳印花税后，已与税收管理员联系，就少缴部分补缴税款和滞纳金。

此外，在实地核查过程中，发现甲企业长期与庚集团签订了统借统还合同，由于企业集团或者企业集团中的核心企业与下属单位签订的统借统还合同不属于《中华人民共和国印花税法》规定的应税凭证，不需要缴纳印花税。因此，甲企业与庚集团签订的统借统还合同无须缴纳印花税。除上述业务外，甲企业其余应税凭证均已按期足额缴纳了印花税。

政策依据：《中华人民共和国印花税法》第一条、第五条；《财政部 税务总局关于印花税若干事项政策执行口径的公告》（财政部 税务总局公告 2022 年第 22 号）第三条第二款。

（5）风险点 5：甲企业对外销售锡、锌时将产品的销售收入挪入运费收入中，导致资源税计税依据减少，少缴资源税。计算可得甲企业应补缴资源税 93689808.05 元，滞纳金

14058816.02 元（见表 2－23）。

锡少缴资源税 =（244850 ×40743 －8518456924.25）×6% =87447997.55（元）

锌少缴资源税 =（25081 ×17366 －369853377.54）×9.5% =6241810.50（元）

合计 =87447997.55 +6241810.50 =93689808.05（元）

表 2－23　　风险点 5 涉及业务各月少缴资源税及应缴滞纳金情况

业务发生时间	申报截止时间	少缴资源税（元）	滞纳金起止时间	应缴滞纳金（元）
2022.1	2022.2.23	4791138.28	2022.2.24—2023.7.10（501 天）	1200180.14
2022.2	2022.3.15	2478972.23	2022.3.16—2023.7.10（481 天）	596192.82
2022.3	2022.4.20	3782228.33	2022.4.21—2023.7.10（445 天）	841545.80
2022.4	2022.5.19	5817128.34	2022.5.20—2023.7.10（416 天）	1209962.69
2022.5	2022.6.20	6388163.45	2022.6.21—2023.7.10（384 天）	1226527.38
2022.6	2022.7.15	6482833.97	2022.7.16—2023.7.10（359 天）	1163668.70
2022.7	2022.8.15	8208553.87	2022.8.16—2023.7.10（328 天）	1346202.83
2022.8	2022.9.20	9778993.36	2022.9.21—2023.7.10（292 天）	1427733.03
2022.9	2022.10.25	12441233.34	2022.10.26—2023.7.10（257 天）	1598698.48
2022.10	2022.11.15	10474435.65	2022.11.16—2023.7.10（236 天）	1235983.41
2022.11	2022.12.15	12944228.45	2022.12.16—2023.7.10（206 天）	1333255.53
2022.12	2023.1.16	10101898.78	2023.1.17—2023.7.10（174 天）	878865.19
合计				14058816.02

由于运费收入按照交通运输服务缴纳增值税，税率为 9%，销售锡等产品按销售货物缴纳增值税，税率为 13%，二者税率不同，将销售收入挪入运费收入中会导致该部分少缴 4% 的增值税。计算可得甲企业应补缴增值税 60926795.77 元，补缴城市维护建设税及两附加 7311215.49 元，按照表 2－23 逻辑计算的滞纳金合计为 10039623.05 元。

锡少缴增值税 =（244850 ×40743 －8518456924.25）×（13% －9%）=58298665.03（元）

锌少缴增值税 =（25081 ×17366 －369853377.54）×（13% －9%）=2628130.74（元）

合计 =58298665.03 +2628130.74 =60926795.77（元）

少缴纳城市维护建设税及两附加 =60926795.77 ×（7% +3% +2%）=7311215.49（元）

政策依据：《中华人民共和国资源税法》第一条；《财政部 国家税务总局关于资源税改革具体政策问题的通知》（财税〔2016〕54 号）第一条第一款。

（6）风险点 6：经过与财务人员约谈并与土地资源管理部门核查后发现，甲企业所占有的部分土地级次降低，导致缴纳的城镇土地使用税减少。

政策依据：《中华人民共和国城镇土地使用税暂行条例》第二条至第五条。

（7）风险点 7：甲企业将本年冶炼阴极铜产生的部分副产品硫酸无偿赠送给了关联企

业，企业所得税已作视同销售处理，增值税也需视同销售货物。

本年硫酸同类交易平均价格为 210 元/吨，据此计算，企业无偿赠送给关联企业的硫酸应补缴增值税 3439800 元。

补缴增值税 = 210 × 126000 × 13% = 3439800（元）

补缴城市维护建设税及两附加 = 3439800 ×（7% + 3% + 2%）= 412776.00（元）

按照表 2 - 23 逻辑计算的滞纳金合计为 454603.97 元。

政策依据：《中华人民共和国增值税暂行条例实施细则》第四条。

（8）风险点 8：通过约谈发现，甲企业对于购入使用安全生产设备抵免的企业所得税 2490520 元未进行补缴，经提醒后甲企业补缴企业所得税 2490520 元，按照表 2 - 23 逻辑计算的滞纳金合计为 402218.98 元。

政策依据：《中华人民共和国企业所得税法实施条例》（国务院令第 512 号）第一百条。

（9）风险点 9：税务人员通过核查发现甲企业对外销售锡锭采取委托代销方式，取得委托代销收入不计入应税收入、计入其他应付款，推迟增值税、所得税纳税义务时间，造成了税款滞纳。发现甲企业与关联方销售锌锭时交易价格偏高，存在给其虚开发票虚抵进项的行为，对于虚开金额以回扣方式返还给甲企业，甲企业对于该笔资金计入其他应付款。

补缴增值税 = 351509722.20 × 13% = 45696263.89（元）

补缴城建税及两附加 = 45696263.89 ×（7% + 3% + 2%）= 5483551.67（元）

按照表 2 - 23 逻辑计算的滞纳金合计为 8279245.83 元。

对于委托代销收入 351509722.20 元应确认为营业收入，进行纳税调整缴纳企业所得税。

政策依据：《中华人民共和国增值税暂行条例实施细则》第四条、第三十八条。

（10）风险点 10：甲企业向其关联方销售锡锭价格明显偏低，税务机关有权作出纳税调整。由于企业销售货物的特殊性，相关销售价格主要参照 SHFE 交易价。

因此按照 2022 年 SHFE 公布的锡锭平均交易价格，甲企业需要：补缴增值税 =（2560 × 228194.69 - 467097900）× 13% = 15220465.83（元）

补缴城建税及两附加 = 15220465.83 ×（7% + 3% + 2%）= 1826455.90（元）

按照表 2 - 23 逻辑计算的滞纳金合计为 2800537.50 元。

补缴资源税 =（2560 × 228194.69 - 467097900）× 4% = 4683220.26（元）

按照表 2 - 23 逻辑计算的滞纳金合计为 769378.43 元。

需要调增的企业所得税应纳税所得额为：

2560 × 228194.69 - 467097900 = 117080506.40（元）

政策依据：《中华人民共和国企业所得税法》第六章第四十一条；《财政部 国家税务

总局关于全面推开营业税改征增值税试点的通知》（财税〔2016〕36号）附件一第四十四条。

（11）风险点11：甲企业主营业务收入占企业收入总额的60%以上，且设立在西部地区，属于A省鼓励类产业目录中的产业，符合享受西部大开发税收优惠政策条件。但由于企业税收优惠采取“自行判别、申报享受、相关资料留存备查”的办理方式，甲企业有关资料丢失，责令其限期内将相关资料补充完整，同时处500元罚款，予以警示。

政策依据：《财政部 税务总局 国家发展改革委关于延续西部大开发企业所得税政策的公告》（财政部 税务总局 国家发展改革委公告2020年第23号）第一条；《国家税务总局关于发布修订后的〈企业所得税优惠政策事项办法〉的公告》（国家税务总局公告2018年第23号）；《中华人民共和国税收征收管理法》第六十条。

（12）风险点12：甲企业支付给N公司的开采人员工资本应该计入劳务费支出，但企业错误计入了工资薪金支出，导致扩大了三项经费的扣除限额，经过调整后的工资薪金支出为：

1007202144.84 - 1000000 = 1006202144.84（元）

据此计算后的三项经费的扣除限额分别为：

职工福利费 =（1007202144.84 - 1000000）×14%

= 140868300.28（元）> 实际发生金额 74109571.04（元）

职工教育经费 =（1007202144.84 - 1000000）×8%

= 80496171.59（元）> 实际发生金额 5512239.45（元）

工会经费 =（1007202144.84 - 1000000）×2%

= 20124042.90（元）> 实际发生金额 19120521.54（元）

因此，风险点10虽导致扩大了三项经费的扣除限额，但由于企业实际发生的三项经费数额均小于调整后的扣除限额，企业无须进行纳税调整。

政策依据：《国家税务总局关于企业工资薪金和职工福利费等支出税前扣除问题的公告》（国家税务总局公告2015年第34号）第三条。

（13）风险点13：税务人员到甲企业的仓库和生产经营场所盘查发现锡锭、阴极铜的库存数量和出库数量高于申报的产量，企业隐匿了存货。在核查出库单等信息后，发现企业暂未将隐匿的存货对外销售，暂不涉及补缴税款与调整收入。

政策依据：《中华人民共和国企业所得税法实施条例》（中华人民共和国国务院令第512号）第七条。

（14）风险点14：通过约谈时发现甲企业对于发放的股权激励未代扣代缴个人所得税，而是提醒员工在次年汇算清缴时办理，根据《中华人民共和国税收征管法》第六十九条，虽甲企业未按规定履行代扣代缴义务，但其提醒员工自行申报，情节较轻，给予应扣未扣税款50%的罚款。

由于20名研发人员以8元/股的价格购买本公司股票10000股，行权时公允价值为15元/股，则应代扣代缴的个人所得税＝［（15－8）×10000×10%－2520］×20＝89600元，应缴纳的罚款为：89600×50%＝44800（元）。

政策依据：《财政部 税务总局关于延续实施上市公司股权激励有关个人所得税政策的公告》（财政部 税务总局公告2023年第25号）。

（15）风险点15：在实地核查过程中，发现甲企业与M公司税务处理方式不一致，由于双方约定对该笔采矿权交易选择特殊性税务处理，甲企业确定的计税基础应为204000000元，而非公允价值，导致无形资产计税基础扩大，多摊销部分需要进行纳税调整。

需要进行的纳税调增为：

(250000000－204000000)/50×6/12＝460000（元）

政策依据：《国家税务总局关于发布〈企业重组业务企业所得税管理办法〉的公告》（国家税务总局公告2010年第4号）第十二条；《国家税务总局关于企业重组业务企业所得税征收管理若干问题的公告》（国家税务总局公告2015年第48号）第四条。

（16）风险点16：根据实地核查发现，甲企业将已形成无形资产的非专利技术全部费用化，未进行资本化计入无形资产，导致形成无形资产部分的研发费用提前扣除，扩大了税前扣除范围。需要调增的企业所得税应纳税所得额为：

20000000－20000000/10×9/12＝18500000（元）

同时，发现甲企业将生产人员工资作为研发人员工资发放，享受研发费用加计扣除税收优惠政策，应调增应纳税所得额69856000元。

政策依据：《财政部 国家税务总局 科技部关于完善研究开发费用税前加计扣除政策的通知》（财税〔2015〕119号）第一条第一款。

（17）风险点17：经过约谈核查发现，甲企业与境外德国关联企业签订的成本分摊协议，其承担的成本、职责与其享有的收益权不相匹配，不符合收益与成本配比原则及独立交易原则。因此，需要作出特别纳税调整，实际可分摊成本应调减的数额为：

1200－（2500×30%）＝450（万元）

政策依据：《税务总局关于印发〈特别纳税调整实施办法（试行）〉的通知》（国税发〔2009〕2号）第六十五条、第七十一条、第七十五条。

2. 新增的风险点

（1）风险点18：甲企业将部分销售的主矿计入了低品位矿中，错误享受了税收优惠。

铜少缴资源税：（7285.67－6873.59）×25600×8.5%×50%＝448343.04（元）

锡少缴资源税：（9362.36－7956.38）×8650×6%×50%＝364851.81（元）

合计应补缴资源税813194.85元，按照表2－23逻辑计算的滞纳金合计为124188.98元。

政策依据：《省人大常委会关于资源税税目税率计征方式及减免税办法的决定》第三

条第四款、第四条。

（2）风险点19：甲企业行使点价权所产生的结算金额，是与SHFE某日的即时市场价格挂钩，并非基于商品交付数量、质量等进行的价格调整，因此与定价挂钩的阴极铜价格变动导致的价款变化不属于可变对价范畴，企业应将其视为合同对价中嵌入的一项衍生金融工具进行会计处理，计入公允价值变动损益。但甲企业将阴极铜价格的后续变动4400元调减了当期收入，导致当期增值税应税收入减少了4400元。

少缴增值税 $=4400\times13\%=572$（元）

少缴城市维护建设税及两附加 $=572\times(7\%+3\%+2\%)=68.64$（元）

按照表2-23逻辑计算的滞纳金合计为93.53元。

调整为正确的处理方式后，应将这部分结算金额变动计入公允价值变动损益，由于其损失为实际发生，因此在企业所得税税前可以扣除，该项风险不影响企业所得税税款计算。

由于甲企业在企业所得税方面涉及多个风险点，因此可统一计算应调整的收入及补缴的企业所得税和滞纳金，如表2-24所示。

表2-24　　全部风险点涉及企业所得税调整表

涉及风险点	处理方式
风险点9	调增收入351509722.20元
风险点10	调增收入117080506.40元
风险点15	多摊销调增460000元
风险点16	多扣费用调增18500000元
风险点17	多扣成本调增4500000元
合计调增企业所得税应纳税所得额492050228.60元，由于本年度企业所得税应纳税所得额为-114724244.27元，调整后应纳税所得额为377325984.33元，该企业税率为15%，需补缴企业所得税56598897.65元，滞纳金1103678.50元	

综上可得，该企业存在少缴增值税、企业所得税和资源税等违法事实，共需补缴增值税125283897.49元，城市维护建设税及两附加15034067.70元，资源税99186223.16元，企业所得税59089417.65元，滞纳金38032354.79元，同时由于该企业涉及虚开增值税专用发票行为，故该企业应由中风险调整为高风险。

八、案例总结

（一）案例的简要描述

本案例选取了有色金属制造行业中一家具有代表性的企业作为评估对象，其主要从事锡、铜、锌等有色金属的勘探、开采、选矿、冶炼及深加工，是一家具有全产业链的企业。有色金属制造企业业务繁杂的特点，使得涉税问题具有复杂性。本案例通过将评估对象的资产负债表、利润表等财务报表，以及增值税申报表、所得税申报表等申报表进行比对，并结合企业业务流程，分析寻找企业存在的涉税风险点。案例中识别出的风险点除了符合甲企业的业务模式之外，还符合行业特点。

此外，案例构建了风险指标模型进行风险等级评定，其中在考虑风险指标的预警值方面，结合该地区的同行业信息进行横向比对，利用甲企业往年数据进行纵向比对，通过综合分析比对拟定预警值；在建立风险模型方面，案例设计不仅包含定量指标，还包含定性指标，如是否发布社会责任报告，综合计算企业风险等级，并给出相应的风险应对方法。

（二）案例分析的特点

本案不仅针对有色金属制造行业运输量大、环保压力大、库存产品管理困难、研发投入大，以及企业关联交易多、存在采矿权等无形资产交易重组等特点，还针对可能存在的增值税发票虚开、少报收入，利用相关政策拆分应税收入。而且对滥用企业所得税、资源税税收优惠，未按规定代扣代缴个人所得税，关联交易不符合独立交易原则，印花税未足额计税贴花，副产品的销售等问题进行了风险点设计，风险点覆盖全面且具有代表性。

此外，由于案例企业为大型集团企业，因此本案例在考察税收风险的同时，结合《大企业税收风险指引》，加深了对主体税种，如增值税、企业所得税各项政策、优惠以及实务的理解和运用。对于违法事实适用的处罚依据，计算缴纳的罚款和滞纳金，切合行业实际。本案例还关注外部信息，注重企业的整体健康发展，对企业进行了全方位的考察和评估。

（三）对于案例分析得失的看法

1. 优点

（1）本案例针对有色金属制造行业，围绕增值税、企业所得税和个人所得税、资源税、环境保护税等税种，针对其主营产品价格固定、耗电量与产量存在配比关系等行业特点深入挖掘具有代表性的税收风险。案例内容贴合实际，对有色金属制造企业自查税收风险具有一定的帮助，对于其他企业优化业务流程规范，促进税务合规管理有借鉴作用。

（2）为更好地应对新形势新风险，本案例选取风险指标时，在充分运用定量指标的基础上，引入了定性指标，如关注会计师事务出具的审计报告属于何种审计意见、是否对外披露了社会责任报告、对于数电票的管理情况等。

（3）本案例企业为国内有色金属制造龙头企业，在国家“双碳”目标下，企业注重资源保护性开发利用，践行绿色矿山建设，涉及低品位矿开采、绿色开采技术研发、烟气脱硝技术减少应税污染物排放等业务，其发展方向符合国家战略目标，适应行业未来发展趋势。

2. 不足

（1）本案例因笔者自身实务经验不足，加之现实中企业的生产经营情况更加繁杂，因此可能未考虑到实际存在的更为复杂的情形。

（2）本案例所列举的税收风险主要是从有色金属制造企业的行业特点出发，未能囊括所有税种、所有业务类型的风险点。

（四）税收风险防控建议

1. 积极推进有色金属制造业税收风险管理创新发展

（1）推送“正负面清单”助力企业规范申报、防范风险。有色金属制造业涉及矿产资源种类丰富，销售数量、销售金额较大，如何准确计算应税产品销售额（量）、如何有效防范纳税风险是该行业企业纳税申报的难点。建议税务机关针对有色金属制造业的上述特点，采用“风险事项+案例+依据”的形式为纳税人制作“正面清单、负面清单”，列出“正面清单”：告诉纳税人需要做什么，如何处理，并提供具体操作指南；列出“负面清单”：着重提醒纳税人不要做什么，并将各级税务机关披露的违法违纪案件向纳税人推送，帮助企业规避税收风险。

（2）利用外部数据增强数据对比、风险识别能力。建议税务机关加强与自然资源主管部门的数据共享，在保证数据安全性的情况下，利用大数据采集有色金属制造业企业在开采环节的实际开采量、开采金属种类等并与申报数据进行对比分析，识别风险。此外，由于有色金属交易价格主要参照上海期货交易所、伦敦期货交易所价格进行交易，税务机关可以运用该交易价格与纳税人的关联交易价格、申报的应税资源销售额进行对比，识别交易价格是否合理、是否存在拆分应税收入等情况。

（3）完善数据异地协作、提高风险联动分析能力。有色金属制造业行业集中度较高，集团大多为跨地区经营，且存在大量关联交易，税务机关可以针对这类跨地区经营核算的集团企业完善数据异地协作机制，加强各地税务机关的沟通协调，探索建立企业资料信息跨区域共享、协同联动分析工作机制。

2. 进一步完善有色金属制造企业税务风险管理体系

（1）完善电子涉税资料保管制度。财政部与国家档案局共同发布的《关于规范电子凭证报销入账归档的通知》规定，满足一定条件的企业可以使用电子档案作为报销记账凭证，无须保存纸质档案。对于一些重要的纸质凭证、无须报送税务机关的备查资料，企业可以采取分业务、分类型的电子扫描入档管理模式，为有色金属制造企业应对税务局约谈、实地调查提供证据支持。此外，企业可以引入电算化的会计软件，完善电子式的涉税资料保管。

（2）大力加强企业税务风险管理数字化转型。目前一些有色金属企业利用数字技术探索“数字矿山”。税收贯穿有色金属制造企业业务流程的始终，企业需要将税收风险管理纳入数字化转型的全过程。以税收为导向，引导企业在开展业务过程中，将税收风险管理作为全流程管理事项，建立税务稽查、税务检查等特殊事项应对机制和税收风险识别、评估、应对、反馈全流程管理。从业务安排、资金流向等源头防控税收风险，在业务开展、纳税申报过程中实现税务合规，对风险进行管理和防控。

（3）建立税收政策库，及时更新并定期向内部推送。我国的税收政策更新较快，企业的技术部门可以和外部税务顾问共同协作，根据有色金属制造企业的主营业务、重要事项和行业特点，逐步建立税收政策数据库，比如企业所得税关联交易、重组业务税务处理等方面的税收政策，以及行政、民事和刑事处罚的整理分类。按照事项的重要程度进行专门管理并及时更新，向企业的业务部门和税务部门及时推送，帮助企业进行税务决策，配置内外部税收法规资源，规范企业的税务处理，防范税收风险的发生。

（案例作者：云南财经大学徐慧雯、何倩、桂文仪；指导老师：朱德良、袁娇）

第二节　高校专家点评

一、对案例的总体评价

该案例逻辑紧密、条理清晰、结构完整，内容的展开详略得当，虽涉及的税种较多但仍有开发空间；提出的风险点展示充分、分析合理，但缺少法律依据的列示以及观点的支撑，总体来看是一篇优秀的案例分析作品。

二、案例的优点

该案例涉及税种较多，风险点数量多、质量好。案头资料、纳税风险等级评定标准列示充分，税收风险识别方法具有多样性。案头分析环节风险点描述精准、计算过程详细，具有很强的说服性，税收风险识别的证据可靠。约谈举证环节对于每个风险点设计的问题具有较强的针对性，得出的结论也比较合理。评估调查结论环节在分析原有风险点的基础上，又新增 2 个风险点，使案例涉税点更加全面。案例总结部分内容详细，提出的税收风险防控建议既进行了分条列示，又充分展开了分析。

三、案例存在的问题和不足

（1）只有增值税、附加税费、所得税的纳税申报表，案例涉及的其他小税种，如环境保护税、资源税缺少纳税申报表。

（2）风险点 3 分析中，“环境保护税与营业收入应同方向变动”这一说法过于绝对。

（3）风险点12分析中，未对支付给劳务派遣用工的工资计入哪种所得进行详细解释。例如：按照协议（合同）约定直接支付给劳务派遣公司的费用，应作为劳务费支出；直接支付给员工个人的费用，应作为工资薪金支出和职工福利费支出。

（4）风险点16分析中，虽提到查看研发费用支出情况，但案例中缺少研发费用的构成情况。

（5）案例中没有风险点筛查依据这一环节，相关法条的列示近乎没有，使得风险点的说明缺少一些法律依据，减弱了说服力。

（6）评估调查结论中法条的列示只笼统地进行了指出，没有对法条具体内容进行详细展开。

（7）实地调查环节缺少企业更正补充资料的列示，如年度企业关联业务往来报告表、企业重组所得税特殊性税务处理报告表及附表等。

四、完善该案例的建议

（1）增加资源税、环境保护税、印花税等小税种的纳税申报表。

（2）注意检查文字中关于风险点的描述是否得体、严谨、充分。

（3）对于一些风险点的判定，可以增加专业知识的阐述以进行更深入的解释。

（4）增加风险点筛查依据这一环节，从而使案例风险点具有法条的支撑，更具说服力。

（5）评估调查环节可对法条进行详细展开。

（6）实地调查环节可以增加补充资料展示及分析这一环节。

（7）涉税风险点可以再增加一些税种，如房产税、车船税等。

（点评人：东北财经大学李静怡）

第三节 行业专家点评（1）

一、对案例的总体评价

本案例站在稽查角度，对甲公司的税收风险进行了较为全面、完整的剖析和探究，通过数据的横向、纵向比较，各种情况的合理性分析，以及进行现场的问询采集、统计观察，清晰地展示了整个案例的分析过程。内容详尽，逻辑清晰，分析严谨，依据充分，是较为经典的案例分析报告。

二、案例的优点

本案例列举了近20个风险点，在排查的同时还发现了新的风险点。不但引用了大量真实的财务数据，也展示了稽查中的约谈问询过程，从发现异常到确认问题，层层深入，结构严谨，结论清晰，整体十分流畅。

三、案例存在的问题和不足

本案例篇幅大，内容多，难免出现纰漏，以下列举几个较为明显的问题。

（1）自主研发、合作研发、集中研发合计金额错误，建议核实。

（2）案例中公司2022年研发领用材料23262862.85元，金额较大，且根据企业性质，应为金属材料，研发材料未体现特殊收入和形成销售，建议深入分析材料去向，以及由此可能带来的税收风险。

（3）期间费用明细表中管理费用职工薪酬金额为0，存在异常，建议核实。

（4）期间费用中其他费用金额过大，可能存在包含计算限额的费用或者不能税前扣除的费用，建议核实。

（5）增值税申报表应税收入金额与所得税主表中营业收入金额相差巨大，应核实是否存在少申报增值税的风险。

四、完善该案例的建议

（1）本案例展示的相关表单不完整，并且未明确标注表单所属时间和数据口径，在使用时无法准确判断，建议部分列示数据和表单时，清晰备注相关使用注意事项，避免读者误判和误解。

（2）本案例篇幅较长，内容较多，难免缺乏重点，为与大学生风控大赛的能力要求相匹配，建议内容上再适当精炼，选取重点、突出的风险点，然后进行分析和延伸。

（点评人：浙江知联中兴税务师事务所有限公司章伯平、柴媛媛）

第四节　行业专家点评（2）

一、对案例的总体评价

案例比较完整，通过对具体的经营数据的分析确定了涉税风险。案例通过构建风险指标及风险模型进行风险等级评定，是一个较好的案例分析。

首先，介绍了行业的背景以及行业的涉税风险。其次，分析了企业的经营情况以及财务、税收情况。对纳税风险的介绍显然是基于税务机关的资料编写的。案头分析初步分析了案件可能存在的税务风险，但有结果先行的嫌疑。案头分析后展开的约谈、核查等工作做得较为扎实，结论基本可靠。最后，案例分析得当。

二、案例的优点

（1）企业资料提供得比较完整，股权架构、经营模式、业务流程都有涉及，提供了2021—2022 年连续 2 年的企业会计报表、纳税申报表。

（2）案头分析做得比较符合行业特征，围绕增值税、企业所得税和个人所得税、资源税、环境保护税等税种，针对其主营产品价格固定、耗电量与产量存在配比关系等行业特点深入挖掘具有代表性的税收风险，税收风险识别逻辑严密。

①主体税种围绕着正向相关指标，比如税收收入增长与成本之间的关系，开展分析，有理有据。

②在传统评估指标的基础上，添加了新指标，比如土地使用税、印花税、环境保护税。

③对外部数据的引入，体现了学生在案例分析中的“发散性思维”，比如 SHFE 期货价格。

（3）在充分运用定量指标的基础上，引入了定性指标，比如安全生产设备的税额抵免、滥用西部大开发的政策、劳务派遣人员的工资处理、股权激励个人所得税。

三、案例存在的问题和不足

（1）税收风险指标模型的预警值有待验证，案例中提到综合税负率 1%、资源税税负率预警值 1%、所得税贡献率 1%，对于此类指标预警值是基于什么获得的，没有具体的说明。

（2）在风险点 4 中，由企业销售收入增加，实际缴纳的印花税减少，得出企业存在取得应税凭证未足额缴纳印花税的风险。然而印花税计税依据与销售收入没有线性关系，因此该风险模型设置存在问题。

（3）部分疑点线索并不能通过案头分析得出，因此存在结果先行的现象。

（4）部分案件线索有点散乱，存在一定的拼凑嫌疑。

四、完善该案例的建议

（1）税收风险指标模型设置不够突出有色金属制造行业的特征。通常是以行业作为风险指标的构建依据，因此有色金属制造行业的指标需要更加突出。

（2）针对大型行业的风险分析，应该聚焦主要疑点，顺藤摸瓜，最后得出大型行业的风险模型体系，这样的案例分析无疑更有说服力。

（3）作为学生的案例，最好能交代案件是如何在税务局的支持下开展工作的，否则一切的工作犹如云端散步，缺乏落脚点。

（点评人：税安科技（杭州）有限公司财税专家郭世平）

第三章　白酒制造业税收风险管控案例与点评

第一节　甲白酒制造企业税收风险管控案例

一、学习指引

本案例聚焦极具代表性的白酒行业。首先，该行业税收征管特点显著，实行农产品进项税额核定扣除、执行消费税最低计税价格核定政策；其次，该行业各环节涉及税种多、税负重，作为消费税的重要税目之一，是我国税收收入的重要组成部分；最后，本案例的税收风险点在实务中具有较强代表性，提出的对策与建议有针对性，这有助于税务机关在检查时迅速聚焦该行业的特殊风险点，同时也有助于同行业防范规避类似的风险，具有警示性和启发性。

二、行业背景

白酒行业属于传统食品饮料行业，也是税收贡献率较高的行业。白酒按香型可分为酱香型、浓香型、馥郁香型、清香型和米香型。如表 3－1 所示，不同香型的白酒主要原材料耗用量差异较大。

表 3－1　　　　各香型白酒产品主要原材料及平均耗用量

白酒产品（吨）	主要原材料	平均耗用量（吨）
酱香型白酒（53 度）	高粱	2.4
	小麦	2.6
	谷壳	0.08

续表

白酒产品（吨）	主要原材料	平均耗用量（吨）
浓香型白酒（53 度）	高粱	1.85
	小麦	0.98
	谷壳	0.72
	糯米	0.18
	玉米	0.03
清香型白酒（65 度）	高粱、小麦、糯米、大米、玉米	2.3450
	稻壳	0.4680

本案例主要分析浓香型白酒行业。该行业发展现状如下。

（一）产区分布情况

浓香型白酒分布在我国的多个省份，其中四川、贵州、湖南、云南、山西等地是主要产区。四川以郎酒、剑南春等品牌为代表；贵州有茅台、习酒、国宾酒等品牌；湖南以洋河酒、金种子酒为代表；云南以泸州老窖、红星二锅头为代表；陕西以黄龙、大观、国粹为代表；山西则以杏花村、汾酒、白沙等品牌为代表。

（二）市场规模情况

我国浓香型白酒行业市场规模整体呈上升趋势，浓香型白酒目前是我国占比最大的香型酒类，约占白酒总销售额的51%。

（三）产业竞争格局情况

目前我国浓香型白酒呈现“两极多强”格局。从品牌力、产品力、渠道力层面来说，第一梯度处于浓香酒行业领先的位置，布局高端价格带。第二梯度主要布局次高端价格带且多为区域性酒企，竞争格局表现出层次分明的特点。第三梯度主要是三、四线酒企，营收规模在30亿元及以下，在几个区域市场进行重点布局。第四梯度主要为其他中小型以及未上市的酒企，营收规模合计占比约52%。

三、企业资料

（一）企业基本信息

1. 纳税人名称：甲公司
2. 统一社会信用代码：××××××××××××××××××
3. 成立时间：2016 年 1 月 1 日

4. 注册资本：×××××万元

5. 所属行业：白酒制造业

6. 增值税类型：一般纳税人

7. 注册地址：A市××街道××号

8. 经营范围：浓香型系列酒的生产与销售；饮料、食品、包装材料的生产、销售；防伪技术开发，信息产业相关产品的研制、开发

9. 其他信息

甲公司产品价格明细如表3-2所示。

表3-2　甲公司产品价格明细　单位：元/斤

产品名称	成本	出厂均价	出厂最高价	市场零售价	核定价格
A系列浓香型白酒	105	732	739	1208	724.8
B系列浓香型白酒	94	478	483	780	468
C系列浓香型白酒	88	456	460	750	450

甲公司涉及税种及税率如表3-3所示。

表3-3　税种及税率

税种	适用税率
增值税	2019年4月至今，适用13%
消费税	白酒：从价计征，20%；从量计征，0.5元/斤 其他酒：10%
企业所得税	25%
个人所得税	综合所得：3%—45%七级累进税率
房产税	从价计征：1.2% 从租计征：12%
印花税 （2022年7月1日开始实施新印花税法）	购销合同：0.03% 财产保险合同：0.1% 借款合同：0.005% 产权转移书据：0.05% 加工承揽合同：0.03%（2022年7月1日之前为0.05%） 仓储保管合同：0.1% 货物运输合同：0.03% 财产租赁合同：0.1% 建筑安装工程承包合同：0.03%

续表

税种	适用税率
城建税及附加	城市建设维护税：7% 教育费附加：3% 地方教育费附加：2%

（二）企业经营情况

1. 企业经营产品

甲公司专注于浓香型白酒的研发、生产和销售，经营产品有 A 系列浓香型白酒、B 系列浓香型白酒、C 系列浓香型白酒。

2. 企业经营模式

（1）采购模式。公司制定了《采购价格管理规程》《原辅料供应商管理程序》《包装材料供应商管理程序》《包装材料采购管理程序》《生产性物料采购管理规程》《非生产性物料采购管理》等一系列采购管理制度。

公司与生产经营相关的采购主要包括高粱、小麦、谷壳、稻草等原辅料和酒瓶、瓶盖、酒坛、纸箱、纸盒等包装材料。公司计划管理部根据管理层确定的年度生产任务制订生产计划，并根据生产计划结合原辅料和包装材料的库存情况确定采购计划，由原辅料采购部和包装材料采购部在供应商名录中选择合适的供应商进行物料采购。

（2）生产模式。鉴于浓香型白酒生产工艺的特殊性，公司的生产作业主要包括大曲生产、基酒生产和成品酒生产。大曲和基酒的生产计划具有协同性，一般根据公司中长期发展规划、市场预判等因素统筹制定。成品酒生产计划主要根据近期市场需求和库存情况制订。此外，为保证交付计划按时完成，公司也会根据实际情况委托具有生产资质和条件的专业灌装、包装企业组织成品酒的生产。

（3）销售模式。公司的年度销售计划一般是根据上年度实际销售情况、当年市场需求预判，以及既往基酒产能和库存情况综合确定。公司白酒产品销售模式分为经销模式和直销模式，其中经销模式是主要销售模式。

①经销模式。公司在白酒行业普遍采用的经销模式的基础上进一步探索出分区域、定渠道的销售模式。根据整体市场战略分区域管理，公司将全国划分为多个区域营销中心，负责全国多个省级区域的销售工作。

②直销模式。公司的直销模式分为线上销售和线下销售。线上销售主要通过天猫、京东和微商城自营网店销售；线下销售通过旗下实体门店实现销售，直接向零售客户销售。

（三）财务报表

1. 资产负债表

甲公司资产负债表如表 3－4 所示。

表 3－4　　　　**资产负债表**

编制单位：甲公司　　　　单位：元

项目	附注	2022 年 12 月 31 日	2021 年 12 月 31 日	2020 年 12 月 31 日
流动资产：				
货币资金	五、1	9212463099.40	8227101357.00	6843285790.50
结算备付金				
拆出资金				
交易性金融资产	五、2	2074514128.45	1615062358.25	798265842.55
以公允价值计量且其变动计入当期损益的金融资产		713230691.46	452029806.10	373834671.50
衍生金融资产				
应收票据	五、3	242432000.00	64243688.80	138574500.00
应收账款	五、4	760057569.15	459014600.95	375328000.00
应收款项融资	五、5	68672630.00	75060300.00	49008384.00
预付款项	五、6	73533745.00	80390867.05	67572405.00
应收保费				
应收分保账款				
应收分保合同准备金				
其他应收款	五、7	1020350946.75	750901596.30	480273150.25
其中：应收利息		6239620.40	5937782.10	1846041.60
应收股利				
买入返售金融资产				
存货	五、8	2713292007.30	2927456906.45	3308766050.00
持有待售资产				
一年内到期的非流动资产		347133892.50	294463273.50	195726921.30
其他流动资产				
流动资产合计		17225680710.01	14945724754.40	12630635715.10
非流动资产：				
发放贷款和垫款				
债权投资		352866107.50	305536726.50	237488826.50
可供出售金融资产				

续表

项目	附注	2022 年 12 月 31 日	2021 年 12 月 31 日	2020 年 12 月 31 日
其他债权投资				
持有至到期投资				
长期应收款		252029806. 10	183492483. 80	143795622. 30
长期股权投资	五、9	3208753439. 50	2491260955. 70	1068753439. 50
其他权益工具投资				
其他非流动金融资产				
投资性房地产				
固定资产	五、10	2204228042. 05	1872404093. 40	1109352045. 50
在建工程	五、11	222502874. 70	156798893. 05	39205736. 30
生产性生物资产				
油气资产				
无形资产	五、12	617310294. 50	519308381. 35	208335729. 85
开发支出				
商誉				
长期待摊费用				
递延所得税资产	五、13	18839874. 30	17612607. 35	15927449. 75
其他非流动资产	五、14	1439521070. 05	2620000750. 00	1528300451. 00
非流动资产合计		8316051508. 70	8166414891. 15	4351159300. 70
资产总计		25541732218. 71	23112139645. 55	16981795015. 80
流动负债：				
短期借款	五、15	551713333. 35	654107833. 35	523054133. 35
向中央银行借款				
拆入资金				
交易性金融负债				
以公允价值计量且其变动计入当期损益的金融负债				
衍生金融负债				
应付票据	五、16	173988565. 45	1649990000. 00	85246105. 10
应付账款	五、17	674835107. 45	526248268. 15	357285150. 25
预收款项	五、18	1123536280. 00	676411829. 95	423018239. 95
合同负债	五、19			
卖出回购金融资产款				

4. 注册资本：×××××万元

5. 所属行业：白酒制造业

6. 增值税类型：一般纳税人

7. 注册地址：A 市××街道××号

8. 经营范围：浓香型系列酒的生产与销售；饮料、食品、包装材料的生产、销售；防伪技术开发，信息产业相关产品的研制、开发

9. 其他信息

甲公司产品价格明细如表 3－2 所示。

表 3－2　　甲公司产品价格明细　　单位：元/斤

产品名称	成本	出厂均价	出厂最高价	市场零售价	核定价格
A 系列浓香型白酒	105	732	739	1208	724.8
B 系列浓香型白酒	94	478	483	780	468
C 系列浓香型白酒	88	456	460	750	450

甲公司涉及税种及税率如表 3－3 所示。

表 3－3　　税种及税率

税种	适用税率
增值税	2019 年 4 月至今，适用 13%
消费税	白酒：从价计征，20%；从量计征，0.5 元/斤 其他酒：10%
企业所得税	25%
个人所得税	综合所得：3%—45%七级累进税率
房产税	从价计征：1.2% 从租计征：12%
印花税 （2022 年 7 月 1 日开始实施新印花税法）	购销合同：0.03% 财产保险合同：0.1% 借款合同：0.005% 产权转移书据：0.05% 加工承揽合同：0.03%（2022 年 7 月 1 日之前为 0.05%） 仓储保管合同：0.1% 货物运输合同：0.03% 财产租赁合同：0.1% 建筑安装工程承包合同：0.03%

续表

税种	适用税率
城建税及附加	城市建设维护税：7% 教育费附加：3% 地方教育费附加：2%

（二）企业经营情况

1. 企业经营产品

甲公司专注于浓香型白酒的研发、生产和销售，经营产品有 A 系列浓香型白酒、B 系列浓香型白酒、C 系列浓香型白酒。

2. 企业经营模式

（1）采购模式。公司制定了《采购价格管理规程》《原辅料供应商管理程序》《包装材料供应商管理程序》《包装材料采购管理程序》《生产性物料采购管理规程》《非生产性物料采购管理》等一系列采购管理制度。

公司与生产经营相关的采购主要包括高粱、小麦、谷壳、稻草等原辅料和酒瓶、瓶盖、酒坛、纸箱、纸盒等包装材料。公司计划管理部根据管理层确定的年度生产任务制订生产计划，并根据生产计划结合原辅料和包装材料的库存情况确定采购计划，由原辅料采购部和包装材料采购部在供应商名录中选择合适的供应商进行物料采购。

（2）生产模式。鉴于浓香型白酒生产工艺的特殊性，公司的生产作业主要包括大曲生产、基酒生产和成品酒生产。大曲和基酒的生产计划具有协同性，一般根据公司中长期发展规划、市场预判等因素统筹制定。成品酒生产计划主要根据近期市场需求和库存情况制订。此外，为保证交付计划按时完成，公司也会根据实际情况委托具有生产资质和条件的专业灌装、包装企业组织成品酒的生产。

（3）销售模式。公司的年度销售计划一般是根据上年度实际销售情况、当年市场需求预判，以及既往基酒产能和库存情况综合确定。公司白酒产品销售模式分为经销模式和直销模式，其中经销模式是主要销售模式。

①经销模式。公司在白酒行业普遍采用的经销模式的基础上进一步探索出分区域、定渠道的销售模式。根据整体市场战略分区域管理，公司将全国划分为多个区域营销中心，负责全国多个省级区域的销售工作。

②直销模式。公司的直销模式分为线上销售和线下销售。线上销售主要通过天猫、京东和微商城自营网店销售；线下销售通过旗下实体门店实现销售，直接向零售客户销售。

（三）财务报表

1. 资产负债表

甲公司资产负债表如表 3－4 所示。

表 3－4　　资产负债表

编制单位：甲公司　　单位：元

项目	附注	2022 年 12 月 31 日	2021 年 12 月 31 日	2020 年 12 月 31 日
流动资产：				
货币资金	五、1	9212463099.40	8227101357.00	6843285790.50
结算备付金				
拆出资金				
交易性金融资产	五、2	2074514128.45	1615062358.25	798265842.55
以公允价值计量且其变动计入当期损益的金融资产		713230691.46	452029806.10	373834671.50
衍生金融资产				
应收票据	五、3	242432000.00	64243688.80	138574500.00
应收账款	五、4	760057569.15	459014600.95	375328000.00
应收款项融资	五、5	68672630.00	75060300.00	49008384.00
预付款项	五、6	73533745.00	80390867.05	67572405.00
应收保费				
应收分保账款				
应收分保合同准备金				
其他应收款	五、7	1020350946.75	750901596.30	480273150.25
其中：应收利息		6239620.40	5937782.10	1846041.60
应收股利				
买入返售金融资产				
存货	五、8	2713292007.30	2927456906.45	3308766050.00
持有待售资产				
一年内到期的非流动资产		347133892.50	294463273.50	195726921.30
其他流动资产				
流动资产合计		17225680710.01	14945724754.40	12630635715.10
非流动资产：				
发放贷款和垫款				
债权投资		352866107.50	305536726.50	237488826.50
可供出售金融资产				

续表

项目	附注	2022年12月31日	2021年12月31日	2020年12月31日
其他债权投资				
持有至到期投资				
长期应收款		252029806.10	183492483.80	143795622.30
长期股权投资	五、9	3208753439.50	2491260955.70	1068753439.50
其他权益工具投资				
其他非流动金融资产				
投资性房地产				
固定资产	五、10	2204228042.05	1872404093.40	1109352045.50
在建工程	五、11	222502874.70	156798893.05	39205736.30
生产性生物资产				
油气资产				
无形资产	五、12	617310294.50	519308381.35	208335729.85
开发支出				
商誉				
长期待摊费用				
递延所得税资产	五、13	18839874.30	17612607.35	15927449.75
其他非流动资产	五、14	1439521070.05	2620000750.00	1528300451.00
非流动资产合计		8316051508.70	8166414891.15	4351159300.70
资产总计		25541732218.71	23112139645.55	16981795015.80
流动负债：				
短期借款	五、15	551713333.35	654107833.35	523054133.35
向中央银行借款				
拆入资金				
交易性金融负债				
以公允价值计量且其变动计入当期损益的金融负债				
衍生金融负债				
应付票据	五、16	173988565.45	1649990000.00	85246105.10
应付账款	五、17	674835107.45	526248268.15	357285150.25
预收款项	五、18	1123536280.00	676411829.95	423018239.95
合同负债	五、19			
卖出回购金融资产款				

续表

项目	附注	2022 年 12 月 31 日	2021 年 12 月 31 日	2020 年 12 月 31 日
应付职工薪酬	五、20	101385155. 95	108553992. 40	79836450. 20
应交税费	五、21	976324199. 35	361477377. 40	205388964. 85
其他应付款	五、22	364689490. 80	10379063. 50	8760259. 50
其中：应付利息				
应付股利				
应付分保账款				
持有待售负债				
一年内到期的非流动负债	五、23	898288761. 60	2675520. 60	30455139. 30
其他流动负债	五、24	42138910. 55	43007090. 55	47274500. 10
流动负债合计		4906899804. 50	4032850975. 90	1760318942. 60
非流动负债：				
保险合同准备金				
长期借款	五、25	1030000000. 00	1875000000. 00	1905000000. 00
应付债券				
其中：优先股				
永续债				
长期应付款	五、26	500000000. 00	1245841396. 40	112655840. 30
长期应付职工薪酬				
预计负债				
递延收益	五、27	30015562. 00	31239657. 50	33547280. 00
递延所得税负债				
其他非流动负债				
非流动负债合计		1060015562. 00	3152081053. 90	2051203120. 30
负 债 合 计		6466915366. 50	7184932029. 80	3811522062. 90
股东权益：				
股本	五、28	1825000000. 00	1825000000. 00	1825000000. 00
其他权益工具				
其中：优先股				
永续债				
资本公积	五、29	5371019180. 00	5371019180. 00	5371019180. 00
减：库存股				
其他综合收益				
专项储备				
盈余公积	五、30	430184932. 20	243600358. 10	178506297. 40
一般风险准备				

续表

项目	附注	2022年12月31日	2021年12月31日	2020年12月31日
未分配利润	五、31	11448612740.01	8487588077.65	5795747475.50
归属于母公司股东权益合计		19074816852.21	15927207615.75	13170272952.90
少数股东权益				
股东权益合计		19074816852.21	15927207615.75	13170272952.90
负债和股东权益总计		25541732218.71	23112139645.55	16981795015.80

2. 利润表

甲公司利润表如表3－5所示。

表3－5　　利润表

编制单位：甲公司　　单位：元

项目	附注	2022年度	2021年度	2020年度
一、营业总收入	五、32	7020748287.95	6382498443.59	5802271312.35
其中：营业收入	五、32	7020748287.95	6382498443.59	5802271312.35
利息收入				
已赚保费				
手续费及佣金收入				
二、营业总成本		3575867103.58	3250788275.98	2955262069.07
其中：营业成本	五、32	2460656914.65	2236960831.50	2033600755.91
利息支出				
手续费及佣金支出				
退保金				
赔付支出净额				
提取保险责任准备金净额				
保单红利支出				
分保费用				
税金及附加	五、33	252151678.30	229228798.45	208389816.77
销售费用		432223085.53	392930077.75	357209161.59
管理费用	五、34	311641519.65	283310472.41	257554974.92
研发费用	五、35	40355830.35	36687118.50	33351925.91
财务费用	五、36	156453341.55	142230310.50	129300282.27
其中：利息费用		252016497.05	229105906.41	208278096.74
利息收入		95563155.50	86875595.91	78977814.46
加：其他收益	五、37	22536478.10	20487707.36	18625188.51
投资收益（损失以“－”号填列）	五、38	63968125.30	58152841.18	52866219.25
其中：对联营企业和合营企业的投资收益				

续表

项目	附注	2022 年度	2021 年度	2020 年度
以摊余成本计量的金融资产终止确认收益				
汇兑收益（损失以“-”号填列）				
净敞口套期收益（损失以“-”号填列）				
公允价值变动收益（损失以“-”号填列）				
信用减值损失（损失以“-”号填列）	五、39			
资产减值损失（损失以“-”号填列）		-7133318.15	-6484834.68	-5895304.25
资产处置收益（损失以“-”号填列）	五、40	-1756018.80	-1596380.73	-1451255.21
三、营业利润（亏损以“-”号填列）		3444881184.37	3131710167.61	2847009243.28
加：营业外收入	五、41	5868451.90	5334956.27	4849960.25
减：营业外支出	五、42	8758288.70	7962080.63	7238255.12
四、利润总额（亏损总额以“-”号填列）		3441991347.57	3129083043.25	2844620948.41
减：所得税费用	五、43	480966685.21	437242441.10	397493128.27
五、净利润（净亏损以“-”号填列）		2961024662.36	2691840602.15	2447127820.14
（一）按经营持续性分类		2961024662.36	2691840602.15	2447127820.14
1. 持续经营净利润（净亏损以“-”号填列）		2961024662.36	2691840602.15	2447127820.14
2. 终止经营净利润（净亏损以“-”号填列）				
（二）按所有权归属分类		2961024662.36	2691840602.15	2447127820.14
1. 归属于母公司所有者的净利润（净亏损以“-”号填列）		2961024662.36	2691840602.15	2447127820.14
2. 少数股东损益（净亏损以“-”号填列）				
六、其他综合收益的税后净额				
归属母公司所有者的其他综合收益的税后净额				
（一）不能重分类进损益的其他综合收益				
1. 重新计量设定受益计划变动额				
2. 权益法下不能转损益的其他综合收益				
3. 其他权益工具投资公允价值变动				
4. 企业自身信用风险公允价值变动				
（二）将重分类进损益的其他综合收益				
1. 权益法下可转损益的其他综合收益				
2. 其他债权投资公允价值变动				
3. 可供出售金融资产公允价值变动损益				
4. 金融资产重分类计入其他综合收益的金额				
5. 持有至到期投资重分类为可供出售金融资产损益				

续表

项目	附注	2022 年度	2021 年度	2020 年度
6. 其他债权投资信用减值准备				
7. 现金流量套期储备（现金流量套期损益的有效部分）				
8. 外币财务报表折算差额				
归属于少数股东的其他综合收益的税后净额				
七、综合收益总额		2961024662. 36	2691840602. 15	2447127820. 14
归属于母公司股东的综合收益总额		2961024662. 36	2691840602. 15	2447127820. 14
归属于少数股东的综合收益总额				
八、每股收益				
（一）基本每股收益（元/股）				
（二）稀释每股收益（元/股）				

（四）纳税申报表

1. 增值税纳税申报表

甲公司增值税纳税申报表如表 3－6 所示。

表 3－6　增值税纳税申报表　单位：元

纳税人识别号	×××××××××××××××			所属行业	白酒制造		
纳税人名称	甲公司	法定代表人姓名	李××	注册地址	A 市××街道		
开户银行及账号				登记注册类型	股份有限公司	电话号码	12345678

项目		栏次	一般项目		
			2020 年	2021 年	2022 年
销售额	（一）按适用税率计税销售额	1	5744951842. 15	6320222958. 47	6927270062. 32
	其中：应税货物销售额	2	5742513896. 25	6314950694. 09	6919732228. 08
	应税劳务销售额	3	2437945. 90	5272264. 38	7537834. 24
	纳税检查调整的销售额	4	0. 00	0. 00	0. 00
	（二）按简易办法计税销售额	5	0. 00	0. 00	0. 00
	其中：纳税检查调整的销售额	6	0. 00	0. 00	0. 00
	（三）免、抵、退办法出口销售额	7	0. 00	0. 00	0. 00
	（四）免税销售额	8	57319470. 20	62275485. 12	93478225. 63
	其中：免税货物销售额	9	57319470. 20	62275485. 12	93478225. 63
	免税劳务销售额	10	0. 00	0. 00	0. 00

续表

项目		栏次	一般项目		
			2020 年	2021 年	2022 年
税款计算	销项税额	11	746843739.48	821628984.60	900545108.10
	进项税额	12	95361513.70	128271967.11	189364688.02
	上期留抵税额	13	0.00	0.00	0.00
	进项税额转出	14	3253426.00	5526824.77	9247373.98
	免、抵、退应退税额	15	0.00	0.00	0.00
	按适用税率计算的纳税检查应补缴税额	16	0.00	0.00	0.00
	应抵扣税额合计	17	0.00	0.00	0.00
	实际抵扣税额	18	0.00	0.00	0.00
	应纳税额	19	654735651.78	698883842.26	720427794.06
	期末留抵税额	20	0.00	0.00	0.00
	简易计税办法计算的应纳税额	21	0.00	0.00	0.00
	按简易计税办法计算的纳税检查应补缴税额	22	0.00	0.00	0.00
	应纳税额减征额	23	0.00	0.00	0.00
	应纳税额合计	24	654735651.78	698883842.26	720427794.06
缴纳税款	期初未缴税额（多缴为负数）	25	40881225.12	45748114.98	53735227.13
	实收出口开具专用缴款书退税额	26	0.00	0.00	0.00
	本期已缴税额	27	232256148.17	255237615.30	278227928.70
	①分次预缴税额	28	0.00	0.00	0.00
	②出口开具专用缴款书预缴税额	29	0.00	0.00	0.00
	③本期缴纳上期应纳税额	30	122661360.20	142256826.27	158292881.46
	④本期缴纳欠缴税额	31	109594787.97	112980789.03	119935047.24
	期末未缴税额（多缴为负数）	32	463360728.73	489394341.94	495935092.49
	其中：欠缴税额（≥0）	33	0.00	0.00	0.00
	本期应补（退）税额	34	0.00	0.00	0.00
	即征即退实际退税额	35	0.00	0.00	0.00
	期初未缴查补税额	36	0.00	0.00	0.00
	本期入库查补税额	37	0.00	0.00	0.00
	期末未缴查补税额	38	0.00	0.00	0.00

2. 消费税纳税申报表

甲公司消费税申报表如表 3 - 7 所示。

表 3－7　　消费税纳税申报表

纳税人名称（公章）：甲公司			纳税人识别号：××××××××××××××××			金额单位：元（列至角分）					
应税消费品名称	适用税率		2020 年			2021 年			2022 年		
	定额税率	比例税率	销售数量	销售额	应纳税额	销售数量	销售额	应纳税额	销售数量	销售额	应纳税额
粮食白酒	0.5 元/斤	20%	9387089.00	5632253709.54	1131144286.41	10042874.00	6025724536.78	1210166344.36	11280602.00	6768361357.29	1359312572.46
薯类白酒	0.5 元/斤	20%				0.00					
啤酒（3000元/吨以上）	250 元/吨	—				0.00					
啤酒（3000元/吨以下）	220 元/吨	—									
黄酒	240 元/吨	—									
其他酒		10%									
合计			9387089.00	5632253709.54	1131144286.41	10042874.00	6025724536.78	1210166344.36	11280602.00	6768361357.29	1359312572.46
本期准予抵减税额											
本期减（免）税额											
期初未缴税额											
本期缴纳前期应纳税额											
本期预缴税额					525756822.30			566791348.25			618924639.08
本期应补（退）税额					605387464.11			643374996.11			740387933.38
期末未缴税额											

3. 企业所得税

甲公司企业所得税申报表如表 3－8 所示。

表 3－8　企业所得税申报表　　单位：元

A100000 中华人民共和国企业所得税年度纳税申报表（A 类）					
行次	类别	项目	2022 年	2021 年	2020 年
1	利润总额计算	一、营业收入（填写 A101010＼101020＼103000）	7020748287. 95	6382498443. 59	5802271312. 35
2		减：营业成本（填写 A102010＼102020＼103000）	3575867103. 58	3250788275. 98	2955262069. 07
3		减：税金及附加	252151678. 30	229228798. 45	208389816. 77
4		减：销售费用（填写 A104000）	432223085. 53	392930077. 75	357209161. 59
5		减：管理费用（填写 A104000）	311641519. 65	283310472. 41	257554974. 92
6		减：财务费用（填写 A104000）	156453341. 55	142230310. 50	129300282. 27
7		减：资产减值损失	－7133318. 15	－6484834. 68	－5895304. 25
8		加：公允价值变动收益	0. 00	0. 00	0. 00
9		加：投资收益	63968125. 30	58152841. 18	52866219. 25
10		二、营业利润（1－2－3－4－5－6－7＋8＋9）	3444881184. 37	3131710167. 61	2847009243. 28
11		加：营业外收入（填写 A101010＼101020＼103000）	5868451. 90	5334956. 27	4849960. 25
12		减：营业外支出（填写 A102010＼102020＼103000）	8758288. 70	7962080. 63	7238255. 12
13		三、利润总额（10＋11－12）	3441991347. 57	3129083043. 25	2844620948. 41
14	应纳税所得额计算	减：境外所得（填写 A108010）	0. 00	0. 00	0. 00
15		加：纳税调整增加额（填写 A105000）	862414841. 22	578425442. 18	264856153. 97
16		减：纳税调整减少额（填写 A105000）	67228957. 13	49894574. 18	32471658. 82
17		减：免税、减计收入及加计扣除（填写 A107010）	0. 00	0. 00	0. 00
18		加：境外应税所得抵减境内亏损（填写 A108000）	0. 00	0. 00	0. 00
19		四、纳税调整后所得（13－14＋15－16－17＋18）	4237177231. 66	3657613911. 25	3077005443. 56
20		减：所得减免（填写 A107020）	0. 00	0. 00	0. 00
21		减：弥补以前年度亏损（填写 A106000）	0. 00	0. 00	0. 00
22		减：抵扣应纳税所得额（填写 A107030）	0. 00	0. 00	0. 00
23		五、应纳税所得额（19－20－21－22）	4237177231. 66	3657613911. 25	3077005443. 56
24	应纳税额计算	税率（25%）			
25		六、应纳所得税额（23×24）	1059294307. 92	914403477. 81	769251360. 89
26		减：减免所得税额（填写 A107040）	0. 00	0. 00	0. 00
27		减：抵免所得税额（填写 A107050）	0. 00	0. 00	0. 00
28		七、应纳税额（25－26－27）	1059294307. 92	914403477. 81	769251360. 89
29		加：境外所得应纳所得税额（填写 A108000）	0. 00	0. 00	0. 00
30		减：境外所得抵免所得税额（填写 A108000）	0. 00	0. 00	0. 00
31		八、实际应纳所得税额（28＋29－30）	1059294307. 92	914403477. 81	769251360. 89
32		减：本年累计实际已缴纳的所得税额	813256128. 24	692264193. 20	578105283. 12

续表

行次	类别	项目	2022 年	2021 年	2020 年
33	应纳税额计算	九、本年应补（退）所得税额（31－32）	246038179.68	222141284.61	191146077.77
34		其中：总机构分摊本年应补（退）所得税额（填写 A109000）	0.00	0.00	0.00
35		财政集中分配本年应补（退）所得税额（填写 A109000）	0.00	0.00	0.00
36		总机构主体生产经营部门分摊本年应补（退）所得税额（填写 A109000）	0.00	0.00	0.00

4. 房产税

甲公司房产税申报表如表 3－9 所示。

表 3－9　房产税申报表　单位：元

（一）从价计征房产税

序号	房产原值	其中：出租房产原值	计税比例	税率	所属期起	所属期止	本期应纳税额
1	420539000.00		70%	1.2%	2022－01－01	2022－12－31	3532527.60

（二）从租计征房产税

序号	本期申报租金收入	税率	本期应纳税额
1	125000.00	12%	15000.00

5. 印花税

甲公司印花税申报表如表 3－10 所示。

表 3－10　印花税申报表　单位：元

纳税人识别号	×××××××××××××××	登记注册类型	股份有限公司
纳税人名称	甲公司	所属行业	白酒制造
纳税人类型	一般纳税人	联系方式	12345678
年应纳税额	2020 年应纳税额	2021 年应纳税额	2022 年应纳税额
财产保险合同（0.1%）	9265.56	10580.06	15448.27
购销合同（0.03%）	1980240.34	2583558.28	3441748.12
借款合同（0.005%）	11658.00	17245.00	24183.00
产权转移书（0.05%）	3145.72	4275.93	5823.77
加工承揽合同（0.03%，2022 年 7 月 1 日之前按 0.05%）	673.90	988.74	1476.97
仓储保管合同（0.1%）	6297.45	8451.73	11278.82
货物运输合同（0.05%）	10258.57	15748.46	24173.29
财产租赁合同（0.1%）	1892.80	2347.60	3248.10
建筑安装工程承包合（0.03%）	20451.24	32413.72	44758.46

6. 城建税及附加

甲公司城建税及附加申报表如表 3－11 所示。

表 3－11　　城建税及附加申报表　　单位：元

城建税及附加	2020 年	2021 年	2022 年
	214305592.58	229086022.39	249568843.98

（五）案头资料

白酒制造业风险模型适用于经营行业纳税人，由以下 9 个风险指标组成（见表 3－12）。

表 3－12　　风险指标模型

序号	指标名称	风险指标模型公式	预警值	2022 年	2021 年	2020 年	预警情况	风险点筛查
1	增值税税负率	应纳增值税/应税销售收入×100%	<9.5%	8.85%	9.01%	10.40%	2021 年、2022 年异常	采购环节风险点 1；销售环节风险点 6、风险点 7、风险点 9、风险点 10；其他环节风险点 21
2	消费税税负率	应纳消费税额/实际不含税销售额×100%	22%—24%	19.80%	20.93%	22.08%	2021 年、2022 年异常	采购环节风险点 2；销售环节风险点 6、风险点 7、风险点 8、风险点 9、风险点 10；重组环节风险点 13
3	所得税贡献率	应纳所得税额/主营业务收入×100%	10%—15%	9.19%	11.37%	9.26%	2020 年、2022 年异常	销售环节风险点 10；研发环节风险点 11、风险点 12；重组环节风险点 14、风险点 15；其他环节风险点 18、风险点 19
4	主营业务成本变动率	（本期主营业务成本－基期主营业务成本）/基期主营业务成本×100%	>10%	9.21%	8.39%	8.92%	正常	无
5	主营业务收入变动率	（本期主营业务收入－基期主营业务收入）/基期主营业务收入×100%	<10%	12.30%	11.94%	11.35%	正常	无

续表

序号	指标名称	风险指标模型公式	预警值	2022 年	2021 年	2020 年	预警情况	风险点筛查
6	年进项税额增长率	（本期进项 − 基期进项）/基期进项 × 100%	15%—20%	27.63%	24.51%	18.45%	2021 年、2022 年异常	采购环节风险点 3、风险点 4；生产环节风险点 5；其他环节风险点 21
7	年销项税额增长率	（本期销项 − 基期销项）/基期销项 × 100%	15%—20%	12.60%	14.01%	16.80%	2021 年、2022 年异常	销售环节风险点 6、风险点 7、风险点 9
8	管理费用变动率	（本期管理费用期末余额 − 基期管理费用期末余额）/基期管理费用期末余额 × 100%	>5%	6.42%	4.69%	4.15%	2022 年异常	其他环节风险点 19、风险点 20
9	销售费用变动率	（本期销售费用期末余额 − 基期销售费用期末余额）/基期销售费用期末余额 × 100%	>10%	11.30%	9.57%	9.01%	2022 年异常	销售环节风险点 10

（六）风险指标分析

1. 假设

按表 3 − 12 中的指标对纳税对象进行评估，可以将该案例分为四种情形（见表 3 − 13）。

表 3 − 13　　风险等级判定

超出预警值范围的指标个数	风险程度
0	无风险
1—2 个	低风险
3—5 个	中风险
6 个及以上	高风险

2. 预警情况分析

通过表 3 − 12 中的指标对纳税对象进行评估，发现该甲公司九个指标中有七个指标超过了预警值范围，属于高风险，因此我们应当对该公司的税收风险进行系统性排查。

（1）增值税税负率。2021 年、2022 年增值税税负率小于预警值，可能存在不计或者少计收入、相关经济行为未申报缴纳增值税等问题。2020 年增值税税负率均在预警值范围内，但仍不能排除可能存在少计销项或者多抵扣进项的风险，需要运用其他方式进行深入的评估分析。

（2）消费税税负率。2021 年、2022 年消费税税负率小于预警值，可能存在不计或者少计收入、相关经济行为未按最低计税价格申报缴纳消费税等问题，需要运用其他方式进行深入的评估分析。

（3）所得税贡献率。2020 年、2022 年所得税贡献率小于预警值，可能存在不计或者少计收入，多列支成本费用、研发费用归集口径错误等情况，以及少缴企业所得税的风险，需要运用其他方式进行深入的评估分析。

（4）年进项税额增长率。经计算，2021 年、2022 年甲公司年进项税额增长率大于预警值，可能存在接受虚开增值税专用发票、发生非正常损失未作进项税额转出处理等情况，导致多抵扣进项税额，需要运用其他方式进行深入的评估分析。

（5）年销项税额增长率。经计算，2021 年、2022 年甲公司年销项税额增长率小于预警值，可能存在不计或者少计收入、相关经济行为未申报缴纳增值税等问题，需要运用其他方式进行深入的评估分析。

（6）管理费用、销售费用变动率。2022 年甲公司管理费用变动率、销售费用变动率均大于预警值，可能存在虚列费用等情况，需要运用其他方式进行深入的评估分析。

四、案头分析（暂时不考虑税收滞纳金）

（一）风险点总结

1. 风险点 1

企业可能存在购进农产品单价不实，虚增成本导致多抵扣农产品进项税额的风险。（排除风险）

2. 风险点 2

企业用白酒换取丙公司高粱，按平均价格计税，且只申报销售业务的印花税，存在少缴消费税、印花税等风险。

3. 风险点 3

企业存在将外购基酒生产的白酒作为基数计算抵扣农产品进项税额的风险。

4. 风险点 4

企业存在虚构购进酱香型基酒业务多抵扣进项税额的风险。

5. 风险点 5

企业存在将符合免税条件的酒糟未作进项税额转出，导致少缴纳增值税的风险。

6. 风险点 6

企业收取包装物押金，存在未按规定并入销售额计算缴纳消费税、增值税的风险。

7. 风险点 7

企业收取销售公司品牌使用费，存在未按规定并入销售额计算缴纳消费税、增值税的风险。

8. 风险点 8

企业未按照最终销售单位对外销售价格核定消费税最低计税价格，存在少缴纳消费税的风险。

9. 风险点 9

企业存在将自产的白酒用于赠送未作视同销售处理导致少缴纳税款的风险。

10. 风险点 10

企业存在线上销售未计或少计收入，导致少缴税款的风险。

11. 风险点 11

企业存在研发费用归集口径错误，导致少缴企业所得税的风险。

12. 风险点 12

企业存在将常规技术应用视为研发活动，导致少缴企业所得税的风险。

13. 风险点 13

企业用资产重组方式投资设立子公司，其中涉及的白酒存在转让未缴纳消费税的风险。（涉税争议）

14. 风险点 14

企业重组不满足特殊性税务处理条件，存在未按一般性税务处理缴纳税款的风险。

15. 风险点 15

企业以低于公允价值转让股权，存在未按公允价值申报股权转让所得的风险。

16. 风险点 16

企业将自有房产出租给关联企业，存在免租期未按房产原值缴纳房产税的风险。

17. 风险点 17

企业提供的数据不准，存在错享环保税税收优惠导致少缴纳环保税的风险。

18. 风险点 18

企业可能存在收到政府补助未并入企业所得税收入总额申报纳税的风险。

19. 风险点 19

企业税前扣除艺术品金额，可能存在少缴企业所得税的风险。（排除风险）

20. 风险点 20

企业将高管部分工资以咨询费形式支付给高管注册在税收洼地园区的企业，存在以降低工资薪金方式少代扣代缴个人所得税的风险。

21. 风险点 21

企业存在非正常损失未作进项税额转出，导致少缴增值税的风险。

（二）风险描述及判断

1. 风险点1

（1）风险描述。

通过查验甲公司2022年8月高粱的入库单和“库存现金”明细账，发现甲公司从农民手中收购高粱1000000斤，单价为2.8元/斤，经过调查当地8月高粱收购均价为2.3元/斤，经查验2022年7月高粱的入库单，甲公司从农民手中收购高粱单价为2元/斤。通过比较发现，购进高粱的单价差异过大，可以初步判断其购买价格偏高，甲公司在向农业生产者收购农产品时自行填开“农产品收购统一发票”，企业可能存在虚开收购发票的风险，甲公司在用投入产出法核定农产品进项税额时，可能存在多抵扣农产品进项税额的风险。

（2）政策依据。

根据《财政部 国家税务总局关于在部分行业试行农产品增值税进项税额核定扣除办法的通知》（财税〔2012〕38号），甲公司以购进农产品为原料生产白酒，属于农产品进项税额核定扣除试点范围。根据《农产品增值税进项税额核定扣除试点实施办法》的有关规定，甲公司使用投入产出法核定农产品进项税额，应使用农产品平均购买单价。

（3）计算过程。

可能少缴的增值税为：

$1000000\times(2.8-2.3)\times10\%=50000$（元）

可能少缴的城建税及附加为：

$50000\times(7\%+3\%+2\%)=6000$（元）

可能少缴的企业所得税为（因无法准确计算税收滞纳金，故计算过程不包括税收滞纳金，其他风险点同）：

$[1000000\times(2.8-2.3)-6000]\times25\%=123500$（元）

（4）法律责任。

甲公司存在因多抵扣进项而少缴税款的行为。《中华人民共和国税收征管法》第六十四条规定：纳税人不缴或者少缴应纳税款的，由税务机关追缴其不缴或者少缴的税款、滞纳金，并处不缴或者少缴的税款百分之五十以上五倍以下的罚款。《中华人民共和国刑法》第二百零一条【逃税罪】规定：纳税人采取欺骗、隐瞒手段进行虚假纳税申报或者不申报，逃避缴纳税款数额较大并且占应纳税额百分之十以上的，处三年以下有期徒刑或者拘役，并处罚金；数额巨大并且占应纳税额百分之三十以上的，处三年以上七年以下有期徒刑，并处罚金；扣缴义务人采取前款所列手段，不缴或者少缴已扣、已收税款，数额较大的，依照前款的规定处罚；甲公司涉及虚开发票。《中华人民共和国刑法》第二百零五条规定：虚开增值税专用发票或者虚开用于骗取出口退税、抵扣税款的其他发票的，处三年以下有期徒刑或者拘役，并处二万元以上二十万元以下罚金；虚开的税款数额较大或者有其他严重情节的，处三年以上十年以下有期徒刑，并处五万元以上五十万元以下罚金；虚开的税款数额巨大或者有其他特别严重情节的，处十年以上有期徒刑或者无期徒刑，并处五万元以上五十万元以下罚金或者没收财产。

2. 风险点2

（1）风险描述。

通过查看甲公司与乙公司2022年10月20日签订的以货易货合同、“库存商品”明细账、白酒出库单据和印花税缴款书，发现合同约定甲公司以A系列浓香型白酒13448斤（平均价格为732元/斤，最高价格为739元/斤）等价交换乙公司高粱4280000斤，且甲公司仅申报了销售业务的印花税，因此可能存在少缴印花税的风险。同时，通过查看甲公司的消费税纳税申报表，发现甲公司按照平均价格申报了纳税，而未按照最高价格缴纳消费税，存在少缴消费税的风险。

（2）政策依据。

《国家税务总局关于印发〈消费税若干具体问题的规定〉的通知》（国税发〔1993〕156号）第三条第（六）款规定：甲公司用于换取生产资料和消费资料的应税消费品，应当以甲公司同类应税消费品的最高销售价格作为计税依据计算消费税。根据《国家税务局关于印花税若干具体问题的解释和规定的通知》（国税发〔1991〕155号）第三条的规定，甲公司采用以货换货方式进行商品交易签订的合同，应按合同所载的购、销合计金额计税贴花。

（3）计算过程。

可能少缴的消费税为：

$(739-732)\times 13448\times 20\% = 18827.20$（元）

可能少缴的城建税及附加为：

$18827.20\times(7\%+3\%+2\%) = 2259.26$（元）

可能少缴的印花税为（此处暂时忽略对企业所得税的影响）：

$732\times 13448\times 0.3‰ = 2953.18$（元）

（4）法律责任。

《中华人民共和国税收征管法》第六十四条规定，甲公司少缴应纳税款，可能会被税务机关追缴其少缴的税款、滞纳金，并处少缴的税款百分之五十以上五倍以下的罚款。

3. 风险点3

（1）风险描述。

浓香型白酒主要原材料高粱、小麦、谷壳、糯米、玉米的平均购买单价为2.3元/斤，酿酒原料平均耗用量为3.8。通过查验甲公司2022年9月的“原材料”和“应交税费—应交增值税（进项税额）”明细账，发现甲公司购进浓香型基酒500000斤，不含税价格为

39 元/斤。通过核查甲公司 A 系列浓香型白酒的“生产成本”和“库存商品”明细账、仓库保管账、出库单据，发现甲公司共销售给乙公司 2000000 斤 A 系列浓香型白酒，其中包括自行发酵生产的白酒 1503000 斤、外购基酒加工生产的白酒 497000 斤，经核实购进浓香型基酒的增值税专用发票已按规定据实抵扣，但与自行发酵生产的白酒的销售业务未分开核算，按投入产出法进行再次抵扣，因此甲公司可能存在多抵进项税额的情况。

（2）政策依据。

根据《农产品增值税进项税额核定扣除试点实施办法》的相关规定，甲公司应在计算当期允许抵扣农产品增值税进项税额时，分开核算外购酒及酒精生产的白酒和发酵生产出来的酒的销售数量。

（3）计算过程。

可抵扣进项税额为：

当期农产品耗用数量 = 当期销售货物数量 × 农产品单耗数量

= 1503000 × 3.8 = 5711400（斤）

当期允许抵扣农产品增值税进项税额 = 当期农产品耗用数量 × 农产品平均购买单价 × 扣除率 ÷（1 + 扣除率）

= 5711400 × 2.3 × 10% ÷ (1 + 10%)

= 1194201.82（元）

实际抵扣进项税额为：

当期农产品耗用数量 = 当期销售货物数量 × 农产品单耗数量

= 2000000 × 3.8 = 7600000（斤）

当期允许抵扣农产品增值税进项税额 = 当期农产品耗用数量 × 农产品平均购买单价 × 扣除率 ÷（1 + 扣除率）

= 7600000 × 2.3 × 10% ÷ (1 + 10%)

= 1589090.91（元）

可能多抵扣的进项税额为：

1589090.91 − 1194201.82 = 394889.09（元）

可能少缴的增值税为：

394889.09 × 13% = 51335.58（元）

可能少缴的城市维护建设税及附加为（此处暂不考虑对企业所得税的影响）：

51335.58 × (7% + 3% + 2%) = 6160.27（元）

（4）法律责任。

根据风险点 1 列举的《中华人民共和国税收征管法》第六十四条的规定，甲公司因多抵扣进项税额导致少缴应纳税款，可能会被税务机关追缴其少缴的税款、滞纳金，并处少缴税款百分之五十以上五倍以下的罚款。

4. 风险点4

（1）风险描述。

查询甲公司2022年9月“原材料”明细账时，发现甲公司从生产酱香型白酒的E地购进酱香型基酒300000斤，不含税价格为37元/斤，经查已按相关规定据实抵扣。由表3－1可知，不同香型白酒主要原材料耗用量差异较大，酱香型白酒主要原材料平均耗用量为5.08，浓香型白酒为3.76，二者原料不同、比例不同、所需环境条件不同，因此酱香型基酒很难加工生产出口感很好的浓香型白酒。通过查看酱香型基酒领料单、“生产成本”明细账，发现并没有酱香型基酒加工生产记录，2022年甲公司也没有推出酱香型系列产品，甲公司可能存在虚构购进酱香型基酒业务多抵扣进项税额的风险。

（2）政策依据。

根据《中华人民共和国增值税暂行条例》的相关规定，准予从销项税额中抵扣的进项税额需取得合法有效的增值税扣税凭证，甲公司虚构购进酱香型基酒业务的进项税额不得从销项税额中抵扣。

（3）计算过程。

可能少缴的增值税为：

$300000 \times 37 \times 13\% = 1443000$（元）

可能少缴的城建税及附加为（此处暂时忽略对企业所得税的影响）：

$1443000 \times (7\% + 3\% + 2\%) = 173160$（元）

（4）法律责任。

甲公司多列支出，根据《中华人民共和国税收征管法》第六十三条的规定，纳税人在账簿上多列支出或者不列、少列收入是偷税。对纳税人偷税的，由税务机关追缴其不缴或者少缴的税款、滞纳金，并处不缴或者少缴的税款百分之五十以上五倍以下的罚款；构成犯罪的，依法追究刑事责任；根据风险点1列举的《中华人民共和国刑法》第二百零一条的规定，甲公司虚假申报，相关责任人可能会被处以三年以下有期徒刑或者拘役，并处罚金；根据风险点1列举的《中华人民共和国刑法》第二百零五条的规定，甲公司虚构进项，接受虚开发票，相关责任人可能会被处以三年以下有期徒刑或者拘役，并处二万元以上二十万元以下罚金。

5. 风险点5

（1）风险描述。

酒糟是小麦、高粱等酿酒后剩余的残渣，2022年甲公司从农民手中购买酿酒原料支付价款115000000元，销售购进酿酒原料所生产的C系列浓香型白酒不含税收入480000000元，核定抵扣的进项税额为10900000元。通过检查甲公司2022年“其他业务收入”明细账，发现酒糟收入1580000元，经查验《纳税人减免税备案登记表》、“应交税费—应交增值税（进项税额出）”明细账，甲公司销售酒糟符合免税条件，并按规定办理了免税备案，但未按免税收入所占比例分摊转出增值税进项税额，可能存在少缴纳增值税的风险。

（2）政策依据。

根据《中华人民共和国增值税暂行条例》的相关规定，甲公司销售的酒糟属于免税产品，其相应的进项税额应当转出。

（3）计算过程。

可能少缴的增值税为：

$10900000 \times [1580000 \div (1580000 + 480000000)] = 35761.45$（元）

可能少缴的城建税及附加为（此处暂不考虑对企业所得税的影响）：

$35761.45 \times (7\% + 3\% + 2\%) = 4291.37$（元）

（4）法律责任。

根据风险点4列举的《中华人民共和国税收征收管理法》第六十三条的规定，甲公司因销售免税酒糟未作进项转出，可能会被税务机关追缴其少缴的税款、滞纳金，并处少缴税款百分之五十以上五倍以下的罚款；构成犯罪的，依法追究刑事责任。

6. 风险点6

（1）风险描述。

通过审查甲公司2022年“其他应付款”明细账、收款记录和单据、出库单、运输单据，发现甲公司收取张某、李某等270名经销商白酒包装物押金共5400万元，未并入收取当期的应税销售额，因此甲公司可能存在少申报缴纳消费税、增值税、城市维护建设税及附加的风险。

（2）政策依据。

根据《财政部 国家税务总局关于酒类产品包装物押金征税问题的通知》（财税字〔1995〕53号）的规定，对甲公司销售酒类产品而收取的包装物押金，无论押金是否返还、会计上如何核算，均需并入酒类产品销售额中，依酒类产品的适用税率征收消费税。

（3）计算过程。

可能少缴的消费税为：

$5400 \div (1 + 13\%) \times 20\% \times 10000 = 9557522.12$（元）

可能少缴的增值税为：

$5400 \div (1 + 13\%) \times 13\% \times 10000 = 6212389.38$（元）

可能少缴的城市维护建设税及附加为：

$(9557522.12 + 6212389.38) \times (7\% + 3\% + 2\%) = 1892389.38$（元）

（4）法律责任。

根据风险点1列举的《中华人民共和国税收征管法》第六十四条的规定，甲公司因少缴消费税，可能会被税务机关追缴其少缴的税款、滞纳金，并处少缴税款百分之五十以上五倍以下的罚款；根据风险点1列举的《中华人民共和国刑法》第二百零一条的规定，甲公司少缴应纳税款，相关责任人可能会被处以三年以下有期徒刑或者拘役，并处罚金。

7. 风险点7

（1）风险描述。

通过核查甲公司2022年“其他业务收入”明细账，发现共收取M公司品牌维护费14700000元，包括品牌使用管理、销售渠道管理、品牌使用等费用。通过核查甲公司2022年的品牌使用合同，发现甲公司与关联销售公司M公司签订销售合同，合同约定甲公司按销售收入2%的比例向M公司收取品牌维护费，记入“其他业务收入”；通过查验增值税缴款书和消费税缴款书，发现收取的品牌维护费未并入收入，按销售无形资产6%申报缴纳了增值税，但未申报缴纳消费税，因此甲公司可能存在少缴消费税、增值税的风险。

（2）政策依据。

根据《消费税暂行条例》第六条、《消费税暂行条例实施细则》第十四条、《国家税务总局关于酒类产品消费税政策问题的通知》（国税发〔2002〕109号）第三条的相关规定，认定甲公司收取的上述品牌维护费应并入白酒销售额征收增值税和消费税。

（3）计算过程。

可能少缴的消费税为：

$14700000 \div (1+13\%) \times 20\% = 2601769.91$（元）

可能少缴的增值税为：

$14700000 \div (1+13\%) \times (13\% - 6\%) = 910619.47$（元）

可能少缴的城建税及附加为：

$(2601769.91 + 910619.47) \times (7\% + 3\% + 2\%) = 421486.73$（元）

（4）法律责任。

根据风险点1列举的《中华人民共和国税收征管法》第六十四条的规定，甲公司因少缴消费税、增值税，可能会被税务机关追缴其少缴的税款、滞纳金，并处少缴税款百分之五十以上五倍以下的罚款；根据风险点1列举的《中华人民共和国刑法》第二百零一条的规定，甲公司少缴应纳税款，相关责任人可能会被处以三年以下有期徒刑或者拘役，并处罚金。

8. 风险点8

（1）风险描述。

2022年3月，甲公司设立的关联销售公司乙公司具有独立核算的职能，承担A系列浓香型白酒的销售业务。通过获取甲、乙公司纳税申报数据的来源计算表、计算单，比对甲、乙公司应税收入和计税价格的来源和计算方式，核查甲、乙公司的销售合同、出库单、增值税缴款书和消费税缴款书，发现甲公司A系列浓香型白酒的关联销售价格为648

元/斤，2022 年共销售 400000 斤 A 系列浓香型白酒给乙公司，乙公司对外销售均价为 1208 元/斤，计算得出关联销售价格 648 元小于 A 系列浓香型白酒的消费税最低计税价格 724.8 元（1208×60%），因此甲公司可能存在少缴纳消费税的风险。

（2）政策依据。

根据国税总函〔2017〕144 号文件的规定，自 2017 年 5 月 1 日起，白酒消费税最低计税价格核定比例由 50%—70%统一调整为 60%，甲公司应按核定价格申报缴纳消费税。

（3）计算过程。

可能少缴的消费税为：

(724.8 − 648) × 20% × 400000 = 6144000（元）

可能少缴的城建税及附加为（此处暂不考虑对企业所得税的影响）：

6144000 × (7% + 3% + 2%) = 737280（元）

（4）法律责任。

根据风险点 1 列举的《中华人民共和国税收征管法》第六十四条的规定，甲公司因少缴消费税，可能会被税务机关追缴其少缴的税款、滞纳金，并处少缴税款百分之五十以上五倍以下的罚款。

9. 风险点 9

（1）风险描述。

通过核查甲公司 2021 年"主营业务收入"和"库存商品"明细账、产品出库单、销售合同、纳税申报明细信息等数据资料，发现在 10 月甲公司推出的买十瓶 A 系列浓香型白酒赠送一瓶 B 系列浓香型白酒的促销活动中，合计赠送 B 系列浓香型白酒 10000 斤，B 系列浓香型白酒公允价值平均为 478 元/斤，成本为 940000 元。同时，当年销售产品营业收入共计 4322230855.30 元，营业成本为 843147156.13 元，根据投入产出比及利润率计算可得，营业收入实际数应远大于 4322230855.30 元。因此，甲公司可能存在将生产的 B 系列浓香型白酒作为促销、推广方式的赠品，未作视同销售处理导致少缴纳税款的风险。

（2）政策依据。

根据《中华人民共和国增值税暂行条例实施细则》第四条的规定，甲公司将自产货物无偿赠送他人，应视同销售货物。根据《消费税暂行条例实施细则》的规定，甲公司自产自用的应税消费品，用于连续生产应税消费品的，不纳税；用于其他方面的，于移送使用时纳税。

（3）计算过程。

可能少缴的增值税为：

478 × 10000 × 13% = 621400（元）

可能少缴的消费税为：

6478 × 10000 × 20% + 10000 × 0.5 = 961000（元）

可能少缴的城建税及附加为：

（621400 +961000）×（7% +3% +2%）=189888（元）

（4）法律责任。

根据风险点1列举的《中华人民共和国税收征管法》第六十四条的规定，甲公司因少缴增值税、消费税，可能会被税务机关追缴其少缴的税款、滞纳金，并处少缴税款百分之五十以上五倍以下的罚款。

10. 风险点10

（1）风险描述。

经调查发现2022年网红主播罗某在某直播平台对甲公司的B系列浓香型白酒进行直播带货，但通过查阅该企业当期的“主营业务收入”明细账、“银行存款”明细账，发现并没有线上销售收入的记录，经查看“销售费用”明细账，发现有线上销售坑位费500000元，销售业务提成费用860400元。

经了解该主播是从总部直接提货，直销均价为478元/斤，共销售90000斤。结合甲公司的“原材料”明细账、“库存商品”明细账，对其实施抽盘程序，发现该公司白酒的投入产出比与账上记录不符。进一步查看甲公司成品白酒的仓库保管台账、出库单据，以及白酒品种数量和仓库出入库单据和发票开具明细，发现截至盘存日，库存白酒数量为524吨，而账面结存数量为569吨，实际盘存数与账存数存在较大差异，因此甲公司可能存在委托网红销售白酒未计销售收入的风险。

（2）政策依据。

根据《关于确认企业所得税收入若干问题的通知》（国税函〔2008〕875号）的相关规定，甲公司应确认线上销售收入并申报缴纳相应税款。

（3）计算过程。

可能少计的收入为：

90000 ×478 =43020000（元）

可能少缴的增值税为：

43020000 ×13% =5592600（元）

可能少缴的消费税为：

43020000 ×20% +90000 ×0.5 =8649000（元）

可能少缴的城建税及附加为：

（5592600 +8649000）×（7% +3% +2%）=1708992（元）

可能少缴的企业所得税为：

（43020000 -133 ×90000 -8649000 -1708992）×25% =5173002（元）

（4）法律责任。

根据风险点4列举的《中华人民共和国税收征管法》第六十三条的规定，甲公司因线上销售未计收入，可能会被税务机关追缴其少缴的税款、滞纳金，并处少缴税款百分之五十以上五倍以下的罚款，构成犯罪的，依法追究刑事责任；根据风险点1列举的《中华人民共和国刑法》第二百零一条的规定，甲公司少缴应纳税款，相关责任人可能会被处以三年以下有期徒刑或者拘役，并处罚金。

11. 风险点11

（1）风险描述。

通过检查甲公司2022年的研发项目相关资料，发现甲公司共有4个研发项目（见表3－14），所有研发项目均有内部立项文件且资料完整。经过核查各研发项目的费用归集口径是否正确、研发目标和拟突破的核心技术是否具有创新性、研发结果是否具有不确定性等，发现H2、H3项目的研发费用加计扣除均符合规定，H1、H4项目研发费用加计扣除存在涉税风险。

表3－14　　甲公司研发项目费用表（2022年）　　单位：万元

研发项目	研发费用	加计扣除基数	加计扣除金额
H1（自行研发）	530	510	510
H2（自行研发）	585.58	560	560
H3（自行研发）	1090	1065	1065
H4（自行研发）	1830	1800	1800

通过检查甲公司2022年“研发支出—费用化支出”和“应付职工薪酬”明细账及其相关票据，发现在H1项目加计扣除基数中列支研发人员工资200万元，经核查研发人员的岗位职责和工时记录（见表3－15），发现张××和王××从事行政工作，不属于研发人员和辅助性人员，李××和赵××虽属于研发人员，但也从事了非研发工作，通过查验“研发支出”辅助账汇总表发现甲公司将200万元工资全部进行加计扣除，未按研发人员工时记录比例分摊可加计扣除的工资薪金，因此甲公司可能存在少缴企业所得税的风险。

表3－15　　H1项目部人员工时记录表（2022年）　　单位：时

序号	姓名	岗位	办公室出勤工时	研发室出勤工时	工时统计	主要工作任务
1	张××	酒厂总经理	2400	0	2400	负责部门日常行政管理工作
2	王××	酒厂副总经理	2400	0	2400	协助部门日常行政管理工作
3	李××	项目A部组长	720	1680	2400	①协助总经理处理行政工作 ②研发具有特定健康功效的白酒产品
4	赵××	项目B部组长	1200	1200	2400	①协助副总经理行政工作 ②选育酒曲中的微生物菌种
5	汤××	项目A研究员	0	2400	2400	负责对白酒中的各种微量元素等成分进行详细分析

续表

序号	姓名	岗位	办公室出勤工时	研发室出勤工时	工时统计	主要工作任务
6	高××	项目A研究员	0	2400	2400	负责进行试验酿造，测试不同配方对产品口味的影响
7	梁××	项目A研究员	0	2400	2400	负责验证新开发白酒产品的健康效益
8	罗××	项目B研究员	0	2400	2400	负责筛选具有高发酵效率和特定风味产生能力的酵母菌
9	邓××	项目B研究员	0	2400	2400	负责批量发酵试验，优化酒曲的制备工艺
10	刘××	项目B研究员	0	2400	2400	负责评估新发酵工艺和菌种在不同储存条件下的表现

（2）政策依据。

根据《国家税务总局关于研发费用税前加计扣除归集范围有关问题的公告》（2017年第40号）的规定，可加计扣除的研发费用中的关于人员人工费用，是指直接从事研发活动人员的工资薪金。

（3）计算过程。

可加计扣除的研发人员工资薪金为：

$(1680+1200+2400\times6)\div(2400\times10)\times200\times10000=1440000$（元）

多加计扣除的研发人员工资薪金为：

$2000000-1440000=560000$（元）

可能少缴的企业所得税为：

$560000\times25\%=140000$（元）

（4）法律责任。

根据风险点4列举的《中华人民共和国税收征管法》第六十三条的规定，甲公司因多扣研发费用，可能会被税务机关追缴其少缴的税款、滞纳金，并处少缴税款百分之五十以上五倍以下的罚款；构成犯罪的，依法追究刑事责任。

12. 风险点12

（1）风险描述。

通过核查甲公司2022年“研发支出—费用化支出”和“研发支出—资本化支出”明细账和“研发支出”辅助账汇总表，发现研发项目H4加计扣除基数为1800万元，经调查H4研发项目主要是开发企业微信社群粉丝经营平台，通过粉丝经营平台实现会话监测、引入AI客服等功能，减轻运营压力、保障运营安全。在H4项目的开发过程中，会话存档部分使用了Kafka消息队列，有效解决了大批量会话存档以及分发给数据室备份等并发问题，同时增强了系统的稳定性与实时性能。该项目在开发过程中运用了诸多新技术，如

ACS 云技术、数据传输安全技术、数据保障技术等。

通过提请科技部门组织专家鉴定，按照《科技查新规范》比对分析 H4 项目所开发、运用的技术，专家认为 H4 项目目标没有体现创新性、拟突破的核心技术属于现有成熟技术、研发结果没有体现不确定性，不满足财税〔2015〕119 号文件的相关规定，不能适用研发费用加计扣除政策，因此甲公司可能存在少缴企业所得税的风险。

（2）政策依据。

根据《财政部 国家税务总局 科技部关于完善研究开发费用税前加计扣除政策的通知》（财税〔2015〕119 号）第一条第（二）款的规定，甲公司 H4 项目的研发费用不适用加计扣除政策。

（3）计算过程。

可能少缴的企业所得税为：

$1800 \times 25\% \times 10000 = 4500000$（元）

（4）法律责任。

根据风险点 4 列举的《中华人民共和国税收征管法》第六十三条的规定，甲公司因多扣研发费用，可能会被税务机关追缴其少缴的税款、滞纳金，并处少缴税款百分之五十以上五倍以下的罚款；构成犯罪的，依法追究刑事责任。

13. 风险点 13

（1）风险描述。

通过核查甲公司 2022 年的设立企业申请报告及审批机关的批准文件，发现甲公司在 2022 年 2 月将 B 系列浓香型白酒的下属分厂的相关资产，以及与其相关联的负债、人力资源、库存商品独立出去，投资设立全资子公司 N；经查验投入资本明细表，发现投入资本包括下属分厂库存的 B 系列浓香型白酒 60000 斤；通过检查甲公司消费税申报表，发现其并未按核定价格 468 元/斤申报缴纳该批白酒的消费税，因此甲公司可能存在少缴消费税的风险。

（2）政策依据。

《中华人民共和国消费税暂行条例》中没有涉及整体转让的概念，所以白酒生产企业发生的白酒转让一般情况下就应该征消费税，除非另有免税规定。根据《关于全面推开营业税改征增值税试点的通知》（财税〔2016〕36 号）附件 2 的相关规定，甲公司在资产重组过程中，将部分实物资产以及与其相关联的债权、负债和劳动力一并转让给其他单位和个人，其中涉及的不动产、土地使用权转让行为不征收增值税。

（3）计算过程。

可能少缴的消费税为：

$60000 \times 468 \times 20\% + 60000 \times 0.5 = 5646000$（元）

可能少缴的城建税及附加为：

5646000 ×（7% +3% +2%）= 677520（元）

（4）法律责任。

根据风险点4列举的《中华人民共和国税收征管法》第六十三条的规定，甲公司因少缴消费税，可能会被税务机关追缴其少缴的税款、滞纳金，并处少缴税款百分之五十以上五倍以下的罚款；构成犯罪的，依法追究刑事责任。

14. 风险点14

（1）风险描述。

通过核查甲公司特殊性税务处理的备案资料、“长期股权投资”明细账、企业董事会相关决议，发现2020年10月某房地产上市公司以股权收购方式收购甲公司于2015年设立的全资子公司Q 100%的股权，计税基础是3000万元，公允价值5000万元，该房地产上市公司在股权收购对价中以股权形式支付了4500万元，以银行存款支付了500万元，此次重组交易股权收购比例高于50%，股权支付比例高于85%，满足特殊性税务处理条件，可享受特殊性税务处理优惠政策。通过审查Q公司的企业基本资料，发现Q公司2017—2019年均处于亏损状态，其净资产中有一处酒厂虽已处于停业状态，但地理位置优越，我们怀疑该房地产上市公司此次收购行为很可能是为了对该酒厂所在地进行房地产开发。

通过查询工商资料，发现Q公司已经变更为某实业开发公司，再通过国土资源部门、城市规划部门、建设管理部门了解到该土地已在2021年3月由工业用地变更为商业用地，并于2021年8月核发了施工许可证，Q公司在重组后12个月内改变了重组资产原来的实质性经营活动，可能不符合特殊性重组的适用条件，应按一般性税务处理，甲公司可能存在少缴企业所得税的风险。

（2）政策依据。

根据《财政部 国家税务总局关于企业重组业务企业所得税处理若干问题的通知》（财税〔2009〕59号）第五条（三）的规定，Q公司在重组后12个月内改变了重组资产原来的实质性经营活动，不符合特殊性税务处理条件。

（3）计算过程。

甲公司按特殊性税务处理确认的股权转让所得为：

非股权支付对应的资产转让所得或损失 =（被转让资产的公允价值 - 被转让资产的计税基础）×（非股权支付金额 ÷ 被转让资产的公允价值）

=（5000 - 3000）× 500 ÷ 5000 × 10000

= 2000000（元）

甲公司按一般性税务处理应确认的股权转让所得为：

（5000 - 3000）× 10000 = 20000000（元）

可能少缴的企业所得税为：

(20000000 - 2000000) × 25% = 4500000（元）

（4）法律责任。

根据风险点4列举的《中华人民共和国税收征管法》第六十三条的规定，甲公司因少缴企业所得税，可能会被税务机关追缴其少缴的税款、滞纳金，并处少缴税款百分之五十以上五倍以下的罚款；构成犯罪的，依法追究刑事责任。

15. 风险点15

（1）风险描述。

通过核查甲公司2022年“长期股权投资”和“投资收益”明细账、股权转让合同，发现甲公司将持有丁公司53%的股权以1350万元低价转让给丙公司，股权转让完成后丙公司100%持股丁公司。据了解，丁公司2022年的净资产为1920万元，甲公司持有的53%股权对应的净资产为1017.6万元。甲公司以稍高于净资产的价格进行转让，丁公司净资产中包括五年前购买的土地资产，占总资产的比例大于30%，账面成本1200万元，据了解周边土地均已溢价，因此怀疑甲公司股权转让价值低于公允价值。通过具有法定资质的中介机构出具的资产评估报告，核定丁公司该土地资产的公允价值为2810万元，则调整后的股权转让净收入为853.30万元，甲公司可能存在少计股权转让收入的风险。

（2）政策依据。

根据《中华人民共和国企业所得税法实施条例》的相关规定，甲公司应当按照公允价值确定收入额。

（3）计算过程。

实际缴纳的企业所得税为：

(1350 - 1017.6) × 25% × 10000 = 831000（元）

应缴纳的企业所得税为：

853.30 × 25% × 10000 = 2133250（元）

可能少缴的企业所得税为：

2133250 - 831000 = 1302250（元）

（4）法律责任。

根据风险点4列举的《中华人民共和国税收征管法》第六十三条的规定，甲公司因少缴企业所得税，可能会被税务机关追缴其少缴的税款、滞纳金，并处少缴税款百分之五十以上五倍以下的罚款；构成犯罪的，依法追究刑事责任。

16. 风险点16

（1）风险描述。

通过核查甲公司2022年“其他业务收入”明细账、租赁合同、固定资产台账和“固定资产”科目借方、贷方数据，发现2022年1月1日，甲公司将某市一处原值为3000万元的房屋（房产余值扣除比例为 30%）出租给丁公司，合同约定租期五年，第一年免收租金，第二年至第五年租金为 2200000 元/年，经查验甲公司房产税缴款书、“税金及附加”明细账，将“应交税费——房产税”科目与申报数据进行核对，发现甲公司并未按房产原值申报缴纳 2022 年房产税，根据财税〔2010〕121 号文件第二条的规定，甲公司可能存在少缴房产税的风险。

（2）政策依据。

根据《财政部 国家税务总局关于安置残疾人就业单位城镇土地使用税等政策的通知》（财税〔2010〕121 号）第二条的规定，甲公司出租房产免收租金期间由产权所有人按照房产原值缴纳房产税。

（3）计算过程。

可能少缴的房产税为：

$3000 \times (1-30\%) \times 1.2\% \times 10000 = 252000$（元）

（4）法律责任。

根据风险点 4 列举的《中华人民共和国税收征管法》第六十三条的规定，甲公司因少缴房产税，可能会被税务机关追缴其少缴的税款、滞纳金，并处少缴税款百分之五十以上五倍以下的罚款；构成犯罪的，依法追究刑事责任。

17. 风险点 17

（1）风险描述。

通过核查甲公司 2022 年第三季度环境保护税申报数据，发现氮氧化物统一排污口 3 个月排放量数据均一致，甲公司认为其第三季度污染物浓度季度均值符合《环境保护税法》第十三条规定的优惠标准，应享受减按 50% 征收环境保护税的税收优惠政策。经核实，甲公司申报的污染物排放监测数据来源于检测机构季度监测报告，通过查验月度监测报告发现甲公司 2022 年 7 月氮氧化物的排放量为 3250 千克，浓度值为 130 毫克/立方米；8 月氮氧化物的排放量为 3380 千克，浓度值为 155 毫克/立方米；9 月氮氧化物的排放量为 3970 千克，浓度值为 160 毫克/立方米，甲公司所在地规定的氮氧化物污染当量值为 0.95 千克，氮氧化物每污染当量税额为 2.4 元。根据相关规定，在标准大气压下，我国对氮氧化合物的排放标准为 150 毫克/立方米，且当月每次监测的应税大气污染物、水污染物的浓度值，均不得超过国家和地方规定的污染物排放标准，因此甲公司 8 月和 9 月的氮氧化物的浓度值均不符合环境保护税的优惠标准，可能存在少缴环境保护税的风险。

（2）政策依据。

《中华人民共和国环境保护税法》第十三条规定：减征环境保护税的，前款规定的监测机构当月每次监测的应税大气污染物、水污染物的浓度值，均不得超过国家和地方规定的污染物排放标准。

（3）计算过程。

可能少缴的环境保护税为：

（3380 + 3970）÷ 0.95 × 2.4 = 18568.42（元）

（4）法律责任。

根据风险点 4 列举的《中华人民共和国税收征管法》第六十三条的规定，甲公司因少缴环境保护税，可能会被税务机关追缴其少缴的税款、滞纳金，并处少缴税款百分之五十以上五倍以下的罚款；构成犯罪的，依法追究刑事责任。

18. 风险点 18

（1）风险描述。

甲公司所在地的当地政府在 2022 年提出了以“白酒 + 旅游”同频共振发展的政策，该市投入文旅促进消费奖补资金 5000 万元，其中 2000 万元补贴给规模以上酒庄酒企。通过核查甲公司 2022 年明细账中“营业外收入”“专项应付款”“银行存款”科目，发现甲公司获得政府补助 300 万元，经审查相关文件资料，发现企业提供的规定资金专项用途的资金拨付文件和财政部门对该资金的专门的资金管理办法真实有效，但甲公司在收到该笔财政补助之后，直接将其与其他收支类科目进行合并计算，未单独进行核算，不满足企业所得税不征税收入的条件，可能存在收到政府补助未并入企业所得税收入总额申报纳税的风险。

（2）政策依据。

根据《财政部 国家税务总局关于专项用途财政性资金企业所得税处理问题的通知》（财税〔2011〕70 号）对不征税收入的相关规定，甲公司收到政府补助后，应对该资金以及以该资金发生的支出单独进行核算。

（3）计算过程。

可能少缴的企业所得税为：

300 × 25% × 10000 = 750000（元）

（4）法律责任。

根据风险点 1 列举的《中华人民共和国税收征管法》第六十四条的规定，甲公司少缴企业所得税，可能会被税务机关追缴其少缴的税款、滞纳金，并处少缴的税款百分之五十以上五倍以下的罚款。

19. 风险点 19

（1）风险描述。

通过检查甲公司 2022 年 7 月“管理费用”明细账、“银行存款”明细账，发现凭证上记录显示列支了花瓶、铜狮等艺术品 1210000 元，根据相关规定，艺术品持有期间的成本不允许税前扣除，经查看 2022 年企业所得税汇算申报表，发现企业未进行纳税调整，已将该项费用在税前扣除，企业可能存在少缴企业所得税的风险，为确认甲公司企业所得税税前扣除的准确性，拟对企业相关管理人员进行约谈举证。

（2）政策依据。

根据《关于企业所得税若干政策征管口径问题的公告》（国家税务总局公告2021年第17号）第五条的规定，甲公司购买的艺术品用于收藏、展示、保值增值的，作为投资资产进行税务处理，在持有期间，计提的折旧、摊销费用不得税前扣除。

（3）计算过程。

可能少缴的企业所得税为：

1210000×25%＝302500（元）

（4）法律责任。

根据风险点4列举的《中华人民共和国税收征管法》第六十三条的规定，甲公司因少缴企业所得税，可能会被税务机关追缴其少缴的税款、滞纳金，并处少缴税款百分之五十以上五倍以下的罚款；构成犯罪的，依法追究刑事责任。

20. 风险点20

（1）风险描述。

通过检查甲公司2022年的“管理费用”明细账时，发现咨询费高达680万元，经查验与支付咨询费有关的“银行存款”明细账及开具的发票，发现向×税收洼地园区G管理咨询企业支付咨询费260万元，向Z管理咨询企业支付咨询费250万元。经调查，甲公司虽与G企业、Z企业都订立了合同，但未提供管理咨询成果的证明资料。

通过在企业信用信息服务平台上查询G企业、Z企业的工商信息，发现G企业、Z企业均为个人独资企业，且其投资人为甲公司高管郭某、张某，通过查看甲公司2022年工资表、员工信息表，2022年发放给郭某和张某的年薪均为50万元，郭某各项扣除总计118000元，张某各项扣除总计106000元，与同类企业高管工资相对比，郭某和张某年薪明显偏低，通过查询甲公司2020年和2021年的工资表和代扣代缴的个人所得税表，发现郭某年薪为310万元，张某年薪为300万元。甲公司可能存在将高管大部分工资以咨询费形式支付给高管注册在税收洼地园区的企业，以降低工资薪金少代扣代缴个人所得税的风险。

（2）政策依据。

根据《个人所得税扣缴申报管理办法（试行）》第二条的规定，扣缴义务人甲公司应依法办理全员全额扣缴申报。

（3）计算过程。

可能少代扣代缴的个人所得税为（郭某和张某仅有来源于甲公司的所得）：

（260×10000－118000）×45%－181920＋（250×10000－106000）×45%－181920＝1830360（元）

（4）法律责任。

甲公司未依法办理全员全额扣缴申报个人所得税，根据《税收征收管理法》第六十九条的规定，扣缴义务人应扣未扣税款的，由税务机关向纳税人追缴税款，对扣缴义务人处应扣未扣税款百分之五十以上三倍以下的罚款；根据风险点1列举的《中华人民共和国刑法》第二百零一条的规定，甲公司少代扣代缴高管个税，相关责任人可能会被处以三年以下有期徒刑或者拘役，并处罚金。

21. 风险点21

（1）风险描述。

通过检查甲公司2021年“营业外收入”明细账，发现收取库管员高某、赵某、陈某罚款共15000元，经查看罚款处理情况说明，发现是由于3人吸烟引发火灾，导致了惨重的损失。经核查仓库保管账和盘点清单，发现损失B系列浓香型白酒2000斤，价值956000元；通过查看损失处理的情况说明、审批资料、会议纪要等相关资料和已毁损B系列浓香型白酒的“生产成本”明细账、领料单，发现该批B系列浓香型白酒是由外购浓香型基酒生产的；经查验明细账“原材料”“管理费用”“应交税费——应交增值税（进项税额转出）”科目、外购基酒的增值税专用发票和运输公司的增值税专用发票等，发现取得发票当月已据实抵扣进项税额共110300元，但因管理不善发生的损失未作进项税额转出，因此甲公司可能存在少缴增值税的风险。

（2）政策依据。

根据《财政部 国家税务总局关于资产损失税前扣除政策的通知》（财税〔2009〕57号）、《中华人民共和国增值税暂行条例》的相关规定，甲公司非正常损失的在产品、产成品所耗用的购进货物（不包括固定资产）、劳务和交通运输服务，其进项税额不得从销项税额中抵扣。

（3）计算过程。

可能少缴的增值税为110300元。

可能少缴的城市维护建设税及附加为（此处暂不考虑对企业所得税的影响）：

$110300 \times (7\% + 3\% + 2\%) = 13236$（元）

（4）法律责任。

根据风险点4列举的《中华人民共和国税收征管法》第六十三条的规定，甲公司非正常损失未作进项转出，可能会被税务机关追缴其少缴的税款、滞纳金，并处少缴税款百分之五十以上五倍以下的罚款；构成犯罪的，依法追究刑事责任。

（三）可能面临信用风险

结合上述风险点的描述及判断可知，甲公司可能存在欠缴应纳税款，虚开增值税专用发票等风险，根据《重大税收违法失信主体信息公布管理办法》第六条的规定，甲公司可能被划为“重大税收违法失信主体”，纳税信用等级可能会被评为D级。

若被判定为D级，甲公司可能会被列入涉税违法“黑名单”，相关违法信息将会在

"信用中国"以及税务局网站等媒体进行公示，甲公司的税务手续也将受到严格审核，包括增值税专用发票的领用、普通发票的领用以及纳税评估等。同时，甲公司可能被列入重点监控对象，监督检查频率将会提高，以防止税收违法行为的发生。此外，纳税信用评价结果还将通报相关部门，甲公司可能会被实施联合惩戒，在融资贷款、注册新公司、工程招投标、政府采购以及资质审核等方面受到有关部门的限制或禁止，造成经济损失和声誉损失，严重影响企业的经营。

五、约谈举证（检查与对话）

根据上述疑点，评估人员与公司财务人员进行了电话联系，商定了时间进行约谈。评估小组认为，公司财务报表中主营业务成本的调整等财务指标需要纳税人核实举证确认。对存在的疑点需与公司相关人员进行约谈并上门进行实地调查，进一步核实异常原因。对甲公司的约谈通知书如表3-16所示，评估谈话记录如表3-17所示。

表3-16　约谈通知书

甲公司：

根据《中华人民共和国税收征管法》第四十五条第四款的规定，请于2023年8月5日10点委派你单位财务人员张××至A市国税直属分局（地址：A市××街道××号），就2020—2022年相关税收问题，请准备好相应材料，找林××、郭××同志面谈解释，希望准时到达。

联系电话：62768231

审批意见	同意
评估人	林××、郭××
审批人	黄××
签收人	张××，2023年8月1日

表3-17　评估谈话记录

纳税人名称	甲公司	被约谈人	王×、林××、张××、郭××、江×	被约谈人职务	财务主管、出纳、高管、仓库管理员
评估税种	增值税、消费税、企业所得税、个人所得税、印花税、环境保护税、个人所得税、房产税	询问人	余××	记录人	施×
约谈地点	A市国税直属分局	约谈时间：2023年8月10日			

续表

（一）采购环节

1. 风险点1——企业可能存在购进农产品单价不实，虚增成本导致多抵扣农产品进项税额的风险

问：你们公司在2022年8月购买高粱的单价为2.8元/斤，明显高于当地5月高粱收购均价2.3元/斤，这种显著的价格差异是否因你方在价格上的人为操控或虚假报价而引起，目的是使所购进的农产品单价不实，进而少缴税款？

答：2022年8月，我公司高粱原材料的采购地由于发生特大暴雨，所以导致高粱作物的种植地区受到影响，当时的高粱采购价也随之波动，进价上涨，因此并不存在人为操控或者虚假报价的情形。

结论：根据上述约谈，评估人员也对甲公司的描述进行了实地考察，发现其高粱采购区确实受到暴雨的影响，且暴雨对当地高粱的市场价格造成较大影响，公司采购人员王某已就收购农产品价格较高作出合理解释，评估人员认定公司不存在少缴税款的行为，风险点1被排除。

2. 风险点2——企业用白酒换取丙公司高粱，按平均价格计税，且只申报销售业务的印花税，存在少缴消费税等税种的风险

问：你们公司用白酒换取丙公司高粱为什么只对销售高粱业务缴纳了印花税？并且在换取高粱，申报消费税时仅按照平均价格计算，根据消费税税收政策规定纳税人用于换取生产资料和消费资料，应当以纳税人同类应税消费品的最高销售价格作为计税依据计算消费税，是否存在少缴消费税的情况？

答：我们根据《中华人民共和国印花税法》的规定按照合同所列金额缴纳印花税，并不存在少缴印花税的情况。对于将应税消费品用于换取生产资料和消费资料仅按照均价计税，是因为对税法政策了解不够，我们确实少缴了消费税。

问：根据《国家税务局关于印花税若干具体问题的解释和规定的通知》（国税发〔1991〕155号）第三条的规定，采用以货换货方式进行商品交易签订的合同，是反映既购又销双重经济行为的合同，需要对合同所载的购、销合计金额计税贴花，所以你们发现少缴纳了购进业务的印花税了吗？

答：我们确实发现对税法相关规定理解不到位，我们会补缴相应的税款和滞纳金。

结论：根据上述约谈，甲公司承认其对税法相关规定理解不到位，确实存在少缴消费税、印花税的情况，所以评估人员认定公司存在少缴消费税、印花税的风险，应当补缴税款并缴纳滞纳金。

3. 风险点3——企业存在将外购基酒生产的白酒作为基数计算抵扣农产品进项税额的风险

问：根据增值税相关政策的规定，购进原材料生产酒按投入产出法定额抵扣进项税额，购进基酒生产酒按实际取得的进项税发票抵扣，但是我们发现你们在进行原材料抵扣时，把购进基酒的部分重复抵扣了，而没有分开核算自产的酒和外购浓香型酒加工的酒，你们是否发现了存在多抵扣进项的风险？

答：确实，我们由于没有分开核算，所以导致重复抵扣了，我们会调整会计核算系统，严格按照税法的口径进行纳税申报。

结论：根据上述约谈，评估人员确定甲公司存在将外购基酒生产的白酒作为基数计算抵扣农产品进项税额风险，因此甲公司需及时补缴税款并缴纳滞纳金。

4. 风险点4——企业存在虚构购进酱香型基酒业务多抵扣进项税额的风险

问：你们是生产浓香型白酒的公司，但是发现你们在2022年9月购进了酱香型基酒，你们的目的是什么？

答：我们是想用酱香型基酒勾兑出浓香型白酒，基酒是酿酒的重要原材料，我们认为这是很寻常的采购业务。

问：我们咨询了酿酒专家，浓香型白酒主要原材料平均耗用量是3.8，酱香型白酒平均耗用量是5.08，由于两种酒原材料平均耗用量差异很大，主要原材料的构成也不同，所以购进酱香型基酒很难生产出浓香型白酒。并且我们通过查看酱香型基酒领料单、“生产成本”明细账，发现你们公司并没有酱香型基酒加工生产记录，2022年你们

续表

也没有推出酱香型系列产品，对于这一点你们作何解释？

答：这个我们没有办法说出具体理由。

结论：根据上述约谈，公司相关人员无法对购进酱香型基酒的用途作出合理解释，所以评估人员认定公司存在虚构购进酱香型基酒业务多抵扣进项税额的风险，甲公司需要补缴税款并缴纳滞纳金，以及承担相应的刑事责任。

（二）生产环节

5. 风险点 5——企业存在将符合免税条件的酒糟未作进项税额转出导致少缴纳增值税的风险

问：销售酒糟符合免税条件，那么你们公司销售的酒糟收入为何未按免税收入比例分摊转出增值税进项税额？

答：经过你们的提醒，我们认识到在处理酒糟的免税收入时未能正确分摊转出增值税进项税额，这是一个疏忽。我们将立即进行调整，并按照正确的比例进行分摊，补缴相关税款。

结论：根据上述约谈，确定甲公司存在符合免税条件的酒糟未作进项税额转出的问题，因此甲公司应当补缴税款并缴纳滞纳金。

（三）销售环节

6. 风险点 6——企业收取包装物押金，存在未按规定并入销售额计算缴纳消费税、增值税的风险

问：我们在查看你公司“其他应付款”明细账、与经销商的收款记录等后，发现你们所收取的包装物押金 5400 万元没有并入当期的应税销售额，是否属实？

答：我们收取的押金是临时性质的，一旦包装物退还，押金会全数退回给经销商。这不构成实际销售行为，因此没有并入应税销售额。

问：根据税法相关政策的规定，白酒包装物押金在取得时并入销售额征税，换算成不含税价计算增值税，同时征收消费税，你们能否改正？

答：好的，我们会及时改正。

结论：根据上述约谈，确定甲公司收取包装物押金未按规定并入销售额计算消费税、增值税，需要及时改正，并补缴税款、缴纳滞纳金。

7. 风险点 7——企业收取销售公司品牌使用费，存在未按规定并入销售额计算缴纳消费税、少缴增值税的风险

问：你们公司收取的品牌维护费为何没有并入销售收入，且以销售无形资产的方式申报增值税？

答：我们认为品牌维护费是与销售无形资产相关的收入，因此并未将其计入销售收入。

问：白酒生产企业向商业销售单位收取的“品牌使用费”属于应税白酒销售价款的组成部分，因此，无论企业采取何种方式或以何种名义收取价款，均应并入白酒的销售额中缴纳消费税，你们是否意识到了？

答：我们没有意识到品牌维护费需要并入销售收入并申报消费税，这是我们对税法理解的疏漏，之后我们会多加注意的。

结论：根据上述约谈情况，甲公司所收取的品牌使用费未并入销售收入，需要补缴消费税、增值税等税款。

8. 风险点 8——企业未按照最终销售单位对外销售价格核定消费税最低计税价格，存在少缴纳消费税的风险

问：白酒应在生产环节缴纳消费税，而你们把一个产销过程人为地划分为工业生产和商业销售两个环节，将白酒低价销售给销售公司，销售公司再以高价对外销售，我们查看了销售公司最终销售产品的单价，并与你们 A 系列产品出厂价进行对比，发现其低于最终对外销售价格的 60%，这是为什么？

答：内部转让价格低于市场销售价格，主要是因为乙公司作为销售公司，需要承担相应的销售和营销费用以及市场风险。考虑到这些成本和风险因素，为确保甲、乙双方的交易价格公正合理，我们遵守了相关税法的规定。

问：税法规定白酒生产企业销售给销售单位的白酒，生产企业消费税计税价格低于销售单位对外销售价格 60% 以下的，应核定消费税最低计税价格，你们是否了解？

续表

答：针对您所提出的问题，随后我们会去核定最低计税价格。

结论：根据上述情况，甲公司未按照最终销售单位对外销售价格核定消费税最低计税价格，需要补缴消费税、城市维护建设税及附加。

9. 风险点9——企业存在将自产的白酒用于赠送未作视同销售处理导致少缴纳税款的风险

问：我们对你们公司的销售合同进行查验后，发现你们公司10月推出了买十瓶A系列浓香型白酒赠送一瓶B系列浓香型白酒的促销活动，随后我们查验了纳税申报表，为什么你们没有对赠送的B系列白酒缴纳增值税和消费税？

答：赠送B系列白酒并未取得收入，故无须缴纳增值税和消费税。

问：根据《中华人民共和国增值税暂行条例实施细则》第四条的规定，将自产的货物无偿赠送他人，视同销售货物，需要缴纳增值税。根据《消费税暂行条例实施细则》的规定，纳税人将自产自用的应税消费品用于赠送，应于移送使用时缴纳消费税。因此，你们公司少缴纳了消费税、增值税及附加，你是否了解？

答：我们了解这个政策了，会及时改正的。

结论：根据上述约谈，评估人员确定该公司未对赠送的白酒进行视同销售处理，存在少缴纳了消费税、增值税及附加的风险，因此就该风险甲公司应当及时补缴税款并缴纳滞纳金。

10. 风险点10——企业存在线上销售未计或少计收入，导致少缴税款的风险

（1）约谈网红罗某。

问：我们在查阅甲公司2022年“销售费用”明细账时，发现有线上销售坑位费支出，经调查我们了解到你在2022年帮甲公司通过直播销售过它们的一款白酒，请问这些售卖的钱是先进到你的账户，然后你再打到甲公司账户里吗？

答：对，在扣除我的提成和坑位费后，其他钱一并划转到甲公司账上了。

问：但是我们调查了甲公司的银行流水，并没有发现你们的业务往来，请解释一下这是怎么回事？

答：我想起来了，当时甲公司给了我几个其他公司的账户，我没考虑那么多，就直接把钱转过去了。

（2）约谈甲公司财务负责人。

问：我们在网上看见网红罗某在线上销售过你们公司的白酒，已经向罗某进行了取证，而且你们公司2022年“销售费用”明细账中有线上销售坑位费支出，但为什么你们的营业收入中没有线上销售收入？

答：由于市场竞争激烈，营销费用过高，所以我们把钱挂在关联公司的往来账上，想作为费用开支，以降低企业所得税税负。

问：你们是否知道这属于偷税漏税行为，是需要承担相应的法律责任的？以后你们一定要遵守税收相关法律，诚信纳税。

答：我们确实对税法政策了解得不够深入，我们会及时改正的。

结论：通过对网红罗某和甲公司财务负责人的约谈，评估人员确定该公司存在委托网红销售白酒未计销售收入，导致少缴纳了消费税、增值税及附加和企业所得税的风险，因此就该风险甲公司应当及时补缴税款并缴纳滞纳金。

（四）研发环节

11. 风险点11——企业可能存在研究开发费用加计扣除不符合税法规定的风险

问：我们核查了一下你们H1项目部2022年的人员工时记录表，发现张××和王××二人均为行政人员，而非研发人员，并且李××和赵××二人虽都属于研发人员，但也从事了非研发工作，你们为什么将他们的工资薪金全额计入研发费用加计扣除的基数？

续表

答：因为张××和王××二人是领导负责 H1 项目，李××和赵××二人是项目部人员，所以我们认为他们的工资薪金都应计入研发费用加计扣除的基数。 问：根据相关规定，对于非研发人员的工资薪金不应该计入研发费用加计扣除的基数，对于既从事研发活动又从事非研发活动人员的工资薪金需要按照工时记录进行分摊，计入研发费用加计扣除的基数，你们了解吗？ 答：是我们对政策理解有误，我们将进行整改。 结论：甲公司在 H1 项目研究开发费用加计扣除时，可能存在研究开发费用归集口径错误的风险，需要补缴企业所得税税款并缴纳滞纳金。 12. 风险点 12——企业可能存在将常规技术应用视为研发活动，导致少缴企业所得税的风险 问：经咨询科技主管部门专家，他们认为你们公司 H2 项目没有体现创新性，整体上属于对现有成熟技术的迁移运用，不是技术创新，不属于研发活动，不得享受研究开发费用加计扣除的政策，对此你们有什么解释？ 答：我们投入了相关费用，运用了 ACS 云技术、数据传输安全技术等新技术，是一种新的销售模式，具有先进性，所以我们把它归集为研发活动。 结论：甲公司在 H2 项目研究开发费用加计扣除时，可能存在将常规技术运用视为研发活动导致少缴企业所得税的风险，需要补缴企业所得税税款。 （五）重组环节 13. 风险点 13——企业用资产重组方式投资设立子公司，其中涉及的白酒存在转让未缴纳消费税的风险 问：你们公司将下属分厂的相关资产，以及与其相关联的负债、人力资源进行了资产重组设立了一个全资子公司 N，其中包含了生产分厂库存 B 系列浓香型白酒 60000 斤，为什么没有对此缴纳消费税？ 答：我们参考了国家税务总局公告 2011 年第 13 号和财税〔2016〕36 号文件的规定，“纳税人在资产重组过程中，通过合并、分立、出售、置换等方式，将全部或者部分实物资产以及与其相关联的债权、负债和劳动力一并转让给其他单位和个人，不属于增值税的征税范围，其中涉及的货物转让，不征收增值税。”整体资产转让，增值税不征税，那么消费税也应该不征税。 问：《中华人民共和国消费税暂行条例》和《中华人民共和国消费税暂行条例实施细则》没有规定整体资产转让消费税也享受不征税政策，你们了解吗？ 答：消费税是在货物普遍征收增值税的基础上对部分商品加征一道消费税，所以增值税不征税的情况下，消费税也应当不征税；并且《中华人民共和国消费税暂行条例》规定的是商品转让征税，没有规定资产整体转让也要征收消费税。因此我们认为不应该征收消费税，我们将依法向上一级税务机关提出税务行政复议申请。 结论：根据上述约谈，甲公司仍认为用资产重组方式投资设立子公司，其中涉及的白酒转让无须缴纳消费税。但是根据《中华人民共和国税收征收管理法》第八十八条的规定，甲公司决定提供纳税担保并向税务机关提起行政复议。 14. 风险点 14——企业重组不满足特殊性税务处理条件，存在未按一般性税务处理缴纳税款的风险 问：我们发现你们公司转让 Q 公司 100% 的股权时按照特殊性税务处理进行了备案，请问你们公司转让 Q 公司 100% 的股权是如何进行税务处理的？ 答：由于房地产上市公司在股权收购对价中以股权形式支付的比例达到了 85%，符合特殊性税务处理的条件，所以我们认为股权支付对应的资产转让所得暂不征收企业所得税，只需要对非股权支付对应的资产转让所得纳税。 问：但是你们公司在股权转让 12 个月内将工业用地改为商业用地，进行了房地产开发，并且我们向国土资源部门、城市规划部门、建设管理部门核实发现该土地用途已经发生改变。由于在重组后的连续 12 个月内改变了重组资产原来的实质性经营活动，所以该股权收购重组不满足特殊性税务处理条件，应按一般性税务处理，你们是否了解？

续表

答：好的，明白了。我们不太了解这个政策，我们将及时补缴税款并缴纳滞纳金，并且会加强税法政策的学习。

结论：根据上述约谈，甲公司存在股权转让不满足特殊性税务处理条件，未按一般性税务处理缴纳税款风险。甲公司需要及时补缴税款并缴纳滞纳金。

（六）其他环节

15. 风险点15——企业以低于公允价值转让股权，存在未按公允价值申报股权转让所得的风险

问：我们发现你们以2000万元转让丁公司股权，丁公司土地资产占总资产的比例达到了30%，明知土地有增值，为什么转让前你们没有进行评估，按照评估后的公允价值进行转让？

答：我们查询了转让股权的相关规定，如果土地、房产等占总资产比例超过20%的要提供评估报告是个人所得税的规定，不是企业所得税的规定。并且我们转让价格是高于净资产的，因此我们并没有少计股权转让收入。

问：根据《中华人民共和国企业所得税法实施条例》的相关规定，你们应当按照公允价值确定收入额，鉴于你们的土地有增值溢价，应按照市场法或收益法进行评估，并依据评估的公允价值确定转让的收入额，你们是否了解？

答：我们对税法相关规定的了解还不够到位，我们接受税务机关的指导，并将重新计算涉及土地资产的股权转让收入，及时补缴税款并缴纳滞纳金。

结论：根据上述约谈，评估人员确定甲公司存在转让股权时没有将土地资产的评估增值考虑在内，从而导致少缴企业所得税和印花税的风险，因此甲公司应当补缴税款并缴纳滞纳金。

16. 风险点16——企业将自有房产出租给关联企业，存在免租金未按房产原值缴纳房产税的风险

问：为什么你们公司免租期间没有交房产税？

答：免租期间我们并没有取得收入，我们认为无须缴纳房产税。

问：根据《财政部 国家税务总局关于安置残疾人就业单位城镇土地使用税等政策的通知》（财税〔2010〕121号）第二条的规定，你们出租房产免收租金期间应由产权所有人按照房产原值缴纳房产税，你们是否了解？

答：这是我们的疏忽，我们错误地认为第一年免租金会影响房产税的申报，现在意识到第一年免收房租，房产税应当按照原值计算。

结论：根据上述约谈，甲公司将自有房产出租给关联企业，在第一年免征期内应由产权所有人，即甲公司按照房产原值缴纳房产税，因此，甲公司需要补缴房产税并缴纳滞纳金。

17. 风险点17——企业提供的数据不准，存在错享环保税优惠导致少缴环保税的风险

问：请解释为何你们公司三个月的氮氧化物排放量数据均一致？这与我们通常看到的根据季度波动不符。

答：这个我们不太清楚，但是我们所获取的排放量数据确实使用的是符合国家规定和检测规范的污染物自动检测设备，数据是真实的。

问：你们可能对于政策理解存在偏差，享受环境保护税的优惠政策是要求当月每次监测的应税污染物的浓度值，均不得超过国家和地方规定的污染物排放标准，你们按照三个月的污染物排放量加总平均的方法是不对的，因为必须确保每个月的排放量都符合标准，你们是否了解？

答：噢噢，好的，我们对政策理解有误，今后会多加注意。

结论：根据上述约谈情况，甲公司8月和9月的氮氧化物的浓度值不符合环境保护税优惠标准，需要补缴环境保护税税款并缴纳滞纳金。

18. 风险点18——企业可能存在收到政府补助未并入企业所得税收入总额申报纳税的风险

问：你们公司为何不对2022年收到的300万元的政府补助缴纳企业所得税？

续表

答：政府补助属于企业所得税不征税收入，我们能够提供规定资金专项用途的资金拨付文件和财政部门对该资金的专门的资金管理办法，所以我们认为财政补助无须缴纳企业所得税。

问：政府补助纳入不征税收入还需要企业对该资金以及以该资金发生的支出单独进行核算，但是经审查相关文件资料，发现你们公司在收到该笔财政补助之后，直接将其与其他收支类科目进行合并计算，未单独进行核算，所以不满足不征税收入的条件，你们是否了解？

答：明白了，我们会及时补缴税款并缴纳滞纳金。

结论：通过此次约谈，评估人员确定甲公司将不符合不征税收入条件的政府补助纳入不征税收入，存在少缴企业所得税的风险，甲公司应及时补缴税款并缴纳滞纳金。

19. 风险点19——企业税前扣除艺术品金额，可能存在少缴企业所得税的风险

问：请问你们为什么要将艺术品进行税前扣除？把艺术品计入管理费用的依据是什么？

答：艺术品具有著作权和独创性，不可复制，而工艺品可复制、批量生产，不具有独创性。我们公司没有购买过艺术品，只购买过工艺品，您说的是公司门口和办公室摆放的花瓶和铜狮吗？这些是我们委托××工艺品生产厂生产的。

问：那有什么资料可以证明这些花瓶是工艺品？

答：我们可以提供购买合同证明我们是到花瓶生产厂家直接购买的，它们属于工艺品。

结论：根据上述访谈可以确定企业购买的是工艺品，《关于企业所得税若干政策征管口径问题的公告》（国家税务总局公告2021年第17号）第五条只规定了用于收藏、保值增值的艺术品不能在税前扣除，而对工艺品没有这个规定，可以基本排除甲公司税前扣除艺术品金额，存在少缴企业所得税的风险。

20. 风险点20——企业将高管大部分工资以咨询费形式支付给高管注册在税收洼地园区的公司，存在以降低工资薪金方式少代扣代缴个人所得税的风险

问：为什么前两年郭某和张某的年薪高达300万元，但2022年年薪只有50万元？

答：嗯，市场竞争激烈，我们进行了成本压缩，降低了高管工资。

问：为什么公司其他高管的工资没有降低，只降低了郭某和张某的工资？并且我们查询到这两位高管在X税收洼地园区各自设立G、Z管理咨询企业，2022年你们向G、Z企业分别汇入了260万元、250万元咨询费，经查询这两家企业相关资料，发现它们仅给你们公司提供了管理咨询服务，我们怀疑在园区内设立的这两家企业不具有经营实质，属于虚假注册的企业，并且你们无法提供管理咨询成果的相关资料，你们作何解释？

答：由于个人所得税税负太高了，我们听了××税收筹划大师的方案，所以才通过这种方式来降低税负。

问：你们这种行为是违法违规的，需要缴纳罚款，承担相应的民事和刑事责任，以后不要听信这些大师的方案，要严格按照税法的规定申报纳税，知道吗？

答：好的，我们明白了，我们会加强法律意识的。

结论：根据上述约谈，甲公司无法对咨询费作出合理解释，所以甲公司高管人员郭某、张某以设立虚假管理咨询企业收取咨询费的形式减少了工资薪金的基数从而达到了少缴个税的目的。因此，甲公司存在将高管部分工资以咨询费形式支付给高管注册在税收洼地园区的企业，以降低工资薪金的方式少代扣代缴个人所得税的风险。郭某、张某需要及时补缴税款并缴纳滞纳金。甲公司未履行代扣代缴的义务，需要缴纳相应的罚款。

21. 风险点21——企业存在非正常损失未作进项税额转出，导致少缴增值税的风险

问：我们发现你们公司对库管员高某等三人进行了罚款，罚款依据是什么？

答：库管员高某等人在仓库吸烟引发了火灾，造成了2000斤、价值956000元白酒的损失，根据企业内部管理规定处以高某等三人15000元罚款。

续表

问：损失的B系列白酒，应当被定性为管理不善造成的非正常损失，应当对其核定扣除的进项税额进行转出处理，明白吗？
答：好的，明白了，我们会及时改正的。
结论：根据上述约谈，甲公司存在非正常损失未作进项税额转出，导致少缴增值税的风险，需要补缴相应税款和滞纳金。

六、实地勘察

根据税收风险应对人员集体会诊的结果，认为有必要对甲企业进行实地核查。税收风险应对人员制定了实地核查工作方案，经过相关的程序和手续，对该公司进行了实地核查（见表3-18）。

表3-18　　实地勘察情况

纳税人名称	甲公司	纳税人识别号	××××××××××××
评估所属期	2023年8月16日—2023年8月31日	评估人	李××、张××

（一）对工艺品进行实地勘察

首先，税收风险应对人员来到甲公司的销售中心，走到公司门口就看见了醒目的花瓶和铜狮。

其次，税收风险应对人员来到甲公司财务部门，财务人员让行政部门和采购部门的管理人员介绍情况。“工艺品和艺术品是有很大区别的，我们所购买的工艺品具有复制性，可以批量生产，是从××工艺品生产厂购买的；而艺术品具有独创性，不可复制，往往要通过拍卖的方式获得。我们购买的花瓶、铜狮是批量生产的，并且从厂家购进，因此确实是工艺品。”甲公司的管理人员说。

最后，税收风险应对人员来到了甲公司的财务室，财务人员提供了工艺品购买合同，经核实，销售方的确为××工艺品生产厂。

因此，可以最终判断甲公司购买的是工艺品，《关于企业所得税若干政策征管口径问题的公告》（国家税务总局公告2021年第17号）第五条规定：企业购买文物、艺术品资产在持有期间，计提的折旧、摊销费用，不得税前扣除。而工艺品没有此项规定，因此甲公司购买的花瓶、铜狮所计提的折旧可以在企业所得税税前扣除，无须补缴税款。

（二）对股权收购重组情况进行实地勘察

首先，税收风险应对人员来到该酒厂所在地进行实地勘察，发现该酒厂已被拆除，并且已经修建了新的房屋，房屋已封顶，楼盘上挂有“××花园项目”的广告牌，已经在进行广告宣传。

其次，税收风险应对人员到销售部询问该楼盘相关情况，销售人员说："该楼盘2021年下半年已经开始施工建设。"

再次，税收风险应对人员到该房地产上市公司财务部门查看土地用途变更的相关资料，但是该公司拒不提供资料。

最后，税收风险应对人员到国土资源部门、城市规划部门、建设管理部门核实了解该项目的开发情况，发现2021年3月工商登记由Q公司变更为某实业开发公司，已经将工业用地变为商业用地，2021年8月核发了《施工许可证》，进一步证实它们在12个月内改变了经营活动。

因此，由于在重组后的12个月内该房地产开发企业改变了重组资产原来的实质性经营活动，所以该股权收购重组不满足特殊性税务处理条件，应按一般性税务处理，甲公司存在少缴企业所得税的风险，应当对股权转让全部所得缴纳企业所得税及滞纳金。

（三）对×税收洼地园区G企业、Z企业进行实地勘察

首先，税收风险应对人员来到×园区1栋13层，发现G企业、Z企业都注册在K1号，另外发现还有十家企业也注册在K1号。

其次，税收风险应对人员进入K1号，发现K1号内没有办公设施，也没有办公人员，只是空荡荡的办公室，没有实质性经营。

最后，税收风险应对人员来到园区管理人员办公室，管理人员说："K1号根本没有人办公，注册在园区的企业均可享受财政返还的税收优惠政策，这些企业基本都是委托园区招商公司推荐的一家代理记账机构记账并进行纳税申报。"

因此，经过实地勘察后，发现G企业、Z企业没有实质性经营，可以最终判断甲公司存在将高管部分工资以咨询费形式支付给高管注册在税收洼地园区的企业，以降低工资薪金少代扣代缴个人所得税的风险。郭某、张某应当及时补缴税款并缴纳滞纳金，而甲公司未履行代扣代缴义务，应缴纳相应的罚款。

七、评估调查结论

（一）案例分析结论

本案例选择以甲公司为评估对象，在评估分析环节，通过调取公司的基本情况表、财务报表和纳税申报表等有关资料和公司备案的相关资料，获取了各种经营信息，在财务分析、纳税调整过程中结合了公司自身特点，有针对性地进行了纳税评估。

评估人员以公司的财务报表、纳税申报表为基础，运用纳税评估相关指标、结合白酒行业特点展开分析，查找到了甲公司存在的风险点，经过再次核查，甲公司承认其存在少

缴增值税、消费税、企业所得税等税款的行为，并积极自查补缴了相应税款。

最终，甲公司完成了自查，并提供了举证材料，主动补缴的税金合计72858852.60元（见表3－19），按日加收税额的万分之五缴纳了滞纳金，并按规定进行了账目处理。经深入甲公司进行实地核查，结果与公司自查结果基本吻合。

表3－19　　甲公司自查补税表　　单位：元

税种	2020年	2021年	2022年	合计
增值税		731700.00	14245705.88	14977405.88
消费税		961000.00	32623843.23	33584843.23
企业所得税	4500000.00		11865252.00	16365252.00
个人所得税			1830360.00	1830360.00
房产税			252000.00	252000.00
环境保护税			18568.42	18568.42
印花税			2953.18	2953.18
城建税及附加		203124.00	5624345.89	5827469.89
合计	4500000.00	1895824.00	66463028.60	72858852.60

通过本案例的评估，不仅有助于分析行业特点，查找存在的税收风险点，检查会计科目等指标，扫描浓香型白酒制造业存在的税收风险，结合对白酒公司的经营及纳税情况测算分析，确定纳税评估对象，而且有助于对重点税源实行精细化、专业化管理，充分发挥纳税评估的作用，加强对白酒公司的监控管理，这对于确定纳税评估对象具有现实意义。

（二）企业涉税风险优化方案

1. 甲公司涉税风险优化意见（针对已确认的19个风险点）

根据甲公司已确认存在的19个风险点，可对其存在的风险提出具体的优化意见（见表3－20）。

表3－20　　甲公司涉税风险优化意见

环节	企业存在的风险	税务风险优化
采购环节	1. 用白酒换取高粱，按平均价格计税，且只申报销售业务印花税的风险	在物物交换时要注意白酒消费税的税法规定，且印花税应当按照购进和销售进行计税贴花
	2. 将外购基酒生产的白酒作为基数计算抵扣农产品进项税额的风险	要了解和确认当前的税收政策对于农产品进项税额的具体计算方法，确保企业的做法与政策一致
	3. 虚构购进酱香型基酒业务多抵扣进项税额的风险	要严格审核采购合同与发票，确保所有采购合同和发票的真实性与合法性

续表

环节	企业存在的风险	税务风险优化
生产环节	4. 符合免税条件的酒糟未作进项税额转出的风险	应对企业过往的税务记录进行彻底审查，包括对于符合条件的酒糟免税的具体操作流程，以确认是否有进项税额未进行转出的情形
销售环节	5. 收取包装物押金，未按规定并入销售额的风险	要确保企业对于白酒包装物押金的税务处理符合国家的规定，所有的包装物押金都应按照规定计入税额
	6. 收取销售公司品牌使用费，未按规定并入销售额的风险	要强化内部控制机制和合规性检查，确保品牌使用费等所有涉税收入的正确分类和申报
	7. 未按照最终销售单位对外销售价格核定消费税最低计税价格的风险	彻查消费税关于计税价格的确定方法，将其调整至合理价格
	8. 自产白酒用于赠送未作视同销售处理的风险	要明确赠送等视同销售行为的税务处理要求，确保所有白酒出库都有明确的用途记录与税务处理
	9. 线上销售未计或少计收入，导致少缴税款的风险	要彻查线上销售活动与税法的相关规定，建立线上销售收入的核对机制，定期比对财务记录与线上平台记录，确保所有收入得到完整记录
研发环节	10. 研发费用归集口径错误，导致少缴企业所得税的风险	要重新审查研发费用的归集标准，识别归集口径的错误，进行相应的调整
	11. 将常规技术应用视为研发活动的风险	要重新审视和明确构成研发活动的国家标准和税法规定，区分常规技术应用和真正的研发活动
重组环节	12. 用资产重组方式投资设立子公司，其中涉及的白酒转让未缴纳消费税的风险	要加强对资产重组税收优惠政策的分析和学习，特别是对具体税收政策规定和税收法律的学习，以便能合法、合规利用好税收优惠政策
	13. 企业重组不满足特殊性税务处理条件，未按一般性税务处理缴纳税款的风险	要深入研究税法，尤其是有关税务重组的税务规定，彻底审查企业重组的所有环节和文档，正确理解特殊性和一般性税务处理的区别和要求
其他环节	14. 以低于公允价值转让股权，未按公允价值申报股权转让所得的风险	要修正股权转让所得的申报，按照公允价值重新计算应缴税款
	15. 将自有房产出租给关联企业，免租期未按房产原值缴纳房产税的风险	要确保所有房产出租活动，包括免租期的税务处理都符合税法规定，保证房产出租税务处理的合规性
	16. 数据不准而错享环境保护税税收优惠所导致少缴纳环境保护税的风险	要加强财务人员与环保部门之间的协同，确保税收优惠的申请和享受基于的是准确和合规的数据
	17. 存在收到政府补助未并入企业所得税收入总额申报纳税的风险	充分理解不征税收入的相关规定，区分会计规定与税收规定的差异；要彻底审查所有政府补助的记录，确保企业收到的所有政府补助都已充分记录和归档，防止税收风险

续表

环节	企业存在的风险	税务风险优化
其他环节	18. 将高管部分工资以咨询费形式支付给高管注册在税收洼地园区的公司，以降低工资薪金少代扣代缴个人所得税的风险	加强对公司高管层等高收入者的税收政策宣传，让他们认识正常税收筹划和偷税行为的区别以及偷税行为的法律后果；对公司现行的薪酬和咨询费支付政策进行合规性审查，特别是高管薪酬和咨询费用，应确保会计和税务处理的透明和正确，不得有任何隐瞒或误导性的行为
	19. 非正常损失未作进项税额转出的风险	要充分理解增值税政策中非正常损失的相关规定，特别是理解“管理不善”的定义；加强对员工岗位职责的管理，仔细审查所有非正常损失的记录，确保会计及税务处理的正确性

2. 加强企业税收合规化制度建设

（1）应当促进财务工作系统化、规范化。甲公司应建立健全会计核算体系，提高税务人员的专业素养和税务工作的程序流程一致性，按照《税收征管法》的相关规定进行税务核算工作和纳税申报业务，避免因此导致的纳税问题，即明确权责，从而确保会计核算工作的真实性与合法性，切实降低财务核算问题带来的税收风险。

（2）完善企业的涉税相关内控制度，各个部门与财税部门的直接联系。在存货管理制度方面，建立一套全面且能实际有效运行的存货管理制度，应包括取得、仓储、领用、处置和盘点等环节。例如，在仓储阶段，要完善仓储管理制度，包括仓库的安全措施以及防火、防盗等措施。此外，企业也可积极利用现代信息技术，如引入 ERP 系统来实现存货管理的自动化和信息化，提高存货管理的效率和准确性。

在发票管理制度方面，企业要制定明确的发票处理流程和合规要求，包括发票的接收、审批、支付和存档，定期审核发票处理流程，确保遵循内部控制和外部法规，考虑使用电子发票系统，提高处理速度。

在财务管理制度方面，企业应促进财务工作系统化、规范化，建立健全会计核算体系，对现金流、资本支出和投资进行有效管理，按照《税收征管法》的相关规定进行税务核算工作和纳税申报业务，确保会计核算工作的真实性与合法性。

（3）强化税务合规管理制度体系建设，完善税务合规风险跟踪监控体系。近年来，我国税务机关依托税收大数据资源，积极探索建立流程化、一体化的税收风险信息化管理系统，税收风险防控体系逐步建立和完善，税务征管已进入了“以数治税”的新时代。为了应对税收征管形式的变化，企业需要建立税务合规制度，且需定期评价其适用性并进行实时调整，同时应在组织架构、岗位设置、流程再造、安全监控等方面建立完善的制度体系，以统一标准，优化控制流程，提升管理水平，增强系统管控能力。具体来说，应在系统构建、流程控制、关键风险标识（KRI）、控制评价等方面实现税务合规管理的规范化、标准化、流程化、表单化，这也是信息化的必要条件。企业需以重点关注事项为要点，通过审核和考核等途径，也可向商业合作伙伴和税务中介机构咨询，持续跟踪税收政策和流程变动信息，及时识别税务合规风险，防止风险聚集和传导扩散。应坚持“业、财、税”融合的路径，将税务合规管理的流程和控制点固化到业务运营系统，由于业务系统积累了大量的数据，可与财务、税务数据交叉分析，通过数据复合分析并结合风险管控模型，进一步强化全面风险管理系统。

3. 加强税收政策学习，增强税收法律意识与税收遵从意识

企业应该深刻理解国家颁布的新政策，及时对照自身情况加以利用；加强对财税人员的内、外部培训，对与涉税相关的采购、销售、资金管理、投融资管理等相关部门进行税收知识培训，对管理层进行税收政策改革、征管趋势的宣传，以降低企业的税收风险。

4. 建议设置专门的税务部门或岗位，提高涉税岗位人员的专业化程度

在部门和岗位设置上，实行专人管控，加强对税收专业化管理的管理，严格税务申报、税款缴纳、审计和记录等流程，确保税务合规性，以降低涉税风险。

5. 加强与税务机关和利益相关方之间的沟通

（1）加强与税务机关的沟通。由于各地具体的税收征管方式不同，税务执法机关拥有较大的自由裁量权。企业要加强对税务机关工作程序的了解，充分了解当地税务征管的特点和具体要求，及时获取相关信息，加强联系和沟通，争取在税法的理解上与税务机关取得一致，这也是规避和防范税收风险的必要手段之一。

（2）加强与其他利益相关方的沟通。企业要加强与利益相关者的沟通。例如，公司要注意与经营客户加强沟通，合理索要采购原料的发票，以防止公司因缺少发票而导致进项税抵扣不足。企业应加强与利益相关方的沟通交流，减少因信息不对称等问题而给企业带来的税收风险。

八、案例总结

（一）案例简要概述

本纳税风险管控案例选择白酒行业。白酒行业具有流程复杂，各个环节涉及税种多、税负重等特点，这些特点决定了白酒行业具有较大的税收风险。因此，以白酒行业作为这次案例的分析领域具有较高的指引性和分析性。首先，我们对行业及甲公司的背景和基本信息进行了简要介绍。其次，通过预警值计算发现该公司具有较高的税收风险，因此通过查看甲公司具体的财务资料和其他相关资料对公司潜在的风险点进行详细的计算分析。发现甲公司共存在 21 个税收风险点，其中采购环节 4 个、生产环节 1 个、销售环节 5 个、研发环节 2 个、重组环节 3 个、其他环节 6 个，涉及增值税、企业所得税、消费税、个人所得税、印花税、房产税、环境保护税、城建税及附加，且少缴税款金额较大，属于税收风险重点排查对象。再次，我们以评估人员的身份针对发现的税收风险点对财务负责人进

行了约谈，并进行实地勘察。此次调查过后，双方就税收风险点达成了共识，共确认实际存在21个税收风险点，排除2个税收风险点，存在1个税收争议点。告知甲公司需及时补缴税款及滞纳金，并向财务负责人介绍了相关税收政策，做到精准执法。最后，对甲公司的涉税风险提出了具体的优化方案。

（二）案例分析特点

1. 以白酒行业作为分析点，具有较高的代表性

白酒行业是一个比较特殊的行业，它是集白酒采购、生产、销售、服务等经济活动于一体的综合性产业。首先，白酒行业受到税收政策变化的影响较大，这些政策变化可能对企业的财务稳定性和利润率造成直接影响。其次，白酒行业需要遵守复杂的税收合规要求，包括报税、申报和税务审计等，在原材料采购、库存管理、生产流程等环节可能存在涉及税务的复杂性，面临特殊的税收合规挑战。同时，由于白酒行业利润率较高，可能存在更高的偷漏税和不正当税务行为的风险，这可能导致更高的税务风险。最后，由于酒类行业的特殊性，企业需要加强监管合规和风险管理，以确保在税务方面的合规性；需要与税务机关紧密合作，以确保符合要求。

2. 从白酒行业的各个阶段来分析税收风险，有清晰的流程脉络

在本案例中，我们从采购、生产、销售、研发等环节着手，排查并确定了各个环节所存在的税收风险点。例如，在采购环节，白酒原材料的采购如果存在虚报或漏报成本、凭证不完整等不合规行为，会涉及涉税风险；在生产环节，酒类生产过程中存在着与原材料使用、生产环节和成品存储等方面相关的税收风险，这可能涉及消费税、增值税等税种。

（三）案例分析优缺点

1. 行业总体背景

优点：我们从知网、百度以及税务局官网、财政局官网等多种渠道了解了白酒行业的发展历史、经营特征、税收风险控制点和风险指标，并进行了详细的介绍和阐述，同时在中国酒业协会官方网站、中国统计年鉴上获取了白酒行业历年的相关数据并将其绘制成数据图，从而更为清晰直观地体现出了白酒行业发展趋势。

缺点：前期搜索的渠道有限，加之对白酒行业的知识储备不充足不仅使得对行业整体背景的分析比较笼统，还不够深入细化，而且导致准备工作时间较长，通过后续翻阅白酒行业的相关数据、论文，才对行业的了解逐渐深入。

2. 公司资料

优点：我们基于对白酒行业的知识储备，以及从税务局、财政局官网等其他相关资料中了解到的信息，自己编写了案例，包括基本信息、经营情况、项目情况以及项目介绍，内容翔实完整，财务报表、所得税申报表以及各税种纳税申报表的数据之间勾稽关系清晰

明了、符合逻辑。

缺点：由于自身没有接触过甲公司内部的体系制度与管理模式，缺乏对其内部实际经营情况和运营模式的了解，加之本身专业水平有限，因此在案例编写过程中可能存在与甲公司实际不完全相符或者理想化的情况。

3. 案头分析

优点：我们在分析甲公司潜在的税收风险点时，遵循了合理的逻辑顺序。一方面，计算预警值，发现预警值均超过合理范围时，认为该公司存在较高的税收风险。另一方面，通过对财务报表、纳税申报表以及合同等相关资料进行系统排查和计算，确定了甲公司在采购环节、生产环节、销售环节等环节共存在21个税收风险点，并且在确认各个风险时，展示了详细的计算过程与政策依据。

缺点：一方面，案头分析基于的是已有的文献、数据和信息，缺乏一些实地观察和实时数据。另一方面，我们在编写时仅采用了官方数据和公开信息，而对于企业内部运营和税务等敏感领域的数据，可能没有涉及。

4. 举证约谈和实地调查

优点：我们按照在各个环节发现的税收风险点，依次与甲公司的相关人员展开详细约谈，最终确认了21个税收风险点，排除2个风险点。就艺术品与工艺品的争议、股权收购重组等问题到现场进行了检查，既确定了一些客观存在的风险，又排查了一些争议风险，最终与公司达成一致，要求公司补缴税款及滞纳金。此部分层层递进，合乎逻辑。

缺点：由于我们未在现实生活中接触过举证约谈和实地勘察方面的内容，在对企业受访者进行约谈时，其可能出于保密、商业敏感性等考虑而无法提供部分信息，导致信息获取不全面。同时，实地调查可能会受到场地限制，无法全面观察某些生产环节或业务流程，可能无法获取全貌。

（案例作者：西南政法大学郭瑞琦、张昭晓、林小倩；指导老师：葛静、廖明月）

第二节　高校专家点评

一、对案例的总体评价

案例核心要素基本齐全。按照企业资料、案头分析、约谈取证、实地勘察、评估调查与案例总结六个部分的内容依次展开；案例内容逻辑严密，以企业资料为基础，每一项分析都是以上一部分内容或结果为依据；纳税风险分析的资料与数据明晰，分析依据的是企业的资产负债表、利润表和各种税的纳税申报表，基本上抓准了纳税风险识别的主要资料和数据；纳税风险识别与分析较全面，结合浓香型白酒行业特点，较系统地考虑了生产环节税收风险、产品定价引发的税收风险、企业税收筹划风险、发票管理风险、供应链管理引发的税收风险、税务审计与合规风险等风险点，具体涉及增值税、消费税、企业所得税、房产税、印花税等风险内容；纳税风险确定有信度，税收风险点识别准确，政策依据明确，税收风险度量清晰，承担法律责任适度。综上所述，该案例分析具有较高水平，有一定的可信度，能够很好地引导财税专业学生综合运用专业理论知识、技术和方法解决实践中的"真问题"，从而更好地服务社会。

二、案例的优点

1. 税收风险点的识别信度较高

不同类型的风险点基本上贯穿浓香型白酒制造企业的全业务、全环节，并经实地勘察评估和约谈举证确认，风险识别具有全面性、确定性。风险度的确定具有可靠性，坚持用数据说话，严格采用资产负债表、利润表和各类税种的纳税申报表等材料中的数据，计算各类风险值的大小。

2. 涉税风险化解方案可行

从采购、生产、销售、研发等各环节，确定 19 个风险点，并给出了化解税务风险的建议，同时从纳税人维度提出加强企业税收合规化制度建设、增强税收法律意识与税收遵从意识、设置专门税务部门与岗位的对策建议，还从税务维度，提出了提高涉税岗位人员的专业化程度、加强利益各方沟通的可行建议。

3. 具有较高的专业知识拓展价值和实践指导价值

案例总结了浓香型白酒制造行业企业的一般性特征，提出了具有针对性的纳税风险管控措施，拓宽了学生的专业理论知识和实践教学环节的内涵，提升了白酒制造企业纳税人对纳税风险点的敏感性，避免触发预警，指明了税务征收机关及税务稽查部门的税收工作重点，极大地提升了征管效率。

三、案例存在的问题和不足

1. 风险分析环节应拓展至售后服务

案例中的其他环节并没有分析售后服务内容，但其包含的内容还很多，如及时交付和处理订单、包装物处理、投诉问题处理、收集客户反馈等，它们都会直接影响成本、税收，应纳入税收风险分析。

2. 风险点识别的全面性有提升空间

无论浓香型白酒行业的哪个企业，规模如此之大，税收如此之多，必然应涉及个人所得税、环境保护税税收风险的识别与分析，但案例中的这部分内容存在缺失。案例前面的内容中没有环境保护税的案头资料和案头分析，但在后面的内容中，出现了环境保护税的税收风险内容，个别税种的风险识别与分析存在缺失。

3. 分析纳税风险的案头资料尚需健全

案头资料是指收集和记录的各种有关信息和数据的文档或记录。就案例企业而言，最主要的是资产负债表、利润表、现金流量表三大报表和各类纳税申报资料。但该案例在税收风险识别中，缺少现金流量表、个人所得税纳税申报表和环境保护税申报表等主要资料。

四、完善该案例的建议

建议深入实践调研，补齐业务链条，立足全业务识别，补齐案头资料，增加全税种风险分析，完善税收风险管控措施。

（点评人：辽宁大学孙世强）

第三节　行业专家点评（1）

一、对案例的总体评价

本次纳税风险管控案例选择了极具代表性的白酒行业进行编写，基于白酒行业特点，从白酒行业采购、生产、销售、营销、研发等企业经营环节中发现了涉税风险。通过预警值计算发现了样本公司较高的税收风险；通过查看样本公司具体的财务资料和纳税申报数据、业务相关资料对公司涉税风险点逐个进行分析、排查，数据完整，分析全面。

二、案例的优点

1. 数据展示完整清晰，有助于数据分析

提供资产负债表、利润表、增值税、消费税、印花税、房产税及企业所得税等纳税申报表，纳税申报表格式与现行申报表一致，数据展示完整清晰，三年同期数据在同一表格中列式，而不是选择分年完整列式，具有数据分析思维。同时，注意了纳税申报表数据与财务报表数据的一致性。

2. 案头分析脉络清晰，涉税分析全面

案头分析流程清晰，从查前准备、检查实施到问题认定，在案头分析阶段发现 21 个涉税风险点，涉及增值税、消费税、城市维护建设税及附加、企业所得税、个人所得税、环境保护税、房产税等多税种，分析环节中风险描述、政策依据、计算过程和法律责任内容均有所涉及。

3. 约谈举证流程完整，举证资料记录翔实

约谈举证环节，先通知下发约谈通知书，再对 21 个涉税风险点采用一问一答的方式记录约谈内容，约谈结束后进行实地勘察，真实还原了目前税务机关约谈举证流程。

三、案例存在的问题和不足

1. 财务报表未区分一般企业和金融企业

案例中资产负债表和利润表，同时列式了一般企业和金融企业的报表。而在实务中，列式报表是需要区分报表类型的，一般企业不需要列式与金融企业相关的科目。

2. 案头分析的数据与企业财务资料的数据未呼应

在分析研发环节的涉税风险时，2022 年度研发费用金额与企业利润表研发费用一致，但案头分析阶段显示案例企业享受研发费加计扣除的税收优惠，其企业所得税申报表免税、减计收入及加计扣除栏次为零，需重点关注案头分析材料与财务报表、纳税申报表的逻辑。

3. 法律责任需汇总考虑

案头分析阶段，每一个涉税风险点下均列示了法律责任，显得重复，建议可对同一类的法律责任汇总说明。

4. 涉税风险需聚焦行业特点

在实地勘察阶段，增加了税收洼地园区的涉税风险，虽然该涉税风险在实务中比较常见，但与白酒行业相关度不大。同时，案例中甲公司是白酒生产企业，其场地中存在税收洼地园区的可能性不大，建议重点针对行业涉税风险进行分析。

四、完善该案例的建议

建议调整资产负债表和利润表的科目，删除金融企业相关的科目，完善案头分析资料与财务报表及纳税申报表的逻辑关系，删除与白酒行业相关度不高的涉税风险。

（点评人：中汇（浙江）税务师事务所有限公司章淑菠）

第四节　行业专家点评（2）

一、对案例的总体评价

案例比较完整，通过对白酒行业的发展历史、经营特征进行详细的介绍和阐述，并通过具体的经营数据的分析进行涉税风险的确定，是一个较好的案例分析。

案例深入介绍了白酒行业，尤其是对浓香型白酒行业分析得较为深入。

在行业分析的基础上详细介绍了案例企业的情况，从财务报表到税收报表，再到风险分析，层层深入。

案头分析紧紧围绕生产经营的各个环节，从采购到销售形成一个完整的闭环。

二、案例的优点

通过阅读本案例，发现比较突出的优点是：

（1）企业资料提供得比较完整，股权架构、组织结构、经营模式都有涉及，企业会计报表、纳税申报表提供了 2020—2022 年的。

（2）案头分析做得比较符合行业特征，从采购、生产、销售、研发等各环节列举了具有行业特征的税收风险点 21 个。税收风险识别逻辑严密。

（3）对税收洼地对整体税收环境的影响做了初步的分析，本案例是众多案例分析中比较优秀的。

三、案例存在的问题和不足

通过阅读本案例，发现以下问题：

（1）税收风险指标模型的预警值有待验证，案例中提到增值税税负率预警值 9.5%、消费税税负率预警值 22%—24%、所得税贡献率 10%—15%，对于指标预警值是基于什么获得的，案例中没有具体的说明。

（2）销售环节第 9 个风险点——买十瓶 A 系列浓香型白酒赠送一瓶 B 系列浓香型白酒促销活动，属于捆绑销售或折扣销售，不属于无偿赠送不应视同销售货物缴纳增值税，但需在同一张发票上开具折扣金额。

（3）对于众多的背景资料，存在着凑篇幅的嫌疑，因为大量背景材料与后续的分析并没有关系。反而带来了阅读上的障碍。

（4）虽然对酒类税收政策做了详细的分析，但缺少有针对性的风险解决方案，比较遗憾。

四、完善该案例的建议

对白酒行业税收风险指标模型的预警值的设置可以更精准，可以增加委托加工及受托加工环节的税收风险模型。

作为大学生层次的案例分析报告，如此详尽的资料肯定获得了税务机关的配合，因此，案例分析中建议加入学生如何参与税务机关的工作并得到税务部门的支持等方面的内容，这一点对今后案例大赛的学生无疑具有指导作用。

该案例中对作为重组中一个比较特殊的税种——消费税，进行了初步的分析，但如果能对其进行较为透彻的分析，针对性地提出相关建议，无疑可以拔高本案例分析的深度。

（点评人：税安科技（杭州）有限公司财税专家郭世平）

第四章　医药制造业税收风险管控案例与点评

第一节　甲公司税收风险管控案例

一、学习指引

本案例以医药行业中的化学药品制剂制造业（俗称西药制造业）为研究对象，选择了甲公司作为具体研究对象，基于其财务报表数据和纳税申报表数据，运用纳税评估相关指标，结合医药制造业的特点进行分析，并为甲公司提出一些建议性的税务筹划方案。基于国家规定的税务风险评估指标，对医药行业税务风险的发现、识别、评估和管理提供一定的借鉴，有助于企业更全面、更系统地防范因过多缴税而增加经济负担的风险。

二、行企背景

随着人口老龄化趋势的加剧，人们对医疗资源的需求逐步提高，因此医药制造业必须不断创新和发展。为此，国家陆续出台了一系列的税收政策以促进医药发展，旨在加速满足医药需求，为制药企业带来新的发展机遇。根据中商产业研究院的数据，2021 年中国药品零售市场规模达到 7369 亿元，并预计到 2023 年将达到 9219 亿元。另外，在盈利方面，根据国家统计局的数据，2022 年医药制造业的营业成本共计 16984.6 亿元，同比增长 7.8%。而在营业收入方面，根据中商产业研究院的数据，2021 年我国的三大终端市场和六大市场的药品销售额达到 17747 亿元，同比增长 8%。可以看出，作为我国重点发展的高新技术产业之一，西药市场规模将持续扩大，行业地位将稳步提升，整体销售收入和产品利润也将保持较高的增长势头。

根据海关统计数据，2022 年我国西药制剂的出口额为 660.5 亿美元，同比增长 9.95%；出口数量同比增长 8.57%；出口均价同比上涨 1.57%。在进口方面，2022 年我国西药制剂的进口额为2283.4亿美元。这表明我国西药制剂行业转型升级取得了显著成效，企业国际化步伐不断加快。

三、企业资料

（一）企业基本信息

甲公司，为增值税一般纳税人，是X集团的母公司，于1997年在上海证券交易所上市，是H省医药工业龙头企业、中国医药工业30强、全国科技创新示范企业、中国医药制剂国际化先导企业，现已连续13年入选工信部“中国医药工业百强榜”，入选“2022中国制造业企业500强”。甲公司以医药工业为主、医药商业为辅，稳步推进国际化。公司瞄准前沿领域，围绕核心产品线，立足临床价值高的创新药、创新制剂和高端仿制药，打造一流的创新研发产业化平台。

在整体组织架构层面，X集团由甲公司100%直接或间接控股，在境内下设多个子公司，主要负责部分国内制药销售业务，拥有20余个产品剂型，500余个品规；在A国、B国设立北美销售支持公司和欧洲销售支持公司，负责打开对应区域的销售线。在C国设立境外研发中心，D国设立境外区域总部，主要负责境外的研发和销售业务。甲公司利用其所拥有的专利，对这两家公司进行相应的授权，为其提供援助并结合海外产品优势搭建相应的生产线，帮助其建设厂房、生产制造和运营销售，使其能够积极参与其所在国及周边国家的政府招标采购项目，以进一步打开国外市场，走可持续发展道路。境外区域总部控股了在E国和F国的销售支持公司和受托研发公司。

在分领域经营发展层面，甲公司主要分为以下四部分：一是在市场营销领域，甲公司建立健全“国际化”的市场营销体系，具有专业的学术推广能力和完善的市场服务体系，目前，公司已在我国31个省（市）以及美国、东南亚等地建立了办事处，服务于国内外超过20000家医疗机构。二是在质量管控方面，甲公司积极引进发达国家先进质量管理经验和关键工艺技术，已在中国和美国分别建立了符合FDA的CGMP标准的药品制剂生产基地，另有多个原料药生产线先后通过了美国、欧盟药品管理机构认证。三是在产品研发方面，甲公司加强与国内外研发团队的合作，通过产学研合作，促进新产品的技术转移和引进，在打造一流研发创新平台的同时，提供从新药研究、开发、临床到注册的全方位服务。四是在国际化发展方面，甲公司面向全球医药市场进行产业布局，海外业务现已覆盖了欧美成熟市场以及南美、东南亚、中亚、西非、东非等新兴市场。甲公司在非洲的马里、埃塞俄比亚建设的药厂经过授权后也已投入运营，积极参与其所在国及周边国家的政府招标采购项目，公司国际化体系已形成并初具规模。

（二）企业经营情况

1. 采购模式

X 集团的产品在生产过程中，主要的采购活动（包括关键原材料）由甲公司负责。甲公司负责掌握市场信息，管理关键原材料的库存，维护与供应商的关系以及管理关键原材料的采购成本。根据市场需求和过去的经验，甲公司备有一定数量的存货，并根据最终的采购决策来确定原材料和产品的数量。甲公司选择原材料供应商，并与其商议价格，然后各子公司根据商议后的价格，结合自身的生产计划和现有的库存，确定原材料、包装材料和农产品等的采购数量。然而，这些数量往往还需要甲公司进行核定和调整。

2. 销售模式

甲公司负责统一制定战略规划和业务目标计划以及对各事业部和国内外子公司在细分领域进行专业化运营，通过目标责任考核体系和激励约束机制，建立适应市场发展的运行机制。X 集团所有全球销售价格决定权限均由甲公司掌握。甲公司销售模式为：①器械批发业务，甲公司负责从国内外供货商采购产品，在各级医疗机构收到订单后及时安排物流配送服务，快速配送至各医疗机构或转售给各子公司。②第三方医药物流服务，甲公司的医药第三方物流配送业务，以综合管理平台为龙头、以主营业务为主体进行集中采购、分区域存储、统一配送、网络共享，集仓储、信息、运输于一体，服务于医药企业、医药电商业务提供商。③医药批发零售，甲公司主要以各地、市、州的慢病重症药房、DTP 药房及互联网药房为主，直接面向其他客户；还将自身生产的药品转售给境内外子公司，再由各子公司销售给第三方客户。

3. 研发体系

甲公司设有新药研发中心，内部设有合成研究室、天然药物研究室、生化研究室、制剂研究室、分析研究室、药理研究室和新药注册部等专业研发部门。这些部门涵盖了公司新药剂型和主要适应症的创新需求。甲公司以集团研发为主体，与研发机构和高校合作，形成了完整、系统的技术创新平台体系，与企业的经营方针和管理模式相适应。甲公司负责大部分研发活动，少部分移交给境外研发制造中心和受托研发公司。每年甲公司会向境外支付一笔研发服务费。

4. 主要经营模式

甲公司采用集团总部统一制定战略规划和业务目标计划、各子公司或事业部在各细分领域进行专业化运营的管理模式。甲公司主要经营模式如下：一是在医药工业板块。甲公司建立了由准入、医学、市场、商务、销售以及国内外各区域办事处构成的医药市场营销体系，负责收集、整理和分析药品临床使用信息及临床需求信息并将其反馈给国内外公司的研发部门，实现产品和市场的良性互动发展。二是在医药商业板块。甲公司将下属各医药商业子公司分为省级、市级两个层级，省级公司负责管理及采购平台，市级公司负责完善终端销售网络，承接省级公司业务，实现统购分销，向各级医疗机构提供药品、器械、医疗设备等。

（三）运营与生产流程

首先是物料供应。甲公司统一负责市场信息的掌握与关键原材料的存货管理、供货商关系的维系以及关键原材料采购成本的管理。甲公司通过对各供应商的物料性价比进行比较，选择最终的定点供应商并制订采购计划，各子公司据此并结合自身生产计划采购物料。

其次是药品生产。药品生产过程涉及诸多方面的配合，具体包括物料的发放、工艺用水的取样和监测、卫生清洁的人员安排、设备的验证和选型、厂房设施的准备以及对最终产成品的质量检验和处理等。

最后是药品生产现场管理和质量监控。其是药品生产活动中的一项至关重要的管理内容，直接关系到药品的合格性。对药品生产和质量进行控制的时机包括生产前、生产中和生产后。生产前要检查确认生产环境是否符合生产工艺要求，生产所使用的原辅料、半成品、包装材料等，其种类和数量是否符合生产工艺要求等；生产过程中应定期对所生产产品的质量特性进行检查和监控，确保工序始终处于稳定状态；生产结束后应按标准清洁程序对生产现场和设备及时进行清洁，剩余物料及废弃物料按规定移出生产现场，对使用的原辅料、中间产品、包装材料进行物料平衡核算等。

（四）财务报表

1. 2020—2022 年甲公司资产负债表（见表 4－1）

表 4－1　　2020—2022 年甲公司资产负债表　　单位：元

项目	2020 年 12 月 31 日	2021 年 12 月 31 日	2022 年 12 月 31 日
流动资产：			
货币资金	5431463235.47	5165634813.90	5176226611.10
结算备付金			
拆出资金			
交易性金融资产	771473837.86	934387247.87	945722567.21
衍生金融资产		88941.02	12063116.50
应收票据	67322638.22	59082590.47	89443201.49
应收账款	5887870859.22	6756904314.18	7527599460.27
应收款项融资	822897632.32	671843173.91	657027339.59
预付款项	694582844.25	712279345.89	842408534.24
应收保费			

续表

项目	2020 年 12 月 31 日	2021 年 12 月 31 日	2022 年 12 月 31 日
应收分保账款			
应收分保合同准备金			
其他应收款	612330224. 09	599011750. 06	423508279. 33
其中：应收利息			
应收股利	23499984. 11	26005705. 41	
买入返售金融资产			
存货	2656679752. 94	3126642450. 61	3420686053. 09
合同资产			
持有待售资产			
一年内到期的非流动资产			
其他流动资产	104532884. 00	123385044. 59	333224352. 22
流动资产合计	17049153908. 37	18149259672. 50	19427909515. 04
非流动资产：			
发放贷款和垫款			
债权投资			
其他债权投资			
长期应收款	900808578. 62	730675579. 28	415697253. 61
长期股权投资	4081240545. 56	4290209126. 34	1070118041. 75
其他权益工具投资	974215208. 95	1065512639. 22	1623222213. 28
其他非流动金融资产			
投资性房地产			
固定资产	5724886519. 95	5623887988. 22	5265160060. 65
在建工程	333656732. 07	1185181538. 37	2767791199. 90
生产性生物资产			
油气资产			
使用权资产		81969559. 29	71097215. 57
无形资产	1537310358. 25	1745048979. 56	1950134165. 55
开发支出	435538022. 46	908075317. 46	802993435. 05
商誉	1100794994. 74	1085932889. 91	974093675. 84
长期待摊费用	48130107. 97	43466219. 24	36996058. 31
递延所得税资产	55847870. 30	58963359. 64	63574337. 05
其他非流动资产	181459221. 79	437562768. 98	1554234581. 49
非流动资产合计	15373888160. 66	17256485965. 51	16595112238. 05
资产总计	32423042069. 03	35405745638. 01	36023021753. 09

续表

项目	2020 年 12 月 31 日	2021 年 12 月 31 日	2022 年 12 月 31 日
流动负债：			
短期借款	7334151653.73	6898635172.86	6588806992.69
向中央银行借款			
拆入资金			
交易性金融负债			1106035.00
衍生金融负债			
应付票据	652723993.52	612254706.14	635431591.72
应付账款	1743421695.12	2074829418.69	2813586964.13
预收款项	4420750.14	314350760.79	309850760.79
合同负债	270595046.58	352335395.31	598899866.99
卖出回购金融资产款			
吸收存款及同业存放			
代理买卖证券款			
代理承销证券款			
应付职工薪酬	64476989.14	97068043.76	287731954.34
应交税费	375633805.76	554882168.08	293803150.30
其他应付款	1401096321.19	1870745761.79	1790287357.86
其中：应付利息			
应付股利	341741.09	8239809.87	78577105.03
应付手续费及佣金			
应付分保账款			
持有待售负债			
一年内到期的非流动负债	895240934.37	2730718346.62	1755417893.18
其他流动负债	557933829.46	49792618.68	67821282.14
流动负债合计	13299695019.01	15555612392.72	15142743849.14
非流动负债：			
保险合同准备金			
长期借款	3606909274.25	2800315148.20	1853414007.67
应付债券	1587136849.31	474647671.23	
其中：优先股			
永续债			
租赁负债		61665179.54	49999929.35
长期应付款	246706279.77	44273866.85	21380000.00
长期应付职工薪酬			
预计负债			

续表

项目	2020 年 12 月 31 日	2021 年 12 月 31 日	2022 年 12 月 31 日
递延收益	511465389.89	570160722.38	601127858.04
递延所得税负债	183481835.69	247285716.45	412073125.19
其他非流动负债			
非流动负债合计	6135699628.91	4198348304.65	2937994920.25
负债合计	19435394647.92	19753960697.37	18080738769.39
所有者权益（或股东权益）：			
实收资本（或股本）	1544024713.00	1633071908.00	1632715541.00
其他权益工具			
其中：优先股			
永续债			
资本公积	5252886313.96	6190903430.28	5744816182.49
减：库存股	500122776.58	319479503.15	182444876.93
其他综合收益	-36735276.30	-48002232.86	157849733.33
专项储备			
盈余公积	395651769.33	395651769.33	395651769.33
一般风险准备			
未分配利润	3983648195.27	5096101143.96	7288404942.35
归属于母公司所有者权益（或股东权益）合计	10639352938.68	12948246515.56	15036993291.57
少数股东权益	2348294482.43	2703538425.08	2905289692.13
所有者权益（或股东权益）合计	12987647421.11	15651784940.64	17942282983.70
负债和所有者权益（或股东权益）总计	32423042069.03	35405745638.01	36023021753.09

2. 2020—2022 年甲公司利润表（见表 4-2）

表 4-2　　2020—2022 年甲公司利润表　　单位：元

项目	2020 年度	2021 年度	2022 年度
一、营业总收入	20680111114.49	20548930203.66	22337719417.55
其中：营业收入	20680111114.49	20548930203.66	22337719417.55
利息收入			
已赚保费			
手续费及佣金收入			
二、营业总成本	18910753871.59	18750613339.48	19851774860.03
其中：营业成本	11999653950.76	11764845086.75	12615138011.99
利息支出			
手续费及佣金支出			

续表

项目	2020 年度	2021 年度	2022 年度
退保金			
赔付支出净额			
提取保险责任准备金净额			
保单红利支出			
分保费用			
税金及附加	143781871.59	224564527.15	205859130.64
销售费用	3716609910.52	4006671220.36	4274707537.75
管理费用	1367009230.71	1320755071.38	1552270756.74
研发费用	767549655.26	810469090.81	966855692.22
财务费用	916149252.75	623308343.03	236943730.69
其中：利息费用	833602490.54	602145394.51	476568005.29
利息收入	52124549.68	59367613.71	143244941.69
加：其他收益	198952734.55	251098528.89	188089700.51
投资收益（损失以“-”号填列）	324105226.69	306008888.29	835556910.51
其中：对联营企业和合营企业的投资收益	73166099.33	132336410.60	22514162.99
以摊余成本计量的金融资产			
终止确认收益			
汇兑收益（损失以“-”号填列）			
净敞口套期收益（损失以“-”号填列）			
公允价值变动收益（损失以“-”号填列）	16403246.45	7885288.47	43416554.65
信用减值损失（损失以“-”号填列）	-154241583.04	-85205044.09	90096792.95
资产减值损失（损失以“-”号填列）	-59356854.07	-55124122.44	-88311929.44
资产处置收益（损失以“-”号填列）	-3348178.76	26060008.18	-38764807.39
三、营业利润（亏损以“-”号填列）	2091871834.72	2249040411.48	3516027779.31
加：营业外收入	9999966.24	7741975.58	5444037.27
减：营业外支出	74541046.19	83807941.12	95418951.43
四、利润总额（亏损总额以“-”号填列）	2027330754.77	2172974445.94	3426052865.15
减：所得税费用	385141878.78	354781647.40	354750546.77
五、净利润（净亏损以“-”号填列）	1642188875.99	1818192798.54	3071302318.38
（一）按经营持续性分类			
1. 持续经营净利润（净亏损以“-”号填列）	1477787300.63	1818192798.54	3071302318.38

续表

项目	2020 年度	2021 年度	2022 年度
2. 终止经营净利润（净亏损以“－”号填列）			
（二）按所有权归属分类			
1. 归属于母公司股东的净利润（净亏损以“－”号填列）	1005733487.92	1317145547.01	2484108585.43
2. 少数股东损益（净亏损以“－”号填列）	636455388.07	501047251.53	587193732.95
六、其他综合收益的税后净额	－83790417.35	－20445257.77	155771021.30
（一）归属母公司所有者的其他综合收益的税后净额	－35992493.31	－22157087.24	161687383.71
1. 不能重分类进损益的其他综合收益	104089576.21	26970969.29	35206967.27
（1）重新计量设定受益计划变动额			
（2）权益法下不能转损益的其他综合收益		－49765036.29	－6779371.82
（3）其他权益工具投资公允价值变动	104089576.21	76736005.58	41986339.09
（4）企业自身信用风险公允价值变动			
2. 将重分类进损益的其他综合收益	－140082069.52	－49128056.53	126480416.44
（1）权益法下可转损益的其他综合收益	－68574760.02	－15048440.28	73938925.09
（2）其他债权投资公允价值变动			
（3）金融资产重分类计入其他综合收益的金额			
（4）其他债权投资信用减值准备			
（5）现金流量套期储备			
（6）外币财务报表折算差额	－71507309.50	－34079616.25	52541491.35
（7）其他			
（二）归属于少数股东的其他综合收益的税后净额	－47797924.04	1711829.47	－5916362.41
七、综合收益总额	1558398458.64	1797747540.77	3227073339.68
（一）归属于母公司所有者的综合收益总额	969740994.61	1294988459.77	2645795969.14
（二）归属于少数股东的综合收益总额	588657464.03	502759081.00	581277370.54
八、每股收益			
（一）基本每股收益（元/股）	0.73	0.83	1.54
（二）稀释每股收益（元/股）	0.73	0.82	1.54

3. 2020—2022年甲公司现金流量表（见表4-3）

表4-3　2020—2022年甲公司现金流量表　单位：元

项目	2020年度	2021年度	2022年度
一、经营活动产生的现金流量：			
销售商品、提供劳务收到的现金	20390597372.58	20210948486.18	21925063691.82
客户存款和同业存放款项净增加额			
向中央银行借款净增加额			
向其他金融机构拆入资金净增加额			
收到原保险合同保费取得的现金			
收到再保业务现金净额			
保户储金及投资款净增加额			
收取利息、手续费及佣金的现金			
拆入资金净增加额			
回购业务资金净增加额			
代理买卖证券收到的现金净额			
收到的税费返还	79230195.28	58346714.57	107633758.40
收到其他与经营活动有关的现金	778381661.94	720037223.01	928124023.99
经营活动现金流入小计	21248209229.80	20989332423.76	22960821474.21
购买商品、接受劳务支付的现金	11782295888.18	11510338832.20	11765800562.99
客户贷款及垫款净增加额			
存放中央银行和同业款项净增加额			
支付原保险合同赔付款项的现金			
拆出资金净增加额			
支付利息、手续费及佣金的现金			
支付保单红利的现金			
支付给职工及为职工支付的现金	2180209804.98	2243876100.72	2495139315.52
支付的各项税费	1229933134.80	1261291057.76	1798967800.87
支付其他与经营活动有关的现金	3965964052.92	3795015912.12	4459842740.67
经营活动现金流出小计	19158402880.88	18810521902.80	20519750420.05
经营活动产生的现金流量净额	2089806348.92	2178810520.96	2441071054.16
二、投资活动产生的现金流量：			
收回投资收到的现金	291945961.79	605452155.80	3632488116.68
取得投资收益收到的现金	31694901.44	26628211.40	50840273.56
处置固定资产、无形资产和其他长期资产收回的现金净额	344133722.33	84289648.01	97639014.83

续表

项目	2020 年度	2021 年度	2022 年度
处置子公司及其他营业单位收到的现金净额	1502503289.68	35515264.72	286521171.06
收到其他与投资活动有关的现金	94853506.81	8160024056.59	2601281700.00
投资活动现金流入小计	2265131382.05	8911909336.52	6668770276.13
购建固定资产、无形资产和其他长期资产支付的现金	1097954352.17	1703028465.14	3113345739.62
投资支付的现金	773617018.80	383224000.00	181966305.97
质押贷款净增加额			
取得子公司及其他营业单位支付的现金净额	19618094.86	36708519.32	
支付其他与投资活动有关的现金	72265442.42	8209157483.58	2146667870.05
投资活动现金流出小计	1963454908.25	10332118468.04	5441979915.64
投资活动产生的现金流量净额	301676473.80	-1420209131.52	1226790360.49
三、筹资活动产生的现金流量：			
吸收投资收到的现金	4721000.00	990376069.71	23800000.00
其中：子公司吸收少数股东投资收到的现金	4721000.00	13576069.86	23800000.00
取得借款收到的现金	13492717028.92	10700271944.40	9475801800.14
收到其他与筹资活动有关的现金	2471168342.61	1072185374.75	1586626633.48
筹资活动现金流入小计	15968606371.53	12762833388.86	11086228433.62
偿还债务支付的现金	9822343328.65	11398885077.69	10497218464.32
分配股利、利润或偿付利息支付的现金	750235254.18	725867234.88	677288632.66
其中：子公司支付给少数股东的股利、利润	40300552.10	60312799.38	64370256.42
支付其他与筹资活动有关的现金	5195897822.67	1552078997.65	4156663605.66
筹资活动现金流出小计	15768476405.50	13676831310.22	15331170702.64
筹资活动产生的现金流量净额	200129966.03	-913997921.36	-4244942269.02
四、汇率变动对现金及现金等价物的影响	-105992480.90	-24956015.86	48451516.43
五、现金及现金等价物净增加额	2485620307.85	-180352547.78	-528629337.94
加：期初现金及现金等价物余额	2560542819.05	5046163126.90	4865810579.12
六、期末现金及现金等价物余额	5046163126.90	4865810579.12	4337181241.18

（五）纳税申报表

1. 2022 年、2021 年甲公司增值税及附加税费申报表（见表 4-4、表 4-5）

表 4－4　　2022 年 12 月甲公司增值税及附加税费申报表

税款所属时间：自 2022 年 12 月 1 日至 2022 年 12 月 31 日　　填表日期：2023 年 1 月 3 日

金额单位：元（列至角分）

项目		栏次	一般项目		即征即退项目	
			本月数	本年累计	本月数	本年累计
销售额	（一）按适用税率计税销售额	1	2743457091.78	21737291192.95		
	其中：应税货物销售额	2	2743457091.78	21737291192.95		
	应税劳务销售额	3				
	纳税检查调整的销售额	4				
	（二）按简易办法计税销售额	5	15647708.24	187772498.87		
	其中：纳税检查调整的销售额	6				
	（三）免、抵、退办法出口销售额	7			—	—
	（四）免税销售额	8	52329810.23	470968292.07	—	—
	其中：免税货物销售额	9	52329810.23	470968292.07	—	—
	免税劳务销售额	10			—	—
税款计算	销项税额	11	356649421.93	2825847855.08		
	进项税额	12	235388618.47	1836801105.80		
	上期留抵税额	13				—
	进项税额转出	14	2871741.15	22592653.60		
	免、抵、退应退税额	15			—	—
	按适用税率计算的纳税检查应补缴税额	16			—	—
	应抵扣税额合计	17＝12＋13－14－15＋16	232516877.33	—		—
	实际抵扣税额	18（如 17＜11，则为 17，否则为 11）	232516877.33	1814208452.20		
	应纳税额	19＝11－18	124132544.60	1011639402.88		
	期末留抵税额	20＝17－18				—
	简易计税办法计算的应纳税额	21	469431.25	5633174.97		
	按简易计税办法计算的纳税检查应补缴税额	22			—	—
	应纳税额减征额	23				
	应纳税额合计	24＝19＋21－23	124601975.85	1017272577.85		

续表

项目		栏次	一般项目		即征即退项目	
			本月数	本年累计	本月数	本年累计
税款缴纳	期初未缴税额（多缴为负数）	25	198747704.32	198747704.32		
	实收出口开具专用缴款书退税额	26			—	—
	本期已缴税额	27 = 28 + 29 + 30 + 31	1112586335.72	1112586335.72		
	①分次预缴税额	28		—		—
	②出口开具专用缴款书预缴税额	29		—	—	—
	③本期缴纳上期应纳税额	30	1112586335.72	1112586335.72		
	④本期缴纳欠缴税额	31				
	期末未缴税额（多缴为负数）	32 = 24 + 25 + 26 − 27	103433946.45	103433946.45		
	其中：欠缴税额（≥0）	33 = 25 + 26 − 27		—		—
	本期应补（退）税额	34 = 24 − 28 − 29	124601975.85	—		—
	即征即退实际退税额	35	—	—		
	期初未缴查补税额	36			—	—
	本期入库查补税额	37			—	—
	期末未缴查补税额	38 = 16 + 22 + 36 − 37			—	—
附加税费	城市维护建设税本期应补（退）税额	39	8722138.31	71209080.45	—	—
	教育费附加本期应补（退）费额	40	3738059.28	30518177.34	—	—
	地方教育附加本期应补（退）费额	41	2492039.52	20345451.56	—	—

表 4－5　　2021 年 12 月甲公司增值税及附加税费申报表

税款所属时间：自 2021 年 12 月 1 日至 2021 年 12 月 31 日　　填表日期：2022 年 1 月 5 日

金额单位：元（列至角分）

项目		栏次	一般项目		即征即退项目	
			本月数	本年累计	本月数	本年累计
销售额	（一）按适用税率计税销售额	1	1909591612.85	34086210289.45		
	其中：应税货物销售额	2	1909591612.85	34086210289.45		
	应税劳务销售额	3				
	纳税检查调整的销售额	4				
	（二）按简易办法计税销售额	5	12325888.55	160236551.21		
	其中：纳税检查调整的销售额	6				
	（三）免、抵、退办法出口销售额	7			—	—
	（四）免税销售额	8	49190021.62	418115183.74	—	—
	其中：免税货物销售额	9	49190021.62	418115183.74	—	—
	免税劳务销售额	10			—	—

续表

项目		栏次	一般项目		即征即退项目	
			本月数	本年累计	本月数	本年累计
税款计算	销项税额	11	248246909.67	2606592551.55		
	进项税额	12	148948145.80	1511823679.90		
	上期留抵税额	13				—
	进项税额转出	14	625582.21	17795592.00		
	免、抵、退应退税额	15			—	—
	按适用税率计算的纳税检查应补缴税额	16			—	—
	应抵扣税额合计	17 = 12 + 13 - 14 - 15 + 16	148322563.59	—		—
	实际抵扣税额	18（如 17 < 11，则为 17，否则为 11）	148322563.59	1474028087.90		
	应纳税额	19 = 11 - 18	99924346.08	1132564463.65		
	期末留抵税额	20 = 17 - 18				—
	简易计税办法计算的应纳税额	21	369776.66	4807096.54		
	按简易计税办法计算的纳税检查应补缴税额	22			—	—
	应纳税额减征额	23				
	应纳税额合计	24 = 19 + 21 - 23	100294122.74	2037371560.18		
税款缴纳	期初未缴税额（多缴为负数）	25	143438029.31	143438029.31		
	实收出口开具专用缴款书退税额	26			—	—
	本期已缴税额	27 = 28 + 29 + 30 + 31	1082061885.17	1082061885.17		
	①分次预缴税额	28		—		—
	②出口开具专用缴款书预缴税额	29		—	—	—
	③本期缴纳上期应纳税额	30	1082061885.17	1082061885.17		
	④本期缴纳欠缴税额	31				
	期末未缴税额（多缴为负数）	32 = 24 + 25 + 26 - 27	198747704.32	198747704.32		
	其中：欠缴税额（≥0）	33 = 25 + 26 - 27		—		—
	本期应补（退）税额	34 = 24 - 28 - 29	100294122.74	—		—
	即征即退实际退税额	35	—	—		
	期初未缴查补税额	36			—	—
	本期入库查补税额	37			—	—
	期末未缴查补税额	38 = 16 + 22 + 36 - 37			—	—

续表

项目		栏次	一般项目		即征即退项目	
			本月数	本年累计	本月数	本年累计
附加税费	城市维护建设税本期应补（退）税额	39	7020588.59	79616009.21	—	—
	教育费附加本期应补（退）费额	40	3008823.68	34121146.81	—	—
	地方教育附加本期应补（退）费额	41	2005882.45	22747431.20	—	—

2.2022年、2021年甲公司企业所得税纳税申报表（见表4－6、表4－7）

表4－6　　2022年甲公司企业所得税纳税申报表（A类）　　金额单位：元（列至角分）

行次	类别	项　目	金　额
1	利润总额计算	一、营业收入（填写A101010\101020\103000）	22337719417.55
2		减：营业成本（填写A102010\102020\103000）	12715138011.99
3		减：税金及附加	205859130.64
4		减：销售费用（填写A104000）	4674707537.75
5		减：管理费用（填写A104000）	1452270756.74
6		减：财务费用（填写A104000）	428204856.08
7		减：资产减值损失	88311929.44
8		加：公允价值变动收益	43416554.65
9		加：投资收益	835556910.51
10		二、营业利润（1－2－3－4－5－6－7＋8＋9）	3316027779.31
11		加：营业外收入（填写A101010\101020\103000）	5444037.27
12		减：营业外支出（填写A102010\102020\103000）	95418951.43
13		三、利润总额（10＋11－12）	3326052865.15
14	应纳税所得额计算	减：境外所得（填写A108010）	3977365.23
15		加：纳税调整增加额（填写A105000）	349912473.78
16		减：纳税调整减少额（填写A105000）	205425623.72
17		减：免税、减计收入及加计扣除（填写A107010）	1111884046.05
18		加：境外应税所得抵减境内亏损（填写A108000）	
19		四、纳税调整后所得（13－14＋15－16－17＋18）	2354678303.93
20		减：所得减免（填写A107020）	12239812.10
21		减：弥补以前年度亏损（填写A106000）	
22		减：抵扣应纳税所得额（填写A107030）	
23		五、应纳税所得额（19－20－21－22）	2342438491.83

续表

行次	类别	项　目	金　额
24	应纳税额计算	税率（25%）	0.25
25		六、应纳所得税额（23×24）	585609622.96
26		减：减免所得税额（填写A107040）	234243849.18
27		减：抵免所得税额（填写A107050）	
28		七、应纳税额（25－26－27）	351365773.77
29		加：境外所得应纳所得税额（填写A108000）	11147642.98
30		减：境外所得抵免所得税额（填写A108000）	7762869.98
31		八、实际应纳所得税额（28＋29－30）	354750546.77
32		减：本年累计实际已缴纳的所得税额	278692029.54
33		九、本年应补（退）所得税额（31－32）	76058517.23
34		其中：总机构分摊本年应补（退）所得税额（填写A109000）	19014629.31
35		财政集中分配本年应补（退）所得税额（填写A109000）	19014629.31
36		总机构主体生产经营部门分摊本年应补（退）所得税额（填写A109000）	38029258.61
37	实际应纳税额	减：民族自治地区企业所得税地方分享部分（减征幅度____%）	
38		十、本年实际应补（退）所得税额（33—37）	76058517.23

表4－7　2021年甲公司企业所得税纳税申报表（A类）　金额单位：元（列至角分）

行次	类别	项　目	金　额
1	利润总额计算	一、营业收入（填写A101010\101020\103000）	21548930203.66
2		减：营业成本（填写A102010\102020\103000）	11764845086.75
3		减：税金及附加	224564527.15
4		减：销售费用（填写A104000）	3846404371.55
5		减：管理费用（填写A104000）	1320755071.38
6		减：财务费用（填写A104000）	623308343.03
7		减：资产减值损失	55124122.44
8		加：公允价值变动收益	7885288.47
9		加：投资收益	306008888.29
10		二、营业利润（1－2－3－4－5－6－7＋8＋9）	3249040411.48
11		加：营业外收入（填写A101010\101020\103000）	7741975.58
12		减：营业外支出（填写A102010\102020\103000）	83807941.12
13		三、利润总额（10＋11－12）	3172974445.94

续表

行次	类别	项目	金额
14	应纳税所得额计算	减：境外所得（填写 A108010）	4968763.56
15		加：纳税调整增加额（填写 A105000）	372345156.76
16		减：纳税调整减少额（填写 A105000）	244456123.67
17		减：免税、减计收入及加计扣除（填写 A107010）	932039454.43
18		加：境外应税所得抵减境内亏损（填写 A108000）	
19		四、纳税调整后所得（13－14＋15－16－17＋18）	2363855261.04
20		减：所得减免（填写 A107020）	4236879.77
21		减：弥补以前年度亏损（填写 A106000）	
22		减：抵扣应纳税所得额（填写 A107030）	
23		五、应纳税所得额（19－20－21－22）	2359618381.27
24	应纳税额计算	税率（25%）	0.25
25		六、应纳所得税额（23×24）	589904595.32
26		减：减免所得税额（填写 A107040）	235961838.13
27		减：抵免所得税额（填写 A107050）	
28		七、应纳税额（25－26－27）	353942757.19
29		加：境外所得应纳所得税额（填写 A108000）	1478526.65
30		减：境外所得抵免所得税额（填写 A108000）	639636.44
31		八、实际应纳所得税额（28＋29－30）	354781647.40
32		减：本年累计实际已缴纳的所得税额	283825317.92
33		九、本年应补（退）所得税额（31－32）	70956329.48
34		其中：总机构分摊本年应补（退）所得税额（填写 A109000）	17739082.37
35		财政集中分配本年应补（退）所得税额（填写 A109000）	17739082.37
36		总机构主体生产经营部门分摊本年应补（退）所得税额（填写 A109000）	35478164.74
37	实际应纳税额	减：民族自治地区企业所得税地方分享部分（减征幅度____%）	
38		十、本年实际应补（退）所得税额（33－37）	70956329.48

3. 2022 年甲公司财产和行为税纳税申报表（见表 4－8）

表 4-8　2022年甲公司财产和行为税纳税申报表

金额单位：元（列至角分）

序号	税种	税目	税款所属期起	税款所属期止	计税依据	税率	应纳税额	减免税额	已缴税额	应补（退）税额
1	房产税	××××××	2022-10-01	2022-12-31	3514857898.33	0.01200	42178294.78	0.00	38663436.88	3514857.90
2	房产税	××××××	2022-10-01	2022-10-01	17446484.75	0.12000	2093578.17	0.00	0.00	2093578.17
3	印花税	买卖合同	2022-10-01	2022-12-31	12000000.00	0.00030	3600.00	0.00	0.00	3600.00
4	印花税	买卖合同	2022-10-01	2022-12-31	429850000.00	0.00030	128955.00	0.00	0.00	128955.00
5	印花税	买卖合同	2022-10-01	2022-12-31	52550000.00	0.00030	15765.00	0.00	0.00	15765.00
6	印花税	买卖合同	2022-10-01	2022-12-31	178929300.00	0.00030	53678.79	0.00	0.00	53678.79
7	印花税	买卖合同	2022-10-01	2022-12-31	263210.00	0.00030	78.96	0.00	0.00	78.96
8	印花税	买卖合同	2022-10-01	2022-12-31	4500000.00	0.00030	1350.00	0.00	0.00	1350.00
9	印花税	买卖合同	2022-10-01	2022-12-31	227890000.00	0.00030	68367.00	0.00	0.00	68367.00
10	印花税	借款合同	2022-10-01	2022-12-31	50000000.00	0.00005	2500.00	0.00	0.00	2500.00
11	印花税	技术合同	2022-10-01	2022-12-31	89000000.00	0.00030	26700.00	0.00	0.00	26700.00
合计	—	—	—	—	—	—	44572867.70	0.00	38663436.88	5909430.82

声明：此表是根据国家税收法律法规及相关规定填写的，本人（单位）对填报内容（及附带资料）的真实性、可靠性、完整性负责。

（六）案头资料

甲公司2022年采购、生产、研发、销售等过程中的主要事项如下。

（1）甲公司2022年度购进用于生产某类化学制药的原材料共计1720万吨。其中，主要原材料A药材620万吨，B药材435万吨，C药材340万吨，D药材125万吨。此外，甲公司从国外生产基地进口药材170余万吨。该年度总购进药材数量较往年有较大幅度增长。

（2）甲公司2022年度处理一批滞销的过期药品，该批次药品共计300余吨，生产成本为759万元；一批仓储药材原料发生霉变失效，共计1700余吨，购进成本为155万元。

（3）甲公司2022年度自主研发一项实用新型专利并已成功申请专利，自主研发的一项国家新药及两项仿制药仍处于临床试验阶段，并在年度内都成功招募了第Ⅳ期临床试验自愿受试者。

（4）甲公司2022年度从国外引进某罕见药品专利，并完成生产线的改造与投产，首批药物已成功销售，并与多家药品批发商和医疗机构签订长期供货合同。

（5）甲公司本年销售产品数量和销售收入较往年有小幅度上涨，但其主要产品销售占比出现较大变动。

（6）甲公司2022年度销售费用占主业业务费用比例较高，且较往年仍有一定程度的上升。甲公司年度内多次举办了大型医学学术交流会议，定期聘请数位专家进行现场调研与汇报，差旅费、会议费、赞助费以及咨询费等均由甲公司承担。

（7）根据甲公司某批次医疗器械以及某型号药品招标文件所载标价，甲公司该批医疗器械及药品采购单价高于供货商中标价。

（8）甲公司将一批医疗器材和医药产品无偿赠送给当地医院和医疗机构，仅能提供医院开具的收据，无法提供合法有效的凭证。

（9）甲公司年度内定期开办健康讲座与产品推广会，存在场内赠送自产保健药品以作推广的情况。

（10）甲公司2019年7月被认定为高新技术企业，其拥有成熟的国内外研发体系，2022年度甲公司积极组织国家新药研发与专利申报，并建立国外医药研究团队参与项目研发，同时委托境外研究机构与其境外子公司合作研发新生产工艺。

（11）甲公司2022年度内应收账款较往年有所增加，可能存在销售折让长期挂账应收账款，逃避所得税的情况，也可能存在推迟销售收入入账的情况。

（12）甲公司为改造生产线，在2022年度内向银行借款5000万元。

（13）甲公司在2022年度内的法定假期均向所有员工及部分客户发放了外购礼品和保健品。

（14）甲公司在2022年度内将一幢自有写字楼出租给乙公司，合同约定给予乙公司一年的免租期，免租期自2022年1月1日起至12月31日止，免租期结束后，乙公司正常向甲公司支付租金。

（15）甲公司部分业务未取得合同，且对业务性质的认定与税法存在差异。

（16）甲公司将其帮扶脱贫地区开发的药材种植基地对社会公众开放，打造新形态文旅产业模式，开放区域包括药材种植区和普通绿化地。

（17）甲公司厂区内有一批仅在厂区内行驶的作业车辆、负责接送员工往返于宿舍和园区之间的车辆以及种植基地内运营的观光车辆。

（18）甲公司所属X集团是典型的跨国集团，甲公司作为X集团的母公司，与各子公司之间有着多种的关联交易，且很多子公司设立在低税地，可能存在转让定价以及转移利润至低税地的情况，需要重点排查。

（七）假设

1. 评估指标与预警值

纳税检查常见评估指标和预警值如表4－9所示。

表4－9　纳税检查常见评估指标和预警值

指标类型		指标名称	计算公式	预警值及正常区间
财务指标	收入类	主营业务收入变动率	（本期主营业务收入－上期主营业务收入）/上期主营业务收入×100%	5.12%—17.43%
		销售收现比率	销售商品或提供劳务收到的现金/主营业务收入净额	1.00—1.17
	成本类	单位产成品原材料耗用率	本期投入原材料/本期产成品成本×100%	依照药品生产投料产出确定
		主营业务成本变动率	（本期主营业务成本－上期主营业务成本）/上期主营业务成本×100%	2.46%—9.79%
		主营业务收入变动率与主营业务成本变动率配比	主营业务收入变动率/主营业务成本变动率	0.94—1.05
	费用类	主营业务费用率	当期主营业务费用（管理、销售、财务）/当期主营业务收入×100%	23.66%—38.72%
		主营业务费用变动率	[本期营业（管理、销售、财务）费用－基期营业（管理、销售、财务）费用]/基期（管理、销售、财务）费用×100%	－6.42%—14.54%
		销售费用占主营业务费用率	销售费用/主营业务费用	26.4%—52.51%
		销售费用变动率	（本期销售费用－基期销售费用）/基期销售费用×100%	－6.48%—10.66%
		销售费用与营业收入弹性系数	销售费用变动率/主营业务收入变动率	－2.6—1.7

续表

<table>
<tr><th colspan="2">指标类型</th><th>指标名称</th><th>计算公式</th><th>预警值及正常区间</th></tr>
<tr><td rowspan="7">财务指标</td><td rowspan="4">利润类</td><td>主营业务利润率</td><td>本期主营业务利润/本期主营收入×100%</td><td>-5.31%—17.93%</td></tr>
<tr><td>主营业务利润变动率</td><td>（本期主营业务利润-基期主营业务利润）/基期主营业务利润×100%</td><td>-2.73%—19.77%</td></tr>
<tr><td>成本费用利润率</td><td>利润总额/成本费用总额×100%</td><td>6.92%—22.37%</td></tr>
<tr><td>主营业务收入变动率与主营业务利润变动率配比</td><td>主营业务收入变动率/主营业务利润变动率</td><td>0.85—1.28</td></tr>
<tr><td rowspan="3">资产负债类</td><td>速动比率</td><td>（流动资产-预付账款-存货）/流动负债×100%</td><td>1—1.4</td></tr>
<tr><td>固定资产综合折旧率</td><td>固定资产折旧总额/固定资产原值总额×100%</td><td>7.83%—11.47%</td></tr>
<tr><td>应收账款变动率与销售收入变动率弹性系数</td><td>应收账款变动率/销售收入变动率</td><td>1—1.2</td></tr>
<tr><td rowspan="11">税负指标</td><td rowspan="5">增值税</td><td>增值税税负率</td><td>本期应纳税额/本期应税销售收入×100%</td><td>大于8.5%</td></tr>
<tr><td>本期农产品进项税额占进项税额比率</td><td>本期农产品收购发票抵扣税额/本期进项税额×100%</td><td>小于40%</td></tr>
<tr><td>本期增值税进项税额转出额占进项税额比率</td><td>本期进项税转出额/本期进项税额×100%</td><td>1.8%—7.96%</td></tr>
<tr><td>销项税额与进项税额弹性</td><td>销项税额变动率/进项税额税额变动率</td><td>0.9—1.1</td></tr>
<tr><td>增值税与毛利率弹性</td><td>增值税税负变动率/毛利率变动率×100%</td><td>1—1.1</td></tr>
<tr><td rowspan="2">企业所得税</td><td>所得税贡献率</td><td>应纳企业所得税/企业收入总额×100%</td><td>2.17%—3.42%</td></tr>
<tr><td>所得税负担率</td><td>本期申报所得税额/利润总额×100%</td><td>13.87%—24.76%</td></tr>
<tr><td rowspan="2">印花税</td><td>印花税税负变动率</td><td>（本期累计应纳税额-基期累计应纳税额）/基期累计应纳税额×100%</td><td>-0.12%—10.98%</td></tr>
<tr><td>印花税同步增长系数</td><td>印花税应纳税额增长率/主营业务收入增长率</td><td>1—1.2</td></tr>
<tr><td rowspan="2">房产税</td><td>房产税应纳税额变动率</td><td>（本期累计应纳税额-基期累计应纳税额）/基期累计应纳税额×100%</td><td>-4.61%—9.1%</td></tr>
<tr><td>房产税从价计征依据与不动产原值比例的变动系数</td><td>（当期房产税申报表从价计征依据/企业所得税申报表不动产原值）/（上期房产税申报表从价计征依据/企业所得税申报表不动产原值）</td><td>0.9—1.1</td></tr>
</table>

续表

指标类型		指标名称	计算公式	预警值及正常区间
管理指标	认定类	高新技术企业研发和技术创新人员比率	从事研发和相关技术创新活动的科技人员/企业当年职工总数	大于10%
		高新技术研发费用投入占收入比率	研究开发费用/同期销售收入总额	大于3%
	申报类	销售费用申报比率	当年申报表销售费用/当年科目余额表销售费用	1
		红字发票率	当期开具红字发票份数/当期开具正常发票份数×100%	2%—5%

注：本表预警区间取自申银万国行业分类（2021年修订版）中对化学制药、生物制品及医药商业三个子行业的上市公司财务报表提供数据的下四分位数及平均值，部分数据来自论文及调查报告。

2. 风险评级

根据以上所列指标对纳税行为的影响程度，我们根据以下标准对甲公司可能面临的纳税风险等级进行判定。

（1）无指标超出正常区间或预警值：无风险。

（2）1—3个指标超出正常区间或预警值：低风险。

（3）4—6个指标超出正常区间或预警值：中风险。

（4）7个及以上指标超出正常区间或预警值：高风险。

四、案头分析

（一）指标与预警值偏离度计算

甲公司常见评估指标详情和预警值偏离度如表4-10所示。

表4-10　　甲公司常见评估指标详情和预警值偏离度

序号	类型	指标名称	2021年	2022年	2022年预警值偏离度
1	财务指标	主营业务收入变动率	4.2%	3.66%	28.52%
2		主营业务成本变动率	-2%	8.08%	—
3		主营业务利润率	15.08%	14.84%	17.23%
4		主营业务利润变动率	57.08%	2.06%	—
5		主营业务费用率	27.61%	29.38%	—
6		主营业务费用变动率	-0.82%	10.3%	—
7		销售费用变动率	7.8%	16.67%	56.38%
8		销售费用占主营业务费用率	67.33%	71.22%	41.06%
9		成本费用利润率	16.92%	16.26%	—

续表

序号	类型	指标名称	2021 年	2022 年	2022 年预警值偏离度
10	财务指标	销售收现比率	0.94	0.98	2%
11		单位产成品原材料耗用率	32.98%	39.44%	—
12		主营业务收入变动率与主营业务成本变动率配比	-2.15	0.45	52.13%
13		主营业务收入变动率与主营业务利润变动率配比	0.07	1.78	39.06%
14		销售费用与营业收入弹性系数	1.86	4.55	167.65%
15		速动比率	1	0.92	8%
16		固定资产综合折旧率	17.32%	18.26%	59.2%
17		应收账款变动率与销售收入变动率弹性系数	3.11	3.51	192.5%
18	税负指标	增值税税负率	7.40%	5.12%	39.77%
19		所得税税负率	11.18%	10.67%	23.07%
20		所得税贡献率	1.65%	1.59%	26.73%
21		印花税税负变动率	3.20%	-1.72%	53.57%
22		房产税应纳税额变动率	2.98%	-6.54%	41.87%
23		销项税额与进项税额弹性	0.94	0.86	4.44%
24		增值税与毛利率弹性	1	0.95	5.56%
25		印花税同步增长系数	0.76	-0.45	145%
26		房产税从价计征依据与不动产原值比例变动系数	1.01	0.99	—
27	管理指标	高新技术企业研发和技术创新人员比率	14.2%	13.75%	—
28		高新技术研发费用投入占收入比率	3.76%	4.33%	—
29		销售费用申报比率	0.96	0.98	2%
30		红字发票率	4.6%	7.95%	59%
合计					21

注：预警值偏离度 =（该年度指标值 - 预警区间值）/预警区间值 ×100%。

（二）指标分析

1. 财务指标分析

甲公司在 2022 年的主营业务收入和成本方面出现了上升的趋势，收入变动率为 3.66%，成本变动率为 8.08%。可以看出，主营业务收入的增长幅度小于成本的增长幅度，导致主营业务利润率从 2021 年的 15.08% 下降到 2022 年的 14.84%。而且，利润率的变动率也较往年有了大幅下降，这意味着收入增加的速度低于成本增加的速度，企业的利润空间受到了较大程度的挤压。同时，主营业务费用的占比有所提高，其中销售费用的占比最大，并且增长幅度明显。销售费用与营业收入之间的弹性系数为4.55，偏离预警程度为167.65%。此外，研发费用也非常突出，近年来研发费用占收入比率不断增加，2022年企业的研发费用达到966855692.22元，占比率为4.33%，高于预警值3%。主营业务收入变动率、成本变动率和利润变动率的配比失衡进一步表明企业存在收入与成本方面的问题。根据各项指标判断，甲公司可能存在虚列产品成本、隐瞒收入、多列费用、操控利润等行为。

此外，甲公司的速动比率为0.92，较行业平均水平较低，而应收账款变动率与销售收入变动率的弹性系数较大，为3.51，说明企业的资金回收较缓慢，短期内偿还债务的能力有限，可能存在利用计提坏账准备来避税的情况。

2. 税负指标分析

在增值税方面，甲公司2022年的增值税税负变动率仅为5.12%，较往年的7.40%有了明显下降，并连续三年低于预警值。考虑到企业营业收入未显著增加且税收优惠政策未发生明显变化，因此甲公司可能存在隐瞒增值税应税收入、虚开增值税发票用于抵扣进项等情况。

在增值税方面，甲公司2022年的增值税税负变动率仅为5.12%，较往年的7.40%有了明显下降，并连续三年低于预警值。考虑到企业营业收入未显著增加且税收优惠政策未发生明显变化，因此甲公司可能存在隐瞒增值税应税收入、虚开增值税发票用于抵扣进项等情况。

在其他税种方面，甲公司的印花税税负变动率明显下降，可能与新法的认定标准和税率适用情况有所冲突。同时，房产税税负变动率也明显下降，因此甲公司可能存在从租计征申报不全、从价计征房产原值核算出错等问题。

3. 管理指标分析

甲公司作为一家高新技术企业，需要在每年的5月底之前填报上一年度的知识产权、科技人员、研发费用、经营收入等情况。然而，该企业的高新技术企业研发和技术创新人员比率连续三年呈下降趋势，与此同时，近年来甲公司的研发项目逐渐增多，但在该年度的研发产出方面相对不足。税务机关获取的甲公司的银行流水显示，甲公司在该年度向境外研发子公司支付了大量费用，这可能涉及研发费用的不合理归集或向境外支付过多的情况，因此需要进一步核查甲公司的研发费用占比是否符合高新技术企业认定的条件，并检查是否存在代扣代缴预提税的情况。

此外，通过对甲公司的纳税申报表和财务报表的核对，发现甲公司的销售费用未完全申报，这可能意味着甲公司在当期企业所得税申报中销售费用的口径核算存在问题。此外，甲公司在2022年开具的红字发票数量占总开票数量的比例有所上升，因此需要进一步核查甲公司是否存在利用开具红字发票来掩盖收入的情况。

（三）风险确认与排除

经过通用指标计算和配比分析，发现甲公司超过 7 个指标存在异常，提示税收风险等级较高。针对这些异常指标，我们进行了相关分析和计算，并得出以下结论。

（1）甲公司在 2022 年引入了一种罕见病药品的专利，并将部分生产线用于该药品的生产。然而，甲公司在调整和备案完毕后，月度进项税额的转出金额为 1975121.12 万元，而该生产线的资产负债表列示金额为 28561200 万元。根据《中华人民共和国增值税暂行条例》第十条的规定，采用不动产净值率计算，该月最低应转出 3712956 万元（28561200 × 13%）。可以看出，甲公司未按照该生产线的不动产净值率计算进项税额转出，同时企业的会计也没有作出相应的调整，这表明存在异常情况。

（2）甲公司在 2022 年直接采购了用于生产化学制药和生物制品的农业生产原材料，总计 570 万吨，而 2021 年采购量为 510 万吨，农产品采购变动率为 17.65%，高于 2021 年的 11.23%；甲公司 2022 年单位产成品农产品原材料耗用率为 39.44%，也明显高于 2021 年的 32.98%。如果甲公司的主要生产技术和生产线没有明显改变，那么农产品原材料的进项税额计算和抵扣可能存在异常，可能存在采购数量与计算抵扣数量不一致的问题，同时也可能存在虚增购入农产品成本的情况。

（3）由于某批次药品缺乏价格竞争优势等原因，甲公司的该批药品全部滞销。在超过保质期后，甲公司将该批药品报废，并将其作为资产损失进行处理，会计上将其归为合理损耗，并未进行进项税额转出。此外，甲公司在 2022 年还发生了多批原料药材霉变失效的事件，同样被归为合理损耗。经过粗略计算显示，甲公司 2022 年的损耗比率为 3.41%，高于 2021 年的 1.74%。根据《中华人民共和国增值税暂行条例》第十条的规定，可能存在将非正常损失虚列为正常损失，未进行进项税额转出的情况。因此，需要进一步确认甲公司这部分损失的性质。

（4）鉴于甲公司在 2022 年度内的通用指标计算和配比分析后发现了超过 7 个指标出现异常，我们初步确认其税收风险等级为高风险。根据企业的实际情况，我们对相关异常指标进行了分析和排除，具体过程如下。

首先，甲公司在 2022 年度引进了某罕见病药品的专利，并将部分生产线专用于生产该药品，而之前这些生产线用于生产抗生素药品。然而，在完成生产线整体运作调整和备案后，甲公司当月的进项税额转出金额为 1975121.12 万元，而该生产线的资产负债表列示金额为 28561200 万元。根据《中华人民共和国增值税暂行条例》第十条的规定，采用该部分生产线的不动产净值率计算，当月最少应转出的进项税额应为 37129.56 万元（28561200 × 13%）。可以发现，甲公司未按照正确的计算方式进行进项税额转出，同时企业的会计处理也没有相应的变动，这表明存在异常情况。

其次，甲公司在 2022 年度直接采购用于生产化学制药和生物制品的农业生产原材料共计570万吨，而在2021年该数字为510万吨，农产品采购变动率为17.65%，高于2021年的11.23%。此外，甲公司的单位产成品农产品原材料耗用率为39.44%，明显高于2021年的32.98%。如果甲公司的主要生产技术和生产线没有明显改变，那么说明关于农产品原材料的进项税额计算抵扣可能存在异常情况，可能存在购进农产品数量与计算抵扣数量不一致的问题，也可能存在虚增购入农产品成本的问题。

最后，甲公司可能由于该药品缺乏价格竞争优势等原因，导致某批次药品全部滞销。在该批药品超过保质期后，甲公司将其报废并直接作为资产损失处理，会计上将其归为合理损耗，但未进行进项税额转出。此外，甲公司在2022年度内发生多批原料药材霉变失效事件，同样被归为合理损耗。经税务工作人员粗略计算，发现甲公司的损耗比率为3.41%，高于2021年的1.74%。根据《中华人民共和国增值税暂行条例》第十条的规定，可能存在将非正常损失虚列为正常损失，未进行进项税额转出的情况。因此，需要进一步确认这部分损失的性质。

（5）在甲公司的财务核对过程中，我们发现了与采购任务或回款挂钩的返利情况。具体来说，甲公司在2020年获得的返利金额为14327.56万元，而2021年为16559.61万元，2022年为20487.77万元。这些返利分别占当期营业成本的比例为1.19%、1.4%和1.61%。此外，甲公司还获得了因价格补差而得到的返利，分别为2020年的7644.98万元、2021年的14992.42万元和2022年的25967.12万元。这些返利占当期营业成本的比例分别为0.64%、1.23%和2.05%。可以看出，这些比例均有上升趋势。因此，需要进一步确认是否存在返利入账不完整导致资金在企业内部循环的情况。

（6）甲公司将一部分外购的医疗防护用品和自产的医药产品赠送给下游的医院和医疗机构。根据《中华人民共和国企业所得税法》第九条和《中华人民共和国企业所得税法实施条例》第五十一条的规定，公益捐赠税前扣除需经过公益性社会团体或县级以上人民政府及其部门进行捐赠支出。目前尚不清楚甲公司的捐赠行为是否符合规定，因此需要甲公司提供相应的凭证。如果不符合规定，还需要进一步核查企业是否将这部分行为视为销售，并进行了企业所得税税前扣除等方面的处理。

（7）甲公司在过去的一年中多次举办了健康讲座和产品推广会，同时还在会场上赠送了药品。如果这些赠送行为是针对内部人员的，那可能存在未计入销项税额和未代扣代缴个人所得税的问题。此外，还可能存在虚开会议场地和服务提供方的发票，通过以现金形式支付讲座嘉宾劳务报酬或者给予红包等方式进行职业贿赂的问题。税务工作人员需要对甲公司的实际情况进行进一步核查以确认是否存在异常。

（8）2022年，甲公司多次将购买的礼盒和自产的保健品作为赠品赠送给客户和员工。虽然将外购商品用作集体福利不作为销售处理，但甲公司却没有将这批礼品和保健品的进项税额转出。根据《中华人民共和国增值税暂行条例实施细则》的规定，自产或外购的货物赠送应被视同销售。税务工作人员需要进一步核查以确认甲公司的处理是否正确。

（9）2022年，甲公司的销售收现比率有所提高并接近正常值，但其速动比率却有所下降，偏离正常值大约8%。此外，其应收账款变动率与销售收入变动率弹性系数也出现上升的趋势，说明甲公司年度内应收款项的增速超过了销售收入的增速，可能存在将实现收入不入账以延迟纳税，或是利用计提坏账准备来避税等情况。

（10）根据数据显示，甲公司在2022年的研发费用占营业收入的比例为4.33%，高于往年的3.76%，以及行业平均水平的1.76%。同时，2022年的研发费用变动率为19.3%，也高于往年的5.59%。虽然甲公司在本年度没有新增研发项目或取得突破性进展，但其技术创新人员占比逐年下降，项目转化速度较慢。与此相反的是，研发费用占营业收入比例却逐年增加，这可以被视为一个异常的情况。

（11）为进一步确认甲公司是否存在虚增研发费用、滥用增值税免税政策等行为，建议对甲公司招募的自愿受试者名单进行核查，以确保自愿受试者数量没有被虚增，并检查研发费用的归集情况。

（12）甲公司在2022年度应重新申请高新技术企业证书。由于与境外子公司合作研发新生产工艺，要进一步划分境内、外研发费用，并确认中国境内研发费用占总研发费用的比例是否达到60%。此外，还需要进一步核查企业研发人员占比的实际情况，以确认是否存在虚列研发人员信息或虚增研发费用等问题。

（13）甲公司2022年度印花税出现负增长，原因可能是因为部分业务无法获取完整合同或未及时取得相关应税凭证，导致印花税逾期缴纳或漏缴纳。另外，甲公司未及时更新财税部门的印花税核算操作手册，导致税务一线员工无法准确判断计税依据，可能导致因合同类型判断失误而错误缴纳印花税的情况。

（14）甲公司2022年度房产税税负下降，且房产税从价计征依据与不动产原值比例变动系数也出现小幅度下降。甲公司将一幢自有写字楼出租给乙公司，并约定给予乙公司一年的免租期。在免租期内，甲公司仍申报缴纳了房产税。考虑到甲公司出售一座自有工厂且相关系数变动幅度较小，仍处于合理区间，因此排除了与房产税相关的风险。

（15）甲公司2022年度销售费用申报比率略低于预警值。经对比公司近三年的财务报表和纳税申报表，发现是由于年度差错更正导致的，因此排除了该申报风险。

（16）甲公司2022年度红字发票率达到7.95%，较2021年的4.6%显著上升，并偏离了行业平均水平。需要进一步核查以确认甲公司是否存在利用开具红字发票隐匿收入的问题。

（17）甲公司的契税、耕地占用税、城镇土地使用税和车船税均没有异常情况。

（18）甲公司拥有X集团的品牌商标权和超过90%的专利权，并在研发计划、营销策略、售价核定等方面发挥主导作用。然而，根据X集团财务报表，甲公司未能获得与其所创造的价值相匹配的利润，这违反了“BEPS行动”的要求。初步判断，X集团可能通过“转让定价”等手段将大量利润转移到海外低税负地区，导致甲公司2022年的企业所得税负显著降低。

（19）甲公司为境外研发制造中心提供厂房和生产线，这可能被 C 国税务机关认定为固定型常设机构。此外，北美销售支持公司和欧洲销售支持公司负责支持甲公司在北美和欧洲的销售活动，其主要职能包括市场调查、开发当地销售渠道以及与客户联系等，这有可能被认定为代理型常设机构。具体风险需要综合考虑与我国签订的税收协定、各公司的业务布局以及相关合同的签订等因素确定。

（20）根据 X 集团的组织结构显示，海外区域总部受到甲公司的直接控制，并且该总部所在地的企业所得税基本税率为 10%，属于我国税法规定的低税负国家。因此，该总部有可能被视为甲公司的受控外国公司。具体情况还需要 X 集团提供更详细的资料，如海外总部的利润分配方案、经营业务和人员结构，以及设立该总部的目的等来确定。

（21）甲公司掌握着 X 集团的品牌商标权以及核心专利权，因此各子公司每年都需要向甲公司支付一笔类似于“特许权使用费”的资金，然而，在甲公司的财务和纳税报表中，并没有明确处理或记录这部分费用，情况较为模糊。此外，对一些费用（如支付境外研发费用）未尽代扣代缴义务，需要询问相关部门和财务人员以进一步确定。

五、约谈举证

（一）约谈举证安排

1. 约谈举证目的

税务机关在进行案头分析时发现甲公司在履行增值税、企业所得税、城镇土地使用税、城建税及教育费附加等税收法律义务方面存在多个疑点，并涉嫌“税基侵蚀和利润转移”行为，不符合国际税收规范，存在巨大风险。因此，为了确认和核实案头分析中的疑点，税务机关决定与甲公司进行约谈举证，并邀请相关纳税人到税务局进行解释说明。要求甲公司提供相关证据资料，一方面可以解决案头分析中的疑问，消除不确定性和分歧；另一方面还可以及时宣传税收政策，防范潜在问题，降低税收违法行为的风险。

2. 约谈举证安排

根据国家税务总局令第 52 号文件的相关规定，约谈举证工作包括时间安排、人员安排和工作安排。时间安排上，税务机关计划于 2023 年 8 月 9 日对甲公司进行约谈举证；人员安排上，税务机关负责人批准委派王某、赵某两名工作人员进行约谈；在工作安排上，应按照法定权限和程序，采取实地检查、调取账簿资料、询问、查询存款账户或储蓄存款、异地协查等方式，主要就甲公司涉嫌虚开农产品收购凭证、虚列销售费用、少计销售收入、设立海外避税架构、预约定价安排以及相关主体文档等问题进行询问，重点关注销售费用明细和原始凭证的真实性，以及海外架构的商业合理性。

3. 纳税评估约谈举证通知书

约谈举证通知书

编号：××××××××××

甲医药制造股份有限公司：

经案头评估分析，你单位纳税申报中存在涉税疑点，根据《中华人民共和国税收征收管理法》第四章第五十四条的规定，请于2023年8月9日15时委派你单位法人代表、财务负责人等人员到国家税务总局××××××税务局三楼会议室就税收疑点问题面谈，希望准时到达。

存在以下涉税疑点：

（1）虚增销售费用；

（2）虚开农产品收购凭证；

（3）进项税额未及时转出；

（4）虚增原材料损耗量；

（5）虚假招募药品试用者；

（6）捐赠凭证不合规；

（7）视同销售事项不完全；

（8）研发费用归集不合理；

（9）印花税税款错缴漏缴；

（10）集团内关联收入记账混乱；

（11）受控外国公司和常设机构认定风险；

（12）试药规模较大；

（13）未履行对员工薪资的代扣代缴义务；

（14）存在转移利润逃避税款的行为；

（15）红字发票率较高；

（16）返利资金体外循环；

（17）高新技术企业资格认定不实；

（18）未代扣代缴境外企业预提所得税；

（19）未代扣代缴员工工资个人所得税。

需提供以下相关资料：

（1）2022年1—12月会计账簿、交易凭证；

（2）订立合同、有关协议；

（3）集团国别报告、主体文档等。

联系人：王××

联系电话：1813101××××

国家税务总局××××××税务局

2023年8月2日

（本通知书一式两份，纳税人、税务机关分别留存）

（二）约谈举证过程

在收到送达回执后，2023 年 8 月 9 日，甲公司法人郝某、财务负责人张某到达税务局，与预先安排一致，税务工作人员王某、赵某对二人进行了约谈，在此过程中对会计账簿、国别报告、主体文档、本地文档等进行了查证，具体约谈事项如下。

1. 可能存在虚开农产品收购凭证的情况

税务机关两位工作人员对甲公司提供的农产品收购凭证明细，采购合同，资金流及增值税纳税申报表等资料的一致性进行了核对，发现 2022 年农产品进项抵扣占进项税额的比率为 15.82%（本期农产品进项税额占进项税额比率 = 本期农产品收购发票抵扣税额/本期进项税额），高于 2021 年的 10.93%，税务工作人员根据行业投入产出比进行了大致测算，认为 2022 年度的农产品根本达不到收购凭证上的数量。要求甲公司的张某对测试结果进行解释。张某解释称，该批次药材被用来生产不同的产品，且公司今年对生产线进行了大规模的改造，该年度的生产处于边改造边生产的状态，可能会增加单位产成品的耗用率，进而导致投入产出比有所下降。税务工作人员认为短期内企业对产品的生产结构不应出现过大调整，否则会引起需求的大幅变动，影响企业的实际经营，且生产线的改造仅针对某罕见药品，其主要产品生产线仍处于正常工作状态，因此对张某的解释表示怀疑，决定对甲公司的生产状况进行实地核查。

2. 存在虚假招募被试者的情况

税务工作人员在案头分析和约谈举证过程中，发现甲公司 2022 年度每季度都存在招募试药者的项目，但就甲公司目前状况来看，其新药和仿制药的临床试验阶段都已经进入了第Ⅳ期，即广泛试验阶段，按理来说不需要招募过多志愿受试者，王某认为可能存在虚假招募被试者的情况。财税〔2015〕4 号文件第一条规定：新药在试验过程中免征增值税。甲公司可能利用这一税收优惠政策少缴了增值税，或者直接通过试药项目转移或销售产品，隐瞒收入，最终少缴了增值税、企业所得税、城建税及教育费附加。因此，税务工作人员要求郝某对此作出解释，郝某指出每季度的试药者不是在尝试新的药品，即可能存在多批试药者试验同一种药的情况，每次试药结束之后，甲公司都会根据试药者的反应对药品作出改进，不断完善药品功能。赵某要求其提供试药者名单，通过对 4 个季度的试药者名单进行分析，发现第 2 季度、第 3 季度的试药名称均为奥美 ×，符合为改进药品而试验的理由。但赵某进一步对比发现，名单中有大量人员为甲公司员工，其中还有财务负责人张某，随即向张某询问试药的详细信息，结果发现张某不能准确提供试药时间，对流程的描述也不够详细。随后，王某对张某进行了耐心地开导，并告知欺骗工作人员的后果，张某承认甲公司存在虚假招募被试者的情况，通过该种渠道享受免缴增值税的税收优惠。税务工作人员由此对甲公司存在的虚假招募被试者的疑点进行了确认。

3. 存在虚增销售费用及部分业务未视同销售的情况

企业利润表显示甲公司销售费用占主营业务费用的比例在逐年增加，2021 年和 2022 年的销售费用占比为 67.33% 和 71.22%，近几年呈连续增长的趋势，且均明显高于行业平均水平 52.51%。同时，该企业的销售费用与营业收入弹性系数也明显高于行业平均水平，税务机关怀疑甲公司有虚增销售费用的行为，要求甲公司负责人对此作出解释。郝某表示销售费用过高主要有两个原因：一是“两票制”的改革，“两票制”的政策压缩了药品的流通环节，制药企业区域渠道开拓、市场和学术推广活动举办将由医药企业自身或是聘请专业的医药咨询公司来进行，相应的费用都会计入销售费用；二是疫情以来，市场不景气，为提高公司效益，扩大销售收入，甲公司这些年特别重视在广告宣传、扩展销售渠道等方面的支出。税务工作人员认为尽管如此，销售费用的增长幅度也不应远超同行业其他企业，因此对企业的会计账簿和业务往来的真实性进行了核查。

核查发现以下问题：会议费列支情况与凭证相吻合，但发票内容与会议日程、参会人员、会议地点等要素能否一一对应需进行实地核查；与一家广告公司（经工商核实，其规模很小）有多笔大额业务往来，总额度达亿元量级，与广告公司规模严重不符；税务工作人员认为甲公司通过该种方式掩饰给医生回扣以及好处费的事实，以实现资金流的均衡；存在将未取得药品广告批准文号或者将处方药在指定的医学、药学专业刊物以外的媒体进行广告宣传所发生的广告费税前列支的现象；报告期内甲公司给予过相关医生、医务人员或客户回扣，并将自产保健药品无偿赠送给客户以及奖励给优秀员工，未作视同销售处理或未按市场价作视同销售处理；为会议场地与服务提供方虚开发票，以实现向讲座嘉宾支付现金劳务报酬或红包的行为。面对税务工作人员如此详细的列举，以及《中华人民共和国企业所得税法实施条例》第二十七条、第三十三条的明确规定，财务负责人张某表示公司财税人员对一些政策和会计处理理解得不够透彻，将会立即更正，主动补缴相关的增值税以及企业所得税。税务工作人员也向张某展示了正确的会计处理，如自产货物外赠的会计处理要点为：第一，贷方要体现销项税额；第二，销项税额的计算要用市场价格。

借：营业外支出	103	
贷：库存商品		90
应交税费——应交增值税（销项税额）		13

对于该部分以劳务费形式发放的回扣以及无偿赠送药品是否代扣代缴个人所得税的问题，张某表示企业认真履行了个人所得税的代扣代缴义务，但目前无法提供代扣代缴明细单，对此，税务工作人员表示怀疑，决定对该项风险进行实地核查。

4. 存在捐赠税前扣除不合规的情况

税务工作人员依照《中华人民共和国企业所得税法实施条例》第五十一条的规定，要求甲公司提供有资质的捐赠凭证，张某表示这笔捐赠未通过公益性社会团体或者县级以上人民政府及其部门进行捐赠，仅能提供受赠单位开具的收据，无法提供相关部门合法有效的凭证，随即他便承认确实存在多扣除捐赠支出，且部分行为未视同销售的行为，将会立即更正，主动补缴相关的增值税、附加税费以及企业所得税。

5. 存在研发费用归集不合理的情况

在前期对风险指标进行测算时，税务机关发现甲公司研发费用连续三年增加，2022年度研发费用已超9亿元，研发费用占总费用之比高于行业平均占比。郝某表示公司正在研发一款国家新药和两项仿制药，需要较大的投入，由于新药的研发耗时长，第Ⅲ期和第Ⅳ期临床试验也属于生产环节的一部分，因此将产品的研发投入全部费用化了，导致该年度研发费用占比较高。

对此，税务工作人员通过查看研发人员工资表，王某发现，甲公司高管人员韩某也在其中，进一步查证发现，韩某的通信费、差旅费等都先计入研发支出最终转入管理费用的科目中。除此之外，还发现研发人员中有两名员工只具备中专学历且没有相关执业资格证书。郝某表示韩某为知名大学医学专业高材生，且拥有专业的制药知识和经历，是研发项目的核心成员，而其他两名职工负责研发项目前期准备以及原材料购进记录工作。赵某指出，根据财税〔2015〕119号文件第一条的规定，韩某的工资、通信费以及差旅费不能全部归集在研发支出中，应当按照其管理工作和研发工作的工作量分别核算，不能分别核算的均作为一般管理费用归集，其他两名职工不符合研发人员的界定，需要重新归集。

此外，对于新药品的临床试验阶段，郝某称自2016年以来一直处于Ⅲ期临床试验阶段，2022年年初才进入Ⅳ期临床试验阶段，因药品尚未上市正式销售，因此相关研发支出仍费用化处理。而市场上已经出现了该药品，这不禁让税务工作人员对该药品是否已经广泛使用产生疑问，决定对该事项进行实地核查加以确定。

6. 可能存在虚增原材料损耗量和进项税额未及时转出的情况

甲公司2022年原材料损耗比例较大，为2021年的两倍，且远高于行业平均水平2.01%。郝某对此解释道，由于对市场供给情况判断失误，对某批原材料一次性购进太多，并且仓库建成时间较长，存储条件较差，所以使得公司原材料损耗比例较高，最终导致产品生产成本比同行高。税务工作人员又分析了进项税额转出比例后，发现甲公司提供的损耗数据与增值税进项税额转出金额明显不符，对此做了进一步的询问。张某对此解释道，原材料损耗的主要原因是仓库的存储条件不好以及天气潮湿等，不是管理不善，属于正常损失，因此未作进项税额转出。但王某认为甲公司可能存在虚增损耗量，或者未按税收规定转出增值税进项税额的情况，需要结合仓库的实际情况作进一步判断。

7. 不存在计提坏账准备来避税的情况

面对税务工作人员提出的企业可能存在实现收入不入账以延迟纳税，利用计提坏账准备来进行避税等情况。郝某解释道，近年来，经济下行，市场环境低迷，公司为扩大销售渠道，维持客户关系，给出了延迟付款等多种让步，因此导致应收款项的增速超过了销售收入的增速，并提供了6份与下游企业或医疗机构签署的购销合同、公司内部决议通知以及银行流水等证明材料。税务工作人员在仔细核对后，确认郝某所言基本属实，排除了这一税收风险。

8. 不存在返利入账不完整导致资金体外循环的情况

张某对于公司因价格补差取得的返利收入连年上升这一现象的解释为：公司对返利的确认依据为购销合同、协议或以购销双方认可的方式约定的利益条款、促销政策等，供应商通常以公司完成采购任务情况、回款情况为基础，以票面折扣等形式给予一定的返利，主要有与采购任务或回款情况挂钩和价格补差两种返利，并按规定进行会计处理，不存在入账不完整导致资金体外循环，或者提前（推迟）进行确认的情况，也不存在在药品销售之前或服务提供之前按收付实现制原则提前（或推迟）确认返利、其他业务收入，从而调节业绩的情形。税务工作人员核查了对应的发票和记账凭证以及企业在报告期内的银行流水，确认张某所言属实，甲公司不存在入账不完整导致资金体外循环的情况。

9. 可能存在无法通过高新技术企业资质认定的情况

根据《高新技术企业认定管理办法》的相关规定，甲公司需要在2022年度重新申请高新技术企业证书，且案头资料显示，甲公司创新能力有所下滑。郝某表示企业的研发人员占比、研发费用占比均符合高新技术企业认证条件。税务工作人员认为甲公司于2022年引进一项国外的罕见药品专利，但企业取得境外授权或审批审定的知识产权不可以被用来申请、认定高新技术企业，而高新技术企业认定中必须满足对企业主要产品（服务）发挥核心支持作用的技术属于《国家重点支持的高新技术领域》规定的范围这一条件，若企业持续扩大该罕见药品生产线改造规模，变为其主要产品，可能影响其高新技术企业资质的认定。因此，税务工作人员决定对企业生产线改造情况和产品生产线分配情况进行实地核查。

10. 存在印花税逾期缴纳、漏缴错缴的情况

面对税务机关提出为什么2022年度印花税税款出现负增长的情况。张某表示公司未及时更新财税部门对印花税核算的操作手册，税务一线员工无法按照印花税法的规定准确判断计税依据，且由于部分业务无法获取全部合同，未能及时完整取得相关应税凭证等原因，导致印花税仍有很大一部分尚未缴纳。税务机关立即向赵某推送了税务局关于《中华人民共和国印花税法》的讲解文章和视频，并现场讲解了法规中的重点，以帮助企业及时补税。

11. 可能存在利用开具红字发票隐匿收入的情况

甲公司2022年度红字发票率较高，郝某表示2022年公司推出一批新型药品，由于工艺不成熟以及易运输毁损等原因，该年度销售退回率较高，导致开具红字发票的数量有所增加。税务机关表示需要结合银行流水、产品质量以及原合同和退回合同等其他证明材料加以确认。

12. 存在利润与其价值创造结果不匹配的情况

甲公司承担了 X 集团的主要职能，是 X 集团的核心企业，但其利润仅有境外区域总部的 50% 左右，且境外区域总部是甲公司全资子公司，设在低税地，明显不符合常规，税务工作人员根据《中华人民共和国企业所得税法》第四十四条、第四十七条，《中华人民共和国企业所得税法实施条例》第一百二十三条，以及国家税务总局公告 2017 年第 6 号文件的相关规定，怀疑甲公司可能通过“转让定价”等方式转移利润，严重侵蚀我国税基，侵犯我国税收利益，因此要求甲公司对此作出合理解释。

甲公司法人郝某对此解释道，公司近年来积极响应国家“走出去”的号召，同时也制定了符合公司发展的“国际化”战略，为打开国外尤其是东南亚的市场，于 2018 年在 D 国建立境外区域总部负责亚洲尤其东南亚的市场开发以及少量药品的研发和销售，因此该公司的定位类似于海外经销商，会与甲公司存在诸如原材料转售、成品销售、支付服务费和研发费用等众多交易，由于药品研发制作的独特性和创新性，甲公司先前并无这类药品的销售纪录，市场上也很难找到类似的可比交易，公司根据集团的转让定价模型与政策，梳理、归集各项定价所需的利润表和非利润表项目，并根据每季度最新的财务预算和财务报表，对价格进行调整，修正与市场真实结果的差距，旨在得到一个真实的结果。但由于 D 国独特的市场需求，以及复杂的政治、经济因素，再加上是境外区域总部完成最终销售环节，所以导致大部分利润在该处实现，但整个过程是基于市场公允价格运行的，也符合税法规定。税务工作人员对郝某的解释存疑，因此对 X 集团的转让定价主体文档、关联交易申报和同期资料进行了审查。

在审查过程中发现，境外区域总部的利润水平和主体文档中政策偏离较大，且历年来企业并未根据市场情况进行季末或年末转让定价调整，对该公司的功能分析也仅限于“分销”，是典型的有限分销的经销商，但其却掌握着集团很大一部分利润，大约占集团利润的 55%，这存在较大的转让定价操作动机。

甲公司财务负责人张某表示，目前海外业务正处于开拓阶段，且较为复杂，当地销售预测、费用预算变化极大，对转让定价的执行有很大困难，另外，集团税务人员缺乏转让定价实操经验，对于如何确保政策正确执行也有很多障碍，这才导致政策的制定和实际的结果有所偏差。甲公司会进一步优化转让定价运营管理，并积极配合税务机关调查，主动补缴相关企业所得税。

13. 可能存在受控外国公司认定风险的情况

根据《中华人民共和国企业所得法》第四十五条以及国税发〔2009〕2 号文件第八章的规定，境外区域总部设在国家税务总局规定的避税地，且该公司的年利润大于 500 万元，虽然该公司从事的主要是经销业务，但其功能定位类似于“转单”公司，具体能否认定为 CFC 还需要结合该公司的规模大小、员工数量和工作安排以及集团的国别报告进行进一步判断。甲公司法人郝某表示税务机关需要的一些证明材料以及具体安排需要向集团负责人询问或申请，因此这一风险点需要经过实地核查才能确认。

14. 可能存在因常设机构认定被征税的情况

案头信息显示，根据X集团的“统一领导”战略，为使各子公司得以顺利运作发展，甲公司多次向境外研发制造中心提供厂房或产线，这种行为很有可能构成“中C税收协定”规定的当地固定型常设机构，从而其产生的利润会被作为营业利润在当地征税。同时，为进一步扩大海外市场，甲公司在A国和B国设立了全资子公司以开展销售支持服务，主要职能有市场调查、开发当地销售通路、与客户联系等，再加上与甲公司的特殊关系，很容易被认定为代理型常设机构，从而引发风险。税务机关要求甲公司结合各国与我国税收协定以及各公司主体的业务安排和签订的相应合同等确定是否存在风险，并按规定缴纳税款、留档审查等。甲公司两位代表均表示会立即评估风险并作出相应调整。

15. 存在对关联收入记账混乱、税务处理错误的情况

X集团实行“集中统一领导”战略，品牌商标权和绝大部分核心专利权都由甲公司牢牢把握，因此，各子公司每年都需要向甲公司支付一笔类似于“特许权使用费”的资金，但在甲公司的财务和纳税报表中并未找到有关这部分的处理或记录，也未找到对境外所支付费用（主要是销售支持费用和境外研发费用）代扣代缴和解缴税款的凭证。根据国家税务总局公告2017年第6号文件的规定，如果这些均为事实，便严重侵犯了我国税收主权，税务机关有权对此事项进行特别纳税调整，要求甲公司负责人立即对此进行解释说明。

甲公司财务负责人张某向税务工作人员展示了近三年此类交易的来往会计记录凭证，税务机关经过分析，发现这些交易可以分为四类涉税事项：授权使用相关专利、提供相关技术服务、收取商标费、销售推广服务。张某表示公司近些年刚刚打开国际市场，财务人员对国外业务的处理尤其是税务处理不太熟悉，所以在财务报表和纳税申报表上对此类业务的记载有些混乱或错误，甚至存在未代扣代缴税款的情况，但会计账簿中对每一项业务都有较为清晰的记载，也可以提供双方往来的交易凭证。

税务工作人员表示很理解甲公司面临的极度缺乏税务专业人员的困境，也表示后续会做好宣传和指导工作。由于医药技术和专业的不可复制性等，目前税务机关不能马上判断这类交易是否公允，但可以确定的是甲公司没有履行代扣代缴义务，要求甲公司尽快提供交易价格公允的证明，并履行相关费用代扣代缴义务。

为完成税款的入库，税务机关说明了上述涉税收入税款的计算方式：“授权使用相关专利”“收取的商标使用费”需按“无形资产”缴纳增值税，企业所得税；“提供相关技术服务”根据财税〔2016〕36号文件的规定可以免征增值税，但是仍需缴纳企业所得税。而对于向境外企业支付的“销售支持费用”和“境外研发费用”，一般可以理解为境外企业为境内企业提供完全在境外发生的服务，不属于增值税应税交易，但境外企业有来源于境内的所得、委托代理服务和委托研发服务收入等，甲公司需按规定履行预提所得税的代扣代缴义务。

（三）约谈举证结论

在约谈举证的过程中，税务工作人员对可能存在的 19 项风险点进行了查证，并核对了企业提供的会计账簿、合同、来往凭证、国别报告、主体文档以及同期资料等信息，最终排除了 2 项风险点；确定了 8 项风险点；除此之外，约谈举证过程发现有 9 项纳税风险点需要进行实地核查。

纳税评估约谈举证结论书

纳税人名称：甲医药制造股份有限公司

纳税人代码：91420700726118 × × ×

约谈地点：国家税务总局 × × × × × × 税务局三楼会议室

评估期间：2022 年 1—12 月

1. 约谈举证情况

经走访约谈，确认该公司存在以下 8 项税收风险点：

（1）存在虚假招募被试者的情况，少缴企业所得税、增值税、城市维护建设税、教育费附加及地方教育费附加；

（2）虚增销售费用，存在商业贿赂行为，少缴企业所得税；

（3）赠送员工及客户自产保健药品和捐赠行为，未视同销售，少缴企业所得税、增值税、城市维护建设税、教育费附加及地方教育费附加；

（4）捐赠行为税前扣除不规范，少缴企业所得税；

（5）研发人员工资费用归集不合理，少缴企业所得税；

（6）存在印花税预期缴纳、漏缴错缴的情况；

（7）通过转让定价转移利润，导致利润与其价值创造结果不匹配，少缴企业所得税；

（8）对集团内关联收入记账不实、税务处理错误，未对支付境外的费用代扣代缴。

排除该公司存在以下 2 项税收风险点：

（1）计提坏账准备避免缴纳企业所得税；

（2）返利入账不完整导致资金体外循环。

无法确认该公司是否存在以下 9 项税收风险点：

（1）可能存在虚增原材料损耗量和进项税额未及时转出的情况；

（2）高新技术企业资质是否不实；

（3）可能利用开具红字发票来隐匿收入；

（4）境外区域总部是否会被认定为受控外国公司；

（5）甲公司是否存在因常设机构认定导致被征税的情况；

（6）是否存在虚开农产品收购凭证的行为；

（7）是否未履行员工工资代扣代缴义务；

（8）研发费用归集以及会议费列支是否正确；

（9）公司能否提供集团内关联交易的公允性证明。

2. 约谈举证处理意见

（1）共隐瞒营业收入 12538.5 万元，虚列成本 14156.6 万元，未进行纳税申报，少缴企业所得税（含预提税）4761.75 万元，少缴增值税 2298.03 万元，少缴城市维护建设税、教育费附加及地方教育费附加 288.01 万元，少缴印花税 172.8 万元。

（2）未履行个人所得税代扣代缴义务共计 312.2 万元。

（3）及时提供集团内各关联交易价格公允证明，未能规范此类交易的会计处理。

约谈人：王 × ×　　赵 × ×

2023 年 8 月 10 日

六、实地调查

（一）实地核查安排

1. 实地核查目的

税务机关先通过对甲公司的案头资料以及财务报表提供的数据进行关联分析，对可能存在的风险点作出了初步的判定；再通过对甲公司财务负责人的约谈举证，进一步排除和确认了所列风险点。但由于税务机关对企业实际经营状况及业务操作规范了解有限，且现有案头资料及举证资料难以准确且真实地对企业可能存在的风险进行佐证，税务工作人员无法确认约谈举证环节中一些企业财务负责人无法充分解释及证明的风险点。为了对甲公司的实际经营情况有更为确切的了解以及完成本次纳税评估，经税务机关负责人批准，税务工作人员将对甲公司进行实地核查。

通过约谈举证，税务工作人员发现甲公司还可能存在虚开农产品收购凭证、未尽代扣代缴个人所得税义务、研发支出持续不合理费用化、虚增原材料损耗量、高新技术企业资质认定存在风险、境外区域总部可能会被认定为受控外国公司、甲公司可能存在被认定为常设机构的风险等问题，需要进一步的实地核查进行排除或确认。

2. 实地核查安排

实地核查安排具体分为三个方面：时间安排、人员安排以及工作安排。首先，时间安排方面，税务机关计划于 2023 年 8 月 12 日对甲公司进行实地核查；其次，人员安排方面，经第一税源管理科科长批准，税务机关委派王 × ×和赵 × ×两位工作人员去现场核查；最后，工作安排方面，要对甲公司的账簿凭证以及实际生产经营状况进行重点核查，对账簿凭证的核查工作重点在于关注销售费用明细以及核查其原始凭证、研发费用的归集是否存在不规范的现象、个人所得税代扣代缴是否全面等方面，而对实际生产经营状况进行核查时重点关注农产品实地盘查数量、原材料实际损耗情况以及固定资产使用情况等。

3. 纳税评估实地核查通知书

纳税评估实地核查通知书

甲医药制造股份有限公司：

经纳税评估约谈举证，发现你单位2022年1—12月的税收义务履行过程中仍存在虚开农产品收购凭证、未尽代扣代缴个人所得税义务、研发支出持续不合理费用化、虚增原材料损耗量、高新技术企业资质认定存在风险、通过开具红字发票调节收入等税务疑点，根据《中华人民共和国税收征收管理法》第五十四条的规定，我局决定于2023年8月12日对你单位2022年1—12月的纳税情况开展评估，需要委派王××、赵××到你单位生产经营场所了解相关情况，查证账目、核实实际经营情况，请届时将有关纳税资料准备齐全并安排知情人员到场，接受调查。请予以配合。

特此通知。

国家税务总局××××××税务局

2023年8月11日

（本通知书一式两份，纳税人、税务机关分别留存）

（二）实地核查过程

2023年8月12日，两位税务工作人员到达甲公司，首先对甲公司的实际生产经营情况进行了核查，在此过程中对会计账簿进行了查证，具体核查事项如下。

1. 存在虚开农产品收购凭证的情况

在约谈举证的过程中，税务工作人员对甲公司投入产出比进行大致测算，认为企业可能存在虚增农产品收购成本的情况，甲公司提供的资料显示其购入农产品均取得了相关收购凭证，且都给农户和合作社开具了农产品收购发票。

在实地核查过程中，税务工作人员向甲公司的采购部门获取了公司的采购明细表，并向部分农户和合作社进行了金额确认，核查后发现有14张收购凭证所载金额与被收购方提供的金额不一致，4张收购凭证上注明信息与农户名不符。此外，税务工作人员向甲公司财务负责人调取了骨×、神×、红×三类主要销售药品的所需原料和投入产出比的相关数据，并调取甲公司的会计账簿用以查找原材料及产品的出入库情况。在获取会计账簿后，税务工作人员提出需要先核对罗×当期的库存情况，以确保会计账簿的真实性。经核对，会计账簿中记录的罗×明显高于库存量，确认会计账簿原料记载有误。在此情况下，税务工作人员要求甲公司对上述三种产品的投入产出比进行现场测算，测算结果确实表明公司存在虚增购入农产品金额以及数量的问题。在众多证据下，甲公司财务负责人承认公司为增加成本，多抵了进项税额，多次虚开了农产品收购凭证，以实现少交增值税的目的，该行为构成逃税，税务工作人员根据《中华人民共和国税收征收管理法》的相关规定，要求甲公司就此逃税事项进行说明，补缴相关税款，并借此机会健全公司财务核算制度，自审其他风险。

2. 存在未尽个人所得税代扣代缴义务的情况

在约谈举证过程中，甲公司负责人承认了公司存在以劳务费形式发放回扣以及无偿赠送药品给员工的情况，但无法提供相关个人所得税的代扣代缴明细单。

在实地核查过程中，税务工作人员首先对甲公司人事部门进行了约谈，了解了甲公司个人所得税代扣代缴的相关规定，并调取了2022年甲公司对劳务费、偶然所得以及奖金代扣代缴的月度明细表。在与会计账簿和相关收付凭证比对后发现，存在9笔专家调研费，系以劳务费形式支付的回扣费用，未代扣代缴个人所得税。在调取公司年度会议、讲座以及宣传会开展记录后，对部分活动的现场情况进行了调查，其中共计12场活动有发放保健品和抽奖的活动；并记录了企业内部参会人员和相关专家姓名，通过进一步核查比对相关活动对应月度参会人员个税代扣代缴情况，发现甲公司仅就正常薪资和劳务费用进行了代扣代缴，未就员工及专家获奖和受赠情况进行代扣代缴，根据《中华人民共和国个人所得税法》第十一条的规定，确认甲公司存在未尽个人所得税代扣代缴义务的情况。

3. 存在研发支出不合理费用化和会议费虚假列支的情况

在前期的案头分析和举证过程中，税务工作人员了解到甲公司2022年度有一项国家新药和两项仿制药进入Ⅳ期临床试验阶段，每年仍会产生大量的试验费用和研究支出，并将其费用化计入研究费用。在实地核查过程中，税务工作人员首先实地考察了甲公司生产线的分配和产出情况，发现共有1条生产线生产国家新药以及3条生产线生产两类仿制药，年生产量估算为120吨及470吨。根据2022年的月度销售清单发现，公司自2022年3月起就已经向下游医院及采购商销售以上3类药品共计246吨，且已经收到了各医院反馈的一年试验数据。在翻阅了甲公司负责人提供的三项药品的前三期临床试验报告后，可以认定该三类药物已符合资产的相关定义。而且仿制药自2019年开始已进行了批次生产与销售，两类仿制药的资本化时点应更早。甲公司在药品符合上市条件的情况下仍将所有临床试验支出计入研发费用，存在利用研发费用加计扣除抵消利润的情况，应将国家新药2022年的研发费用计入相关资产，两项仿制药2019年至今的研发费用计入相关资产，根据财税〔2015〕119号文件第三条的规定，可确认甲公司研发支出不合理费用化问题的存在。

2022年甲公司举行多场大型会议，会议费税前列支达973515487元，引起了税务工作人员的怀疑。在实地调查中，两位工作人员具体审查发票等凭证内容与实际业务是否一致，调查结果如表 4 – 11 所示。根据《中华人民共和国企业所得税法》第八条、《中华人民共和国企业所得税法实施条例》第三十条、国家税务总局公告 2018 年第 28 号文件以及《中华人民共和国发票管理办法》第九条的相关规定，认定甲公司存在虚增会议费、虚开发票、偷税漏税等多种违法行为。

表 4 – 11　　会议费实地核查情况

开票时间	开票金额（元）	发票内容	会议时间	会议地点	核查情况
2022. 01. 15	20660600. 26	会展服务会议费	2022. 01. 10—2022. 01. 13	淮 × × × 大酒店	发票开具金额与合同载明金额不符
2022. 02. 05	15689821. 88	会展服务会议费	2022. 02. 01—2022. 02. 04	扬 × × × 大酒店	会议时间内，未查到企业使用或消费记录
2022. 04. 18	37745615. 76	会展服务会议费	2022. 04. 10—2022. 04. 17	扬 × × × 大酒店	发票开具金额与账簿记载金额不符
……					

4. 存在虚增原材料损耗量的情况

在约谈举证过程中，甲公司负责人解释称，原材料损耗的主要原因是仓库的存储条件不好以及天气潮湿等，不是管理不善，且相关损耗已作进项税额转出。

在实地核查过程中，税务工作人员在对甲公司生产线进行考察后，又考察了企业的原材料仓储，发现甲公司仓库储存条件良好，有自动监测设备测量室温、湿度以及空气质量等数据，且每天都有管理人员前来抽样登记。经调取仓库进出明细后发现，公司实际损耗率极低，与公司账面出现的材料损耗成本不一致。甲公司负责人最终坦白，为增加产品单位成本，减少利润，从而少缴企业所得税，甲公司虚报了损耗量，但是非正常损耗的原材料按照税法规定已作进项税额转出。

然而，在税务工作人员对甲公司某主要销售产品数量进行盘查后，发现库存数量与企业账面记载数量有所出入，结合该产品生产成本进行计算，发现基本符合企业某批药品报废时记载的资产减值数额，对郝某进一步询问后，其承认甲公司存在将盘亏成本包装为合理损失，从而规避进项税额转出，少交增值税的情况。因此，税务工作人员根据《中华人民共和国增值税暂行条例》第十条和《中华人民共和国增值税暂行条例实施细则》第二十一条至第二十四条的规定，确定了甲公司存在虚增原材料损耗量以操控利润、未按规定转出进项税额以少缴增值税的情况。

5. 不存在不符合高新技术企业资格认定的情况

在前期的案头分析和举证过程中，税务工作人员了解到企业在 2022 年需要进行高新技术企业资格证书的重新申请，但其存在研发人员占比持续下降、境外研发费用上升、引入境外专利等情况。

在实地核查过程中，税务工作人员首先从人事部门调取了企业研发人员的相关信息，在排除举证过程中发现的不合理归集人员后，研发人员占比仍高于10%，粗略计算调整后的研发费用占比也符合高新技术企业的认定条件。在对甲公司改造后的生产线进行考察后，发现其生产线改造项目仅有1/7用于生产引进的某罕见药品，目前尚未构成其主要销售产品。结合以上信息，税务工作人员确认甲公司不存在不符合高新技术企业认定条件的情况。

6. 不存在利用开具红字发票隐匿收入的情况

在约谈举证的过程中，甲公司将年度内红字发票开具数量上升归因于新型药品生产工艺不成熟以及运输毁损等问题。

在实地核查过程中，税务工作人员向张某索要了2022年度的退货合同书、原药品购销合同和相关的银行流水单，发现并非频繁来自同一家或某几家下游医疗机构。同时，在对甲公司2022年医药生产改造升级情况进行深入了解后发现，退货协议中的标的物大多为某批次的甲×药品，该批次药品曾尝试5毫克小剂量生产，但下游医药企业对此并不满意，后对该批次药品进行了广泛召回。经核查，所有业务符合四流合一的规定，因此可以判定甲公司不存在利用开具红字发票隐匿收入的情况。

7. 境外区域总部将被认定为受控外国公司

抵达甲公司后，两位工作人员首先审查了X集团海外区域总部的实际内部组织架构，具体业务安排和雇佣员工数量。经查证海外区域总部只有三位雇员，两位负责药品的经销，一位负责财务核算，除经销外，没有其他经营行为，不负责生产制造，也没有销售团队，主要职能是从其他实体进口产品，并借助销售支持公司等的服务将产品卖给相应市场，其定位类似“转单”公司，很难证明其主要进行积极的营业活动，也不符合其他豁免条件。根据《中华人民共和国企业所得法》第四十五条以及国税发〔2009〕2号文件第八章的规定可以将其认定为甲公司的受控外国公司，从而留存于海外区域总部的属于甲公司但未向甲公司分配的利润也将视同分配，并应向当地税务机关缴纳相应税款。

8. 外设销售支持公司将被认定为常设机构

在案头分析和约谈举证过程中，对于向境外研发制造中心提供的厂房和产线帮助，已基本符合“中C税收协定”的常设机构定义，即固定性、持续性、营业性，且不属于准备性或辅助性的活动，已有很大可能被认定为固定型常设机构。在实地核查中，主要对外设销售支持公司是否会被认定为代理型常设机构这一事项进行了核实。案头已知信息显示，北美销售支持公司和欧洲销售支持公司为甲公司的全资直接控股子公司，在法律上不独立于甲公司。税务工作人员调取了这两家公司的经营流水和所有业务往来，发现它们仅为甲公司服务，并没有自身的常规业务活动。在审查其与甲公司签订的合同时发现，这两家公司只负责打开北美和欧洲市场，与消费者联系，没有销售定价权，具体价格的确定需得到母公司，即甲公司的核准，并有权经常以母公司——甲公司的名义签订合同，那这两家公司就很可能构成甲公司在当地的常设机构。那甲公司通过北美销售支持公司和欧洲销售支持公司取得的利润需要在A国和B国缴纳税款。甲公司负责人表示公司内部会尽快识别该风险，并联系当地政府补缴税款。

9. 甲公司无法提供关联交易公允证明

甲公司与其各地子公司每年都会有多项往来交易，涉及药品转移出售、专利使用费、商标使用费等，其关联交易价格的公允证明是帮助税务机关判断是否涉嫌利润转移的重要证据，但甲公司以药品行业的特殊性、公司新型药品定价的保密性以及市场可比交易少等为由，未提供其他公允证明。两位税务工作人员王××、赵××表示，税务人员将有权依照《中华人民共和国增值税暂行条例》《中华人民共和国税收征收管理法》《中华人民共和国企业所得税实施条例》以及《特别纳税调查调整及相互协商程序管理办法》等依法调整关联交易价格，并要求甲公司按照调整后的价格进行纳税申报。

（三）实地核查结论

在实地核查的过程中，税务工作人员对约谈举证后可能存在的9项风险点进行了查证，并核对了企业提供的重要生产信息，最终排除了不符合高新技术企业认定条件以及利用开具红字发票隐匿收入这2项风险点，确定了在约谈举证环节无法确定的7项税收风险点。

纳税评估实地核查结论书

编号：×××××××

纳税人名称：甲医药制造股份有限公司

纳税人代码：91420700726118×××

核实地点：××区××街道×号生产地

核查期间：2022年1—12月

1. 调查核实情况

经实地核查，确认该公司存在以下7项税收风险点：

（1）虚开农产品收购凭证，虚增生产成本，少缴企业所得税、增值税、城市维护建设税、教育费附加及地方教育费附加；

（2）相关活动中的赠送与抽奖未履行代扣代缴个人所得税义务，少缴个人所得税；

（3）三项药品的第Ⅳ期临床试验费用未资本化、两项药品的第Ⅲ期临床试验费用未资本化，虚假列支会议费，让他人为自己虚开增值税发票，少缴企业所得税；

（4）虚增原材料损耗量，未按规定作进项税额转出，少缴企业所得税、增值税、城市维护建设税、教育费附加及地方教育费附加；

(5) 境外区域总部因不具有实质经营活动等原因，被认定为甲公司的受控外国公司；

(6) 外设销售支持公司在法律和经济上均不独立于甲公司，容易被当地政府认定为常设机构；

(7) 甲公司关联交易价格不公允，需要进行调整。

排除该公司存在以下2项税收风险点：

(1) 不符合高新技术企业资格认定条件；

(2) 利用开具红字发票隐匿收入。

2. 实地调查处理意见

(1) 共隐瞒营业收入3297.1万元，虚列成本5854.5万元，未进行纳税申报，少缴企业所得税1315.75万元，少缴增值税2124.54万元，少缴城市维护建设税、教育费附加及地方教育费附加344.15万元。

(2) 未履行个人所得税代扣代缴义务共计485.74万元。

(3) 税务机关将依据《中华人民共和国企业所得税法》《中华人民共和国增值税暂行条例》和《中华人民共和国税收征收管理法》对交易价格进行调整。

(4) 要求甲公司就常设机构一事与D国政府联系，以尽快补缴税款，减少税务风险。

(5) 尽快与主管税务机关签署《预约定价安排》，规范转让定价价格的选择。

调查核实人：王×× 赵××

2023年8月13日

七、评估调查结论

(一) 确认与排除税收风险点总结

1. 经约谈举证与实地核查可确认的税收风险

(1) 虚开农产品收购凭证，虚增生产成本，少缴增值税、城市维护建设税、教育费附加及地方教育费附加；

(2) 存在虚假招募被试者的情况，少缴企业所得税、增值税、城市维护建设税、教育费附加及地方教育费附加；

(3) 虚增销售费用，存在商业贿赂行为，少缴企业所得税；

(4) 赠送员工及客户自产保健药品和捐赠行为，未视同销售，少缴企业所得税、增值税、城市维护建设税、教育费附加及地方教育费附加，且未代扣代缴员工的个人所得税；

(5) 捐赠行为税前扣除不规范，少缴企业所得税；

（6）研发人员工资费用归集不合理，少缴企业所得税；

（7）存在印花税预期缴纳、漏缴错缴的情况；

（8）通过转让定价转移利润，导致利润与其价值创造结果不匹配，少缴企业所得税；

（9）对集团内关联收入记账混乱、税务处理错误，未代扣代缴境外企业预提税；

（10）相关活动中的赠送与抽奖未履行代扣代缴个人所得税义务，少缴个人所得税；

（11）三项药品的第Ⅳ期临床试验费用未资本化、两项药品的第Ⅲ期临床试验费用未资本化，少缴企业所得税；

（12）虚增原材料损耗量，未按规定作进项税额转出，少缴企业所得税、增值税、城市维护建设税、教育费附加及地方教育费附加；

（13）境外区域总部因不具有实质经营活动等原因，被认定为甲公司的受控外国公司；

（14）外设销售支持公司在法律和经济上均不独立于甲公司，容易被当地政府认定为常设机构；

（15）甲公司关联交易价格不公允。

2. 经约谈举证与实地核查可排除的税收风险

（1）不符合高新技术企业资格认定条件；

（2）利用开具红字发票隐匿收入；

（3）少申报缴纳房产税；

（4）契税、耕地占用税、城镇土地使用税、车船税错误申报；

（5）计提坏账准备，以避免缴纳企业所得税；

（6）返利入账不完整，导致资金体外循环。

（二）处理结果

纳税评估认定结论书

编号：×××××××××

纳税人名称：甲医药制造股份有限公司

纳税人代码：91420700726118×××

评估期间：2022 年 1—12 月

经自动筛选，指标分析，约谈举证，实地核查，甲医药制造股份有限公司存在虚开农产品收购凭证等 15 项税收疑点。处理意见如下。

（1）对企业隐瞒收入、虚列成本、未依法进行视同销售以及进项税额转出等违法违规事项，依据《中华人民共和国企业所得税法》《增值税暂行条例》《中华人民共和国税收征收管理法》等，追缴企业所得税（含预提税）6077.5 万元，增值税 4422.57 万元，城市维护建设税、教育费附加及地方教育费附加共计 632.16 万元。

(2) 对企业未足额缴纳印花税，追缴印花税 172.8 万元。

(3) 对未履行个人所得税代扣代缴义务，处以罚款 398.97 万元。

(4) 对企业上述违法行为，追缴偷逃税款共计 10805.03 万元，加收滞纳金 810.67 万元，并处罚款 798.76 万元。

(5) 要求甲公司就常设机构一事与 D 国政府联系，以尽快补缴税款，减少税务风险。

(6) 增强财会人员的专业能力，规范会计账簿尤其是对关联交易价格选择和入账的处理。

主管局领导意见：同意

(签章) 陈 × ×

2023 年 8 月 15 日

八、案例总结

(一) 案例概要

本案例选取了代表医药制造业的甲医药制造股份有限公司作为研究对象。通过对公司财务报表、纳税申报表、组织架构、主体文档、国别报告以及同期资料等文件的分析，结合财务分析指标、税负指标、生产运营指标等纳税评估相关指标，对甲公司可能存在的税收问题进行了详细评估。在税务工作人员的询问和核对账簿数据的过程中，甲公司承认了虚增农产品采购成本、利用转让定价进行利润转移等 8 个税务风险点，并排除了少申报缴纳房产税等 4 个税务风险点。针对可能存在的 9 个税收风险点，税务机关工作人员进行了实地核查，最终确定了甲公司存在的 7 个税务风险点。根据评估结果，甲公司补缴了企业所得税、增值税、城市维护建设税、教育费附加、地方教育费附加、印花税，并支付了滞纳金和罚款。

通过这次纳税评估，甲公司认识到在经营业务真实性、税收政策理解度、组织架构合理性、纳税申报合规性等方面存在很大问题，需要加强对税务风险的管理。甲公司表示将积极整改涉税违规行为，提高财务人员的税务能力，调整组织架构，规范关联交易。

(二) 防范措施

就医药制造行业而言，该行业的税收优惠政策和税收规范文件较多，税务风险也较高。因此，本案例选择了化学制药行业进行分析，主要有两个目的：一方面是帮助医药制造行业发现税务风险管理的共性和特殊性问题，以更好地帮助企业识别自身的涉税风险点，规避税务风险，提升税务风险管理水平；另一方面是为税务机关在审查该行业时提供一些思路，以提高税务稽查效率。在医药制造行业的自审和税务机关的审查过程中，应重点关注以下涉税风险：在采购方面，包括农产品收购发票抵扣问题以及滥用“公司+农户”经营模式的税收优惠问题；在生产环节，包括研发费用加计扣除和资本化费用、费用化费用划分不清晰的问题，非正常损失进项税额转出处理不正确的问题，以及虚报损耗率和产品报废率的问题；在销售方面，包括“两票制”对企业所得税的影响，销售费用的虚增，以物易物、无偿赠送等视同销售处理的准确性，以及销售收入及时入账等问题。此外，对于企业代扣代缴的个人所得税，应及时进行核查，以防止少代扣代缴个人所得税的问题。

为帮助企业预防税务风险并制定科学合理的应对策略，我们提出以下三点建议：首先，企业应成立独立的税务风险管理组织，将其与财务部门分开，同时建立相应的税务风险管理制度，加强税务风险人才建设，以提高税务管理工作的专业化水平。可以将岗位具体划分为税务主管岗、税务会计岗、税务培训和筹划岗以及税务风控岗。其次，企业应完善内控体系，以防范征管合规风险。良好的内控体系是税务风险管理的基础，税务合规风险往往源于内控薄弱。对于销售费用大包干模式，在规范员工报销程序的同时，要核查报销的真实性；对于农产品收购开具发票抵扣进项税，要准确掌握收购金额和开具对象；同时，对于发生的资产损失，应依照规定进行资产损失专项申报，合法合规地进行税前扣除。最后，应培养复合型税务专业人才，进一步提高税务风险管理人员的专业能力和业务素质。通过持续加强员工的财税知识培训，定期开展培训活动，鼓励税务风险管理人员学习和掌握税收、财务、会计、计算机、企业生产工艺流程以及约谈沟通等相关知识和技巧，不断更新知识结构，增强业务知识储备，与企业发展同步，确保税务风险管理工作的顺利进行。

（三）优缺点总结

1. 案例特点与优点

本案例选择了医药制造行业作为研究对象，该行业的税收优惠政策复杂且门槛较高。尤其是2017年的“两票制”改革对该行业产生了重大影响，因此通过研究该行业可以了解改革后的逃税手段。我们分析的案例企业涉及了9个税种的事项，特别是对增值税、企业所得税、城建税、教育费附加及地方教育费附加、房产税、个人所得税和印花税进行了详细分析，提供了翔实的内容。此外，除了分析企业在国内面临的税收风险外，由于甲公司实施了“走出去”战略，我们还对该公司可能面临的国际税收风险，如转让定价、常设机构和受控外国公司等进行了深入分析，这说明我们的视角广泛、考虑面广，分析内容深入。在财务风险识别指标分析方面，我们建立了一个由30个风险识别指标组成的风险识别系统，并给出了每个指标的计算公式，对企业的税收风险进行了全面评估。在约谈和实地核查过程中，我们重视真实的税收案例评估流程，不仅详细陈述了客观事实，还加入了税务机关模拟文件，以增强案例的可读性和可信性，方便读者理解纳税评估的整体流程。整个纳税评估流程环环相扣，案例通过三个流程逐步确认风险点，并详细说明评估结果。最后，我们对整个案例进行了总结，案例结构较为完整。

2. 案例缺点与不足

由于本案例的重点在于理解税务机关纳税评估的整体流程，并全面了解医药制造行业的税收风险点，所以在细节方面，如税款具体计算等可能需要进一步完善。此外，医药制造行业具有高度技术性和保密性的特点，使得我们无法获取翔实可比的指标进行同行对比分析，甲公司的某些指标只能通过与行业平均指标进行比对分析，因此甲公司指标预警准确度有所欠缺。

（案例作者：中南财经政法大学秦松、王一帆、郭祺；指导老师：王宝顺、薛钢、魏福成）

第二节　高校专家点评

一、对案例的总体评价

本案例涉及药品制造企业的税收风险管控问题，税收风险识别、分析与管控是一个较为重要的问题。基于医疗领域反腐败整治和大数据税收风险分析的社会经济背景，本案例以医药行业中的化学药品制剂制造业（俗称西药制造业）为研究对象，选择甲公司作为具体分析对象，从税务调查人员的视角出发，运用纳税评估指标分析甲公司财务报表和纳税申报表蕴含的涉税问题，总结医药行业税务风险的发现、识别、评估和管理方面的实操经验，并提供了进一步研究医药企业税收筹划的具体方案。

本案例做到了理论联系实际，资料与数据均来源于真实的企业，涉及采购、研发、生产、销售四大生产经营环节，对企业的运营管理和生产流程进行详细阐述与剖析，具有一定的实践价值与现实指导意义。本案例涉及的资料完整、数据清晰无误，聚焦性强，能够满足后续案头分析等的需要。整体来看，本案例资料数据内容完整，分析细腻，呈现中规中矩的风格，但案例的论证力、创新性略显不足。

二、案例的优点

1. 资料完整翔实、数据来源可靠，分析结论可信度高

本案例涵盖甲公司三年的财务报表和两年的纳税申报表，运用纳税评估指标评价方法进行重点指标的计算与比较，从两个纳税年度视角审视了其财税风险与指标变动情况，能

够揭示甲公司报告年度存在的财税风险问题。

2. 贯彻“业财税融合”思想，从业务端入手，全面揭示医药企业的纳税风险

本案例按照西药制造业的生产经营流程顺序，层层递进，深入剖析该类企业的涉税风险管控问题，即从采购环节的涉税风险分析，到生产环节的涉税风险分析，再到销售环节的涉税风险分析，兼顾了业务的真实性、支出的合规性、票据的风险性等层面，全面揭示了税收风险的形成原因与防控措施。

3. 约谈举证部分彰显案例特色，从细微处识别、挖掘税收风险的程度与成因

本案例的特色之一在于约谈举证部分的新颖性，这部分内容彰显出税务机关对税收风险的检查过程及关注重点，从更深层面揭示税务机关对税收风险的认知以及风险管控要求与防范措施。对于纳税人来说，可以从中汲取风险管理的经验与教训，有效提升自身的纳税遵从度；对征税机关来说，可以提供税收风险监管的经验借鉴。约谈举证部分，还体现出“税收风险”和“税收风险管控”两个关键环节，展现出一些具体的风险管控细节，深入浅出，重点突出，引人入胜。

三、案例存在的问题和不足

本案例存在的问题和不足，主要体现为以下三个方面：一是案例虽然生动活泼、细节完整，但总体来看，专业深度尚显不足，尤其是关于纳税评估指标的分析，使用的是常见的税务风险管控方法与模式，专业深度略显不足。二是因医药制造行业具有高度技术性和保密性的特点，无法获取翔实可比的指标进行同行对比分析，因此甲公司的某些指标只能通过与行业平均指标进行比对分析，这使得甲公司的指标预警的准确度存疑，亟待进一步证实。三是案例分析方法较为简洁，缺乏方法创新与大数据分析技术的引入，分析结论也是沿袭旧制，缺乏新颖性和视觉冲击力。总之，本案例缺乏可圈可点的亮点与新颖之处。

四、完善该案例的建议

由于本案例的重点在于理解税务机关纳税评估的整体流程，并全面了解医药制造行业的税收风险，因此在细节方面，如具体税款计算等可能需要进一步完善。

本案例也存在一些形式上的不足，有些文字需要进一步规范，案例创新性也需要进一步加强。比如，案例如何引入新的风险分析方法，如何采用大数据挖掘与分析方法提升案例分析深度，应成为重点考虑的问题之一。因此，点评人认为，未来在税收风险的识别、分析与控制领域，大数据分析方法将成为重要分析工具与实用方法，借助数据挖掘、人工智能等数字技术，能够不断提升税收风险的控制与管理水平。

（点评人：中央财经大学蔡昌）

第三节　行业专家点评（1）

一、对案例的总体评价

本案例选取了医药制造业作为研究对象。通过对财务报表、纳税申报表、组织架构、主体文档、国别报告以及同期资料等文件的分析，结合财务分析指标、税负指标、生产运营指标等纳税评估相关指标，对可能存在的税收问题进行了详细评估；通过实地核查，最终确定了税务风险点，数据完整，分析全面。

二、案例的优点

1. 数据展示完整清晰，有助于数据分析

本案例提供了资产负债表、利润表、增值税、印花税、房产税及企业所得税等纳税申报表，数据展示完整清晰，三年同期数据被放在同一表格中进行了列式，而不是选择分年完整列式，具有数据分析思维。

2. 分析指标计算丰富，符合行业特点

分析指标中包括财务指标、税负指标和管理指标三大类指标，其中财务指标包括了收入类、成本类、费用类、利润类和资产负债表类，税负指标包括了增值税税负、企业所得税税负、印花税税负、房产税税负等，管理类指标包括了认定类和申报类指标，指标丰富，且符合案例特点。

3. 跨国公司转让定价涉税风险疑点有新意

在约谈举证中，涉税风险疑点 12 “存在利润与其价值创造结果不匹配的情况”，风险疑点 13 “可能存在受控外国公司认定风险的情况”，风险疑点 14 “可能存在因常设机构认定被征税的情况”，基于案例企业为跨国企业，从转让定价角度考虑了关联定价的公允性，境外的涉税风险，虽然资料稍显简单，但作为涉税风险点进行设计具有一定的创新性，在案例大赛中比较少见。

三、案例存在的问题和不足

1. 纳税申报表数据与利润表数据不相符，同时导致税负指标计算不准确

2021—2022 年利润表中利润总额分别为 2172974445. 94 元、3426052865. 15 元，但是 2021—2022 年企业所得税申报表中利润总额分别为 3172974445. 94 元、3326052865. 15 元，两者不一致，比对数据后，发现系营业成本、管理费用、销售费用等数据均存在差异。资

料中，企业所得税负担率2021—2022年度分别为11.18%、10.67%，其指标根据企业所得税申报资料计算得出，但如果按利润表数据计算就不一致。案例资料中，2022年度所得税贡献率为1.59%，根据所得税贡献率=应纳企业所得税/企业收入总额，2022年所得税贡献率=354750546.77/(22337719417.55+143244941.69+188089700.51+5444037.27+835556910.51)=1.51%，初步分析，应该是收入总额统计口径不准确所致，企业收入总额应是企业所得税中的总收入，应包括营业收入、投资收益、营业外收入、其他收益、利息收入等。

2. 对高新及研发费用分析可优化

案例在管理指标中指出，公司研发投入中可能存在向境外研发子公司支付了大量费用，从涉税风险角度，是很具有新意的风险点，但在约谈举证“5. 存在研发费用归集不合理的情况”中，仅指出研发人员和新药研发投入的问题，没有对支付境外费用对研发投入的影响进行分析，略有遗憾。

四、完善该案例的建议

指标计算需更细化、更准确，财务报表与纳税申报表数据需保持一致，涉税风险点有新意，有进一步深挖的空间。

（点评人：中汇（浙江）税务师事务所有限公司章淑菠）

第四节　行业专家点评（2）

一、对案例的总体评价

本案例体例完整，案件分析内容与行业关联度比较强。企业的关联架构复杂，增加了相应评估内容的精彩程度，是行业评估中的一个典型案例。但也存在结果先行、评估过程不真实的缺点。

案例首先分析了行业经济背景及税收现状，然后比较详尽地介绍了案例企业的财务税务数据，并在此基础上开展了纳税评估工作。

评估环节的工作着重描述了实地核查，这一点与常规评估的工作量略有差异，但也无伤大雅。

二、案例的优点

通过阅读本案例，体会到了以下比较突出的优点。

（1）突出了行业特点。在行业特征分析中就开始结合分析行业税收风险特点。

（2）开展实际工作前对企业不同经营阶段——采购、生产、销售各阶段的税收风险进行了较为详细的分析研究。

（3）最终认定的税收风险点多，内容比较丰富，既有行业独特的风险点，也有一般企业共有的风险点。

（4）关联交易中涉及的转让定价是本案例的一个亮点。

三、案例存在的问题和不足

（1）案头分析的内容存在结果先行的现象。根据本案例实际拥有的案头资料，除非税务局已经进行了下户检查，否则不可能拥有以下如此详细的案头资料："2022 年度处理一批滞销的过期药品，该批次药品共计 300 余吨，生产成本为 759 万元""发生一批仓储药材原料霉变失效事件，共计 1700 余吨，购进成本为 155 万元。"18 项案头资料实际属于下户取得资料的占到 12 项，直接导致评估流程的真实性存疑。

（2）案头分析中，仅通过"我们进行了相关分析和计算"，难以得出诸如以下结论："甲公司在 2022 年引入了一种罕见病药品的专利，并将部分生产线用于该药品的生产。然而，该公司在调整和备案完毕后，月度进项税额的转出金额为 1975121. 12 万元，而该生产线的资产负债表列示金额为 28561200 万元。根据《中华人民共和国增值税暂行条例》第十条的规定，根据不动产净值率计算，该月最低应转出 3712956 万元（28561200 × 13%）。可以看出，甲公司未按照该生产线的不动产净值率计算进项税额转出，同时企业的会计也没有作出相应的调整，这表明存在异常情况。"

（3）部分疑点描述不符合税法规定。例如，"甲公司的该批药品全部滞销。在超过保质期后，公司将该批药品报废，并将其作为资产损失进行处理，会计将其归为合理损耗，并未进行进项税额转出。"上述描述并不需要进行进项转出。

（4）案头分析环节出现了与企业财务人员进行核对的情况。

（5）《纳税评估约谈举证结论书》直接出具了结论"（1）共隐瞒营业收入 12538. 5 万元，虚列成本 14156. 6 万元，未进行纳税申报，少缴企业所得税（含预提税）4761. 75 万元，少缴增值税 2298. 03 万元，少缴城市维护建设税、教育费附加及地方教育费附加 288. 01 万元，少缴印花税 172. 8 万元。（2）未履行个人所得税代扣代缴义务共计 312. 2 万元"，但后续又进行实地核实，与评估流程不符。

四、完善该案例的建议

大学生参加案例大赛，最难的就是案件来源，该案源应该来源于某税务机关的实际案例，从案例行文后半部分也可以看出，这是一个税务干部查处的实际案例。但参赛学生在编写案例时未能真实还原整个评估的过程，而是以结果为导向，杜撰了案头分析评估的过程。将大量未能通过案头分析获得的信息运用在评估的起始环节，导致评估过程的真实性存疑，值得后来者注意并纠正。

纳税评估不同于税务稽查，往往是基于案头分析中的疑点进行展开。大而全的风险点，尽管可以丰富案例的内容，但与实际工作偏离度较大。尤其是大量风险疑点在案头分析中无法得出，这无疑会冲击案例的可信度。

（点评人：税安科技（杭州）有限公司财税专家徐心梧）

第五章　医药公司税收风险管控案例与点评

第一节　甲医药股份有限公司税收风险管控案例

一、学习指引

依法纳税是各行业纳税人的基本义务，“十四五”规划中强调需不断深化我国医药卫生体制改革，不断加强税务管控。《2023 年纠正医药购销领域和医疗服务中不正之风工作要点》等文件为医药行业提出了新的要求，本案例在“业财法税一体化”理论指导下，以企业的财务报表和纳税申报表数据为基础进行案头分析，查找可能存在的纳税风险点，结合分析结果进行约谈与调查，给出评估结论与改进意见。以期在“金税四期”背景下提高税收征管的效率和质量，实现纳税评估手段向专业化和“以数治税”的转变。

二、行业背景

医药行业作为我国国民经济的重要组成部分，是技术水平含量较高的行业之一，广义上包含医疗服务、医药制造和药械流通等部分。近年来，“带量采购”“两票制”和“上市许可人制度”等“新医改”措施为相关医药企业带来了新的发展机遇，但在纳税合规方面也给其带来了较大的风险和挑战。

作为我国一直以来的重点扶持产业，医药产业是一个横跨农业、工业和服务业的综合性产业，具有开发周期长、产业链条多、经营复杂等特点。其中的医药制造被《国民经济行业分类国家标准（GB/T 4754－2017）》归入大类行业 C 类，细分为化学药品原料药制造、中药饮片加工、生物药品制品制造等八个子行业。其中化学药品、中成药以及生物药品的生产更是被人们所关注。一方面，这三类药品的市场价值最高，可以用于预防和治疗人类疾病，不仅直接影响到人们的健康，而且由民众和医保共同承担相关费用。另一方面，近年来发生的大量假冒伪劣药品和假疫苗案件，也引起了医药行业的关注和质疑。在多重背景下，为提高医药制造业税务风险管理能力，企业应结合税务风险管理框架，预防和有效规避税务风险。

三、企业资料

（一）企业基本信息

1. 纳税人名称：甲医药股份有限公司
2. 纳税人识别号：01234567899876543X
3. 公司成立时间：2009年9月27日
4. 注册资本：80000万元人民币
5. 经济性质：股份有限公司（非上市、自然人投资或控股）
6. 增值税类型：增值税一般纳税人
7. 所属行业：医药制造业
8. 经营范围：中药材（国限品种除外）、中药饮片、中成药、化学药制剂、抗生素制剂、生物制品（除疫苗）、蛋白同化制剂、肽类激素批发；预包装食品、乳制品（含婴幼儿配方奶粉）的批发零售；保健食品的经营；医药信息咨询服务；自有房屋租赁；会议展览服务、仓储服务（以上两项限分支机构经营）
9. 公司主要涉及税种：企业所得税、增值税、消费税、土地使用税、房产税、城市维护建设税、印花税等

作为一家集研发、生产和销售为一体的制药企业，甲公司在总经理下设立财务部、后勤部等职能部门为公司业务服务，维持公司正常运行和管理；董事会下设立内审部，对公司进行内部监督。在药品生产方面，甲企业设立了质量管理部、工程设备部、生产管理部和物料管理部，负责药品生产、设备管理和质量控制，保证药品产量与质量。此外，甲企业还成立了独立的研发中心，专注于产品工艺改进与产品创新，为保持公司竞争力提供支撑；单独成立营销中心负责公司营销计划的制订与执行，建立客户档案、及时反馈客户的问题，使公司能够及时作出相应的生产计划并对产品质量进行调整。

（二）企业经营情况

1. 主要经营产品

中药材（国限品种除外）、中药饮片、中成药、化学药制剂、抗生素制剂、生物制品（除疫苗）、蛋白同化制剂、肽类激素批发；预包装食品、乳制品（含婴幼儿配方奶粉）的批发零售；保健食品的经营；医药信息咨询服务。

2. 经营模式

作为国内领先的医药制造和销售企业，甲公司集药品研发、生产、销售、服务、物流配送、零售连锁经营于一体，走规模化、规范化、标准化的发展道路。

集团公司下属8个全资子公司，对外投资76家公司，具有12处分支机构。经营模式以直销为主，甲企业拥有自己的销售团队，可以通过自建的营销网络直接将药品销售至医疗机构和药品零售终端，不需要借助医药经销商和代理商的销售渠道。经营范围包含中药材（国限品种除外）、中药饮片、中成药、化学药制剂、抗生素制剂、生物制品（除疫苗）、蛋白同化制剂、肽类激素批发；预包装食品、乳制品（含婴幼儿配方奶粉）的批发零售；保健食品的经营；医药信息咨询服务；自有房屋租赁；会议展览服务、仓储服务（以上两项限分支机构经营）。

3. 近三年经营情况分析

（1）2020—2022年度财务情况，如表5－1所示。

表5－1　甲公司资产负债表相关数据　单位：元

科目	2020年12月31日	2021年12月31日	2022年12月31日
货币资金	12757034.04	8285685.33	4773555.93
流动资产	623377431.00	837596338.44	1080039854.97
固定资产	172374112.62	158288971.08	143404413.39
非流动资产	395759922.99	367856265.51	395872609.89
资产总额	1019137353.99	1205452603.95	1475912464.86
负债总额	1035209573.31	965709579.15	1170339031.83
所有者权益	－16072219.32	239743024.80	305573433.03

（2）2020—2022年度经营收入情况。甲公司2020年营业收入1849471905.99元，营业外收入34867.56元；2021年营业收入2065882178.16元，营业外收入145517.70元；2022年营业收入1895943116.25元，营业外收入124446.90元，具体各业务收入明细如表5－2所示。

表5－2　甲公司收入明细　单位：元

项目		2020年度	2021年度	2022年度
营业收入	外部业务收入	1832570395.47	2044088920.74	1859308050.24
	服务费\陈列服务	552650.91	726509.49	842490.60
	租赁收入	12431885.73	15115321.56	21504555.84
	理疗收入	3916973.88	3437993.91	2589235.65
	其他	—	2513432.46	11698783.92
	小计	1849471905.99	2065882178.16	1895943116.25

续表

项目		2020年度	2021年度	2022年度
营业外收入	处置非流动资产利得	1800.00	—	—
	考核收入	2746.50	225.00	—
	违约赔偿	—	54000.00	—
	其他	30321.06	91292.70	124446.90
	小计	34867.56	145517.70	124446.90

（3）2020—2022年度经营成本情况。甲公司2020年营业成本1928561295.99元，2021年营业成本2068225829.07元，2022年营业成本1892917288.23元。

（4）2020—2022年度利润情况。甲公司2020年利润总额－83325803.40元，2021年利润总额329238999.30元，2022年利润总额453967.59元。

4. 案头资料

（1）案例公司适用的主要税种，如表5－3所示。

表5－3　甲企业适用的主要税种

税种	计税依据	税率
企业所得税	应纳税所得额	设在西部地区的鼓励类产业企业减按15%的税率征收企业所得税
增值税	货物及应税劳务在流通环节的增值额	13%，9%，6%
城镇土地使用税	实际使用面积	非工业用地：10、8、6、4、2元/平方米 工业用地：4、2、1元/平方米
房产税	从价：房产余值 从租：租金收入	1.2% 12%
城市维护建设税	实际缴纳的流转税额	1%，5%，7%
印花税	购销合同的购销金额、借款合同的借款金额、财产保险合同的保险费等	0.03%，0.005%，0.1%等

（2）案例公司享受的主要税收优惠政策，如表5－4所示。

表5－4　甲企业享受的主要税收优惠政策

税种	优惠事项名称	减免政策依据
增值税	免税农产品（中药材）	《财政部 税务总局关于简并增值税税率有关政策的通知》（财税〔2017〕37号）
		《财政部 税务总局关于调整增值税税率的通知》（财税〔2018〕32号）
		《财政部 税务总局 海关总署关于深化增值税改革有关政策的公告》（2019年第39号）

续表

税种	优惠事项名称	减免政策依据
企业所得税	西部大开发税收优惠	《关于延续西部大开发企业所得税政策的公告》（2020 年第 23 号）
	研发费用加计扣除	《财政部 税务总局 科技部关于提高研究开发费用税前加计扣除比例的通知》（财税〔2018〕99 号）
		《财政部 税务总局关于进一步完善研发费用税前加计扣除政策的公告》（2021 年第 13 号）
	残疾人工资加计扣除	《关于安置残疾人员就业有关企业所得税优惠政策问题的通知》（财税〔2009〕70 号）
	广告费和业务宣传费扣除	《关于广告费和业务宣传费支出税前扣除有关事项的公告》（财税〔2020〕43 号）
	捐赠扣除	《财政部 税务总局关于支持新型冠状病毒感染的肺炎疫情防控有关税收政策的公告》（2020 年第 8 号）
		《国家税务总局关于支持新型冠状病毒感染的肺炎疫情防控有关税收征收管理事项的公告》（2020 年第 4 号）

（3）评估指标行业参考值。分析甲公司生产经营规模、成本、费用、物耗、产销量情况等各类与税收相关的数据信息，依据上级税务机关发布的宏观税收分析数据，行业税负的监控数据，以及甲公司所处地区的主要经济指标和医药行业的相关指标数据，确定各类评估指标的预警值，如表 5－5 所示。

表 5－5　　医药行业纳税风险相关指标预警值

序号	税种及测算指标	预警值
1	增值税税负率	8.50%
2	增值税进项税额变动率与销项税额变动率指标值	10%
3	销售利润率	16.19%
4	所得税贡献率	2.5%
5	期间费用率	20.00%
6	主营业务收入变动率与主营业务利润变动率配比	1
7	主营业务收入变动率与主营业务成本变动率配比	1
8	主营业务收入变动率与主营业务费用变动率配比	1
9	主营业务成本变动率与主营业务利润变动率配比	1
10	存货周转率与销售收入变动率弹性系数	1
11	其他应收款变动率	5.00%
12	印花税税负率	0.03%
13	财务费用变动率	30.00%
14	预收账款变动率与销售收入变动率配比指标	小于 50% 且两者都为负数，或大于 200% 且两者都为正数

（4）纳税风险高低的认定标准，如表5-6所示。

表5-6 甲公司纳税风险高低的认定标准

序号	税种及测算指标	测算值		预警值
		2021年	2022年	
1	增值税税负率	2.69%	1.42%	8.50%
2	增值税进项税额变动率与销项税额变动率指标值	1.54%	-25.43%	10%
3	销售利润率	15.08%	0.02%	16.19%
4	所得税贡献率	3.42%	1.01%	2.5%
5	期间费用率	33.04%	41.41%	20.00%
6	主营业务收入变动率与主营业务利润变动率配比	-0.0222	0.2708	1
7	主营业务收入变动率与主营业务成本变动率配比	1.3082	-4.7491	1
8	主营业务收入变动率与主营业务费用变动率配比	-0.1109	0.3028	1
9	主营业务成本变动率与主营业务利润变动率配比	-0.0170	-0.0570	1
10	存货周转率与销售收入变动率弹性系数	0.6133	-0.6254	1
11	其他应收款变动率	-0.14%	9.90%	5.00%
12	印花税税负率	0.05%	0.05%	0.03%
13	财务费用变动率	-25.06%	32.35%	30.00%
14	预收账款变动率与销售收入变动率配比指标	-217%	-117%	小于50%且两者都为负数，或大于200%且两者都为正数

纳税风险高低的认定标准：

①预警区间无指标项目满足：无风险。

②1—2个指标项目满足：低风险。

③3—5个指标异常：中风险。

④6个及以上指标项目满足：高风险。

该企业共计14个指标项目异常，因此将该企业风险认定为：高。

四、案头分析

（一）增值税税负率指标分析

增值税税负率用于衡量企业在一定时期内增值税税收负担的大小。将企业的增值税税负率与行业的预警值进行比较，如果税负率低于预警值，则可能存在偷税漏税的情况。增值税税负变动率是指税负增加或者减少的比率，与上期或者同期比、与同业比等指标，通过这些可以分析企业是否多缴税或者少缴税。计算公示如下：

$$增值税税负率=\frac{当期应纳增值税税额}{当期增值税销售收入}\times 100\%$$

增值税税负变动率 =（本期税负率 − 基期税负率）/基期税负率 ×100%

如表 5 − 7 所示，该公司 2020 年度、2021 年度、2022 年度增值税税负率分别为 3.98%、2.69%、1.42%，均低于行业增值税税负率预警值，即甲公司可能存在账外经营、虚抵进项税、推迟确认销售收入等问题。

表 5 − 7　　甲公司增值税税负计算表　　单位：元

指标＼年度	2020 年	2021 年	2022 年
增值税税额	75629569.92	58794135.49	27615428.94
增值税销售收入	1902468302.88	2183956159.86	1939939622.61
增值税税负率	3.98%	2.69%	1.42%
行业预警值	8.50%		
增值税税负变动率	—	−32.41%	−47.21%
税负率变动正常区间	−30%—30%		

该企业 2021 年和 2022 年增值税税负变动率分别为 −32.41% 和 −47.21%，均超出正常变动区间。企业税负变化较大，存在增值税税负变动率异常问题，故企业可能存在账外经营、已实现纳税义务未结转收入、多计进项税额或虚开增值税发票等问题。

结论：经测算，该公司增值税税负率与增值税税负变动率均存在异常，故该公司可能存在账外经营、虚抵进项税、已实现纳税义务未结转收入等问题。

（二）增值税进项税额变动率与销项税额变动率指标分析

进项税额变动率是本期进项税额与基期进项税额的差与基期进项税额的比值。

$$进项税额变动率=\frac{本期进项税额-基期进项税额}{基期进项税额}\times 100\%$$

$$销项税额变动率=\frac{本期销项税额-基期销项税额}{基期销项税额}\times 100\%$$

$$进项税额变动率与销项税额变动率配比指标值=\frac{进项税额变动率-销项税额变动率}{销项税额变动率}\times 100\%$$

计算进项税额变动率与销项税额变动率配比指标，如表 5 − 8 所示。一般情况下，进项税额变动率与销项税额变动率的变动方向与幅度应当基本一致。如若进项税额变动率高于销项税额变动率，企业可能存在少计收入或虚抵进项税额。

表 5－8　　进项税额变动率与销项税额变动率配比指标计算表　　单位：元

指标＼年度	2020 年	2021 年	2022 年
本期进项税额	231009195.63	45555254.31	36944292.54
本期销项税额	297521082.96	62287294.95	46445449.65
进项税额变动率	—	－80.28%	－18.9%
销项税额变动率	—	－79.06%	－25.43%
指标值	—	1.54%	－25.68%
预警值	－10%—10%		

该企业2022年进项税额变动率与销项税额变动率配比指标值为－25.68%超过了正常区间，可能存在虚抵进项税额问题，应重点核查企业购销业务是否真实，结合进项税额控制额的指标进行分析，控制额超过预警值，而销售与基期比较没有较大幅度的提高，实地查看其库存；如果库存已没有，说明企业有销售未入账情况；如果有库存，核实有无用于不得抵扣项目的购进货物、非正常损失类产品等未及时作进项税额转出，免税项目、简易计税项目、集体福利等进行进项抵扣等问题。

（三）销售利润率指标分析

销售利润率是企业利润与销售额之间的比率。它是以销售收入为基础分析企业获利能力，反映销售收入收益水平。增值税以增值额为课税对象，与企业的销售利润率有重要的关系。销售利润率越高，说明企业的销售盈利能力越强。销售利润率的计算公式如下：

$$销售利润率 = \frac{利润总额}{销售收入} \times 100\%$$

如表5－9所示，该公司2020—2022年的销售利润率均低于16.19%的预警值，且连续三年变化幅度过大，同时2020年的销售利润率为－4.38%，差距较大，明显低于行业平均水平，需要查明企业有无少列收入、多列支出，有无关联交易、虚增成本费用等问题。

表 5－9　　甲公司的销售利润率计算表　　单位：元

指标＼年度	2020 年	2021 年	2022 年
利润总额	－83325803.40	329238999.30	453967.59
增值税销售收入	1902468302.88	2183956159.86	1939939622.61
销售利润率	－4.38%	15.08%	0.02%
行业预警值	16.19%		

结论：经测算，该公司可能存在关联交易、虚增成本费用、少计收入等问题。

（四）所得税贡献率指标分析

所得税贡献率反映的是企业所得税缴纳税额与收入的比例关系，是指应纳所得税额与主营业务收入的比率。贡献率低，说明企业盈利少，在排除行业特性、经营周期、外部环境等因素影响外，是违背企业逐利本性的。所得税贡献率计算公式如下：

$$所得税贡献率=\frac{应纳所得税额}{主营业务收入}\times 100\%$$

如表5－10所示，该公司所得税贡献率2020—2021年随主营业务收入的递增而递增，2021—2022年随主营业务收入的递减而递减。该公司2020年和2022年所得税贡献率均低于行业预警值，分别为0.34%和1.01%。则可能存在不计或少计收入、扩大税前扣除范围、多列成本费用等问题。

表5－10　　甲公司的所得税贡献率计算表　　单位：元

指标＼年度	2020年	2021年	2022年
企业所得税税额	6192620.94	69819743.37	15218411.94
主营业务收入	1832570398.47	2044088920.74	1499308053.24
所得税贡献率	0.34%	3.42%	1.01%
行业预警值	2.5%		

结论：该公司可能存在不计或少计收入、扩大税前扣除范围、多列成本费用等问题。

（五）期间费用率指标分析

期间费用率即期间费用与营业收入的比率，反映企业期间费用与营业收入之间关系。当期间费用率大于销售毛利率时，则说明企业盈利困难。在其他条件一定情况下，期间费用率越高，说明期间费用占比越大。如果该指标超过行业警戒值，则不符合企业追逐利润的本性。期间费用率的计算公式如下：

$$期间费用率=\frac{本期销售费用+本期管理费用+本期财务费用}{本期营业收入}\times 100\%$$

如表5－11所示，甲公司这三年的期间费用率均远超行业预警值。

表5－11　　甲公司的期间费用率计算表　　单位：元

指标＼年度	2020年	2021年	2022年
营业收入	1832570398.47	2044088920.74	1499308053.24
销售费用	633907521.00	615184085.28	565213694.01
管理费用	27561042.36	42064898.34	28901388.21

续表

年度 指标	2020年	2021年	2022年
财务费用	22606655.10	18077231.70	26719960.89
期间费用合计	684075218.46	675326215.32	620835043.11
期间费用率	37.33%	33.04%	41.41%
行业预警值	20.00%		

结论：该公司这三年可能存在多列期间费用问题。

（六）主营业务收入变动率与主营业务利润变动率配比分析

在正常情况下，主营业务收入变动率和主营业务利润变动率应当呈同向变动，两个变动率的配比率应当约等于1为合理，当企业出现以下情况时说明企业存在多列支成本费用问题：①配比率大于1且数值相差较大，同时二者都为正数；②配比率小于1且数值相差较大，同时二者都为负数；③配比率为负数，同时前者为正数后者为负数。

主营业务收入变动率与主营业务利润变动率的计算公式如下：

$$主营业务收入变动率=\frac{本期主营业务收入-基期主营业务收入}{基期主营业务收入}\times 100\%$$

$$主营业务利润变动率=\frac{本期主营业务利润-基期主营业务利润}{基期主营业务利润}\times 100\%$$

$$主营业务收入变动率与主营业务利润变动率配比率=\frac{主营业务收入变动率}{主营业务利润变动率}\times 100\%$$

从表5-12可以看出，2021年度主营业务收入变动率为11.54%，主营业务利润变动率为-519.65%，配比率为负且小于1同时前者为正后者为负，这表明该公司可能存在多列成本费用、扩大税前扣除范围等问题；2022年度主营业务收入变动率为-26.24%，主营业务利润变动率为-98.42%，且二者都为负数，配比率为正且小于1，同时数值相差较大，则甲公司可能存在多列支成本费用的问题。

表5-12　　甲公司主营业务收入变动率与主营业务利润变动率配比表　　单位：元

年度 指标	2021年	2022年
主营业务收入	2044088920.74	1499308053.24
主营业务收入变动率	11.54%	-26.65%
主营业务利润	336266962.68	5313068.61
主营业务利润变动率	-519.65%	-98.42%
配比率	-0.0222	0.2708
行业预警值	1	

通过分析发现，甲公司2021—2022年工资薪金支出及纳税调整表中所列支的工资薪金支出分别为249781380.09元和217840289.85元，其中，2021年销售及相关人员工资为228557352.39元，相较于2020年同比增长34.06%，而2022年销售及相关人员工资为215743397.55元，相较于2021年同比下降5.61%。

结论：甲公司极有可能存在虚假列支工资薪金支出等成本费用的问题。

（七）主营业务收入变动率与主营业务成本变动率配比分析

在正常情况下，主营业务收入变动率和主营业务成本变动率应当呈同向变动，两个变动率的配比率应当约等于1为合理，当企业出现以下情况时说明企业存在多列支成本费用问题：①配比率大于1且数值相差较大，同时二者都为正数；②配比率小于1且数值相差较大，同时二者都为负数；③配比率为负数，同时前者为正数后者为负数。

从表5-13可以看出，甲公司2021年主营业务收入变动率为正，表明甲公司收入增加，配比率为1.3082，略高于1，且二者都为正数，相差较大，所以2021年度可能存在多列收入的情况。甲公司2022年度主营业务收入变动率为-26.65%，配比率小于1且为负数，二者数值相差较大，这表明甲公司收入减少，成本增加，2022年度可能存在少列支营业收入或多列成本的问题。

表5-13　主营业务收入变动率与主营业务成本变动率配比表　单位：元

指标＼年度	2021年	2022年
主营业务收入	2044088920.74	1499308053.24
主营业务收入变动率	11.54%	-26.65%
主营业务成本	1377408398.73	1454707936.61
主营业务成本变动率	8.82%	5.61%
配比率	1.3082	-4.7491
行业预警值	1	

结论：2021年度可能存在多列收入的问题，2022年度可能存在少列支营业收入或多列支成本的问题。

（八）主营业务收入变动率与主营业务费用变动率配比分析

根据《纳税评估管理办法》，在正常情况下，主营业务收入变动率和主营业务费用（包括营业费用、财务费用、管理费用）变动率应当呈同向变动，两个变动率的配比率应当约等于1为合理。当企业出现以下情况时说明企业存在多列支成本费用问题：①配比率大于1且数值相差较大，二者都为正数；②配比率小于1且数值相差较大，二者都为负数；③配比率为负数，前者为正数，后者为负数。

从表 5 – 14 可以看出，甲公司 2021 年收入增加，费用减少，主营业务收入变动率与主营业务费用变动率配比率小于 1，2021 年主营业务收入变动率为正，主营业务费用变动率为负，且 2021 年度配比率为 –0.1109，与行业预警值相差较大，这表明该公司 2021 年度可能存在多列收入的问题；2022 年的配比率则为 0.3028，相较于 2021 年，配比率与 1 相差较小。2022 年主营业务收入和费用同时减少，但是收入减少幅度大于费用减少的幅度，该公司 2022 年可能存在少列收入，虚列费用的问题。

表 5 – 14　主营业务收入变动率与主营业务费用变动率配比表　单位：元

指标 \ 年度	2021 年	2022 年
主营业务收入	2044088920.74	1499308053.24
主营业务收入变动率	11.54%	–26.65%
主营业务费用	675326215.3	620835043.1
主营业务费用变动率	–1.28%	–8.07%
配比率	–0.1109	0.3028
行业预警值	1	

结论：2021 年度甲公司可能存在多列收入的问题；2022 年度可能存在少列收入，虚列费用的问题。

（九）主营业务成本变动率与主营业务利润变动率配比分析

在正常情况下，主营业务成本变动率和主营业务利润变动率应当呈同向变动，两个变动率的配比率应当约等于 1 为合理，当企业出现以下情况时说明企业存在多列支成本费用问题：①配比率大于 1 且数值相差较大，同时二者都为正数；②配比率小于 1 且数值相差较大，同时二者都为负数；③配比率为负数，同时前者为正数后者为负数。

从表 5 – 15 可以看出，2021 年、2022 年主营业务成本变动率都为正，主营业务利润变动率都为负，2021 年度配比率为 –0.0170，2022 年度配比率为 –0.0570，均与行业预警值偏差较大且为负数，这表明，甲公司 2021 年度与 2022 年度利润与成本呈反向变动，极有可能存在多计成本费用的情况。

表 5 – 15　主营业务成本变动率与主营业务利润变动率配比表　单位：元

指标 \ 年度	2021 年	2022 年
主营业务成本	1377408398.73	1454707936.61
主营业务成本变动率	8.82%	5.61%
主营业务利润	336266962.68	5313068.61

续表

年度 指标	2021 年	2022 年
主营业务利润变动率	-519.65%	-98.42%
配比率	-0.0170	-0.0570
行业预警值	1	

结论：2021—2022 年，甲公司多列支成本的可能性很高。

（十）存货周转率与销售收入变动率弹性系数分析

正常情况下，存货周转率与销售收入应基本同步增长，弹性系数应接近 1。①当弹性系数大于 1，且两者相差较大，两者都为正时，可能存在企业少报或瞒报收入问题；二者都为负时，无问题。②弹性系数小于 1，二者都为正时，无问题；二者都为负时，可能存在上述问题。③当弹性系数为负数，前者为正后者为负时，可能存在上述问题；后者为正前者为负时，无问题。

具体计算公式如下：

指标值 = 存货周转变动率 ÷ 销售收入变动率

$$存货周转变动率 = \frac{本期存货周转率 - 基期存货周转率}{基期存货周转率} \times 100\%$$

以成本为基础的存货周转率（次数）= 销售（营业）成本 ÷ 存货平均余额

平均存货余额 =（年初存货余额 + 年末存货余额）÷ 2

从表 5-16 可以看出，2021 年存货周转率与销售收入变动率弹性系数小于 1 且二者变动率都为正，2022 年存货周转率与销售收入变动率弹性系数为负，且前者为正后者为负，这表明甲公司 2022 年度可能存在少报或瞒报收入问题。

表 5-16　　存货周转率与销售收入变动率弹性系数分析表　　单位：元

年度 指标	2021 年	2022 年
销售成本	1377408398.73	1454707936.61
存货平均余额	396244962.01	358624990.99
存货周转率（次数）	3.48	4.06
存货周转变动率	7.08%	16.67%
销售收入	2044088920.74	1499308053.24
销售收入变动率	11.54%	-26.65%
指标值	0.6133	-0.6254
预警值	1	

结论：甲公司2022年度存在少报或瞒报收入情况的可能性较高。

（十一）其他应收账款变动率分析

如果企业其他应收款过高，且其他应收账款变动率过高，而应纳税税额减少，则可能存在关联企业间违规融通资金及股东个人占用资金的情况。

$$其他应收款变动率=\frac{本期其他应收款-上期其他应收款}{上期其他应收款}$$

从表5-17可以看出，2021—2022年其他应收款变动率分别为-0.14%、9.90%，且2022年超过行业预警值上限的98%，则其他应收款可能存在异常情况。

表5-17　　其他应收账款变动率分析表　　单位：元

指标＼年度	2020年	2021年	2022年
其他应收款	244504811.24	244158423.81	268340180.75
其他应收款变动率	—	-0.14%	9.90%
行业预警值	5.00%		

结论：甲公司可能存在将其他应收款长期挂账而未依法纳税的风险。

（十二）印花税税负率分析

印花税是对经济活动和经济交往中书立、领受具有法律效力的凭证的行为所征收的一种税。因采用在应税凭证上粘贴印花税票作为完税的标志而得名。印花税的纳税人包括在中国境内书立、领受规定的经济凭证的企业、行政单位、事业单位、军事单位、社会团体、其他单位、个体工商户和其他个人。印花税税负率是企业当期所缴印花税占当期销售收入的比值。

$$印花税税负测算模型=\frac{印花税}{销售收入}\times 100\%$$

从表5-18可以看出，2020—2022年测算的印花税税负分别为0.04%、0.05%和0.05%，虽近三年测算的印花税税负率与行业预警值偏差较小，但是仍然都超过了行业预警值。

表5-18　　印花税税负分析表　　单位：元

指标＼年度	2020年	2021年	2022年
印花税额	774346.59	1173475.15	1029083.25
销售收入	1902468302.88	2183956159.86	1939939622.61

续表

年度 指标	2020 年	2021 年	2022 年
印花税税负	0.04%	0.05%	0.05%
行业预警值	0.03%		

结论：甲公司近三年可能存在印花税虚增风险。

（十三）财务费用变动率分析（见表 5－19）

财务费用变动率是企业本期财务费用与上期财务费用的差额占上期财务费用的比重。

$$财务费用变动率=\frac{本期财务费用-上期财务费用}{上期财务费用}\times 100\%$$

表 5－19　　财务费用变动率分析表　　单位：元

年度 指标	2020 年	2021 年	2022 年
财务费用	22606655.10	18077231.70	26719960.89
财务费用变动率	—	－25.06%	32.35%
行业预警值	30.00%		

《中华人民共和国企业所得税法实施条例》第三十八条规定：企业在生产经营活动中发生的下列利息支出规定，准予扣除：（一）非金融企业向金融企业借款的利息支出、金融企业的各项存款利息支出和同业拆借利息支出、企业经批准发行债券的利息支出；（二）非金融企业向非金融企业借款的利息支出，不超过按照金融企业同期同类贷款利率计算的数额的部分。

结论：经测算，该企业可能存在将超过金融企业同期同类贷款利率计算的数额的部分进行扣除。

（十四）预收账款变动率与销售收入变动率指标分析

通过计算期末预收账款变动率与销售收入变动率配比指标，可以分析企业是否可能存在实现销售收入而不计提销项税额问题。正常情况下两者应同步增长，指标值应接近 1，指标正常区间为 50%—200%。当指标值大于 1，二者都为正时，可能存在实现销售收入而不计提销项税额或扩大抵扣范围多抵进项税金的问题；二者都为负时，无问题。当指标值小于 1，二者都为正时，无问题；二者都为负时，可能存在上述问题。当指标值为负数，前者为正后者为负时，可能存在上述问题；后者为正前者为负时，无问题。计算公式如下：

$$期末预收账款变动率 = \frac{本期预收账款期末值 - 上期预收账款期末值}{上期预收账款期末值} \times 100\%$$

$$销售收入变动率 = \frac{本期销售额 - 上期销售额}{上期销售额} \times 100\%$$

$$期末预收账款变动率与销售收入变动率配比指标值 = \frac{期末预收账款变动率}{销售收入变动率} \times 100\%$$

从表5－20可以看出，企业2021年和2022年指标值均为负，但是2021年预收账款变动率为负，销售收入变动率为正，不存在异常。而2022年预收账款变动率为正，销售收入变动率为负，故可能存在实现销售收入而不计提销项税额或扩大抵扣范围多抵进项税金的问题。

表5－20　期末预收账款变动率与销售收入变动率配比指标计算表　单位：元

指标 \ 年度	2020年	2021年	2022年
预收款项	23065194.38	23855145.47	9707269.07
销售收入	1902468302.88	2183956159.86	1939939622.61
预收账款变动率	—	－32%	13%
销售收入变动率	—	15%	－11%
指标值	—	－217%	－117%
行业预警值	小于50%且两者都为负数，或大于200%且两者都为正数		

结论：经测算，该公司可能存在实现销售收入而不计提销项税额或扩大抵扣范围多抵进项税金的问题。

五、约谈举证

针对以上异常情况，评估人员根据《纳税评估管理办法》要求，向甲公司发出《风险提示函》，告知其异常指标，要求企业针对初步评估发现的问题进行自查并作出合理解释。

但甲企业的《纳税自查报告》中仍有异常指标解释不清，故评估人员经所在税务管理部门批准，又向甲企业发布了《税务约谈通知书》，要求企业相关负责人前往税务局进行说明。甲公司财务人员签收《税务文书送达回证》。2023年9月19日，国家税务总局Z税务局对甲公司进行约谈举证，整理如表5－21所示。

表 5－21　　纳税约谈举证记录表

评估编号：GA1111111

纳税人代码：A00000000000000000

纳税人名称	甲医药股份有限公司	被约谈人	甲	被约谈人职务	甲公司财务副总监
约谈时间	2023 年 9 月 19 日	约谈人	乙	记录人	丙、丁
约谈地点	税务局 110 办公室	约谈项目	甲医药制造企业纳税风险		

问：您好！我们是国家税务总局丁税务局的工作人员乙、丙、丁。现在根据税务局制发的《甲医药股份有限公司 2020—2022 年度风险识别报告》中发现的风险指标问题对你进行询问。你的谈话内容将被记录，作为书面证明材料。你是否听清楚了？

答：听清楚了。

问：有关你的法定权利和法定义务，现在对你进行告知。根据《中华人民共和国税收征收管理法》第八条、《中华人民共和国行政处罚法》第三十二条、第四十一条。根据《税收征管法》第十二条、《税收征管法实施细则》第八条的规定，你认为询问人员与涉税事项有利害关系的，有申请回避的权利；根据《税收征管法》第五十六条的规定，你（单位）有接受税务机关依法进行的税务检查，如实反映情况，不得拒绝、隐瞒的义务。否则按照《税收征管法》等有关法律、法规规定，你（单位）将可能承受行政处罚等不利法律后果。以上内容，你是否听清楚了？

答：听清楚了。

问：首先《报告》表 1.2 有关你公司收入明细中 2021 年及 2022 年的其他营业收入是什么收入？为什么 2020 年没有此项收入？这部分收入是否有缴纳增值税？

答：这部分是我公司销售铂金卡所得，之前没有是因为 2021 年才开展此业务故 2020 年还没有此类商业模式，这部分收入已按规定足额缴纳增值税。

问：既然 2021 年开展了新业务，为何《报告》附录中你公司增值税纳税申报表三年销售额反而是 2020 年为 1853451684.51 元，2021 年和 2022 年都不足百万元？

答：2020 年我公司计划重整，所以进行资源优化配置将持有的一处房产转让给其他企业，尚未收到转让款但已确认资产处置收益，但中间集团决定取消此次转让，我公司便向法院提起了诉讼请求撤销改转让行为，所以本年会计报表显示的利润额比实际利润总额高出很多。

问：但即使如此，请问 2020 年你公司企业增值税申报表中销售额合计数为 1853451684.51 元，而本年度利润表中营业收入仅为 1849471905.99 元，这是否属实？

答：属实。

问：针对上述利润表中营业收入与增值税申报的销售额不符的情况，有无需要说明的理由？

答：2020 年本公司营业收入与增值税销售额计算口径不同，两者存在合理差异。

问：另根据《报告》财务报表相关数据，我们计算得出你企业 2021 年和 2022 年增值税税负变动率分别为 －32.41% 和 －47.21%，其绝对值都超过了 30% 的行业预警值，请问你公司增值税销项税额和进项税额以及应纳税额数额是否真实？

答：我公司报表数据都是真实填列的，由于 2021 年我公司增设了几家连锁店，房租租金费用等全部计入了期间费用，所以进项税额较大；而且受新冠疫情的持续影响，我公司营业收入以及销项税额都比之前有所下降，所以增值税税负变动率为负。

问：另外 2020—2022 年三年间你公司期间费用率远超 20% 的行业预警值，请对本年期间费用异常使用情况作出说明。

答：主要因为收到疫情冲击停工停产，营业收入下降而销售人员工资和银行利息等依旧需要支付，另外 2021

续表

年和2022年我公司为拓展海外市场业务向相关机构支付了较大额的咨询费用，故而期间费用率偏高。 问：《报告》显示，你公司主营业务收入与成本变动异常，表现为：2021年主营业务利润变动率为-519.65%，2022年主营业务收入变动率与主营业务成本变动率配比指标值为负数，指标异常情况是否属实，有无需要说明的情况？ 答：属实。我公司于2021年增设了不少连锁店，增加的房屋租金和扩招的销售人员工资等对主营业务利润变动率有影响。另外2022年我公司几笔预收货款并未确认收入使得当年主营业务收入偏低，这部分待客户要求开票后会及时确认收入并作相应会计处理。 问：这几笔预收账务既已收到货款，根据《企业会计准则第14号——收入》，业务满足收入确认条件，理应及时申报。 答：好的。 问：另外《报告》显示你公司主营业务收入变动率与主营业务费用变动率配比指标，以及主营业务成本变动率与主营业务利润变动率配比指标等均存在此类异常情况，需要针对这部分关键业务作出书面说明。 答：好的，我公司会进一步自查并补充相关证明材料及时作出说明。 问：《报告》显示，你公司2022年其他应收账款金额为268340180.75元，占当年流动资产的24.85%，占比较大且变动率超过行业预警值上限的98%，请问是否有将本单位资金借予其他单位？如果是，是否按银行同期贷款利率计算利息缴纳增值税和所得税？如果不是，请说明其他应收账款的构成？ 答：我公司其他应收款除了核算个别员工借款、出口退税外，大部分借给子公司。因乙公司是我司全资子公司，我们认为其属于内部资源配置，所以并没有按银行同期贷款利率计算利息缴纳增值税和所得税。 问：另外我们了解到，根据你公司代扣代缴个人所得税申报情况，其累计收入小于企业所得税申报表中的《职工薪酬纳税调整明细表》工资薪金支出和职工福利费支出合计，请解释原因。 答：根据本省关于免征交通补贴和通信补贴个人所得税的文件，我公司在代扣代缴个人所得税时将发放的交通补贴和通信补贴在申报时进行了剔除处理。 问：这部分补贴的处理也是存在问题的，不能直接剔除而应全额申报然后填在其他扣除项，后续我们会进一步核查。 答：好的。 问：你还有什么需要补充的吗？ 答：没有。 问：就上述讯问事项，你（单位）是否还有其他证据材料需要提供？ 答：没有。 以上讯问笔录我已详细阅读或听清楚税务人员宣读的内容，讯问笔录的内容与我所述相符。如有不实，我愿承担一切法律责任。同时，对于税务人员的告知内容我已了解清楚。 询问人签字：乙　　　　记录人：丙、丁 被询问人签字并押印：甲 2023年9月19日

六、实地调查

根据评估分析和约谈中发现的问题，经所在地管理部门批准，税务局决定前往甲公司作进一步调查核实，故向甲企业发送了《税务检查通知书》。情况记录如表 5－22 所示。

表 5－22　　实地调查问题业务汇总

序号	业务关键词	涉税业务	分析结果	政策文件
1	农产品进项扣除	公司收购中药材 30% 用于生产销售 9% 税率的货物，70% 用于生产销售 13% 的货物。但在会计处理抵扣进项过程中将该项业务全额按照 10% 的扣除率计算进项税额	多抵扣进项税额	《财政部 税务总局 海关总署公告》（2019 年第 39 号）
2	存货管理不善损失	在产品因管理不善导致霉烂变质报废未作进项税额转出	多抵扣进项税额	《关于全面推开营业税改征增值税试点的通知》（财税〔2016〕36 号）
		经检验不合格或超过保质期的原料、产成品和过期药品未作进项税额转出	多抵扣进项税额	《增值税暂行条例》及实施细则
3	研发费用	部分临床研究项目涉嫌虚构	极有可能存在虚假列支情况	
4	市场推广宣传	自产样品赠送以作市场推广宣传	视同销售，确认收入	《中华人民共和国企业所得税法实施条例》（中华人民共和国国务院令第 512 号）、《中华人民共和国增值税暂行条例实施细则》（财政部 国家税务总局第 50 号令）第四条
5	预付款收入确认	已收到货款挂账“预收账款”	发出商品时确认收入	《企业会计准则第 14 号——收入》
6	应付职工薪酬	部分销售人员工资无收据等有效发放依据	不可税前扣除	《企业所得税税前扣除凭证管理办法》（国家税务总局公告 2018 年第 28 号）
7	居间费	海外业务居间费按咨询顾问费税前扣除	作为手续费及佣金支出限额扣除	《财政部 国家税务总局关于企业手续费及佣金支出税前扣除政策的通知》（财税〔2009〕29 号）
8	关联交易	无息借款给关联企业	遵循独立交易原则收取利息	《中华人民共和国企业所得税法》及其实施条例“第六章 特别纳税调整”
9	残疾职工工资	未为部分残疾职工按月足额缴纳社会保险	不可税前加计扣除	《关于安置残疾人员就业有关企业所得税优惠政策问题的通知》（财税〔2009〕70 号）第一条
10	疫情期间捐赠	直接向公司所在地社区捐赠口罩等医疗和防护用品	不可税前扣除，全额纳税	《财政部 税务总局关于支持新型冠状病毒感染的肺炎疫情防控有关捐赠税收政策的公告》（财政部 税务总局公告 2020 年第 9 号）

续表

序号	业务关键词	涉税业务	分析结果	政策文件
11	个人所得税手续费	收到个税代扣代缴手续费返还，未申报缴纳增值税	按照“商务辅助服务——经纪代理服务”缴纳增值税	《财政部 国家税务总局关于全面推开营业税改征增值税试点的通知》（财税〔2016〕36号）
12	政府补贴	收到专项用途财政资金，对于重点救治药品和医疗防护物资项目的资金及发生的支出未单独进行核算	确认收入，计算纳税	《财政部 国家税务总局关于专项用途财政性资金企业所得税处理问题的通知》（财税〔2011〕70号）
13	房屋租赁	销售费用——租赁费存在大量未开票的情况	未开票不可税前扣除	
14	员工旅游	职工旅游支出计入职工福利费税前全额扣除	依法征收个人所得税、企业代扣代缴	《财政部 国家税务总局关于企业以免费旅游方式提供对营销人员个人奖励有关个人所得税政策的通知》（财税〔2004〕11号）

（一）采购环节

甲公司2021年、2022年分别从农户处采购中药材进行加工生产药品，取得收购发票分别为15513865.28元和26743298.75元，其中30%用于生产销售9%税率的中药饮片，70%用于生产销售13%的中成药。甲公司在会计处理抵扣进项过程中将该项业务全额按照10%的扣除率计算进项税额，于2021年和2022年分别计入“应交税费——应交增值税（进项税额）”科目1551386.53元、2674329.88元。

根据《财政部 税务总局 海关总署公告》（2019年第39号）规定，纳税人购进农产品，原适用10%扣除率的，扣除率调整为9%。纳税人购进用于生产或者委托加工13%税率货物的农产品，按照10%的扣除率计算进项税额。

故2021年、2022年甲企业用于生产9%税率的中药饮片应按照9%抵扣进项，甲企业多抵扣进项税额1140943.43元，会计应作进项税额转出处理，贷记“应交税费——应交增值税（进项税额转出）”1140943.43元。

（二）生产环节

1. 存货管理不善损失

调查核实发现，甲公司2021年7月因半成品车间内存放的一批价值250000.00元在产品因管理不善导致霉烂变质而报废，对应购进原料进项税额 42500.00 元，运输及修理费用进项税额共计 10000.00 元。甲公司在会计处理过程中将其进行抵扣，未作进项税额转出处理。根据《关于全面推开营业税改征增值税试点的通知》（财税〔2016〕36 号）该项损失属于因管理不善导致的“非正常损失”，应作进项税额转出。故 2021 年甲企业在进行会计处理过程中应将该项损失贷记“应交税费——应交增值税（进项税额转出）”52500.00 元。

此外，2020—2022 年，该公司每年都销毁大量的经检验不合格或超过保质期的原料、产成品和过期药品，该公司在账务上直接作为资产损失扣除处理，相应进项税金并未转出。进一步检查发现，该公司资产损失清单申报材料中没有药监部门和专业技术鉴定部门的证明资料，其他相关内部资料也不完备。对此，医药企业销毁过期存货遵循质量管理要求，但此类销毁不完全等同于条例细则中规定“工艺损耗或保管中的自然挥发等合理的自然损耗”，该公司出现较大批量的过期存货，不排除经营管理不善的原因，应认定为非正常损失，需要作进项税额转出处理。

2. 研发费用

甲公司 2021 年“研发费用”科目核算金额为 25670000.00 元。该公司提供的其他资料显示，该项支出为临床研发项目，同时项目资料涵盖项目立项资料、组织实施记录、医疗机构研发成果报告、药品使用记录等内容，且不同材料之间数据勾稽关系完全正确，不存在自相矛盾之处或明显漏洞，但其金额较大且大部分账务处理所涉及的金额均为整百万元的数据，并无十万元以下的零头。

经深入检查发现，甲公司入账的医院收费票据与相关医院收费票据中存在票据编码、票据收费章等方面不一致的情况，同时核实发现多数医院并未收取过相关临床费用，由此判断，该公司部分临床研究项目可能为虚构，“研发费用”科目金额极有可能存在虚假列支情况。

（三）销售环节

1. 市场推广宣传

调查发现，甲公司 2021 年曾将一批自产的样品进行了赠送以作市场推广宣传，这批医药样品的账面成本为 261192.31 元，市场销售价格为 472472.57 元。甲企业在会计处理过程中将该笔样品费计入了“销售费用”261192.31 元。

根据《中华人民共和国增值税暂行条例实施细则》（财政部 国家税务总局第 50 号令）第四条规定，企业将自产、委托加工或者购进的货物无偿赠送其他单位或者个人视同销售货物。《中华人民共和国企业所得税法实施条例》（中华人民共和国国务院令第 512 号）规定，企业将资产移送他人，用于市场推广或销售，因资产所有权属已发生改变而不属于内部处置资产，应按规定视同销售确定收入。

故甲公司将自产样品用于市场推广这笔业务在作增值税和企业所得税处理时均应作视同销售。即，甲企业少确认增值税销项税额 61421.43 元，少确认企业所得税 31692.04 元。该笔业务在进行会计处理时应确认“主营业务收入”472472.57 元，将原计入“销售费用”的 261192.31 元进行冲减，计入“主营业务成本”261192.31 元，确认“应交税费——应交增值税（销项税额）”61421.43 元，确认“应交税费——应交所得税”31692.04 元。

2. 收入确认

通过检查分析发现，甲公司于 2022 年 11 月 2 日销售一批医疗器械给客户，客户于 11 月 8 日向甲公司预付货款共计 4529000.00 元，于 11 月 15 日、11 月 17 日成功签收该批医疗器械。甲公司收到货款时，其会计处理为挂账“预收账款”，准备待客户要求开票时确认收入。

根据《企业会计准则第 14 号——收入》规定当企业与客户之间的合同同时满足规定的五个条件时，企业应当在客户取得相关商品控制权时确认收入。《中华人民共和国个人所得税法实施条例》（国令第 707 号）规定企业销售商品采取预收款方式的，在发出商品时确认收入。

因该企业客户已签收，与商品相关的控制权已经转移，且该业务满足收入确认条件，应按税法规定于发出商品时确认收入，故该笔业务在进行税务处理时应将原计入“预收账款”的款项确认为“主营业务收入”4529000.00 元，同时确认“应交税费——应交增值税（销项税额）”588770.00 元，“应交税费——应交所得税”679350.00 元。

（四）其他

1. 应付职工薪酬

甲公司 2021—2022 年工资薪金支出及纳税调整表中所列支的工资薪金支出分别为 25005716.76 元和 22942501.05 元，其中 2021 年销售及相关人员工资为 6372836.82 元。进一步检查发现，该部分人员发放的工资中分别有 576287.26 元缺少签字记录、转账凭证或收据等有效发放依据。

工资薪金税前扣除凭证属于内部凭证，在《企业所得税税前扣除凭证管理办法》（国家税务总局公告 2018 年第 28 号）规定，职工工资发放要有工资计算表、工资分配表等，以及职工本人签字确认的工资表（条）或相应的工资薪金支付凭据。

所以依据税法规定无有效发放依据的这部分工资薪金不能在税前作扣除，而应冲减“应付职工薪酬”576287.26 元，同时确认“应交税费——应交所得税”86443.09 元。

2. 居间费

进一步排查发现 2021—2022 年，甲公司发生咨询顾问费分别为 3724826.65 元、4212644.37 元，其中该公司支付给张某介绍海外业务的居间费，分别为 3500000.00 元和 3750000.00 元。

依据《财政部 国家税务总局关于企业手续费及佣金支出税前扣除政策的通知》（财税〔2009〕29号）企业发生与生产经营有关的手续费及佣金支出，按与具有合法经营资格中介服务机构或个人（不含交易双方及其雇员、代理人和代表人等）所签订服务协议或合同确认的收入金额的5%计算限额。不超过规定计算限额以内的部分，准予扣除；超过部分，不得扣除。

故该部分咨询费实质上属于与企业生产经营有关的佣金支出，按照所签订服务协议或合同确认的收入金额的5%计算限额，因此，该部分费用实际可计入“销售费用”扣除362500.00元，该企业多扣除费用6887500.00元。应贷记“应交税费——应交所得税”10331.25元。

3. 关联交易

甲公司2020—2022年财务报表中资产负债表“其他应收款”科目始终保持较高余额，且2021年期初余额、期末余额变化不大，据此判断甲公司其他应收款处于长期挂账状态，可能存在关联企业间往来借款的情况。经深入调查发现，甲公司2020年确实借款给其关联企业共计155000000.00元。

根据《中华人民共和国企业所得税法》及其实施条例“第六章 特别纳税调整”规定，关联企业间应当按照独立原则进行税务处理，即应遵循公平成交价格和营业常规进行业务往来。

经进一步核实，甲公司就该项借款没有签订借款合同或协议明确金额、利率、借款期限等，属于无息使用资金，对此应就该项借款收取利息，并进行会计及税务处理。

4. 残疾职工工资加计扣除

甲公司2021年共计安排96名残疾人入职，支付工资薪金共计5046000.00元，并于2022年申报2021年度企业所得税汇算清缴时按照安置残疾职工工资100%加计扣除政策，加计扣除5046000.00元。

根据《关于安置残疾人员就业有关企业所得税优惠政策问题的通知》（财税〔2009〕70号）第一条规定，甲公司依法与安置的每位残疾人签订了1年以上（含1年）的劳动合同，并且该96名残疾职工在企业实质上岗工作，同时具备安置其上岗的基本设施，给付工资符合标准。

但进一步调查发现，该公司并未按照要求为其中24名职工按月足额缴纳社会保险，故该部分工资薪金不得税前加计扣除，该24名职工工资薪金合计1296000.00元，故甲公司多扣除工资薪金1296000.00元，在发生当年应纳税调增1296000.00元。

5. 疫情期间捐赠

2021年6月，甲公司直接向公司所在地社区捐赠口罩、防护服、面罩、口服制剂等医药和防护用品，该批物品市场售价123万元，成本86万元。2021年甲公司实现利润总额为70193220.69元，该项捐赠支出在年度利润总额12%限额内，甲公司在进行税务处理时将该批物品进行全额扣除。

根据《财政部 税务总局关于支持新型冠状病毒感染的肺炎疫情防控有关捐赠税收政策的公告》（财政部 税务总局公告2020年第9号）规定，企业和个人通过公益性社会组织或者县级以上人民政府及其部门等国家机关，捐赠用于应对新冠疫情的现金和物品，允许在计算应纳税所得额时全额扣除。

甲公司直接向公司所在地社区进行捐赠不符合规定，所以不能进行税前扣除，应按照产品销售扣减成本费用全额纳税，故甲企业少交企业所得税9.25万元，会计处理应贷记“应交税费——应交所得税”9.25万元。

6. 个人所得税手续费

2022年6月，甲公司收到个税代扣代缴手续费返还6377.70元，未申报缴纳增值税。

根据《财政部 国家税务总局关于全面推开营业税改征增值税试点的通知》（财税〔2016〕36号）的规定，企业取得代扣代缴个人所得税的手续费返还应按照“商务辅助服务——经纪代理服务”缴纳增值税，税率为6.00%。

甲公司未申报纳税，对此应按照6.00%的税率补缴纳增值税382.65元，会计处理应贷记“应交税费——应交增值税”382.65元。

7. 政府补贴

2021年，甲公司因进行重大新药创制设备、新型吸入给药制剂及其规模化发展的重大共性关键技术研究、新型冠状病毒检测试剂产业化项目、重点救治药品、医疗防护物资、医疗救治设备生产动员能力建设等资产性项目共计收到专项用途财政资金64375836.48元。甲公司将其作为不征税收入从收入总额中扣除。

依据《财政部 国家税务总局关于专项用途财政性资金企业所得税处理问题的通知》（财税〔2011〕70号）规定，企业从县级以上各级人民政府财政部门及其他部门取得的应计入收入总额的财政性资金，凡同时符合三项条件的，可以作为不征税收入，在计算应纳税所得额时从收入总额中减除。

在排查中发现，甲公司能够提供规定资金专项用途的资金拨付文件和资金拨付部门对该资金的专门管理办法或具体管理要求，但是对于重点救治药品和医疗防护物资项目的资金及发生的支出未单独进行核算。故甲公司应调增应纳税所得额384249466.56元，补缴企业所得税57637419.98元。

8. 房屋租赁

甲公司的门店主要以租赁为主，经核查发现，由于房东主要为个人，销售费用——租赁费存在大量未开票的情况，截至2022年12月31日，累计未开票金额为234322961.94元，甲公司分别在2020—2022年调增97496205.45元、29940077.91元、106741178.60元，剩余存在145500.00元未进行调增，对此应对剩余部分进行调整，补缴企业所得税36375.00元。

9. 员工旅游

甲公司2022年“管理费用——福利费”科目中列支了260000.00元员工旅游费用，财务人员认为这笔26万元的旅游费用属于福利费支出，且已实际发生，故在年度企业所得税汇算清缴时，全额在企业所得税税前扣除。

根据《财政部 国家税务总局关于企业以免费旅游方式提供对营销人员个人奖励有关个人所得税政策的通知》（财税〔2004〕11号）规定，在商品营销活动中，企业和单位对营销业绩突出人员以培训班、研讨会、工作考察等名义组织旅游活动，通过免收差旅费、旅游费对个人实行的营销业绩奖励（包括实物、有价证券等），应根据所发生费用全额计入营销人员应税所得，依法征收个人所得税，并由提供上述费用的企业和单位代扣代缴。

经调查核实，该部分员工旅游费用实际为该公司对营销业绩突出人员以免费旅游方式给予的个人奖励，对此应该根据所发生的费用全额计入营销人员应税所得，依法征收个人所得税，并由该公司代扣代缴该部分个人所得税，会计处理上借记“应交税费——应交个人所得税”。

七、评估调查结论

（一）案例的调查结论

通过对甲企业2020—2022年的相关财务数据进行风险指标测算，并对甲企业财务负责人就案头分析发现的可疑风险点进行约谈后，结合实地调查材料，最终认定甲企业存在虚抵增值税进项额、少计收入、虚增成本费用、关联交易存疑等风险，纳税风险异常指标超过6个，故该企业风险等级为高风险。各税种具体调查结论如下。

1. 增值税

《财政部 税务总局公告》（2018年第32号）规定，增值税一般纳税人（以下简称“纳税人”）发生增值税应税销售行为或者进口货物，自2018年5月1日起，原适用17%和11%税率的，税率分别调整为16%、10%。

《财政部 税务总局 海关总署公告》（2019年第39号）规定，增值税一般纳税人（以下简称“纳税人”）发生增值税应税销售行为或者进口货物，自2019年4月1日起，原适用16%税率的，税率调整为13%；原适用10%税率的，税率调整为9%。

（1）2020年度。

收入情况：账面收入1849471905.99元，申报收入1902468302.88元，收入差异52996396.89元，其中，多报收入52765857.33元，处置固定资产230539.47元。最终认定增值税应税收入1849702445.46元。

增值税申报数据：一般计税销项税额297521082.96元，认证进项税额231009195.63元，进项税额转出8604623.61元，简易计税税额923158.98元，应纳税额减征额

410100.00 元，合计应纳税额 75629569.92 元。

增值税审定数据：一般计税销项税额 289078545.84 元，认证进项税额 231009195.63 元，进项税额转出 8604623.61 元，简易计税税额 923158.98 元，应纳税额减征额 410100.00 元，合计应纳税额 67187032.80 元。

经调查，多申报收入 52765857.33 元，多申报增值税 86442537.12 元。

（2）2021 年度。

收入情况：账面收入 2065882178.16 元，申报收入 2183956159.86 元，收入差异 118073981.70 元，其中，多申报收入 118073981.70 元。最终认定增值税应税收入 2065882178.16 元。

增值税申报数据：一般计税销项税额 62287294.95 元，认证进项税额 45555254.31 元，进项税额转出 3681339.54 元，简易计税税额 1412443.74 元，应纳税额减征额 30720.00 元，增值税留抵退税 459653.79 元，小规模纳税人应纳税额 36896785.77 元，小规模纳税人减免税额 357408.00 元，合计应交增值税 58794135.48 元。

增值税审定数据：一般计税销项税额 79195354.53 元（包含出售 A 市房屋销项税额 20519879.13 元），认证进项税额 45555166.14 元，进项税额转出 3681339.54 元，简易计税税额 1392204.39 元，应纳税额减征额 30720.00 元，增值税留抵退税 561975.39 元，小规模纳税人应纳税额 33501776.37 元，小规模纳税人减免税额 294048.00 元，合计应交增值税 72452716.08 元。

经调查，多申报收入 118073981.70 元，少申报资产处置收益 349864273.80 元，合计少申报增值税 13658580.57 元，其中，①多申报收入导致多申报增值税 6861298.56 元；②处置不动产收入漏申报增值税 20519879.13 元。

《国家税务总局公告》（2016 年第 14 号）规定，一般纳税人转让其 2016 年 4 月 30 日前取得（不含自建）的不动产，可以选择适用简易计税方法计税，以取得的全部价款和价外费用扣除不动产购置原价或者取得不动产时的作价后的余额为销售额，按照 5% 的税率差额计算应纳税额。纳税人应按照上述计税方法向不动产所在地主管税务机关预缴税款，向机构所在地主管税务机关申报纳税。

2021 年 12 月，甲公司出售 A 市房屋，已开具增值税发票，对方未抵扣。因此，甲公司应按照 5.00% 的税率补缴纳增值税 20519879.13 元。

（3）2022 年度。

收入情况：账面收入 1895943116.25 元，申报收入 1939939622.61 元，收入差异 43996506.36 元，其中，多报收入 43935198.18 元，处置固定资产 61307.52 元。最终认定增值税应税收入 2065943485.68 元。

增值税申报数据：一般计税销项税额 46445449.65 元，认证进项税额 36944292.54 元，进项税额转出 4031955.48 元，简易计税税额 1312818.69 元，应纳税额减征额 3133.08 元，小规模纳税人应纳税额 12439224. 00 元，小规模纳税人减免税额 33360. 00 元，合计应交增值税 27615428. 94 元。

增值税审定数据：一般计税销项税额 46455852. 96 元，认证进项税额 36944279. 13 元，进项税额转出 4031955. 48 元，简易计税税额 1312818. 69 元，应纳税额减征额 3133. 08 元，小规模纳税人应纳税额 12277684. 92 元，小规模纳税人减免税额 32520. 00 元，合计应交增值税 27465146. 58 元。

经调查，多申报收入 43935198. 18 元，多申报增值税 149899. 71 元，其中，①多申报收入导致多申报的增值税 150282. 36 元；②个税手续费返还收入漏申报增值税 382. 65 元。

根据《财政部 国家税务总局关于全面推开营业税改征增值税试点的通知》（财税〔2016〕36 号）的规定，企业取得代扣代缴个人所得税的手续费返还应按照“商务辅助服务——经纪代理服务”缴纳增值税，税率为 6. 00%。2022 年 6 月，甲公司收到个税代扣代缴手续费返还 6377. 70 元，未申报缴纳增值税。因此应按照 6. 00% 的税率补缴纳增值税 382. 65 元。

结论：2020—2022 年，甲公司多申报各类应税收入合计 215066884. 95 元，多缴增值税 15453735. 39 元，出售资产少缴增值税 20519879. 13 元，合计少缴增值税 5066143. 74 元，应补缴增值税 5066143. 74 元。

对于多缴增值税 15453735. 39 元的部分，相应多缴纳了城建税及附加税 1629306. 45 元，其中，2020 年多缴纳 1013127. 30 元，2021 年多缴纳 606890. 97 元，2021 年多缴纳 9288. 18 元。对于出售资产应交增值税 20519879. 13 元，应补缴城建税及附加税 2462385. 48 元。综上所述，2020—2022 年，应当补缴城建税及附加税 833079. 03 元。

2. 企业所得税

根据西部大开发企业所得税优惠汇编，对设在西部地区的鼓励类产业企业减按 15% 的税率征收企业所得税，由于甲公司符合西部大开发的药物物流配送的要求，所得税税率为 15%。

（1）2020 年度。

经调查，甲公司纳税申报表中 2020 年会计利润 -522133. 83 元，在企业所得税汇算清缴时纳税调增 60169437. 12 元，纳税调减 0. 00 元，应纳税所得额 59647303. 29 元，弥补亏损 17322864. 39 元，弥补亏损后所得 42324438. 90 元，应缴税款为 6348665. 85 元。

本次调查年度会计利润为 -83325803. 40 元，调整增加项为 209488753. 65 元，调减项为 15400061. 01 元，纳税调整后应纳税所得额 110762889. 24 元，弥补亏损 17322864. 39 元，弥补亏损后所得 93440024. 85 元，应缴税款为 14016003. 75 元。

经调查 2020 年需补缴企业所得税 7667337. 90 元。

（2）2021 年度。

经审查，甲公司纳税申报表中 2021 年会计利润 70193220. 69 元，在企业所得税汇算清缴时纳税调增 34617660. 78 元，纳税调减 0. 00 元，应纳税所得额 104810881. 47 元，应缴税款为 15721632. 21 元。

本次调查年度会计利润为 -17947430. 28 元，调整增加项为 228270569. 76 元，调减项为 128894526. 18 元，纳税调整后应纳税所得额 81428613. 30 元，应缴税款为 12214291. 98 元。

经调查 2021 年多缴企业所得税 3507340. 23 元。

（3）2022 年度。

经审查，甲公司纳税申报表中 2022 年会计利润 45712228. 23 元，在企业所得税汇算清缴时纳税调增 10640842. 89 元，纳税调减 0. 00 元，应纳税所得额 56353071. 12 元，应缴税款为 8452960. 68 元。

本次调查年度会计利润为 453967. 59 元，调整增加项为 227063958. 99 元，调减项为 117521453. 01 元，纳税调整后应纳税所得额 109996473. 57 元，应缴税款为 16499471. 04 元。

经调查 2022 年需补缴企业所得税 8046510. 39 元。

结论：自 2020 年 1 月 1 日到 2022 年 12 月 31 日，应交企业所得税款为 30523258. 74 元，已缴所得税额 27280035. 45 元，由于 2017 年与 2019 年多缴税款 3265511. 40 元进行抵税，欠缴税额 0. 00 元。本次自查表明，上述期间应交企业所得税 42729766. 77 元，相较汇算清缴数应补缴所得税 12206508. 03 元。

3. 房产税

根据《中华人民共和国房产税暂行条例》第三条房产税依照房产原值一次减除 10%—30% 后的余值计算缴纳，具体减除幅度，由省、自治区、直辖市人民政府规定；第四条房产税的税率，依照房产余值计算缴纳的，税率为 1. 2%，依照房产租金收入计算缴纳的，税率为 12%，没有房产原值作为依据的，由房产所在地税务机关参考同类房产核定，房产出租的，以房产租金收入为房产税的计税依据。

《甘肃省房产税暂行条例实施细则》第五条根据《条例》第三条规定，房产原值一次减除 30% 后的余值为房产税的计税依据，可知房产税计算公式为：①从价计征：应纳税额 = 房屋原值 ×（1 - 扣除比例）×1. 2%；②从租计征：应纳税额 = 房租收入（不含税）×12%。

（1）2020 年度。

申报数据：企业以从价计征方式申报房产原值 158530944. 96 元，应纳税额 1331659. 95 元。

审定数据：自用房产原值 172748134. 98 元（其中，房屋入账价值 158530944. 96 元，装修费 14217190. 29 元），从价计征应纳税额 1451084. 34 元。

经调查，少申报房产原值 14217190. 02 元，少申报房产税 119424. 39 元。

（2）2021 年度。

申报数据：企业以从价计征方式申报房产原值 158530944. 96 元，应纳税额 1331659. 95 元。

审定数据：自用房产原值 152235774. 15 元（其中，房屋入账价值 137206135. 47 元，装修费 15029638.68 元），从价计征应纳税额 1278780.51 元；出租部分房屋 4 个月，不含税月收入 374066.79 元，从租计征应纳税额 179552.07 元；合计应纳税额 1458332.58 元。

经调查，少申报房产税 126672.63 元。

（3）2022 年度。

申报数据：企业以从价计征方式申报房产原值 158530944.96 元，应纳税额 1331659.92 元。

审定数据：自用房产原值 35752194.99 元（其中，房屋入账价值 25140994.59 元，装修费 10611200.40 元），从价计征应纳税额 217654.08 元；出租部分房屋 12 个月，不含税月收入 564543.00 元，从租计征应纳税额 812941.92 元；合计应纳税额 1030596.00 元。

经调查，多申报房产税 301063.92 元。

结论：2020—2022 年甲公司申报房产税 3994979.82 元，退回房产税 128520.00 元，实际缴纳房产税 3866459.82 元，应缴纳房产税 3940012.89 元，应补缴房产税 73553.07 元。

4. 印花税

根据《中华人民共和国印花税暂行条例》，其中应纳税凭证包括：（1）购销、加工承揽、建设工程承包、财产租赁、货物运输、仓储保管、借款、财产保险、技术合同或者具有合同性质的凭证；（2）产权转移书据；（3）营业账簿；（4）权利、许可证照；（5）经财政部确定征税的其他凭证。

根据《中华人民共和国印花税暂行条例》第五条，印花税实行由纳税人根据规定自行计算应纳税额，购买并一次贴足印花税票（以下简称“贴花”）的缴纳办法。为简化贴花手续，应纳税额较大或者贴花次数频繁的，纳税人可向税务机关提出申请，采取以缴款书代替贴花或者按期汇总缴纳的办法。

根据《关于实施小微企业普惠性税收减免政策的通知》（财税〔2019〕13 号）第三条，由省、自治区、直辖市人民政府根据本地区实际情况，以及宏观调控需要确定，对增值税小规模纳税人可以在 50% 的税额幅度内减征资源税、城市维护建设税、房产税、城镇土地使用税、印花税（不含证券交易印花税）、耕地占用税和教育费附加、地方教育附加。

经调查，甲公司 2020 年 1 月 1 日至 2022 年 12 月 31 日印花税缴纳情况如下：

①购销合同应交印花税 888031.68 元，已缴 858510.93 元；

②借款合同应缴印花税 55350.03 元，已缴 48000.00 元；

③财产保险合同应交印花税 1807.65 元，已缴 0.00 元；

④货物运输合同应交印花税 2332.56 元，已缴 0.00 元；

⑤财产租赁合同应交印花税 811026.48 元，已缴 12031.80 元；

⑥建设工程承包合同应交印花税 19323.96 元，已缴 0.00 元；

⑦产权转移书据应交印花税 4920.51 元，已缴 0.00 元；

⑧加工承揽合同类应交印花税 43.17 元，已缴 0.00 元。

综上所述，甲公司应缴纳印花税合计 1782835.95 元，实际已缴纳 918542.73 元，未缴纳864293.22元，同时2023年补缴2022年印花税72520.80元。

结论：甲公司自2020年1月1日至2022年12月31日应缴印花税1782835.95元，已缴991063.50元，欠缴791772.42元。

5. 车船税

根据《中华人民共和国车船税法》第六条，从事机动车第三者责任强制保险业务的保险机构为机动车车船税的扣缴义务人，应当在收取保险费时依法代收车船税，并出具代收税款凭证；第八条，车船税纳税义务发生时间为取得车船所有权或者管理权的当月。

经调查，甲公司自2020年至2022年应缴车船税23220.00元，累计已缴车船税23220.00元，欠缴0.00元。

6. 城镇土地使用税

根据《中华人民共和国城镇土地使用税暂行条例》第三条，土地使用税以纳税人实际占用的土地面积为计税依据，依照规定税额计算征收；第八条，土地使用税按年计算、分期缴纳。

经调查，甲公司自2020—2022年应缴土地使用税108335.52元，累计已缴土地使用税108335.52元，欠缴0.00元。

7. 土地增值税

根据《中华人民共和国土地增值税暂行条例》第二条，转让国有土地使用权、地上的建筑物及其附着物（以下简称“转让房地产”）并取得收入的单位和个人，为土地增值税的纳税义务人（以下简称“纳税人”），应当依照本条例缴纳土地增值税；第十条，纳税人应当自转让房地产合同签订之日起7日内向房地产所在地主管税务机关办理纳税申报，并在税务机关核定的期限内缴纳土地增值税。

经调查，甲公司2021年出售A市房屋涉及土地增值税，但目前已经在起诉阶段，请求撤销该行为无效，涉及未决诉讼，暂不对其计算土地增值税。

（二）案例的处理结果

1. 税务局处理结果

由于甲企业未按照《中华人民共和国税收征收管理法》第三十一条规定期限缴纳或解缴税款。根据《中华人民共和国税收征收管理法》第三十二条、第三十八条，《中华人民共和国税收征收管理法实施细则》第七十三条规定，向甲企业发送《税务事项通知书（责令限期缴纳税款）》并进行公告，要求其限期缴纳相关税款并从税款滞纳之日起至缴纳或解缴之日止，按日加收滞纳税款万分之五的滞纳金，与税款一并缴纳。逾期不缴将按《中华人民共和国税收征收管理法》第四十条、第六十八条处理。甲企业若有争议，必须先依照通知的期限缴纳税款及滞纳金或者提供相应的担保，然后可自相关款项缴清或者提供相应担保被税务机关确认之日起60日内依法向相关税务局申请行政复议。

针对以上通知，若企业没有异议则将发布《税务处理决定书》和《税务处罚决定书》，公告甲企业违法事实、处理和处罚决定，以及各自依据，要求企业自收到相关决定书之日起15日内将相关税款、滞纳金和罚金缴纳入库，并按照规定进行相关账务调整。逾期未缴清的，将依照《中华人民共和国税收征收管理法》第四十条的规定强制执行。甲企业若有争议，必须先依照通知的期限缴纳税款及滞纳金或者提供相应的担保，然后可自相关款项缴清或者提供相应担保被税务机关确认之日起60日内依法向相关税务局申请行政复议。

2. 案例企业账务调整

根据国家税务总局《关于印发〈增值税日常稽查办法〉的通知》（国税发〔1998〕44号）规定，增值税检查后的账务调整，应设立“应交税金——增值税检查调整”专门账户。凡检查后应调减账面进项税额或调增销项税额和进项税额转出的数额，借记有关科目，贷记本科目；凡检查后应调增账面进项税额或调减销项税额和进项税额转出的数额，借记本科目，贷记有关科目；全部调账事项入账后，应结出本账户的余额，并对该余额进行处理。

补缴税款和滞纳金后，甲企业需要对2023年财务报表进行调整。具体来说，需要在财务报表中的“营业利润”或“净利润”项目中减去补缴的税款和滞纳金，以反映这两项费用对企业的财务影响。同时，还需要在财务报表附注中披露这两项费用的具体情况。其中，补缴以前年度增值税会对以前年度损益产生调整，需要结转相关金额到本年度的利润或损失；补交以前年度的企业所得税涉及未分配利润和应交税费的调整，并且所补交的以前年度企业所得税需要按照一定的比例，分别计入当前年度的应交税费科目和递延所得税资产科目；滞纳金是由于企业延迟缴纳税款或费用导致的，应将其计入企业的管理费用；罚款是由于企业的违规行为导致的，不能在税前扣除，应将其计入企业的营业外支出。

除财务报表调整之外，甲企业还需进行相关税务处理，以前年度申报有误的需重新填报申报表并到主管税务机关征收前台进行更正申报。差错更正部分填列《增值税纳税申报表附表资料（一）》的“纳税检查调整”栏和当季《企业所得税预缴申报表》16行“减：以前年度多缴在本期抵缴所得税额”负数填列，其中所查补以前年度的数额应在《2023年增值税申报表》“税款计算”部分“期初未缴税额”栏（25栏）直接作增加反映并根据税款缴纳情况调整“税款缴纳”部分的相关栏目。此外，2023年相关税收申报表还应结合调整后的财务报表填列。

（三）对该企业涉税管理的改进意见

1. 流程方面

（1）检查前——加强合规管理和风险防控。首先，企业应将税务风险意识融入企业发展的战略布局并不断加强相关人员税法培训，及时传达最新的税收政策，增强财务人员的责任意识及风险意识。比如，针对所租赁房屋的个人出租者不予开具发票问题，本企业员工需积极与出租人进行税法普法沟通并规劝，而针对错用国家税收优惠政策方面出现的问题，则需进一步提高企业财务人员素质以合理的进行税务筹划。其次，企业应建立健全其税务合规管理体系，具体需明确内部税务管理组织框架（见表 5－23），设置专门的税务岗位以增强企业纳税的专业性，使其与审计部门、风险识别部门等协调配合并强调税务岗的独立性。针对企业日常经营活动制定切实可行的税务风险内控规定，针对企业重大投资和重组等制定针对性的税务管理措施。还可建立定期自查制度，针对税务登记、纳税申报、税款缴纳、发票使用情况以及其他税务检查与稽查中常见的税务问题进行自我检查，对企业内部的税务合规、税负成本进行审核，及时发现和解决税务漏洞，避免补税、滞纳金与罚款。

表 5－23　　税务风险管理部门岗位划分及主要工作职责

岗位	主要职责
税务主管岗	①主持税务管理部门各项重点工作，拟订部门工作计划，监督并核实各岗位工作完成情况 ②针对重大涉税风险问题，与管理高层进行商议并作出决策 ③确保涉税风险信息在各部门、各岗位之间有效传递
税务会计岗	①审核各类涉税会计凭证，确保涉税金额核算的准确性 ②处理日常涉税事项、开具并认证发票，归档保管各项涉税资料 ③编制纳税申报表，按时提交税务资料，完成税款缴纳工作 ④与主管税务机关建立良好的企税关系，配合税务检查
税务培训岗	①定期对企业各部门工作人员进行税务知识培训，提升整体税务素质 ②持续关注税收环境的变化，重点关注医药领域税收优惠政策的变化
税务风控岗	①对企业涉税风险事件做好事前预防、事中控制和事后修正，出具评估报告 ②在生产经营过程中，重点针对生产、销售、研发等风险高发环节进行税务风险的识别和评估 ③针对各部门提供的涉税经营方案进行税务风险评估，比较不同方案下税务风险造成后果的严重程度，提前制定多种风险应对方案，交由税务主管及管理高层作决策 ④针对管理高层作出的重大涉税决策再次进行税务风险评估，分析风险发生的可能性及影响规模，以供管理高层参考

此外，“金税四期”背景下可进一步优化税务风险管理，充分运用其先进技术搭建纳税信息的有效沟通体系以加强企业内部涉税信息的及时更新，努力实现企业采购、生产和销售等各环节的全链条纳税风险管控，避免因涉税信息不对称造成的不必要损失。

（2）检查中——有效应对并积极沟通。在发生税务检查时需及时提供相关材料并配合询问，不可妄图隐匿涉税材料或在约谈中含糊其辞。

（3）检查后——及时整改并复盘完善。结合税务风险评估程序和结果积极自查并整改，厘清风险点产生的制度与流程缺陷，进一步完善企业纳税风险的内控与预警机制，形成纳税风险识别、评估预警与应对调整的闭环。

2. 税种方面

（1）增值税。

①加强企业内部信息系统的管理，建立电子票据管理系统，实施各信息管理系统联动管理。在2016年7月颁布的《药品经营质量管理规范》中，明确规定应通过计算机系统辅助，全方位把控药品采购、储存、销售、运输等环节，以确保药品质量。针对税务检查中“GSP[①]信息管理系统、增值税发票开票系统、ERP财务系统的数据能否对接”的要点，甲企业首先应建立起自身的电子票据管理系统，对增值税发票、随货同行单等各类票据实施电子化管理。其次，可充分运用符合GSP规范的药品购销存管理软件，如SAPERP系统、WiseERP系统、药销易ERP系统等，将其数据与财务管理系统的数据进行对接，再结合“金税四期”开票系统，在保证药品数据来源准确、真实的情况下，实现数据在三大系统内的互通互用。同时，不可忽视对三大系统的及时维护、对数据进行自查，理顺数据间的逻辑，避免税务机关在检查过程中发现漏洞。

②加强对应收账款的管理，建立客户信用档案，优化购销合同管理。针对企业应收账款繁多、回款速度慢等特点造成的收入挂账税务风险，建议甲企业在进行交易前对客户的资信情况进行调查。结合客户的实际情况判断其是否存在信用风险，有针对性地制定信用政策。针对不同类型的客户，应当约定不同的收款方式，如果是零售商客户，尽可能选择“先款后货”的收款方式，减少应收账款的金额；如果是医疗机构客户，若签订购销合同，必须在合同中明确约定付款方式、还款期限以及违约责任，同时保证合同条款明确无异议，避免日后因合同条款存在歧义而导致款项无法收回。

③杜绝虚开增值税专用发票。多部法律、管理办法中均对虚开增值税发票均进行了规定，一旦涉及虚开发票行为，不仅要接受罚款、没收违法所得等行政处罚，虚开发票达到一定数额还会涉及刑事犯罪。故甲企业可主要从保证其和发票开具方存在真实交易行为以及保证所取得增值税发票的真实性两方面进行管控。首先，甲企业财务人员应当注重对交易行为的审核，根据企业业务、营销模式的调整作出财务和税务上的转变，增强对虚开增值税专用发票、虚增费用偷逃税款的行政、刑事法律责任的认识，树立思想上的警戒线。其次，由于部分“伪医药CSO公司”都是通过注册为商业服务业或科技研发与技术服务业企业获取自行开具小规模纳税人发票的资格，继续从事其原有的过票业务。所以甲企业要谨慎接受可自行开具发票的小规模纳税人所开具的发票，可以通过国家税务总局的“发票真伪查询”功能确认其真实性，并检查发票开具金额、商品或劳务的类型、数量均要与合同约定的内容挂钩，保证合同、货物、发票、和资金“四流一致”。

① GSP：Good Supply Practice，药品经营管理规范。

（2）企业所得税。严格管控药品销售费用，建立销售费用预算体系，规范其扣除流程并做好归类。

首先，甲企业可先根据其往期的销售费用支出占比、销售费用与主营业务收入的比重、各种销售模式下的具体销售活动所对应的费用支出情况，结合考虑当期的营销策略（如是否有扩展市场网络覆盖面、进一步下沉销售渠道、调整销售模式结构、调整销售人员职工薪酬等打算），提前做好本期的销售费用预算，对销售费用支出有一个大体的把握。在执行销售计划的过程中，根据销售费用预算、结合销售计划的执行情况对销售费用支出进行安排和微调，及时发现销售过程中的异常支出并了解原因，并提出相应的解决措施，将销售费用占营业收入的比重保持在税务风险可控范围内，控制销售费用占比的涨幅，规避销售费用过高而引起的税务风险。

其次，应严格遵守《税前扣除凭证管理办法》的规定，对扣除凭证要按照真实性、合法性、关联性的原则进行严格审批。并且除了发票外还应根据不同的销售活动形式，收集相应的辅助证明材料，发票和证明材料之间要能相互印证。如会议费，除取得的费用支出发票外，还应准备包含会议基本信息的相关文件，包括议程、PPT、现场拍摄的会议照片、新闻稿等证明材料；若涉及咨询费，咨询费则应当准备咨询服务记录和成果，如咨询报告、市场调研报告、访谈记录；如果是支付给医生或专家的讲课费，还应准备相关的劳动协议与合同、按照规定代扣代缴劳务报酬个人所得税的凭据等。

最后，甲企业应根据其经济业务的实质和所取得的发票进一步对销售费用进行详细分类，将有税前扣除限额的广告费与业务宣传费、佣金、业务招待费归为一类，无明确扣除限额规定的会议费、咨询费、销售人员职工薪酬、差旅费、运输费归为一类，严格按照扣除标准进行计算，调整应纳税所得额。针对部分有争议的费用项目，如广告费、业务宣传费与市场推广费、学术会议费、咨询费，则根据业务实际发生的情况进行详细披露，不得擅自将其纳入其他费用种类。

八、案例总结

（一）案例的简要描述

甲医药股份有限公司为增值税一般纳税人，其主营业务为医药制造和零售，涉及的税种主要有增值税、企业所得税、印花税、城市维护建设税、教育费附加和地方教育附加等。集团公司下属8个全资子公司，具有12处分支机构，其中因为甲公司享受西部大开发税收优惠政策，所以企业所得税适用税率为15%。

甲企业作为医药企业具有高技术性、高收益性以及高风险性，其中的高技术性主要表现在大部分药品的生产涉及的学科多且需要先进的工艺，这使得甲企业的业务环节较长，从原材料到药品成品，要经历多个生产环节，因此其税务风险并不是简单地体现在对最终涉税数据的处理上，还可能藏匿于各个经营环节及业务流程之中；高收益性主要表现在销售环节，使得销售费用成为企业缴税的避风港，由此易引发少缴税的税务风险，而且该特征带来的风险是不易控制的；高风险性特征表现在医药行业整体风险较高，其中当然也包括税务风险。而随着税务监管不断加强，医药行业在某些方面比其他行业更容易发生税务风险，主要潜伏在采购、生产和销售等业务环节中。

1. 采购环节

该环节中中药类生产比化学药、生物药生产的税务风险要大得多。这是因为甲企业的中药生产对动、植物等原料的需求巨大，在采购环节可能会直接向农户购买原材料，交易过程中由企业自行开具收购发票，但是在没有购销双方限制的前提下，企业有可能会出现虚开收购发票或虚增成本等问题，从而引发税务风险。

2. 生产环节

（1）研发费用加计扣除优惠。甲企业每年都会投入大量资金用于新药研发项目，但由于对研发费用加计扣除的税收优惠政策不够了解，易出现扩大研发费用加计扣除范围的违法行为，给企业带来税务风险。例如，将非研发工作人员的食宿费、差旅费、工资奖金等计入研发费用一并作加计扣除处理。

此外，在研发过程中，研发支出资本化时点的选择也可能会给企业带来税务风险。在药物研发环节，且存在试验风险的情况下，对于风险较小的药品而言，如果在全部取得新药证书后再进行资本化，那么费用化阶段则可能带来损失；对于风险较大的药品而言，如果在开始临床试验时就将其作为资本化的开始时点，在后期出现申报新药证书未获得药监局审批或试验结果不佳而选择停止试验等情况时，这部分已经资本化的研发费用就要作损失处理，从而带来税务风险。

（2）资产损失税务处理过程中的企业所得税与增值税问题。医药制造企业在生产经营和管理过程中出现资产损失的情况十分常见，其间的涉税事项也是多种多样的，在处理过程中稍有不慎就有可能给企业带来税务风险。

3. 销售环节

（1）视同销售计税价格明显偏低。我国规定医药制造企业不能直接向消费者个人销售医药产品，因此甲企业在销售过程为了推广企业产品，会选择向药店或医疗机构等中间商赠送样品药，让他们及时理解药品的相关信息及疗效。按照税法规定，这些赠送的样品药在税务处理上要作视同销售处理，而甲企业由于各种各样的原因没有采取正确的方法核算样品药的销售收入，导致视同销售计税价格明显低于同类药品正常销售价格，给企业带来税务风险。

（2）“两票制”试点影响企业所得税。“两票制”试点实行后，大量医药流通企业由于受到税务机关的监管，其在流通环节的药品返利、回扣等费用无法再通过多次开票进行利益分配，从而逐渐退出医药流通市场。受此影响，医药制造企业的销售渠道急剧变窄，甲企业在自营模式下可能会为了降低涉税成本而出现虚开增值税发票等违法行为，将一些无法税前扣除的费用通过开具虚假发票记入销售费用以达到少缴税的目的，这种违法行为一旦被税务机关查处，就会给企业带来巨大的税务风险。

（3）“销售费用大包干”影响代扣个税。“销售费用大包干”具体是指企业与医药销售人员签订协议，将药品的销售回款或销售量作为绩效指标，在此基础上根据约定比例计算出营销费用，一部分拨入公共基金专户，另一部分拨入销售人员财务专户，该部分资金额度可由销售人员自行支配，通过发票报销方式取得。这种方式存在很大的税务风险漏洞，因为发票报销具有很强的自主性，所以销售人员出于私心很可能进行对其舞弊或伪造，将没有实际发生的费用占为己有。没有实际用于营销活动的账户结余发放给销售人员，企业需要将其作为销售人员的工资薪金所得代扣代缴个人所得税，这部分支出虽然不会对企业的成本费用产生直接影响，但未代扣代缴个人所得税也违反了税收法律法规，对企业来说也是一种税务风险。

综合来看，本案例对该企业选取的分析时间为 2020 年 1 月 1 日至 2022 年 12 月 31 日，从公司总体财务状况来看 2020 年和 2022 年利润呈亏损状态，具体分析公司报表和纳税申报相关数据指标，发现 14 处指标超过预警值，例如增值税税负变动率和销售利润率等指标异常，主营业务收入变动率和主营业务利润变动率的配比存疑等。后结合异常指标对甲公司相关负责人进行约谈并实地调查，尤其利用“金税四期”背景下“智慧税务”的发展调用了甲企业员工的社保缴纳情况，最终认定该公司存在：①滥用税收优惠政策；②大量成本费用的用处无法说明；③关联企业间的高额资金往来处理方式不当等现象，具体业务中，甲公司在虚抵进项、少列收入、关联交易异常等方面存在 14 个风险点，企业的风险等级为高风险。

（二）对该案例分析的得失点评

当前医药行业监管严格，涉税事项复杂，税务处理容易出现漏洞，成为税务风险的高发行业，同时药品生产周期长、科技含量高，与人们日常密不可分，使得其税务风险的研究更具有普适性和特殊性。因此，研究医药行业税务风险管控具有一定的现实意义。在全球经济快速发展的背景下，随着税收大数据应用的深化和我国税收征管的不断完善，为提高市场竞争力和行业的高质量发展速度，预防和管控税务风险已成为医药行业亟待解决的问题。为进一步顺应“金税四期”背景下现代税收制度的发展，对于企业管理水平提出了严格的要求，税务风险管控已经成为现代企业发展必须要考虑的重点之一。

本案例以医药行业为研究对象，选取了业务范围较广、企业规模与营业成果在行业内都具有一定代表性的甲企业为具体案例。通过对甲企业近三年的财务报表数据整理，运用定量与定性相结合的方法识别和评估企业的涉税风险点，首先利用税负类和配比类指标对甲企业税务风险进行定量分析，随后定性地对甲企业重点经营环节的税务风险进行分析，获悉其税务风险管理现状。在此基础上，本案例进一步延伸至整个医药行业，深入分析其可能存在的税务风险管控问题，主要体现在税务风险内部环境建设、税务风险管理体系以及配套机制方面，并针对此类问题提出优化建议。

本案例在阐述企业账实不符、少计收入、虚增销售费用等一般企业的共有风险点基础上，立足于医药行业的特点，运用纳税评估相关指标展开进一步个性化分析。此外，本案例还创造性地利用了“金税四期”系统与社保等部门联合开展调查，深入分析企业可能存在的纳税风险点，具有一定的科学性和创新性。综合案头分析、约谈举证和实地调查三个环节，本案例有望于为相关医药企业的税务风险管理提供借鉴和启示，实现医药行业的“业财法税”融合具有指导意义，有助于我国医药行业的高质量可持续发展。

尽管甲企业在医药行业有一定代表性与参考性，但不同企业具有个体差异，能否使用于整个医药行业有待进一步探讨。另外由于团队成员实务经验尚不足及篇幅限制等问题，本案例在企业业务之间勾稽关系等风险点的深入分析等方面不够深入，对于“金税四期”的了解和技术应用还不够全面，还需进一步优化完善。

（案例作者：兰州财经大学王晓雯、张晨溪、周静雯；指导老师：马军、李永海、刘海湘）

第二节　高校专家点评

一、对案例的总体评价

随着国家健康战略的全面推进和人民生活水平的提高，我国医药行业的市场规模明显扩大，中国已成为仅次于美国的世界第二大医药市场。与医药制造企业盈利能力不断提升的同时，医药企业也成为税务监管的重要领域，相关涉税违法犯罪案例的频繁出现也标志着医药企业税务风险问题需要加以重视。本案例选择了甲医药股份有限公司进行的税务风险评估，主要通过对甲企业近三年的财务报表数据整理，运用定量与定性相结合的方法识别、评估企业的涉税风险点，首先利用资产负债表、利润表和纳税申报表的税负类和配比类指标对甲企业税务风险进行案头分析，得到 14 个潜在税收风险点，随后通过约谈举证与实地调查对相关风险疑点进行排查确认，并对甲企业重点经营环节的税务风险进行定性分析，最后作出相应税务检查处理决定，整个案例比较完整地复盘了医药企业税收风险管理的基本流程与主要环节，从采购、生产、营销等主要领域揭示了可能存在的税务风险管控问题，并从税务风险内部环境建设、税务风险管理体系以及配套机制等方面，提出具体的优化建议。该案例对于医药行业加强税收风险管理具有一定指导价值，是一个比较优秀的案例。

二、案例的优点

1. 贴合实际

该案例采取了定量分析与定性分析两种方法对于医药企业的税收风险点进行了充分揭示，相关风险点的选择对于反映医药行业的普遍税收风险问题有一定启示，整个案例与税务机关实际风险管理流程比较符合。

2. 资料完整

该案例整体上对企业会计报表、纳税申报表、特定业务说明进行了较为合理的充分运用，风险评估所使用的数据比较真实，指标的运用较为合理，基本上覆盖目前医药企业的主要税种与主要环节，从提供的资料方面基本涵盖了报表、科目、业务、文书等多种类型，相关信息较为准确清晰，对于后面的定性分析能够起到论证的作用。

3. 结论可信

从案例的覆盖面而言，涉及增值税、企业所得税、个人所得税、房产税等一系列税种，从指标到业务整个风险评估的过程展示得较为清晰，从风险发现到风险验证整体链条基本完整，主要税收风险的识别在证据方面比较可靠，有关结论具有一定的可信力。

三、案例存在的问题和不足

1. 部分涉税分析比较突兀

例如在实地调查中发现 2021 年“研发费用”科目核算金额为 25670000. 00 元，并据此进行了相关判断，但是在提供的利润表中并没有研发费用支出，相关数据所引发的风险评估显得比较突兀，真实性受到一定的影响。又例如关于印花税的补缴问题，现有案例的数据与资料中很难确认全部的业务类型与规模，通过计算得出印花税的补缴税额不太可信，还不如对某个具体业务进行分析更加可靠。

2. 部分涉税分析存在争议

例如医药企业药品过期是否属于管理不善所导致的“非正常损失”，在实际税务检查中的确存在一定的争议性，在案例中直接判断为需要进行“进项税额转出”显得有点牵强，而且在约谈中也没有涉及相关问题。

3. 部分涉税业务需要深入

例如，通过数据对期间费用率指标反映出近三年的期间费用率过高，可以对此进行更加深入的分析，依据医药行业的特点，期间费用更多会反映出以广告宣传费为代表销售费用以及业务经营中的管理费用，而后面的分析对此还缺乏更为深入的分析，反而在最后的案例总结中提出对会议费如何进行风险管理，如果能够在实地调查或约谈中对此有所反映，可能会进一步增加案例的实际应用价值。同样，销售费用中的个人所得税问题以及销售环节中的发票合规问题也是医药企业的常规风险，也缺乏更有深度的分析，从而降低了案例所揭示的风险管理中的可读性。

四、完善该案例的建议

首先，增强对财务报表与纳税申报数据的深入挖掘，目前的风险评估指标以普通企业的常规指标居多，对于医药行业的主要税种还可以挖潜更具有行业税种特色的风险指标，从而体现对于该行业的分析深度；其次，增强对医药行业特殊业务与经营行为的深度分析，借鉴有关披露的医药行业税收违法犯罪案例，可以在会议费、推广费、居间费、营销提成等某些特定领域进一步分析潜在的涉税风险问题，会进一步增加案例的指标意义；最后，增加案例中相关涉税业务征纳冲突的内容，在实践中不可能所有风险指标提示都会成为真正的风险，可以在案例中增加征纳双方的沟通与协调内容，让风险管理的过程更加可信，逻辑上会更加严密，也能够增强案例的可读性。

（点评人：中南财经政法大学薛钢）

第三节　行业专家点评（1）

一、对案例的总体评价

该案例选择当前热点行业医药企业为涉税风险管控对象，以税务主管部门为假想主体，较为完整地展现了税务部门实施风险管控的全过程，包括风险识别、调查取证、确定查补税款、对行政相对人作出行政处罚等各个阶段。对大专院校相关专业的学生、财会工作者以及企业纳税人学习税务知识、提升风险意识和风险管理能力具有一定的指导作用，也为相关医药企业的税务风险管理提供了借鉴和启示。

二、案例的优点

该案例“企业资料”显示公司主要涉及税种为企业所得税、增值税、消费税、土地使用税、房产税、城市维护建设税、印花税七项。案例中，风险管控人员在“案头分析”“约谈举证”“实地调查”等阶段，对甲企业近三年的财务数据进行整理分析，运用定量与定性相结合的方法识别和评估企业的涉税风险点，均发现了多个税收风险点，且不同风险识别方法识别的部分风险点之间能相互印证，体现了可靠性和逻辑的严密性。最终在“评估调查结论”阶段，锁定了前述七个主要税种中有六个税种存在税收问题，企业所得税、增值税、房产税、城市维护建设税、印花税五个税种需要查补税款；同时根据检查情况，对企业如何改进涉税管理提出了多项意见和建议且具体到主要税种。表明本案的税收风险管控工作到位、内容较为全面。此外，该案例还利用“金税四期”系统与社保等部门联合开展调查，深入分析企业可能存在的纳税风险点，具有一定的科学性和先进性。

三、案例存在的问题和不足

1. 企业资料获取不充分

案例材料显示，该案例没有获得企业会计报表、纳税申报表、特定业务说明等资料，仅获取了2020—2022年资产负债、经营收入、经营成本、年度利润等部分数据，没有具体纳税数据；获取资料的数量和质量都有欠缺。

2. 案头分析存在多处错漏

例如，在“增值税进项税额变动率与销项税额变动率指标分析”部分，有分析段无结论段；在“主营业务收入变动率与主营业务利润变动率配比分析”部分，主营业务利润变动率公式设定错误，导致计算结果出现方向性误差，该段分析的是收入和利润变动指标，而结论却是“极有可能存在虚假列支工资薪金支出等成本费用的问题”，其中逻辑关系尚不知其中奥妙；在“预收账款变动率与销售收入变动率指标分析”部分，预收账款变动率计算错误，导致相反的测算结论。

3. 约谈分析存在前后矛盾之处

例如，笔录材料中同一个税务局有简称Z税务局，又称丁税务局；笔录中提到2021年和2022年增值税申报表年销售额“都不足百万元”，而根据案头分析材料显示，2021年和2022年公司增值税销售收入分别为21.84亿元和19.40亿元。

4. 实地调查环节存在会计处理均不完整和多处税款计算逻辑错误

会计处理应“有借必有贷”，但案例之只作税项科目的贷方或借方单方面处理，不作对应科目调整，直接影响后续资产、负债计价，特别是对后续企业所得税调整的正确性产生影响。

在税款计算方面，增值税部分没有区分含税价和不含税价，销售或视同调整金额直接以13%适用税率计算销项税额；特别是视同销售税项的调整，在计算销项税额以后，未计算城市建设税和附加，也未考虑成本因素，直接将视同销售金额全额作为应纳税所得额计算应补企业所得税。而更为奇怪的是，案例中把《中华人民共和国个人所得税法实施条例》作为调查调整公司增值税计税收入的法律依据。

5. 主要税种的查补结论存在错误

由于实地调查环节多个税项计算存在错误，导致评估调查结论中增值税、企业所得税等主要税种的查补结论错误。

四、完善该案例的建议

上述问题可能由于案例编写团队成员实务经验不足导致，因此建议团队聘请有实务经验的导师，在进一步补充企业资料的基础上，对各个分析、计算环节进行复核，提升案例内容的准确性和可信度。

（点评人：浙江兴合会计师事务所有限公司何建军）

第四节 行业专家点评（2）

一、对案例的总体评价

该案例从企业的业务发生过程阐述了企业的经营业务状态以及设置的指标风险触发的背后意义，对于税收风险评估具有很好的参考意义。

案例首先分析了经济与行业的特点，其次详细介绍了企业的财务与税务情况，在此基础上开展案例评估有理有据。

从分析的过程看，有点结果先行的影子，部分风险疑点并不能在案头分析时得出，这一点为风险而风险的特点尤为明显。

二、案例的优点

1. 故事性强

对被检查企业的现有资料进行分析，通过相应的申报数据进行分析，而后一步步验证并在描述中加入相应的文件支撑，使得案例的完整度较高。

2. 风险阐述清晰

推论出企业的风险，并进一步阐述推论风险的相应公式含义，并通过公式推导的结果触发风险提示，使得读者一目了然这几个简单数据之间的意义，推动读者去思考是否可以有更多的风险指标。

三、案例存在的问题和不足

1. 指标的设置需要更多元化

指标的设置需要更多类型，本次设置的 14 个指标中存在虽然计算方法不同，但是指标背后的原理是一样的，例如，指标 1 与 2 重复；指标 5 与 6 和 8 重复；指标 7 与 9 重复，因此剔除后会显得指标设置较为薄弱。从后文发现的问题中均为产生指标的触发，例如，居间费用，可以设置指标，因为该部分在期间费用中通过企业所得税表汇算清缴申报表中根据佣金总额与主营业务收入的比值可以测算，以及研发费用等，在此不再赘述。

2. 需要注意数据的准确性

①数据计算错误较高，出现在本案例的增值税的进项转出以及部分企业所得税计算；②关于案例提到的企业已经调整金额与申报表不符。

3. 指标的设置需要更合理

①在本案例中企业所得税税负采用缴纳的企业所得税税额/主营业务收入，忽略了企业若存在减免企业所得税额的情况，如购进环保设备等。因此该部分更换成应纳税所得额更为恰当；②将印花税的指标设置成万分之三预警，该指标存在不合理，指标设置印花税税额/主营业务收入，但忽略印花税是一种凭证税，且印花税税目决定了它的计算方法，因此并不是根据主营业务收入可以测算的。

4. 推论数据需要更充分的法律文件支撑

本案例中提到工资薪金没有签字和转账记录就得出不可以企业所得税前扣除的结论，且运用的文件也不足以说明这个问题的根本，是否需要参考、是否已经进行个人所得税申报，以及是否存在该部分未实际支付在账面挂账行为从而推论该部分不可在企业所得税前扣除的情况，那么可依据《国家税务总局关于企业所得税应纳税所得额若干税务处理问题的公告》（国家税务总局公告〔2012〕15号）第八条规定，“对企业依据财务会计制度规定，并实际在财务会计处理上已确认的支出，凡没有超过《中华人民共和国企业所得税法》和有关税收法规规定的税前扣除范围和标准的，可按企业实际会计处理确认的支出，在企业所得税前扣除，计算其应纳税所得额”。

四、完善该案例的建议

首先，编写案例的数据引用以及计算需要更系统和完整、准确。尤其是对于作为典型案例，需要关注。

其次，对于指标的设置可以多加入医药行业的特点：票多、票杂。如何结合发票开展风险评估，是新形势下纳税评估的一项挑战，也是必须完成的任务。

最后，针对行业的涉税特点，比如医药行业的两票制的制约可以多提一些合理的建议，无疑可以提高案例的高度。

（点评人：税安科技（杭州）有限公司财税专家余晓云）

第六章　药品制造业税收风险管控案例与点评

第一节　某药业有限公司税收风险管控案例

一、学习指引

近年来，医保控费政策趋紧、仿制药一致性评价推进、集中代理采购实施和供给侧结构性改革对医药制造行业产生重大影响，对企业提出更高要求。本案例在介绍医药行业整体情况、特点和税收风险点的基础上，以某药业有限公司为例，通过数据分析、实地访谈和调查取证，找出医药行业的税务风险。本案例有助于为风险应对人员指明不足和隐藏风险，为税收征管人员构建医药行业纳税风险评估指标体系提供参考。

二、行企背景

（一）我国医药行业特点

1. 受外部环境影响大

中国的医药行业易受外部影响，主要表现为对中央政府的宏观经济政策与民众需求的改变较为敏感。由于新冠疫情等事件暴发，国家近年来对医药行业的调控不断加大力度，并出台了许多医药行业可享受的优惠政策，行业发展外部环境较为良好。此外，医药行业关乎国内人民基本需求，我国人民对健康、养老的未来愿景不断增长，从需求端引导行业发展，持续扩张市场空间。综上所述，行业与宏观政策、人民需求息息相关。

2. 高技术性

人民健康与医疗条件是国家经济与社会发展的基础，医疗的发展更体现了一国的顶尖技术发展水平。人类社会的不同时期的先进科技一般会先投入医疗与军事领域。目前各级政府对医药行业的创新与研发提供了多样的财政补贴与优惠政策，医疗医药行业的研发投入不断增加。

3. 高风险性

医疗行业的研发风险较高，产品的研发有着较大的不确定性。新药的研发拥有较长的链条与流程，从合成提取、筛选实验、注册上市到售后监督，耗资大、耗时长。这种研发周期长、结果不确定性高的特点，为医药行业的生产研发过程带来更高的风险。

4. 缴纳税金以增值税和企业所得税为主

近年来，中国医药行业增值税和企业所得税之和占行业总税负 80% 以上，这两个税种对医药行业的税负影响较大。同时，由于减税降费等政策的实施，医药行业增值税税额于 2018 年之后出现下降趋势，如表 6－1 所示。

表 6－1　　2016—2020 年中国医药行业税收情况　　单位：万元

年度	增值税	企业所得税
2016	8067730	2994314
2017	9141028	3418572
2018	10299951	3825801
2019	9950672	4020830
2020	8778100	4175400

数据来源：《中国税务年鉴》。

（二）我国医药行业税收优惠政策

表 6－2 梳理了医药制造业适用的税收优惠政策。

表 6－2　　医药制造业税收优惠政策

税种	优惠政策	文件
增值税	对卫生防疫调拨医药和药械可按小规模纳税人 3% 征收增值税	国税发〔2009〕10 号
	一般纳税人生产销售、批发和零售抗癌药品，可选择简易办法 3% 征收率计算缴纳	财税〔2018〕47 号
	国产抗艾滋病病毒药品免征增值税	财税〔2019〕73 号
	销售兽用药品一般纳税人可简易纳税	财税〔2016〕8 号
	对于疫情防控的重点保障物资，可申请全额退还增值税增量留抵退税额	财税〔2020〕8 号
企业所得税	新购进的设备、器具单位不超过 500 万元，允许一次性计入当期费用计算应纳税所得额时扣除；超过 500 万元的，可采取缩短折旧年限或采取加速折旧的方法	财税〔2019〕66 号
	企业发生广告费和业务宣传的费用支出，不超过当年销售（营业）收入 30% 的部分，准予扣除，可结转	财税〔2020〕43 号
	高新技术企业或科技型中小企业（含医药制造业）尚未弥补完的亏损，可在 10 年内结转以后年度弥补	财税〔2018〕45 号

续表

税种	优惠政策	文件
个人所得税	高新技术企业转化科技成果（含医药制造业）归于技术人员股权奖励可在5年内分期缴纳个人所得税	财税〔2018〕45号
	技术骨干或高级管理人员符合条件可享受限制性股票和股权奖励递延纳税政策	财税〔2016〕101号

三、企业资料

（一）企业基本信息

纳税人名称：××××药业有限公司

公司成立时间：20××年××月××日

经济性质：有限责任公司（高新技术企业）

增值税类型：一般纳税人

经营范围：化学药品制剂制造

企业简介：公司成立于20××年，注册点位于A省B市，是一家专业从事抗生素制剂研发、生产与销售的制药企业，已认定为国家高新技术企业。

税率：主要税率如表6-3所示。

表6-3　　企业主要税率

税种	税率
增值税	13%
企业所得税	15%
印花税	0.05‰；0.3‰；1‰
房产税	1.2%
城市维护建设税	7%
教育费附加	3%
地方教育附加	2%

企业主要税费明细：主要税费明细如表6-4所示。

表6-4　　企业主要税费明细　　单位：元

税种	2020年	2021年	2022年
增值税	3802071.5	17118884.19	26670713.48
企业所得税	0	1686552.3	6215138.78
房产税	0	804645.88	813892.85

续表

税种	2020年	2021年	2022年
城镇土地使用税	360960.11	360960.11	360984.88
印花税	52437.03	104523.78	153842.35

（二）企业经营情况

1. 经营产品

企业主营产品为抗菌性医药产品与部分原料药，产品涉及多个疾病领域。

2. 经营模式

企业产品目前主要在国内市场销售，暂未出口。

3. 各项费用

企业各项费用如表6－5所示。

表6－5　　2020—2022年企业各项费用

项目	2020年	2021年	2022年
销售费用	18959616.68	47176365.75	100400237.6
管理费用	13643960.39	26238430.45	17170594.9
研发费用	13464676.01	12446568.55	17198115.71
财务费用	18961147.06	19777481.35	12552095.98

4. 经营情况

公司近三年营业收入呈增长趋势。2020年营业收入为17479.01万元，毛利率为32.85%；2021年营业收入为35196.64万元，毛利率为35.95%；2022年营业收入为50841.30万元，毛利率为38.80%。

5. 税务数据

公司涉及的主要税种有增值税、企业所得税、房产税和印花税等，还涉及地方教育费附加和教育费附加。公司的增值税税负率较高，远超过行业平均；企业所得税税负率波动异常，可能涉及利润操控；企业所得税和房产税申报表中的数值存在不一致，具体原因将在后文分析。

（三）财务报表

2020年12月31日资产负债表、2021年12月31日资产负债表及2022年12月31日资产负债表分别如表6－6、表6－7及表6－8所示。2020年利润表、2021年利润表及2022年利润表分别如表6－9、表6－10及表6－11所示。

表 6-6　　　　2020 年 12 月 31 日资产负债表

税款所属期间：2020 年 1 月 1 日至 2020 年 12 月 31 日　　金额单位：元（列至角分）

资产	行次	期末余额	上年年末余额	负债和所有者权益（或股东权益）	行次	期末余额	上年年末余额
流动资产：				流动负债：			
货币资金	1	470678.48	15324328.71	短期借款	30	242821914.48	165912576.00
以公允价值计量且其变动计入当期损益的金融资产	2	0.00	0.00	以公允价值计量且其变动计入当期损益的金融负债	31	0.00	0.00
衍生金融资产	3	0.00	0.00	衍生金融负债	32	0.00	0.00
应收票据	4	237896.64	0.00	应付票据	33	0.00	19814400.00
应收账款	5	223539616.49	131914155.16	应付账款	34	124330779.20	69555341.98
预付款项	6	43871832.85	64558497.14	预收款项	35	17227593.84	1403520.00
其他应收款	7	272440299.86	262730837.20	应付职工薪酬	36	2543337.01	7117554.97
存货	8	44658185.56	15461666.99	应交税费	37	26877222.98	29955314.97
持有待售资产	9	0.00	0.00	其他应付款	38	24355592.41	16477090.43
一年内到期的非流动资产	10	0.00	0.00	持有待售负债	39	0.00	0.00
其他流动资产	11	1718020.27	0.00	一年内到期的非流动负债	40	35088000.00	20640000.00
流动资产合计	12	586936530.18	489989485.20	其他流动负债	41	0.00	0.00
非流动资产：				流动负债合计	42	473244439.96	330875798.37
可供出售金融资产	13	15009465.62	15952243.2	非流动负债：			
持有至到期投资	14	0.00	0.00	长期借款	43	30547200.00	55315200.00
长期应收款	15	0.00	0.00	应付债券	44	0.00	0.00
长期股权投资	16	76615680.00	76615680.00	其中：优先股	45	0.00	0.00
投资性房地产	17	0.00	0.00	永续债	46	0.00	0.00
固定资产	18	218139939.95	216673263.98	长期应付款	47	0.00	0.00
在建工程	19	0.00	5872058.27	预计负债	48	0.00	0.00
生产性生物资产	20	0.00	0.00	递延收益	49	7987955.19	8632473.60
油气资产	21	0.00	0.00	递延所得税负债	50	3187282.79	3418522.91
无形资产	22	11962474.34	12394904.20	其他非流动负债	51	0.00	0.00
开发支出	23	0.00	0.00	非流动负债合计	52	41722437.99	67366196.51
商誉	24	0.00	0.00	负债合计	53	514966877.95	398241994.89
长期待摊费用	25	20142940.39	0.00	所有者权益（或股东权益）			
递延所得税资产	26	58589.23	47637.20	实收资本（或股本）	54	48682500.00	48682500.00

续表

资产	行次	期末余额	上年年末余额	负债和所有者权益（或股东权益）	行次	期末余额	上年年末余额
其他非流动资产	27	7506394.82	8125875.53	其他权益工具	55	0.00	0.00
非流动资产合计	28	349435484.37	335681662.39	其中：优先股	56	0.00	0.00
资产总计	29	936372014.56	825671147.60	永续债	57	0.00	0.00
				资本公积	58	0.00	0.00
				减：库存股	59	0.00	0.00
				其他综合收益	60	0.00	0.00
				专项储备	61	0.00	0.00
				盈余公积	62	24341200.00	24341200.00
				未分配利润	63	348381394.53	354405410.63
				所有者权益（或股东权益）合计	64	421405136.61	427429152.71
				负债和所有者权益（或股东权益）总计	65	936372014.56	825671147.60

表 6－7　　2021 年 12 月 31 日资产负债表

税款所属期间：2021 年 1 月 1 日至 2021 年 12 月 31 日　金额单位：元（列至角分）

资产	行次	期末余额	上年年末余额	负债和所有者权益（或股东权益）	行次	期末余额	上年年末余额
流动资产：				流动负债：			
货币资金	1	799546.78	470678.48	短期借款	35	119092800.00	242821914.48
交易性金融资产	2	0.00	0.00	交易性金融负债	36	0.00	0.00
衍生金融资产	3	0.00	0.00	衍生金融负债	37	0.00	0.00
应收票据	4	9297046.24	237896.64	应付票据	38	9161596.24	0.00
应收账款	5	184051904.21	223539616.49	应付账款	39	186815808.61	124330779.20
应收款项融资	6	0.00	0.00	预收款项	40	189286048.43	17227593.84
预付款项	7	163321161.60	43871832.85	合同负债	41	0.00	0.00
其他应收款	8	344884706.44	272440299.86	应付职工薪酬	42	9670522.15	2543337.01
存货	9	76160283.99	44658185.56	应交税费	43	21188853.62	26877222.98
合同资产	10	0.00	0.00	其他应付款	44	85409872.36	24355592.41
持有待售资产	11	0.00	0.00	持有待售负债	45	0.00	0.00
一年内到期的非流动资产	12	0.00	0.00	一年内到期的非流动负债	46	0.00	35088000.00

续表

资产	行次	期末余额	上年年末余额	负债和所有者权益（或股东权益）	行次	期末余额	上年年末余额
其他流动资产	13	1718020.27	1718020.27	其他流动负债	47	0.00	0.00
流动资产合计	14	780232669.56	586936530.18	流动负债合计	48	620625501.44	473244439.96
非流动资产：				非流动负债：			
债权投资	15	0.00	0.00	长期借款	49	42931200.00	30547200.00
其他债权投资	16	0.00	0.00	应付债券	50	0.00	0.00
长期应收款	17	0.00	0.00	其中：优先股	51	0.00	0.00
长期股权投资	18	71662080.00	76615680.00	永续债	52	0.00	0.00
其他权益工具投资	19	0.00	0.00	租赁负债	53	0.00	0.00
其他非流动金融资产	20	8513576.03	15009465.62	长期应付款	54	0.00	0.00
投资性房地产	21	0.00	0.00	预计负债	55	0.00	0.00
固定资产	22	211427353.41	218139939.95	递延收益	56	7343436.79	7987955.19
在建工程	23	0.00	0.00	递延所得税负债	57	2956042.66	3187282.79
生产性生物资产	24	0.00	0.00	其他非流动负债	58	0.00	0.00
油气资产	25	0.00	0.00	非流动负债合计	59	53230679.46	41722437.99
使用权资产	26	0.00	0.00	负债合计	60	673856180.90	514966877.95
无形资产	27	11637661.13	11962474.34	所有者权益（或股东权益）：			
开发支出	28	1750848.35	0.00	实收资本（或股本）	61	48682500.00	48682500.00
商誉	29	0.00	0.00	其他权益工具	62	0.00	0.00
长期待摊费用	30	19566718.69	20142940.39	其中：优先股	63	0.00	0.00
递延所得税资产	31	103393.90	58589.23	永续债	64	0.00	0.00
其他非流动资产	32	7506394.82	7506394.82	资本公积	65	0.00	0.00
非流动资产合计	33	332168026.37	349435484.37	减：库存股	66	0.00	0.00
资产总计	34	1112400695.94	936372014.56	其他综合收益	67	0.00	0.00
				专项储备	68	0.00	0.00
				盈余公积	69	24341200.00	24341200.00
				未分配利润	70	365520772.96	348381394.53
				所有者权益（或股东权益）合计	71	438544515.04	421405136.61
				负债和所有者权益（或股东权益）总计	72	1112400695.94	936372014.56

表6-8　　2022年12月31日资产负债表

税款所属期间：2022年1月1日至2022年12月31日　　金额单位：元（列至角分）

资产	行次	期末余额	上年年末余额	负债和所有者权益（或股东权益）	行次	期末余额	上年年末余额
流动资产：				流动负债：			
货币资金	1	771892.92	799546.78	短期借款	35	133829760.00	119092800.00
交易性金融资产	2	0.00	0.00	交易性金融负债	36	0.00	0.00
衍生金融资产	3	0.00	0.00	衍生金融负债	37	0.00	0.00
应收票据	4	0.00	9297046.24	应付票据	38	0.00	9161596.24
应收账款	5	15270992.27	184051904.21	应付账款	39	229649064.19	186815808.61
应收款项融资	6	0.00	0.00	预收款项	40	0.00	189286048.43
预付款项	7	151689210.80	163321161.60	合同负债	41	264848539.77	0.00
其他应收款	8	674650680.57	344884706.44	应付职工薪酬	42	15263116.82	9670522.15
存货	9	94872590.80	76160283.99	应交税费	43	12123666.64	21188853.62
合同资产	10	0.00	0.00	其他应付款	44	134501532.70	85409872.36
持有待售资产	11	0.00	0.00	持有待售负债	45	0.00	0.00
一年内到期的非流动资产	12	0.00	0.00	一年内到期的非流动负债	46	0.00	0.00
其他流动资产	13	0.00	1718020.27	其他流动负债	47	0.00	0.00
流动资产合计	14	937255367.38	780232669.56	流动负债合计	48	790215680.13	620625501.44
非流动资产：				非流动负债：			
债权投资	15	0.00	0.00	长期借款	49	34675200.00	30547200.00
其他债权投资	16	0.00	0.00	应付债券	50	0.00	0.00
长期应收款	17	0.00	0.00	其中：优先股	51	0.00	0.00
长期股权投资	18	71662080.00	71662080.00	永续债	52	0.00	0.00
其他权益工具投资	19	0.00	0.00	租赁负债	53	0.00	0.00
其他非流动金融资产	20	8513576.03	8513576.03	长期应付款	54	0.00	0.00
投资性房地产	21	0.00	0.00	预计负债	55	0.00	0.00
固定资产	22	201304389.19	211427353.41	递延收益	56	6698918.39	7343436.79
在建工程	23	0.00	0.00	递延所得税负债	57	2724802.30	2956042.66
生产性生物资产	24	0.00	0.00	其他非流动负债	58	0.00	0.00
油气资产	25	0.00	0.00	非流动负债合计	59	44098920.69	53230679.46
使用权资产	26	0.00	0.00	负债合计	60	834314600.83	673856180.90
无形资产	27	11275567.43	11637661.13	所有者权益（或股东权益）：			
开发支出	28	1750848.35	1750848.35	实收资本（或股本）	61	48682500.00	48682500.00
商誉	29	0.00	0.00	其他权益工具	62	0.00	0.00

续表

资产	行次	期末余额	上年年末余额	负债和所有者权益（或股东权益）	行次	期末余额	上年年末余额
长期待摊费用	30	18870001.09	19566718.69	其中：优先股	63	0.00	0.00
递延所得税资产	31	8184440.55	103393.90	永续债	64	0.00	0.00
其他非流动资产	32	7506394.82	7506394.82	资本公积	65	0.00	0.00
非流动资产合计	33	329067297.51	332168026.37	减：库存股	66	0.00	0.00
资产总计	34	1266322664.89	1112400695.94	其他综合收益	67	0.00	0.00
				专项储备	68	0.00	0.00
				盈余公积	69	24341200.00	24341200.00
				未分配利润	70	358984321.98	365520772.96
				所有者权益（或股东权益）合计	71	432008064.06	438544515.04
				负债和所有者权益（或股东权益）总计	72	1266322664.89	1112400695.94

表 6－9　　2020 年利润表　　金额单位：元（列至角分）

行次	项目	本期金额	上期金额
1	一、营业收入	174790063.55	231191090.81
2	减：营业成本	117370702.73	122838449.52
3	税金及附加	558295.58	653086.73
4	销售费用	18959616.68	55806178.66
5	管理费用	13643960.38	18688363.90
6	研发费用	13464676.01	17136476.47
7	财务费用	18961147.05	16827690.80
8	其中：利息费用	18583187.35	17049543.71
9	利息收入	－176822.83	－1101403.96
10	加：其他收益	5983297.95	4092410.43
11	投资收益（损失以“－”号填列）	0	0
12	其中：对联营企业和合营企业的投资收益	0	0
13	公允价值变动收益（损失以“－”号填列）	0	0
14	资产减值损失（损失以“－”号填列）	－73013.52	40778.59
15	资产处置收益（损失以“－”号填列）	－2802.66	19538.26
16	二、营业利润（亏损以“－”号填列）	－2260853.13	3393571.99
17	加：营业外收入	0	0.59
18	减：营业外支出	4005355.12	3899454.56

续表

行次	项目	本期金额	上期金额
19	三、利润总额（亏损总额以“－”号填列）	6266208.25	－505882.09
20	减：所得税费用	－242192.15	－225123.33
21	四、净利润（净亏损以“－”号填列）	－6024016.10	－280758.75
22	（一）持续经营净利润（净亏损以“－”号填列）	0	0
23	（二）终止经营净利润（净亏损以“－”号填列）	0	0
24	五、其他综合收益的税后净额	0	0
25	（一）不能重分类进损益的其他综合收益	0	0
26	1．重新计量设定受益计划变动额	0	0
27	2．权益法下不能转损益的其他综合收益	0	0
28	（二）将重分类进损益的其他综合收益	0	0
29	1．权益法下可转损益的其他综合收益	0	0
30	2．可供出售金融资产公允价值变动损益	0	0
31	3．持有至到期投资重分类为可供出售金融资产损益	0	0
32	4．现金流量套期损益的有效部分	0	0
33	5．外币财务报表折算差额	0	0
34	六、综合收益总额	－6024016.10	－280758.75

表6－10　　2021年利润表　　金额单位：元（列至角分）

行次	项目	本期金额	上期金额
1	一、营业收入	351966426.47	174790063.55
2	减：营业成本	225445962.71	117370702.73
3	税金及附加	1490998.88	558295.58
4	销售费用	47176365.75	18959616.68
5	管理费用	26238430.45	13643960.38
6	研发费用	12446568.55	13464676.01
7	财务费用	19777481.35	18961147.05
8	其中：利息费用	0.00	18583187.35
9	利息收入	0.00	－176822.83
10	加：其他收益	1670179.45	5983297.95
11	投资收益（损失以“－”号填列）	0.00	0.00
12	其中：对联营企业和合营企业的投资收益	0.00	0.00
13	以摊余成本计量的金融资产终止确认收益（损失以“－”号填列）	0.00	0.00
14	净敞口套期收益（损失以“－”号填列）	0.00	0.00

续表

行次	项目	本期金额	上期金额
15	公允价值变动收益（损失以“－”号填列）	0.00	0.00
16	信用减值损失（损失以“－”号填列）	-298697.90	-73013.52
17	资产减值损失（损失以“－”号填列）	0.00	0.00
18	资产处置收益（损失以“－”号填列）	0.00	-2802.66
19	二、营业利润（亏损以“－”号填列）	20762100.32	-2260853.13
20	加：营业外收入	0.66	0.00
21	减：营业外支出	2220240.08	4005355.12
22	三、利润总额（亏损总额以“－”号填列）	18541860.90	-6266208.25
23	减：所得税费用	1402482.48	-242192.15
24	四、净利润（净亏损以“－”号填列）	17139378.43	-6024016.10
25	（一）持续经营净利润（净亏损以“－”号填列）	0.00	0.00
26	（二）终止经营净利润（净亏损以“－”号填列）	0.00	0.00
27	五、综合收益总额	17139378.43	-6024016.10

表6－11　　2022年利润表　　金额单位：元（列至角分）

行次	项目	本期金额	上期金额
1	一、营业收入	508413007.70	351966426.47
2	减：营业成本	311154590.32	225445962.71
3	税金及附加	3506000.98	1490998.88
4	销售费用	100400237.59	47176365.75
5	管理费用	17170594.90	26238430.45
6	研发费用	17198115.71	12446568.55
7	财务费用	12552095.98	19777481.35
8	其中：利息费用	12362157.75	0.00
9	利息收入	-29882.78	0.00
10	加：其他收益	7203217.71	1670179.45
11	投资收益（损失以“－”号填列）	0.00	0.00
12	其中：对联营企业和合营企业的投资收益	0.00	0.00
13	以摊余成本计量的金融资产终止确认收益（损失以“－”号填列）	0.00	0.00
14	净敞口套期收益（损失以“－”号填列）	0.00	0.00
15	公允价值变动收益（损失以“－”号填列）	0.00	0.00
16	信用减值损失（损失以“－”号填列）	-53873644.33	-298697.90
17	资产减值损失（损失以“－”号填列）	0.00	0.00
18	资产处置收益（损失以“－”号填列）	-1263.62	0.00

续表

行次	项目	本期金额	上期金额
19	二、营业利润（亏损以“-”号填列）	-240318.03	20762100.32
20	加：营业外收入	19304.23	0.66
21	减：营业外支出	11347351.88	2220240.08
22	三、利润总额（亏损总额以“-”号填列）	-11568365.68	18541860.90
23	减：所得税费用	-2123466.71	1402482.48
24	四、净利润（净亏损以“-”号填列）	-9444898.96	17139378.43
25	（一）持续经营净利润（净亏损以“-”号填列）	-9444898.96	0.00
26	（二）终止经营净利润（净亏损以“-”号填列）	0.00	0.00
27	五、综合收益总额	-9444898.96	17139378.43

（四）纳税申报表

2020年企业所得税年度纳税申报表、2021年企业所得税年度纳税申报表及2022年企业所得税年度纳税申报表分别如表6-12、表6-13及表6-14所示。2020年12月增值税及附加税费、2021年12月增值税及附加税费及2022年12月增值税及附加税费分别如表6-15、表6-16及表6-17所示。2020年房产税申报明细表、2021年房产税申报明细表及2022年房产税申报明细表分别如表6-18、表6-19及表6-20所示。2020年城镇土地使用税申报明细表、2021年城镇土地使用税申报明细表及2022年城镇土地使用税申报明细表分别如表6-21、表6-22及表6-23所示。

表6-12　　2020年企业所得税年度纳税申报表　　金额单位：元（列至角分）

行次	类别	项目	金额
1	利润总额计算	一、营业收入（A101010\101020\103000）	174790063.57
2		减：营业成本（A102010\102020\103000）	117370702.76
3		营业税金及附加	558295.59
4		销售费用（A104000）	18959616.68
5		管理费用（A104000）	27108636.40
6		财务费用（A104000）	18961147.06
7		资产减值损失	73013.52
8		加：公允价值变动收益	0.00
9		投资收益	0.00
10		二、营业利润（1-2-3-4-5-6-7+8+9）	-8241348.42
11		加：营业外收入（A101010\101020\103000）	5983297.95
12		减：营业外支出（A102010\102020\103000）	4008157.79
13		三、利润总额（10+11-12）	-6266208.26

续表

行次	类别	项目	金额
14	应纳税所得额计算	减：境外所得（填写 A108000）	0.00
15		加：纳税调整增加额（填写 A105000）	15476006.15
16		减：纳税调整减少额（填写 A105000）	0.00
17		减：免税、减计收入及加计扣除（填写 A107010）	8258351.63
18		加：境外应税所得抵减境内亏损（填写 A108000）	0.00
19		四、纳税调整后所得（13－14＋15－16－17＋18）	951446.27
20		减：所得减免（填写 A107020）	0.00
21		减：抵扣应纳税所得额（填写 A107030）	0.00
22		减：弥补以前年度亏损（填写 A106000）	951446.27
23		五、应纳税所得额（19－20－21－22）	0.00
24	应纳税额计算	税率（25%）	
25		六、应纳所得税额（23×24）	0.00
26		减：减免所得税额（填写 A107040）	0.00
27		减：抵免所得税额（填写 A107050）	0.00
28		七、应纳税额（25－26－27）	0.00
29		加：境外所得应纳所得税额（填写 A108000）	0.00
30		减：境外所得抵免所得税额（填写 A108000）	0.00
31		八、实际应纳所得税额（28＋29－30）	0.00
32		减：本年累计实际已预缴的所得税额	0.00
33		九、本年应补（退）所得税额（31－32）	0.00
34		其中：总机构分摊本年应补（退）所得税额（填写 A109000）	0.00
35		财政集中分配本年应补（退）所得税额（填写 A109000）	0.00
36		总机构主体生产经营部门分摊本年应补（退）所得税额（填写 A109000）	0.00

表 6－13　　2021 年企业所得税年度纳税申报表　　金额单位：元（列至角分）

行次	类别	项目	金额
1	利润总额计算	一、营业收入（A101010 \ 101020 \ 103000）	351966426.47
2		减：营业成本（A102010 \ 102020 \ 103000）	225445962.71
3		营业税金及附加	1490998.88
4		销售费用（A104000）	47176365.75
5		管理费用（A104000）	38684999.00
6		财务费用（A104000）	19777481.35
7		资产减值损失	298697.90
8		加：公允价值变动收益	0.00
9		投资收益	0.00
10		二、营业利润（1－2－3－4－5－6－7＋8＋9）	19091920.87
11		加：营业外收入（A101010 \ 101020 \ 103000）	1670180.11
12		减：营业外支出（A102010 \ 102020 \ 103000）	2220240.08
13		三、利润总额（10＋11－12）	18541860.90

续表

行次	类别	项目	金额
14	应纳税所得额计算	减：境外所得（填写 A108000）	0.00
15		加：纳税调整增加额（填写 A105000）	6927696.63
16		减：纳税调整减少额（填写 A105000）	550400.00
17		减：免税、减计收入及加计扣除（填写 A107010）	11284766.76
18		加：境外应税所得抵减境内亏损（填写 A108000）	0.00
19		四、纳税调整后所得（13 - 14 + 15 - 16 - 17 + 18）	13634390.77
20		减：所得减免（填写 A107020）	0.00
21		减：抵扣应纳税所得额（填写 A107030）	2390708.77
22		减：弥补以前年度亏损（填写 A106000）	0.00
23		五、应纳税所得额（19 - 20 - 21 - 22）	11243682.00
24	应纳税额计算	税率（25%）	0.21
25		六、应纳所得税额（23 × 24）	2810920.50
26		减：减免所得税额（填写 A107040）	1124368.20
27		减：抵免所得税额（填写 A107050）	0.00
28		七、应纳税额（25 - 26 - 27）	1686552.30
29		加：境外所得应纳所得税额（填写 A108000）	0.00
30		减：境外所得抵免所得税额（填写 A108000）	0.00
31		八、实际应纳所得税额（28 + 29 - 30）	1686552.30
32		减：本年累计实际已预缴的所得税额	0.00
33		九、本年应补（退）所得税额（31 - 32）	1686552.30
34		其中：总机构分摊本年应补（退）所得税额（填写 A109000）	0.00
35		财政集中分配本年应补（退）所得税额（填写 A109000）	0.00
36		总机构主体生产经营部门分摊本年应补（退）所得税额（填写 A109000）	0.00
FZ1	实际缴纳企业所得税计算	中央级收入实际应补（退）所得税额（一般企业 33 × 60%；总机构（34 + 36）× 60% + 35）	1011931.38
FZ2		地方级收入应补（退）所得税额（一般企业 33 × 40%；总机构（34 + 36） × 40%））	674620.92
37		本年民族自治地区地方分享部分优惠方式	否
37.0		优惠幅度（0 为不减免，100% 为免征）	0.00
37.1		本年应减免金额（一般企业 31 行 × 40% × 37.0 行“优惠幅度”；总机构 A109000 表第 18 行）	0.00
37.2		本年累计已减免金额（本年度 4 季度预缴申报表 23.1 行，总机构 A109000 表第 19 行）	0.00
37.3		因优惠产生的地方级收入应补（退）金额（一般企业 37.1 - 37.2；总机构 A109000 第 20 行）	0.00
37.4		总机构及分支机构地方级收入全年减免总额（37.1 + A109010 第 12 列合计）	0.00
FZ3		地方级收入实际应补（退）所得税额（FZ2 - 37.3）	674620.92
38		十、实际应补（退）所得税额（一般企业 FZ1 + FZ3；总机构 A109000 第 21 行）	1686552.30

表 6 - 14　　2022 年企业所得税年度纳税申报表　　金额单位：元（列至角分）

行次	类别	项目	金额
1	利润总额计算	一、营业收入（A101010 \ 101020 \ 103000）	508413007.70
2		减：营业成本（A102010 \ 102020 \ 103000）	311154590.32
3		营业税金及附加	3506000.98
4		销售费用（A104000）	100400237.59
5		管理费用（A104000）	34368710.60
6		财务费用（A104000）	12552095.98
7		资产减值损失	53873644.33
8		加：公允价值变动收益	0.00
9		投资收益	0.00
10		二、营业利润（1 - 2 - 3 - 4 - 5 - 6 - 7 + 8 + 9）	- 7442272.11
11		加：营业外收入（A101010 \ 101020 \ 103000）	7222521.94
12		减：营业外支出（A102010 \ 102020 \ 103000）	11348615.50
13		三、利润总额（10 + 11 - 12）	- 11568365.68
14	应纳税所得额计算	减：境外所得（填写 A108000）	0.00
15		加：纳税调整增加额（填写 A105000）	69687048.47
16		减：纳税调整减少额（填写 A105000）	1146185.95
17		减：免税、减计收入及加计扣除（填写 A107010）	15538238.29
18		加：境外应税所得抵减境内亏损（填写 A108000）	0.00
19		四、纳税调整后所得（13 - 14 + 15 - 16 - 17 + 18）	41434258.55
20		减：所得减免（填写 A107020）	0.00
21		减：抵扣应纳税所得额（填写 A107030）	0.00
22		减：弥补以前年度亏损（填写 A106000）	0.00
23		五、应纳税所得额（19 - 20 - 21 - 22）	41434258.55
24	应纳税额计算	税率（25%）	0.21
25		六、应纳所得税额（23 × 24）	10358564.63
26		减：减免所得税额（填写 A107040）	4143425.86
27		减：抵免所得税额（填写 A107050）	0.00
28		七、应纳税额（25 - 26 - 27）	6215138.78
29		加：境外所得应纳所得税额（填写 A108000）	0.00
30		减：境外所得抵免所得税额（填写 A108000）	0.00
31		八、实际应纳所得税额（28 + 29 - 30）	6215138.78
32		减：本年累计实际已预缴的所得税额	18394.91
33		九、本年应补（退）所得税额（31 - 32）	6196743.86
34		其中：总机构分摊本年应补（退）所得税额（填写 A109000）	0.00
35		财政集中分配本年应补（退）所得税额（填写 A109000）	0.00
36		总机构主体生产经营部门分摊本年应补（退）所得税额（填写 A109000）	0.00

续表

行次	类别	项目	金额
FZ1	实际缴纳企业所得税计算	中央级收入实际应补（退）所得税额（一般企业 33 ×60%；总机构（34 +36）×60% +35）	3718046.32
FZ2		地方级收入应补（退）所得税额（一般企业 33 ×40%；总机构（34 +36）×40%））	2478697.54
37		本年民族自治地区地方分享部分优惠方式	否
37.0		优惠幅度（0 为不减免，100% 为免征）	0.00
37.1		本年应减免金额（一般企业 31 行 ×40% ×37.0 行“优惠幅度”；总机构 A109000 表第 18 行）	0.00
37.2		本年累计已减免金额（本年度 4 季度预缴申报表 23.1 行，总机构 A109000 表第 19 行）	0.00
37.3		因优惠产生的地方级收入应补（退）金额（一般企业 37.1 －37.2；总机构 A109000 第 20 行）	0.00
37.4		总机构及分支机构地方级收入全年减免总额（37.1 + A109010 第 12 列合计）	0.00
FZ3		地方级收入实际应补（退）所得税额（FZ2 －37.3）	2478697.54
38		十、实际应补（退）所得税额（一般企业 FZ1 + FZ3；总机构 A109000 第 21 行）	6196743.86

表 6 －15　　2020 年 12 月增值税及附加税费　　金额单位：元（列至角分）

项　目		栏　次	一般项目		即征即退项目	
			本月数	本年累计	本月数	本年累计
销售额	（一）按适用税率计税销售额	1	20707668.36	174790063.56	0.00	0.00
	其中：应税货物销售额	2	20707668.36	174790063.56	0.00	0.00
	应税劳务销售额	3	0.00	0.00	0.00	0.00
	纳税检查调整的销售额	4	0.00	0.00	0.00	0.00
	（二）按简易办法计税销售额	5	0.00	0.00	0.00	0.00
	其中：纳税检查调整的销售额	6	0.00	0.00	0.00	0.00
	（三）免、抵、退办法出口销售额	7	0.00	0.00		
	（四）免税销售额	8	0.00	0.00		
	其中：免税货物销售额	9	0.00	0.00		
	免税劳务销售额	10	0.00	0.00		

续表

项　目		栏　次	一般项目		即征即退项目	
			本月数	本年累计	本月数	本年累计
税款计算	销项税额	11	2691949.86	22720654.85	0.00	0.00
	进项税额	12	811925.12	18965186.99	0.00	0.00
	上期留抵税额	13	0.00	0.00	0.00	
	进项税额转出	14	2336.60	46603.64	0.00	0.00
	免、抵、退应退税额	15	0.00	0.00		
	按适用税率计算的纳税检查应补缴税额	16	0.00	0.00		
	应抵扣税额合计	17 = 12 + 13 − 14 − 15 + 16	809588.51	0.00		
	实际抵扣税额	18（如 17 < 11，则为 17，否则为 11）	809588.51	0.00		
	应纳税额	19 = 11 − 18	1882361.35	3802071.50	0.00	
	期末留抵税额	20 = 17 − 18	0.00	0.00	0.00	0.00
	简易计税办法计算的应纳税额	21	0.00	0.00	0.00	0.00
	按简易计税办法计算的纳税检查应补缴税额	22	0.00	0.00	0.00	
	应纳税额减征额	23	0.00	0.00	0.00	0.00
	应纳税额合计	24 = 19 + 21 − 23	1882361.35	3802071.50		
	期初未缴税额（多缴为负数）	25	1001521.10	2147826.97	0.00	0.00
	实收出口开具专用缴款书退税额	26	0.00	0.00	0.00	0.00
税款缴纳	本期已缴税额	27 = 28 + 29 + 30 + 31	1234089.74	4300105.76	0.00	0.00
	①分次预缴税额	28	232568.64	0.00		
	②出口开具专用缴款书预缴税额	29	0.00	0.00	0.00	0.00
	③本期缴纳上期应纳税额	30	1001521.10	3768122.72	0.00	
	④本期缴纳欠缴税额	31	0.00	0.00		
	期末未缴税额（多缴为负数）	32 = 24 + 25 + 26 − 27	1649792.71	1649792.71	0.00	0.00
	其中：欠缴税额（≥0）	33 = 25 + 26 − 27	0.00	0.00	0.00	0.00
	本期应补（退）税额	34 = 24 − 28 − 29	1649792.71	0.00	0.00	0.00
	即征即退实际退税额	35	0.00	0.00	0.00	
	期初未缴查补税额	36	−153761.01	−153761.01	0.00	
	本期入库查补税额	37	0.00	0.00	0.00	0.00
	期末未缴查补税额	38 = 16 + 22 + 36 − 37	−153761.01	−153761.01		
附加税费	城市维护建设税本期应补（退）税额	39				
	教育费附加本期应补（退）税额	40				
	地方教育附加本期应补（退）税额	41				

表6-16　　2021年12月增值税及附加税费　　金额单位：元（列至角分）

项目		栏次	一般项目		即征即退项目	
			本月数	本年累计	本月数	本年累计
销售额	（一）按适用税率计税销售额	1	36371887.65	348412617.88	0.00	0.00
	其中：应税货物销售额	2	36371887.65	348412617.88	0.00	0.00
	应税劳务销售额	3	0.00	0.00	0.00	0.00
	纳税检查调整的销售额	4	0.00	0.00	0.00	0.00
	（二）按简易办法计税销售额	5	0.00	0.00	0.00	0.00
	其中：纳税检查调整的销售额	6	0.00	0.00	0.00	0.00
	（三）免、抵、退办法出口销售额	7	0.00	0.00		
	（四）免税销售额	8	0.00	0.00		
	其中：免税货物销售额	9	0.00	0.00		
	免税劳务销售额	10	0.00	0.00		
税款计算	销项税额	11	4728345.44	45293640.68	0.00	0.00
	进项税额	12	1120312.96	28197648.67	0.00	0.00
	上期留抵税额	13	0.00	0.00	0.00	0.00
	进项税额转出	14	4418.66	22892.18	0.00	0.00
	免、抵、退应退税额	15	0.00	0.00		
	按适用税率计算的纳税检查应补缴税额	16	0.00	0.00		
	应抵扣税额合计	17=12+13-14-15+16	1115894.30	0.00		
	实际抵扣税额	18（如17<11，则为17，否则为11）	1115894.30	0.00		
	应纳税额	19=11-18	3612451.14	17118884.19	0.00	
	期末留抵税额	20=17-18	0.00	0.00	0.00	0.00
	简易计税办法计算的应纳税额	21	0.00	0.00	0.00	0.00
	按简易计税办法计算的纳税检查应补缴税额	22	0.00	0.00	0.00	
	应纳税额减征额	23	0.00	520.13	0.00	0.00
	应纳税额合计	24=19+21-23	3612451.14	17118364.06		
	期初未缴税额（多缴为负数）	25	14.32	1649792.71	0.00	0.00
	实收出口开具专用缴款书退税额	26	0.00	0.00	0.00	0.00

续表

项　目		栏　次	一般项目		即征即退项目	
			本月数	本年累计	本月数	本年累计
税款缴纳	本期已缴税额	27 = 28 + 29 + 30 + 31	498055.48	15653746.78	0.00	0.00
	①分次预缴税额	28	498041.15	0.00		
	②出口开具专用缴款书预缴税额	29	0.00	0.00	0.00	0.00
	③本期缴纳上期应纳税额	30	14.32	10082280.58	0.00	0.00
	④本期缴纳欠缴税额	31	0.00	0.00		
	期末未缴税额（多缴为负数）	32 = 24 + 25 + 26 − 27	3114409.99	3114409.99	0.00	0.00
	其中：欠缴税额（≥0）	33 = 25 + 26 − 27	0.00	0.00	0.00	0.00
	本期应补（退）税额	34 = 24 − 28 − 29	3114409.99	0.00	0.00	0.00
	即征即退实际退税额	35	0.00	0.00	0.00	
	期初未缴查补税额	36	−153761.01	−153761.01	0.00	0.00
	本期入库查补税额	37	0.00	0.00	0.00	0.00
	期末未缴查补税额	38 = 16 + 22 + 36 − 37	−153761.01	−153761.01		
附加税费	城市维护建设税本期应补（退）税额	39	218008.70	858176.05		
	教育费附加本期应补（退）税额	40	93432.30	367789.76		
	地方教育附加本期应补（退）税额	41	62288.20	245193.19		

表 6 − 17　　2022 年 12 月增值税及附加税费　　金额单位：元（列至角分）

项　目		栏　次	一般项目		即征即退项目	
			本月数	本年累计	本月数	本年累计
销售额	（一）按适用税率计税销售额	1	35156463.85	512807856.87	0.00	0.00
	其中：应税货物销售额	2	35156463.85	512807856.87	0.00	0.00
	应税劳务销售额	3	0.00	0.00	0.00	0.00
	纳税检查调整的销售额	4	0.00	0.00	0.00	0.00
	（二）按简易办法计税销售额	5	0.00	0.00	0.00	0.00
	其中：纳税检查调整的销售额	6	0.00	0.00	0.00	0.00
	（三）免、抵、退办法出口销售额	7	0.00	0.00		
	（四）免税销售额	8	0.00	0.00		
	其中：免税货物销售额	9	0.00	0.00		
	免税劳务销售额	10	0.00	0.00		

续表

项目		栏次	一般项目		即征即退项目	
			本月数	本年累计	本月数	本年累计
税款计算	销项税额	11	4570340.32	66665021.50	0.00	0.00
	进项税额	12	4054528.82	40438136.32	0.00	0.00
	上期留抵税额	13	0.00	0.00	0.00	0.00
	进项税额转出	14	3102.04	443828.31	0.00	0.00
	免、抵、退应退税额	15	0.00	0.00		
	按适用税率计算的纳税检查应补缴税额	16	0.00	0.00		
	应抵扣税额合计	17=12+13-14-15+16	4051426.78	0.00	0.00	
	实际抵扣税额	18（如17<11，则为17，否则为11）	4051426.78	0.00	0.00	0.00
	应纳税额	19=11-18	518913.54	26670713.48	0.00	0.00
	期末留抵税额	20=17-18	0.00	0.00	0.00	0.00
	简易计税办法计算的应纳税额	21	0.00	0.00	0.00	0.00
	按简易计税办法计算的纳税检查应补缴税额	22	0.00	0.00		
	应纳税额减征额	23	0.00	231.17	0.00	0.00
	应纳税额合计	24=19+21-23	518913.54	26670482.32	0.00	0.00
税款缴纳	期初未缴税额（多缴为负数）	25	6584.41	3114409.99	0.00	0.00
	实收出口开具专用缴款书退税额	26	0.00	0.00		
	本期已缴税额	27=28+29+30+31	523433.03	29782827.38	0.00	0.00
	①分次预缴税额	28	516848.62	0.00	0.00	
	②出口开具专用缴款书预缴税额	29	0.00	0.00		
	③本期缴纳上期应纳税额	30	6584.41	21071361.97	0.00	0.00
	④本期缴纳欠缴税额	31	0.00	0.00	0.00	0.00
	期末未缴税额（多缴为负数）	32=24+25+26-27	2064.92	2064.92	0.00	0.00
	其中：欠缴税额（≥0）	33=25+26-27	0.00	0.00	0.00	
	本期应补（退）税额	34=24-28-29	2064.92	0.00	0.00	
	即征即退实际退税额	35	0.00	0.00	0.00	0.00
	期初未缴查补税额	36	-153761.01	-153761.01		
	本期入库查补税额	37	0.00	0.00		
	期末未缴查补税额	38=16+22+36-37	-153761.01	-153761.01		
附加税费	城市维护建设税本期应补（退）税额	39	144.55	1257131.20		
	教育费附加本期应补（退）税额	40	61.94	538770.51		
	地方教育附加本期应补（退）税额	41	41.30	359180.33		

表 6－18　**2020 年房产税申报明细表**　金额单位：元（列至角分）

序号	房产编号	房产原值	其中：出租房产原值	本期申报租金收入	计税比例	税目	税率	所属期起	所属期止	本期应纳税额	本期减免税额	本期增值税小规模纳税人减征额	本期已缴税额	本期应补（退）税额
1	××××××	89290144.82	0		0.7	从价计征	1.20%	2020/1/1	2020/12/31	750037.22	750037.22	0	0	0
2	××××××	6501031.76	0		0.7	从价计征	1.20%	2020/1/1	2020/12/31	54608.67	54608.67	0	0	0
合计	—									804645.88	804645.88	0	0	0

表 6－19　**2021 年房产税申报明细表**　金额单位：元（列至角分）

序号	房产编号	房产原值	其中：出租房产原值	本期申报租金收入	计税比例	税目	税率	所属期起	所属期止	本期应纳税额	本期减免税额	本期增值税小规模纳税人减征额	本期已缴税额	本期应补（退）税额
1	××××××	89290144.82	0		0.7	从价计征	1.20%	2021/1/1	2021/12/31	187509.31	0	0	0	187509.31
2	××××××	6501031.76	0		0.7	从价计征	1.20%	2021/1/1	2021/12/31	27304.33	0	0	0	27304.33
3	××××××	89290144.82	0		0.7	从价计征	1.20%	2021/1/1	2021/12/31	187509.31	0	0	0	187509.31
4	××××××	6501031.76	0		0.7	从价计征	1.20%	2021/1/1	2021/12/31	13652.16	0	0	0	13652.16
5	××××××	89290144.82	0		0.7	从价计征	1.20%	2021/1/1	2021/12/31	375018.61	0	0	0	375018.61
6	××××××	6501031.76	0		0.7	从价计征	1.20%	2021/1/1	2021/12/31	13652.16	0	0	0	13652.16
合计	—									804645.88	0	0	0	804645.88

表 6－20　**2022 年房产税申报明细表**　金额单位：元（列至角分）

序号	房产编号	房产原值	其中：出租房产原值	本期申报租金收入	计税比例	税目	税率	所属期起	所属期止	本期应纳税额	本期减免税额	本期增值税小规模纳税人减征额	本期已缴税额	本期应补（退）税额
1	××××××	89290144.82	0		0.7	从价计征	1.20%	2022/1/1	2022/12/31	750037.22	0	0	0	750037.22
2	××××××	6501031.76	0		0.7	从价计征	1.20%	2022/1/1	2022/12/31	54608.67	0	0	0	9246.97
3	××××××	6501031.76	0		0.7	从价计征	1.20%	2022/1/1	2022/12/31	54608.67	0	0	0	54608.67
合计	—									813892.85	0	0	0	813892.85

表 6－21　2020 年城镇土地使用税申报明细表

金额单位：元(列至角分)

序号	土地编号	宗地号	土地等级	土地总面积	所属期起	所属期止	计税依据	税额标准	本期应纳税额	本期减免税额	本期增值税小规模纳税人减征额	本期已缴税额	本期应补(退)税额
1	××××××	××××××	二级土地	26422.5	2020/1/1	2020/12/31	26422.5	12	317070.03	0	0	0	317070.03
2	××××××	××××××	二级土地	3657.51	2020/1/1	2020/12/31	3657.51	12	43890.08	0	0	0	43890.08
3	××××××	××××××	二级土地	3657.51	2019/1/1	2019/12/31	—	12	—	0	0	0	—
合计				33737.52	*	*	30080.01	*	360960.11	0	0	0	360960.11

表 6－22　2021 年城镇土地使用税申报明细表

金额单位：元(列至角分)

序号	土地编号	宗地号	土地总面积	土地等级	计税依据	税额标准(年)	所属期起	所属期止	本期应纳税额	本期减免税额	本期增值税小规模纳税人减征额	本期已缴税额	本期应补(退)税额
1	××××××	××××××	26422.5	二级土地	26422.5	12	2021/1/1	2021/12/31	317070.03	0	0	0	317070.03
2	××××××	××××××	3657.51	二级土地	3657.51	12	2021/1/1	2021/12/31	43890.08	0	0	0	43890.08
合计	—								360960.11	0	0	0	360960.11

表 6－23　2022 年城镇土地使用税申报明细表

金额单位：元(列至角分)

序号	土地编号	宗地号	土地总面积	土地等级	计税依据	税额标准(年)	所属期起	所属期止	本期应纳税额	本期减免税额	本期增值税小规模纳税人减征额	本期已缴税额	本期应补(退)税额
1	××××××	××××××	6.60	三级土地	1.65	15	2022/1/1	2022/12/31	24.77	0	0	0	24.77
2	××××××	××××××	26422.5	二级土地	26422.5	12	2022/1/1	2022/12/31	317070.03	0	0	0	317070.03
3	××××××	××××××	3657.51	二级土地	3657.51	12	2022/1/1	2022/12/31	43890.08	0	0	0	43890.08
合计	—								360984.88	0	0	0	360984.88

（五）案头资料

本案例选取了同地区具有代表性的上市企业，通过查阅各样本企业公布的年度报表与相关数据，并进行逐一记录与核对，计算样本内指标的平均值、标准差，确定离散系数后进一步测算出上述各指标的行业合理区间，最后敲定行业预警值。行业风险指标数据如表6－24所示。

表6－24　　　　行业风险指标数据

序号	指标名称	计算方式	行业区间	预警值
1	增值税税负率	增值税税额/营业收入	3.21%—4.30%	<3.21%
2	增值税进销项比率	进项税额/销项税额	43%—85%	>85%
3	所得税税负率	企业所得税税额/营业收入	1.92%—4.48%	<1.92%
4	毛利率	（营业收入－营业成本）/营业收入	39.78%—76.47%	<39.78%
5	营业利润率	净利润/营业收入	9.23%—21.53%	<9.23%
6	财务费用率	财务费用/营业收入	0.46%—1.07%	>1.07%
7	管理费用率	管理费用/营业收入	6.10%—14.22%	>14.22%
8	销售费用率	销售费用/营业收入	6.43%—15.01%	>15.01%
9	应付职工薪酬挂账率	期末应付职工薪酬余额/当期职工薪酬实际发生额	10.41%—24.30%	>24.30%
10	期末应收账款挂账率	期末应收账款余额/当期应收账款增加额	11.81%—27.56%	>27.56%
11	成本费用率	成本费用总额（营业成本、期间费用）/营业收入	20.61%—48.10%	>48.10%
12	借款变动率	（本期长短期借款总额－上期长短期借款总额）/上期长短期借款总额	30.16%—70.38%	>70.38%
13	净资产收益率	净利润/所有者权益	4.35%—10.14%	<4.35%
14	总资产周转率	营业收入/平均资产总额	0.29—0.68	<0.29
15	主营业务收入变动率与主营业务成本变动率配比	主营业务收入变动率/主营业务成本变动率	50%—118%	>118%或<50%
16	印花税负担率	印花税应纳税额/计税收入	0.026%—0.04%	<0.026%

注：按上述指标项目对纳税对象进行评估，预警区间无指标项目满足：无风险；预警区间三个指标项目以下满足：低风险；六个指标项目以下满足：中风险；六个及以上指标项目满足：高风险。

（六）其他资料

（1）根据发票数据统计，公司于2022年购买了大量的超市购物卡、商场的预付卡，已用于在公司活动中赠送客户与奖励员工。

（2）公司2020年开具增值税专用发票销售额17346.88万元，其他发票销售额132.12

万元，未开票销售额为0；2021年开具增值税专用发票销售额33834.38万元，其他发票销售额613.13万元，未开票收入为393.75万元；2022年开具增值税专用发票销售额48420.17万元，其他发票销售额2299.11万元，未开票收入为561.49万元。

（3）根据印花税纳税申报表，企业2020—2022年产生买卖合同分别为17479.01万元、34841.26万元、51280.78万元，借款合同三年都为0。

（4）根据企业所得税纳税申报表，该企业2020—2022年的房产原值分别为12118.63万元、12707.41万元、12735.19万元，土地使用权三年始终为1249.93万元。

（5）根据资产折旧、摊销及纳税调增明细表，2019—2022年固定资产原值分别为23499.47万元、23911.96万元、23911.96万元、24363.26万元；无形资产原值分别为1341.15万元、1341.15万元、1351.68万元、1351.68万元。

（6）根据企业职工薪酬支出及纳税调增明细表，2020—2022年职工薪酬实际发生额分别为2796.09万元、4452.72万元、4625.55万元，企业不存在对应付职工薪酬纳税调整的情况。

（7）根据高新技术企业优惠情况及明细表，发现企业2020—2022年员工人数分别为273人、289人、335人。

（8）根据研发费用加计扣除优惠明细表数据，企业并未产生下脚料、残次品、中间试制品等特殊收入。

（9）根据一般企业成本支出明细表，2020年营业外支出包括：非流动资产处置损失0.28万元、罚没支出400.53万元；2021年营业外支出包括：捐赠支出41.28万元，其他支出180.74万元；2022年营业外支出包括：罚没支出961.38万元、其他支出173.36万元。

（10）根据纳税调整明细表，2020年和2021年已对营业外支出部分纳税调整。

（11）期间费用明细表详见附件。

四、案头分析

（一）可能存在的风险点

从企业财报、纳税申报表以及发票数据出发，结合医药行业税收风险评估模型，利用收入、成本、费用等的变动率以及财务报表对应科目变动率等，筛选指标扫描企业税收风险。如表6-25所示，初步预估企业有以下16个风险点。

表6-25　企业风险点判断　单位：%、万元

序号	风险点	指标或事件	2020年	2021年	2022年	预警值
1	应收账款异常风险	应收账款期末挂账率异常	127.89%	54.93%	3.00%	>27.56%
2	虚抵增值税专票风险	增值税税负率异常	2.16%	4.91%	5.20%	<3.21%

续表

序号	风险点	指标或事件	2020 年	2021 年	2022 年	预警值
3	少计收入风险	主营业务收入变动率与主营业务成本变动率配比异常	548.08%	—	—	>118%或<50%
		增值税未开票收入异常	0	393.75	561.49	—
4	多计应付职工薪酬风险	应付职工薪酬期末挂账率异常	9.10%	21.72%	33.00%	>24.30%
5	延迟确认收入风险	应收账款与预收账款同高	—	—	—	—
6	虚增生产成本风险	毛利率异常	32.85%	35.95%	38.80%	<39.78%
7	未代扣代缴个税风险	企业购买大量超市、商场预付卡	—	—	—	—
8	虚增非付现成本风险	期间费用率异常	29.50%	26.48%	25.59%	<30.17%
		营业利润率异常	-1.29%	5.90%	-0.05%	<9.23%
9	虚增财务费用风险	利息费用变动异常	1858.31	0.00	1236.21	—
10	管理费用异常风险	管理费用率变动异常	7.81%	7.45%	3.38%	—
		营业收入变动率变化异常	-24.40%	101.37%	44.45%	—
11	虚增销售费用风险	销售费用率异常	10.85%	13.40%	19.75%	>15.01%
		“其他科目”占总销售费用比率异常	8.60%	50.56%	75.19%	<20%
12	研发产品未入账风险	企业研发费用水平高且未形成无形资产，同时未产生中间试制品等特殊收入	—	—	—	—
13	多计营业外支出风险	营业外支出变动异常	400.81	222.02	1134.73	—
14	少缴房产税风险	房产税申报房产原值与企业所得税汇缴信息不匹配	—	—	—	—
15	少缴印花税风险	印花税纳税申报表显示借款合同的计税金额为零，但企业存在新增借款	—	—	—	—
16	少缴城镇土地使用税风险	房产税纳税申报表与城镇土地使用税纳税申报表信息不匹配	—	—	—	—

（二）判断风险点的思路和依据

1. 应收账款异常行为判断

根据资产负债表与利润表数据，该企业应收款项期末余额占营业收入的比例偏高。由于应收款项长期大额挂账会产生高额的机会成本、管理成本、坏账成本等，因此一般情况下，企业不会对应收账款长期大额挂账，会产生高额的成本和财务风险。而该医药公司2019—2021 年应收账款科目长期大额挂账，应收款项真实性存疑。

2. 虚抵增值税专用发票行为判断

根据《中华人民共和国发票管理办法》第二十二条的规定，让他人为自己开具与实际经营业务情况不符的发票，属于虚开发票行为。虚抵增值税专用发票无真实交易，导致进项税增加，销项税不变，税负偏低。该企业 2020 年税负率低于预警值，可能涉及虚抵。但需排除其他因素，如销项税偏低、囤积存货、大量购进固定或无形资产等，以确定虚抵风险。

3. 少计收入行为判断

2020 年主营业务收入变动率与主营业务成本变动率配比数据超出预警值，可能存在隐匿收入或虚增成本的行为。企业在实际生产经营过程中产生的下脚料销售收入，以及通过现金收付或个人账户转账的未开票收入，均属于企业当年的应税收入。企业应当在申报期内及时统计无票销售部分，并如实申报缴纳，避免造成偷逃税、税款滞纳等风险。根据其他资料 2 所示，企业存在未开票收入，存在隐匿收入的风险。

4. 多计应付职工薪酬行为判断

2020—2022 年该公司应付职工薪酬期末余额波动较大，且职工薪酬实际发生额变动率与员工数量变动率不匹配。通常情况下企业应付职工薪酬实际发生额增长率同企业员工人数增长应呈同比例关系。同时根据财税〔2015〕34 号公告，企业在年度汇算清缴结束前向员工实际支付的已预提汇缴年度工资薪金，准予在汇缴年度按规定扣除。若企业应付职工薪酬期末余额较高，则需确认企业是否在汇算清缴前实际支付薪酬，否则需要纳税调增。

5. 延迟确认收入行为判断

根据资产负债表数据，该企业应收款项和预收款项规模接近。一般情况下企业存在应收款项说明对市场下游的议价能力弱，企业存在预收款项说明对市场下游的议价能力强。应收账款和预收账款应当呈反向关系，两者如果正向接近则不符合商业合理性。该公司预收账款数额较大，预收账款真实性存疑。

6. 虚增生产成本行为判断

根据资产负债表数据，该企业预付账款和应付账款规模接近。一般情况下企业存在预付账款说明对上游的议价能力弱，企业存在应付账款说明对上游的议价能力强，该企业预付账款和应付账款规模接近，这不符合商业合理性。同时结合增值税纳税申报表，得出企业商品增值额较高，但是企业毛利率偏低。一般来说，毛利率的高低与增值税应呈正比例关系，该公司的异常情况使得应付账款真实性存疑。

7. 未代扣代缴个人所得税判断

公司于 2022 年购买了大量的超市购物卡、商场的预付卡，已用于在公司活动中赠送客户与奖励员工。《中华人民共和国个人所得税法实施条例》规定：个人取得的所得的工资、薪金范围，是指个人因任职或者受雇而取得的工资、薪金、奖金、年终加薪、劳动分红、津贴、补贴以及与任职或者受雇有关的其他所得；个人所得的形式，包括现金、实物、有价证券和其他形式的经济利益。因此，企业向员工发实物，应按职工获得非货币性福利的金额并入发放当月职工个人的“工资薪金”收入中计算扣缴个人所得税。

若企业将其购买的超市、商场预付卡作为礼品赠送给客户或作为员工福利，则存在未足额扣缴个人所得税的风险；若是用于与取得收入无关的个人消费支出，则存在多列支费用、少缴纳企业所得税的风险。

8. 虚增非付现成本行为判断

非付现成本指的是企业在经营期不以现金支付的成本费用，主要包括资产减值准备、信用减值损失、固定资产折旧、无形资产摊销等。非付现成本往往容易产生税会差异，企业可能会通过虚增非付现成本来达到少缴税款的目的。2022 年企业营业利润率、毛利率和期间费用率异常，信用减值损失等非付现成本剧增，可能存在虚增非付现成本行为。

9. 虚增财务费用行为判断

企业利息费用由长短期借款产生，因此其变动幅度应跟随长短期借款的变化呈现滞后性改变。且在宏观政策和市场稳定的情况下，金融机构借款利率的变动较为平稳，不会出现突增利息的情况。根据利润表和资产负债表数据，2021 年利润表利息支出项目金额为零，且当年存在大量长期借款和短期借款，因此利润表可能存在金额列支错误的情况，超限额税前扣除财务费用的风险也可能存在。

10. 虚增管理费用行为判断

对于正常经营的企业而言，其生产活动与销售活动应当匹配，即管理费用率与营业收入呈正相关关系。该企业 2020—2022 年管理费用波动较大，且 2021—2022 年营业收入与管理费用变化趋势相反，应确认企业是否存在多列管理费用的行为。

11. 虚增销售费用行为判断

与上条分析相同，通常情况下销售费用与营业收入呈正相关关系。根据近年利润表数据，该企业 2020—2022 年销售费用增长迅速，且 2022 年销售费用增长率远高于营业收入增长率，高于行业平均值，可能存在虚增销售费用的风险。

12. 研发产品未入账行为判断

根据《企业会计准则第 6 号——无形资产》第七条规定，对于企业内部研究开发项目，开发阶段的支出应满足一定条件才能资本化，确认为无形资产，否则应当计入当期损益。该企业近 4 年来研发费用始终处于较高水平，并对全部研发支出进行费用化。即 4 年的研发未形成任何无形资产，且没有下脚料、残次品、中间试制品等特殊收入，不符合逻辑，因此可能存在研发产品未入账的情况。同时根据《国家税务总局关于研发费用税前加计扣除归集范围有关问题的公告》（财税〔2017〕40 号）第七条第（二）项：企业取得研发过程中形成的下脚料、残次品、中间试制品等特殊收入，在计算确认收入当年的加计扣除研发费用时，应从已归集研发费用中扣减该特殊收入，不足扣减的，加计扣除研发费用按零计算。企业可能存在多计研发费用加计扣除的情况。

13. 多计营业外支出行为判断

营业外支出是企业常用的会计科目，主要核算企业发生的与其经营活动无直接关系的各项净支出，包括处置非流动资产损失、非货币性资产交换损失、债务重组损失、罚款支出、捐赠支出、非常损失等，项目比较繁杂，税会差异较多，税务风险较高。该医药企业近三年营业外支出波动异常，2022年增长较大，可能存在多计营业外支出的风险，具体原因还需进一步分析。

14. 少缴房产税行为判断

根据国家税务总局《关于房产税城镇土地使用税有关问题的通知》（财税〔2008〕152号）第一条规定，对依照房产原值计税的房产，无论是否记载在会计账簿固定资产科目中，均应按照房屋原价计算缴纳房产税。《关于房产税和车船使用税几个业务问题的解释与规定》（财税地字〔1987〕3号）指出，独立于房屋之外的建筑物，如围墙、水塔、变电塔、酒精池、玻璃暖房以及各种油气罐等，不属于房产，不征收房产税。房产税计税原值与企税申报房产原值不相等属于正常现象，但是一般情况下应当呈同向变动。而该企业企税申报原值和房产税计税原值变动存在异常，可能存在少缴房产税的问题。

15. 少缴印花税行为判断

该企业印花税税负率低于预警值。根据《中华人民共和国印花税法》第一条规定：在中华人民共和国境内书立应税凭证、进行证券交易的单位和个人，为印花税的纳税人。以及第十条规定：同一应税凭证由两方以上当事人书立的，按照各自涉及的金额分别计算应纳税额，应当依照本法规定缴纳印花税。根据国家税务总局《关于印花税若干事项政策执行口径的公告》（财税〔2022〕22号）第二条第二款规定：企业之间书立的确定买卖关系、明确买卖双方权利义务的订单、要货单等单据，且未另外书立买卖合同的，应当按规定缴纳印花税。因此企业在进行交易时不管是否签订合同，双方都需要缴纳印花税。由此可知印花税购销合同的计税金额应和营业收入与当期购进存货的金额接近，而该企业两者数据存在异常，可能存在少缴印花税的行为。

16. 少缴城镇土地使用税判断

根据国家税务总局《关于土地使用税若干具体问题的解释和暂行条例》（国税地字〔1998〕15号），纳税人实际占用的土地面积，是指由省、自治区、直辖市人民政府确定的单位组织测定的土地面积。尚未组织测量，但纳税人持有政府部门核发的土地使用证书的，以证书确认的土地面积为准；尚未核发土地使用证书的，应由纳税人据实申报土地面积。该医药企业2022年存在房产原值与申报土地面积增加幅度不匹配的情况，可能存在未据实申报土地面积导致少缴城镇土地使用税的行为。

（三）分析、计算过程及结论

1. 应收类科目异常风险

如表6-26所示，该企业2020年应收账款期末挂账率高达127.89%，2021年为

54.93%，2022 年为 3.00%。2020 年应收账款期末挂账率远超行业预警值，企业很可能存在虚假的应收账款，结合 2022 年收入变动与应收账款变动的不匹配进一步证明了这种猜想。一般来说，企业应收账款和营业收入呈正相关关系，而该企业却出现营业收入大幅增加、应收账款大幅下降的情况，且 2022 年的期末挂账率远低于行业平均水平。通过分析资产负债表各流动资产期末余额发现，除其他应收款项目异常，其他科目无异常变动。2022 年期末其他应收款期末余额较 2021 年增长 95.62%，将应收账款转入其他应收款的可能性较大，应收账款真实性存疑。

表 6-26　　2020—2022 年企业应收科目与营业收入情况

	2020 年	2021 年	2022 年
应收账款期末挂账率	127.89%	54.93%	3.00%
营业收入（万元）	17479.01	35196.64	50841.30
其他应收款（万元）	27244.03	34488.47	67465.07
应收账款期末挂账率预警值	27.56%	27.56%	27.56%

对于此异常产生的原因，我们有两种猜测：一是企业存在虚开发票的问题；二是企业已收到货款但并未做账。

虚开发票由于不存在正式的业务交易，在缺失对应资金流入的条件下会形成应收账款长期大额挂账的情况。一般来说，为他人虚开增值税发票主要有两种手段：一是利用富余票虚开；二是利用企业的税收优惠政策，让自身增值税税负低于购买方支付的手续费从而实现盈利。

此外，还有可能是企业已收到货款但并未做账。企业没有通过对公账户结算货款，而是通过企业员工或者股东的账户。此时买卖合同已履行完毕，但企业并未做账，导致应收账款长期挂账。该猜想就目前已知信息无法得到证实，需进行约谈举证和实地调研，风险还需进一步确认。

2. 虚抵增值税专用发票风险

如表 6-27 所示，2020—2022 年该医药企业的增值税税负率分别为 2.16%、4.91%、5.20%，2020 年的数值低于预警值，同时这三年的增值税进销项比率分别为 81.49%、62.96%、60.50%。由此我们认为 2020 年异常的增值税税负率可能的原因有：隐匿销售收入、虚增进项税额。通过比对各年营业收入并结合当时外部环境分析，我们认为 2020 年收入的轻微下降属于正常波动，该企业于 2020 年隐匿销售收入的可能性排除。又参考其他资料，2019 年年末固定资产原值为 23499.47 万元，2020 年年末的固定资产原值为 23911.96 万元，无形资产无增减变化，因此进项大额增加并非由购进固定资产和无形资产导致。

表6-27　　2020—2022年企业增值税税负情况

	2020年	2021年	2022年
增值税税负率	2.16%	4.91%	5.20%
增值税税负率预警值	3.21%	3.21%	3.21%
增值税进销项比率	81.49%	62.96%	60.50%

根据企业资产负债表，2020年与2019年相比，期末存货增加277.73万元，长期待摊费用增加2014.30万元。排除这两个干扰因素后，增值税进销项比变为60.44%，属于企业正常区间。因此2020年增值税税负率偏低的原因是囤积存货和产生长期待摊费用，不存在虚抵增值税专用发票的行为，风险点排除。

3. 少计收入风险

其他资料显示，企业2020年开具增值税专用发票销售额17346.88万元，其他发票销售额132.12万元，未开票销售额为0；2021年开具增值税专用发票销售额33834.38万元，其他发票销售额613.13万元，未开票收入为393.75万元；2022年开具增值税专用发票销售额48420.17万元，其他发票销售额2299.11万元，未开票收入为561.50万元。

由于行业特殊性，医药制造企业可能存在未开票收入，且企业2021年和2022年均存在未开票收入，2020年没有未开票收入明显存在异常，企业可能隐匿了2020年的未开票收入。但是也可能存在2021年企业开发了新的销售业务的情况，需实地问询企业是否有新立业务，风险点需进一步确认。

4. 多计应付职工薪酬风险

如表6-28所示，企业三年的应付职工薪酬挂账异常，2020—2022年挂账金额分别为254.33万元、967.05万元、1526.31万元，2020—2022年职工薪酬实际发生额分别为2796.09万元、4452.72万元、4625.55万元。期末应付职工薪酬挂账比例波动较大，并逐渐超出预警值，分别为9.10%、21.72%、33.00%。期末应付职工薪酬余额较高说明企业存在未实际支付的应付职工薪酬，需对该余额的增加值进行纳税调增。而根据其他资料，企业并未进行纳税调增。

表6-28　　2020—2022年企业职工薪酬挂账情况

	2020年	2021年	2022年
期末应付职工薪酬挂账比例	9.10%	21.72%	33.00%
应付职工薪酬挂账金额（万元）	254.33	967.05	1526.31
期末应付职工薪酬挂账预警值	24.30%	24.30%	24.30%

同时结合其他资料，企业2020—2022年员工人数分别为273人、289人、335人，2021年职工薪酬实际发生额增长率远高于员工人数增长，同时期末挂账率也大幅增加。我们怀疑企业于2021年虚构职工薪酬增加成本以达到少缴所得税的目的，风险点还需进一步确认。

5. 延迟确认收入风险

该企业2021年预收账款1.89亿元，2022年预收账款为0，但合同负债由零变为了2.65亿元，同时该类负债与应收账款的期末余额比例始终保持在1∶1左右。由于公司上游并不存在市场紧俏的供货情况且公司存货数量较大，理论上不会出现预收账款和应收账款同高的情况。企业很可能在已达到收入确认条件的情况下未确认收入，以达到延迟确认收入、延迟纳税的目的，风险点还需进一步确认。

6. 虚增生产成本风险

该医药企业三年增值税税负率为2.16%、4.91%、5.20%，2021年和2022年企业增值税税负率均高于行业平均水平；同时这三年的增值税进销项比率分别为81.49%、62.96%、60.50%；该企业三年的毛利率分别为32.85%、35.95%、38.80%，均低于行业正常区间。企业增值税税负率应当与产品增值额正相关，产品增值额又与毛利率正相关，但该企业却出现毛利率水平低、增值税税负率高的情况。因此企业应付账款长期大额挂账很可能是虚增成本的表现，由于业务没有真实发生，所以相应的进项税额无法抵扣，风险点还需进一步确认。

7. 未代扣代缴个人所得税风险

其他资料显示，公司购买了大量的超市、商场的预付卡，根据个人所得税法规定对于公司给员工发放实物福利，需按“工资、薪金所得”代扣代缴个人所得税。企业在年会、座谈会、庆典以及其他活动中向本单位以外的个人赠送礼品，对个人取得的礼品所得，按照“偶然所得”项目，全额适用20%的税率缴纳个人所得税。企业在类似情况下容易忘记代扣代缴个人所得税，风险点还需进一步确认。

8. 虚增非付现成本风险

2020—2022年企业营业利润率分别为-1.29%、5.90%、-0.05%，同时期毛利率分别为32.85%、35.95%、38.80%，期间费用率分别为29.50%、26.48%、25.59%。该企业2022年毛利率上升，期间费用率下降，营业利润率不升反降，存在异常。查看利润表后发现该异常情况是由大量的信用减值损失造成的，根据《中华人民共和国企业所得税法》第十条第（七）项规定：未经核定的准备金支出不得税前扣除。纳税申报表中已全额进行纳税调增，因此风险点排除。

9. 虚增财务费用风险

由表6-29可以发现，利息费用支出存在异常，该企业2021年的利润表的利息费用科目可能出现了漏记的问题。

表6-29　　2020—2022年企业利息费用情况　　单位：万元

	2020年	2021年	2022年
短期借款平均余额	20436.72	18095.73	12646.13

续表

	2020 年	2021 年	2022 年
长期借款平均余额	4293.12	3673.92	3880.32
利息费用	1858.32	0	1236.21

后根据期间费用申报表证实了这一情况，企业2021年度利息收支合计1977.23万元，且企业以往基本不存在利息收入，因此企业2021年利息费用大约为1981万元。同时财务报表中长短期借款科目只用于记录银行或其他金融机构的借款，而银行等金融机构不太可能出现利率激增的情况。由此发现该企业2021年长短期借款都下降的同时，利息费用却呈上升态势。所以我们认为企业可能存在虚增财务费用的可能，风险点还需进一步确认。

10. 虚增管理费用风险

该企业2020—2022年管理费用率分别为7.81%、7.45%、3.38%，近三年管理费用波动较大。通常情况下管理费用率应与营业收入呈正相关关系，但2021—2022年营业收入却与管理费用率出现反方向变动的情况。通过对比三年的期间费用明细表发现，管理费用的大幅度波动主要由职工薪酬波动导致。在企业销售收入大幅增长的同时，不太可能存在削减管理人员工资的情况，只可能是2022年解聘了一部分管理部门员工。再根据其他资料，2022年企业员工总人数大幅度增加，是否存在其他岗位大幅扩招而管理岗位大幅缩减的情况，还有待查证，风险点还需进一步确认。

11. 虚增销售费用风险

该企业2020—2022年销售费用率为10.85%、13.40%、19.75%。在主营产品没有发生变化、公司成立已久的情况下，销售费用率通常会相对稳定，不会出现大幅波动。通过查看三年的期间费用明细表发现，除“其他”外其他明细科目变化幅度不大。其他科目三年金额分别为164.14万元、2385.43万元、7247.46万元，涨幅巨大，且占总销售费用比率分别为8.60%、50.56%、73.19%。一般情况下其他费用占总销售费用的比率不会高于20%，该企业的异常情况很可能是因为通过其他科目虚增了销售费用，风险点确认。

12. 研发产品未入账风险

该企业2020—2022年研发费用分别为1346.46万元、1244.65万元、1719.82万元，研发费用始终处于较高水平。根据其他资料可知，企业2020—2022年无形资产原值分别为1341.15万元、1351.68万元、1351.68万元。同时结合资产负债表开发支出科目账面价值三年分别为0、175.08万元、175.08万元，形成无形资产的资本化支出也较少。结合其他资料，企业并未产生下脚料、残次品、中间试制品等特殊收入，研发的真实性存在疑问，风险点还需进一步确认。

13. 多计营业外支出风险

企业营业外支出波动较大，2020—2022 年分别为 400.53 万元、222.02 万元、1134.74 万元。根据其他资料，2022 年罚没支出为 961.37 万元，增加了 173.36 万元的其他支出。根据其他资料，发现 2020 年和 2021 年的营业外支出已进行纳税调增，风险点可排除。2022 年营业外支出中有 750.09 万元由税收行政处罚造成且已进行纳税调增，剩余的 384.65 万元（211.29 万元剩余罚没支出，173.36 万元其他支出）进行了税前扣除。企业在 2022 年剩余的罚没支出与其他支出可能存在虚增营业外支出的风险，具体情况需向企业核实，风险点还需进一步确认。

14. 少缴房产税风险

根据房产税纳税申报表，该医药公司 2020 年和 2021 年房产原值为 9579.11 万元，2022 年房产原值为 10019.45 万元；而根据企业所得税纳税申报表，该企业 2020—2022 年的房产原值分别为 12118.63 万元、12707.41 万元、12735.19 万元。土地使用权三年始终为 1249.93 万元。2021 年在房产原值增加的情况下，房产税计税原值却保持不变，存在房产税申报房产原值与企业所得税汇缴信息不匹配的问题。

根据《关于进一步明确房屋附属设备和配套设施计征房产税有关问题的通知》（国税发〔2005〕173 号），对原有房屋进行改扩建的，要相应增加房屋的原值。因此，企业可能存在发生了改扩建支出但并未增加房屋原值的情况，也可能存在误将经营租赁房产作为固定资产进行折旧等问题，风险点还需进一步确认。

15. 少缴印花税风险

根据其他资料可知，该企业 2020—2022 年产生买卖合同分别为 17479.01 万元、34841.26 万元、51280.78 万元，而利润表中 2020—2022 年的营业收入分别为 17479.00 万元、35196.64 万元、50841.30 万元，可见印花税买卖合同的计税金额和利润表营业收入的金额基本一致，因此企业少缴了购货合同的印花税。同时其他资料中显示近三年企业借款合同的计税金额始终为 0，但资产负债表中显示企业三年来存在新生的长期和短期借款，因此企业少缴了借款合同的印花税，风险点确认。

16. 少缴城镇土地使用税风险

根据房产税纳税申报表，企业 2022 年新增房产原值 440.33 万元，而根据城镇土地使用税纳税申报表，2022 年较 2021 年新增土地面积仅为 6.60 平方米。企业可能存在尚未核发土地使用权证而未据实申报土地面积的行为，也可能存在新增房产原值来源于原房产更新改造的可能性，风险点需进一步确认。

五、约谈举证

本小组成员在带队老师的带领下，采取线下约谈举证的方式，同 × × 税务局 × × 科的税务工作人员一起对案例企业的财务人员进行税务约谈，挖掘企业部分真实信息，并结合这部分信息对存在疑问的风险点进一步分析研判。以下是税务约谈记录。

纳税人名称	××××药业有限公司	被约谈人	×××	被约谈人职务	会计
约谈项目	企业纳税情况	约谈人	×××	记录人	××
约谈地点	企业	约谈时间	2023 年 8 月		

1. 问：请你先简要介绍公司基本情况。（纳税人的基本概况，包括开业时间、注册资本，生产经营范围、经营特点、资金流和会计核算情况等）

答：开业时间 20××年××月××日，注册资本××××万元；经营范围包括药品生产、药品开发、技术咨询。

2. 问：贵公司 2020 年应收账款占营业收入比为 127.89%，是什么原因？

答：应收账款占比过高，是在 2020 年受疫情影响，收款周期较长，导致占比较高。

3. 问：贵公司 2021 年相较于 2020 年有什么新设的生产业务和销售业务吗？

答：有的，2021 年开始我们有一些零售的业务。

4. 问：贵公司员工这两年有大幅度提高薪酬待遇吗？

答：这几年企业的经营情况比较好，薪酬待遇有所提高，但好像也并没有大幅度增长的情况。

5. 问：我们调查发现贵公司的存货不少，同时预收账款也很多，这正常吗？

答：我们有些销售合同签的是长期订购合同，有很多还没到预订收货时间，因此没有发货。

6. 问：贵公司应付账款和预付账款同高是什么原因？

答：应付账款与预付账款同高是受疫情影响，付款周期较长，但是部分供应商需要提前支付定金，所以导致了同高。

7. 问：贵公司 2022 年的管理费用出现大幅度下降是什么原因？

答：经过这几年的生产经营，技术已相对完善，因此 2022 年减少了一部分的管理人员岗位。

8. 问：贵公司近年来销售费用率涨幅较大，请问是什么原因？

答：现在市场竞争激烈，为了得到更多的客户，我们需要花费更多的销售费用保持现有市场份额。

9. 问：贵公司 2022 年营业外支出金额较高，且有部分罚没支出未进行纳税调增，请问这部分金额是什么情况？

答：企业这部分罚没支出源于与其他企业经济业务上的违约，并非政府部门的罚款。

10. 问：贵公司是高新技术企业，每年的研发费用投入都比较大，材料的直接投入金额也是较大的，占比都不低于 35%，但是都没有下脚料、残次品、中间试制品等特殊收入，是否存在多计费用的可能？

答：材料都直接投入到实验中了，产生的废料并无实用价值。

11. 问：贵公司是否有经营租赁的房产？

答：没有。

12. 问：还有其他情况需要补充说明吗？

答：没有了。

请你仔细核查上述笔录是否属实，如属实，请签字。

上述记录属实，与我陈述内容一致。

根据约谈记录得出以下结论：

根据访谈记录 3，2021 年开始存在面向个人消费者的销售业务，因此推断 2020 年没有未开票收入的行为合理，少计收入风险点排除。

根据访谈记录 7，管理费用下降是由于减少了相应的管理人员岗位，结合企业所得税纳税申报表，管理费用中的工资薪金所得确实下降了，因此虚增管理费用风险点排除。

实地调查。本小组成员在带队老师的带领下，同××税务局××科的税务工作人员一起到达案例企业开展实地调研，根据企业各项业务流程图与待定风险疑点的指引，走访企业各生产、销售、研发地点，并索取相关凭证与单据进行调查取证，最后核实确定企业存在的税收风险点。

以下是纳税评估实地核查报告：

评估项目序号	××××××	评估项目名称	××××××
纳税评估序号	××××××	评估税务机关	×区税务局×分局
纳税人识别号	××××××××××××	纳税人名称	××××药业有限公司
法人代表	×××	财务负责人	×××

存在的涉税疑点及问题：

根据访谈记录2，探明企业2020年应收账款账户真实性。

根据访谈记录4，查验近年来企业员工薪酬待遇的情况，从而推断2021年有无存在多计应付职工薪酬的情况。

根据访谈记录5，查验企业是否存在较多长期购货合同，且未到收货期，从而导致预收账款较多的情况。

根据访谈记录6，需查验与企业应付账款相关的合同凭证和相关票据是否真实。

根据访谈记录8，查验企业销售费用真实性与具体情况。

根据访谈记录9，查验部分罚没支出是否为按照经济合同规定支付的违约金、罚款等。

根据访谈记录10，企业研发活动产生的下脚料、残次品、中间试制品是否真为无价值材料，探明企业研发费用真实性。

根据访谈记录11，企业不存在经营租赁房产，房产税计税原值同企业所得税汇算清缴数额不匹配。

实地核查认定事实：

根据访谈记录2，调查发现，企业一部分货款通过财务经理甲的个人账户收款，之后将货款转账给了乙丙丁等6位公司股东。之后这部分货款并未转入公司账户，在公司账上长期挂应收账款，涉及金额1020.80万元，应将该部分款项定性为分配股息红利，应代扣代缴个人所得税，存在未代扣代缴个税的风险。

根据访谈记录4，企业应付职工薪酬挂账异常，经查是做账错误，2021年多结转应付职工薪酬560.58万元，且全为工资薪金，存在多计应付职工薪酬的风险。

根据访谈记录5，企业预收账款高是由于有很多长期购货合同未到规定发货时间；通过实地走访企业后发现，企业存在一部分长期销售合同，且支付了订金，但并非主要原因。近年来由于新冠疫情原因，该医药公司发展了很多新客户，而该企业规定新客户采购药品需先支付销售合同金额40%的定金，这是导致预收账款偏高的主要原因，因此延迟确认收入风险排除。

根据访谈记录6，应付账款与预付账款同高是受疫情影响，付款周期较长，但是部分供应商需要提前支付定金。但是通过查验相关合同票据发现企业确实存在一部分虚假应付账款，涉及金额360.58万元，因此虚增企业成本风险点存在。

根据访谈记录8，走访企业调查发现销售费用增加是为了加大市场份额，从而应对市场竞争，这属于正常现象。但2022年申报表中的其他费用过多是由于企业将部分业务招待费计入其中，涉及金额368.85万元，涉及部分超额支出的业务招待费未纳税调增，存在多计销售费用的风险。

续表

根据访谈记录 9，与企业一同查验罚没支出与其他支出的申报，最后均正确无误，不存在多计营业外支出的风险。 根据访谈记录 10，公司研发活动产生的废料无实用价值；通过走访企业研发部门后发现，企业存在下脚料、残次品、中间试制品，且具有一定的产品价值，企业也存在一部分特殊收入，但并未入账，共计金额 195.58 万元。同时也发现，公司存在多计研发费用材料的问题，并进行了研发费用加计扣除，经查 2022 年非研发人员工资 24.23 万元；直接消耗材料费用中形成产品对应的材料部分 42.57 万元；无法单独计算的折旧费用 33.97 万元，合计多扣 100.76 万元，研发产品未入账与多计研发费用的风险存在。 根据访谈记录 11，企业不存在经营租赁房产；实地走访发现企业 2021 年新增的房产原值来源于原房产升级排水、采暖、中央空调及智能化楼宇设备，属于应当计入房产税计税原值的情况，因此少缴房产税风险存在。 根据风险点 8，调查发现企业信用减值损失虽未造成少缴税款，但其计提的信用减值准备并未符合《企业会计准则第 22 号——金融工具确认和计量》中对信用减值的规定，因此企业存在控制利润的行为。 根据风险点 9，通过调查发票数据发现只有 2022 年存在金融服务类发票，且多数为企业之间的占用，并非金融机构的借款。2021 年利息支出的 1236.21 万元中，金融服务贷款发票仅有 799.98 万元，没有发票的利息支出为 436.23 万元，需要纳税调增，多计财务费用的风险存在。 根据风险点 10，通过走访企业，发现企业各项生产技术确实已经成熟了，管理效率提高了很多，没有过多的管理成本支出，不存在多计管理费用的风险。 根据风险点 15，调查中确实发现存在未对购货合同和借款合同缴纳印花税的行为，购货合同涉及金额 12097.90 万元，借款合同涉及金额 7164.91 万元，因此少缴印花税的风险存在。 根据风险点 16，通过调查发现，企业于 2022 年 6 月新增一处房产，原值为 360.43 万元，尚未核发土地使用权证，也并未据实申报土地面积，预估土地面积 235.30 平方米，因此少缴城镇土地使用税的风险存在。 调查中还发现，公司在活动中赠送购物卡，未代扣代缴非企业人员的个人所得税，涉及金额 120.07 万元，同时其他应付款中有公司股东个人借款至年末未归还，也未按“股息、红利”缴纳个人所得税，涉及金额 203.74 万元，因此企业未代扣代缴个税的风险存在。

综上所述，计算企业应补缴的税款：

（1）企业存在多计应付职工薪酬：企业 2021 年虚构应付职工薪酬 560.58 万元，且全为工资薪金，应补缴 560.58 × 15% = 84.08 万元，同时应调整职工福利费、职工教育经费、工会经费的扣除比例，职工福利费扣除限额 = （3661.53 − 560.58） × 14% = 434.13 万元 > 177.17 万元，无须调整；工会经费扣除限额 = （3661.53 − 560.58） × 2% = 62.01 万元 < 65.01 万元，需补缴（65.01 − 62.01） × 15% = 0.45 万元；职工教育经费扣除限额无须补缴。合计应补缴企业所得税 84.53 万元。

（2）企业存在虚增生产成本：企业存在虚假应付账款 360.58 万元，虚增了企业生产成本，共需补缴企业所得税 360.58 × 15% = 54.08 万元。

（3）企业存在未代扣代缴个人所得税：企业未代扣代缴个人所得税，涉及产品金额 323.81 万元，需补缴个人所得税 323.81 × 20% = 64.76 万元，未代扣代缴股东股息红利 1020.79 万元，涉及金额 1020.79 × 20% = 204.16 万元，合计 268.92 万元。

（4）企业存在虚增财务费用：2021 年利息支出的 1236.21 万元中，金融服务贷款发票仅有 799.98 万元，没有发票的利息支出为 436.23 万元，应补缴企业所得税 436.23 × 15% =65.42 万元。

（5）企业存在虚增销售费用：企业 2022 年将部分业务招待费申报为了其他费用，涉及金额 368.85 万元，企业业务招待费合计 745.32 万元，业务招待费的扣除限额为 50841.27 ×0.5% =254.20 万元 <745.32 ×60% =447.19 万元，2022 年已调增 112.19 万元，还需调增 142.01 万元，共需补缴企业所得税 142.01 ×15% =21.3 万元。

（6）企业存在研发产品未入账：企业存在研发产品未入账金额共计金额 195.57 万元，需补缴企业所得税 195.57 ×15% =29.33 万元；公司存在多计研发费用加计扣除的问题，合计多扣 100.76 万元，同时特殊收入应从已归集的研发费用中移出，应补缴（100.76 + 29.33） ×15% =19.51 万元，合计应补缴 48.84 万元，增值税应补缴 195.57 ÷（1 + 13%） ×13% =22.49 万元。

（7）企业存在少缴印花税：未缴纳印花税合同包括购货合同涉及金额 12097.90 万元，借款合同涉及金额 7164.91 万元，共需补缴印花税 12097.90 ×0.3‰ +7164.91 ×0.05‰ = 3.97 万元。

（8）企业存在少缴城镇土地使用税：企业 2022 年 6 月新增房产占地面积 235.30 平方米，需补缴城镇土地使用税 235.30 ×12 ×6 ÷12 =0.14 万元。

（9）企业存在少缴房产税：该企业 2020 年和 2021 年的房产原值分别为 12118.62 万元、12707.41 万元，差额为 588.78 万元，应补缴房产税 588.78 ×1.2% ×0.7 ×6/12 =2.47 万元。

六、评估调查结论

通过对行业特点以及纳税人的经营情况、财务报表、纳税申报表进行分析，结合约谈举证与实地调查等措施，本小组查实企业存在以下情况（见表 6 –30）。

表 6 –30　　最终风险点确认

税种	风险点	纳税调整
增值税	研发产品未入账	补缴增值税 22.49 万元
企业所得税	多计应付职工薪酬	补缴企业所得税 84.53 万元
	虚增生产成本	补缴企业所得税 54.08 万元
	研发产品未入账	补缴企业所得税 29.33 万元
	多计研发费用和加计扣除	补缴企业所得税 19.51 万元
	虚增财务费用	补缴企业所得税 65.42 万元
	虚增销售费用	补缴企业所得税 21.3 万元
个人所得税	未代扣代缴个税	补缴个人所得税 268.92 万元
房产税	少缴房产税	补缴房产税 2.47 万元

续表

税种	风险点	纳税调整
印花税	少缴印花税	补缴印花税3.97万元
城镇土地使用税	少缴城镇土地使用税	补缴城镇土地使用税0.14万元

（1）该企业2020年应收账款期末挂账率高达127.89%，远超行业预警值，与2022年其他应收款的异常变动一同证实了应收账款的虚假性。排除虚开发票的可能后，实地调研发现企业通过员工个人账户收款并转账于股东账户，涉及金额达1020.79万元，股东需补缴个税204.16万元，存在未代扣代缴个人所得税的风险。

（2）2020年该企业增值税税负率为2.16%，低于预警值，增值税进销项比率偏高为81.49%。企业所得税纳税申报表显示，2020年无购进固定资产和无形资产，进项税额增加原因待确认。资产负债表显示，期末存货和长期待摊费用分别增加277.73万元和2014.29万元。排除干扰后，增值税进销项比正常，税负率偏低因存货囤积和长期待摊费用，无虚抵增值税专用发票风险。

（3）该企业2020年未开票销售额为零，2021年为393.75万元，2022年为561.49万元。2021年和2022年均有未开票收入，但2020年无未开票收入显得异常，可能隐藏了收入。访谈得知，该企业2021年开始有面向个人消费者的销售业务，因此2020年无未开票收入行为合理，排除隐匿未开票收入的风险。

（4）该企业2020—2022年应付职工薪酬挂账金额逐年增长，而实际发生额也有所上升。期末应付职工薪酬挂账比例波动大且超出预警值。根据企业职工薪酬支出及纳税调增明细表，企业未对期末余额进行纳税调增。访谈和查证发现，企业存在虚构应付职工薪酬和调整相关费用的行为，应补税84.53万元，存在多计应付职工薪酬的风险。

（5）2021年企业预收账款为1.89亿元，2022年降至零，但合同负债由零变为了2.65亿元，与应收账款余额比例约为1∶1。理论上，企业不存在紧俏供货情况，且存货数量大，预收和应收账款应不高。实地调查后发现，企业存在长期未签订销售合同并支付订金但未到发货时间。因新冠疫情，企业发展大量新客户，需先付40%定金采购药品，导致预收账款偏高，无延迟确认收入行为。

（6）该企业近三年的增值税税负率分别为2.16%、4.91%、5.20%，而毛利率则分别为32.85%、35.95%、38.80%。尽管2021年和2022年的增值税税负率高于行业平均水平，但三年的毛利率均低于行业正常区间。企业存在毛利率低、增值税税负率高的情况，这可能意味着企业存在虚增成本的问题。访谈后得知，应付账款与预付账款同高是因为受疫情影响，付款周期延长，部分供应商需要提前支付定金。但通过实地查验合同票据，发现企业存在虚假应付账款360.58万元，存在多结转成本的风险。最终，企业需要补缴税款合计54.08万元。

（7）调查发现，企业赠送购物卡38.07万元，未按规定代扣代缴个人所得税。同时，公司股东个人借款至年末未归还，也未按规定缴纳个人所得税。因此存在未代扣代缴个税的风险，涉及金额 323.81 万元，需补缴税款 64.76 万元。

（8）该企业近三年毛利率逐年上升，期间费用率逐年下降，但 2022 年营业利润率异常下降。经调查，异常由大量信用减值损失引起。企业已在税务报表中全额调整，无未调整准备金支出风险。然而，其计提的信用减值准备未符合《企业会计准则第 22 号——金融工具确认和计量》规定，存在利润操控行为。

（9）该企业 2020—2022 年的长短期借款总和分别为 2.47 亿元、2.18 亿元和 1.65 亿元。虽然 2021 年长短期借款都下降，但利息费用却上升。实地调查发现，只有 2022 年有金融服务类发票，且主要是企业间占用，非金融机构借款。2021 年利息支出中，金融服务贷款发票金额仅占部分，无发票的利息支出也较高，存在多计财务费用的风险，需补缴税款 65.42 万元。

（10）该企业 2020—2022 年管理费用波动大，分别为 7.81%、7.45%、3.38%。通常管理费用率与营业收入正相关，但 2021—2022 年营业收入与管理费用率呈反方向变动。可能该企业 2021 年多列管理费用，或 2022 年少计管理费用。经座谈和实地走访，发现企业生产技术成熟，管理效率提高，无多计管理费用风险。

（11）该企业 2020—2022 年销售费用率波动较大，分别为 10.85%、13.40%、19.75%。“其他”科目金额涨幅较大，分别为 164.13 万元、2385.43 万元、7247.46 万元，占总销售费用比率远高于正常水平，可能存在虚增销售费用的情况。走访调查发现增加销售费用为应对市场竞争，属于正常现象。但申报表中其他费用过多，需补缴企业所得税 21.3 万元，存在多计销售费用的风险。

（12）该企业 2020—2022 年研发费用高，但未形成无形资产。开发支出账面价值分别为 0、175.07 万元、175.07 万元，资本化支出少。结合加计扣除优惠明细表，企业未产生特殊收入，研发真实性存疑。访谈显示，研发废料无价值。但走访发现，企业存在未入账的特殊收入 195.57 万元，需补缴企业所得税 29.33 万元。同时，公司多计研发费用材料，合计多扣 100.76 万元。因此，企业存在未入账研发产品、多计研发费用和加计扣除行为，企业所得税应补税 48.84 万元，增值税应补税 22.49 万元。

（13）企业营业外支出波动异常，三年分别为 400.53 万元、222.02 万元、1134.73 万元。通过分析一般企业成本明细表发现，2022 年罚没支出为 961.36 万元，增加了 173.35 万元的其他支出，且 2020 年和 2021 年的营业外支出已进行纳税调增，风险点可排除。2022 年营业外支出中有 750.09 万元由税收行政处罚造成且已进行纳税调增，剩余的 384.64 万元进行了税前扣除。企业在 2022 年剩余的罚没支出与其他支出可能存在虚增营业外支出的风险。在走访企业时，查验发现企业罚没支出与其他支出的申报均正确无误，因此不存在多计营业外支出的风险。

（14）医药公司在 2020 年和 2021 年房产税纳税申报表中显示的房产原值分别为

9579.11万元，2022年为10019.44万元。而企业所得税申报表中，该企业2020年和2021年的房产原值分别为12118.62万元、12707.41万元，2022年为12735.19万元。访谈和实地走访发现，企业可能存在改扩建支出未计入房产原值的情况，其中2021年新增的房产原值应计入房产税计税原值，因此存在少缴房产税的风险，应补缴房产税2.47万元。

（15）企业2020—2022年的买卖合同金额与利润表营业收入基本一致。同时，印花税申报表中借款合同的计税金额始终为零，但企业存在新生的长期和短期借款，因此少缴了借款合同的印花税，共需补缴3.97万元。

（16）该企业2022年新增房产原值440.32万元，而新增土地面积仅为6.6平方米。企业可能存在未核发土地使用权证而未申报土地面积的行为，但新增房产原值也可能源于原房产更新改造。实地调查发现，该企业于2022年6月新增占地235.3平方米的房产，尚未核发土地使用权证，也未申报土地面积，因此存在少缴城镇土地使用税的风险，需补缴0.14万元。

根据同行业同地区医药制造行业税收风险评估模型（见表6-24），认定该企业在模型16个指标中有9个指标存在异常，因此将该企业评定为高风险企业。

七、案例总结

（一）案例的简要描述

本案例以××××药业有限公司为研究对象，首先，从税务机关角度，基于医药制造业经营和财务状况，介绍医药行业发展情况和主要税收风险点。其次，分析企业经营情况，提供近三年财务报表和纳税申报表。再次，通过资产负债表、利润表、所得税、增值税申报表及发票数据，进行税务风险分析，结合医药行业税收风险评估模型，计算风险指标，筛选税收风险。对变动大或异常数据预估税收风险，并排除或保留。然后，团队成员结合调查资料，进行约谈举证和实地调查，核实税收风险点，确定企业税收风险。最后，团队成员向案例企业分享了企业可能会导致税收风险的行为，协助税务机关对应缴税款的补缴追缴，从源头上提升企业纳税遵从度。

（二）案例分析的特点

1. 数据真实性强

数据准确性和真实性是税收风险模型的基础，错误或不可靠的数据会导致错误的建议和决策。很多人对数据真实性的重要性认识不足，包括主观造假、记录方法错误或态度不严谨。本案例采用最新报表、访谈和实地调研获取真实数据。

2. 评估模型科学，针对性强

模型针对医药制造行业进行税务风险分析，结合行业特点进行全面梳理和分析。建立与之匹配的税收风险评估模型，具备科学性和精准性，能有效量化和评估税务风险。选择最具代表性的风险指标，反映行业风险状况。

3. 分析层次清晰，理论与实践结合

采用案头分析和实地调查相结合的方式，深入挖掘和验证风险点。通过实地走访和与财务人员交谈，确认前期分析的问题基本是企业存在的税务风险问题。最后对案例进行总结和反思，对企业和税务机关提出意见。

（三）案例分析得失点评

本案例具有较高的现实意义，能够让人们深入了解当前医药行业内企业可能存在的典型经营行为和财务行为。通过案例分析，小组掌握了如何识别和评估潜在税务风险的方法，还学会了如何运用逻辑推理进行税务风险分析。作为一个在校生，通过提前感受税务工作对于企业的重要性，可以更好地规避税务风险，从而避免企业受到行政处罚，有效减少行政处罚带来的企业损失。本次案例分析也有不足之处，由于时间问题，没能和企业更多岗位的人详谈，没有充分了解企业的业务模式和生产全流程。

附录　纳税申报表附加部分

表 6－31　　**2020 年期间费用明细表**　　金额单位：元（列至角分）

行次	项　目	销售费用	其中：境外支付	管理费用	其中：境外支付	财务费用	其中：境外支付
		1	2	3	4	5	6
1	一、职工薪酬	8521269.57	*	4930427.75	*	*	*
2	二、劳务费	3898460.29	0.00	872622.05	0.00	*	*
3	三、咨询顾问费	0.00	0.00	0.00	0.00	*	*
4	四、业务招待费	1260819.99	*	721713.93	*	*	*
5	五、广告费和业务宣传费	196773.19	*	85036.80	*	*	*
6	六、佣金和手续费	0.00	0.00	0.00	0.00	0.00	0.00
7	七、资产折旧摊销费	34076.90	*	2477098.60	*	*	*
8	八、财产损耗、盘亏及毁损损失	0.00	*	128866.28	*	*	*
9	九、办公费	628965.35	*	2747564.36	*	*	*
10	十、董事会费	0.00	*	0.00	*	*	*
11	十一、租赁费	582476.68	0.00	0.00	0.00	*	*

续表

行次	项　目	销售费用	其中：境外支付	管理费用	其中：境外支付	财务费用	其中：境外支付
		1	2	3	4	5	6
12	十二、诉讼费	0.00	*	0.00	*	*	*
13	十三、差旅费	1393401.63	*	189629.17	*	*	*
14	十四、保险费	0.00	*	143576.40	*	*	*
15	十五、运输、仓储费	802005.28	0.00	0.00	0.00	*	*
16	十六、修理费	0.00	0.00	0.00	0.00	*	*
17	十七、包装费	0.00	*	0.00	*	*	*
18	十八、技术转让费	0.00	0.00	0.00	0.00	*	*
19	十九、研究费用	0.00	0.00	13464676.01	0.00	*	*
20	二十、各项税费	0.00	*	0.00	*	*	*
21	二十一、利息收支	*	*	*	*	1840636.94	0.00
22	二十二、汇兑差额	*	*	*	*	0.00	0.00
23	二十三、现金折扣	*	*	*	*	0.00	*
24	二十四、党组织工作经费	*	*	0.00	*	*	*
25	二十五、其他	1641367.78	0.00	1347425.04	0.00	554782.54	0.00
26	合计（1+2+3+…24+25）	18959616.68	0.00	27108636.40	0.00	18961147.05	0.00

表 6－32　　2021 年期间费用明细表　　金额单位：元（列至角分）

行次	项　目	销售费用	其中：境外支付	管理费用	其中：境外支付	财务费用	其中：境外支付
		1	2	3	4	5	6
1	一、职工薪酬	9686355.67	*	10168943.63	*	*	*
2	二、劳务费	3103525.28	0.00	1369538.17	0.00	*	*
3	三、咨询顾问费	0.00	0.00	1320960.00	0.00	*	*
4	四、业务招待费	2665745.59	*	1101742.83	*	*	*
5	五、广告费和业务宣传费	361090.21	*	0.00	*	*	*
6	六、佣金和手续费	0.00	0.00	0.00	0.00	0.00	0.00
7	七、资产折旧摊销费	39340.10	*	2735527.10	*	*	*
8	八、财产损耗、盘亏及毁损损失	0.00	*	2472883.44	*	*	*
9	九、办公费	1365243.81	*	2869805.83	*	*	*
10	十、董事会费	0.00	*	0.00	*	*	*
11	十一、租赁费	294949.32	0.00	1564769.30	0.00	*	*
12	十二、诉讼费	0.00	*	0.00	*	*	*

续表

行次	项 目	销售费用	其中：境外支付	管理费用	其中：境外支付	财务费用	其中：境外支付
		1	2	3	4	5	6
13	十三、差旅费	1548813.97	*	558440.82	*	*	*
14	十四、保险费	0.00	*	0.00	*	*	*
15	十五、运输、仓储费	4256981.28	0.00	0.00	0.00	*	*
16	十六、修理费	0.00	0.00	0.00	0.00	*	*
17	十七、包装费	0.00	*	0.00	*	*	*
18	十八、技术转让费	0.00	0.00	0.00	0.00	*	*
19	十九、研究费用	0.00	0.00	12446568.55	0.00	*	*
20	二十、各项税费	0.00	*	86418.28	*	*	*
21	二十一、利息收支	*	*	*	*	19772371.66	0.00
22	二十二、汇兑差额	*	*	*	*	0.00	0.00
23	二十三、现金折扣	*	*	*	*	0.00	*
24	二十四、党组织工作经费	*	*	0.00	*	*	*
25	二十五、其他	23854320.52	0.00	1989401.05	0.00	5109.69	0.00
26	合计（1+2+3+…24+25）	47176365.75	0.00	38684999.00	0.00	19777481.35	0.00

表 6-33　　2022 年期间费用明细表　　金额单位：元（列至角分）

行次	项 目	销售费用	其中：境外支付	管理费用	其中：境外支付	财务费用	其中：境外支付
		1	2	3	4	5	6
1	一、职工薪酬	14597546.69	*	7124776.92	*	*	*
2	二、劳务费	0.00	0.00	0.00	0.00	*	*
3	三、咨询顾问费	0.00	0.00	0.00	0.00	*	*
4	四、业务招待费	2025859.94	*	779022.45	*	*	*
5	五、广告费和业务宣传费	12260.16	*	0.00	*	*	*
6	六、佣金和手续费	0.00	0.00	0.00	0.00	0.00	0.00
7	七、资产折旧摊销费	55129.70	*	1900636.83	*	*	*
8	八、财产损耗、盘亏及毁损损失	0.00	*	1487278.12	*	*	*
9	九、办公费	393363.62	*	3282441.34	*	*	*
10	十、董事会费	0.00	*	0.00	*	*	*
11	十一、租赁费	749617.09	0.00	0.00	0.00	*	*
12	十二、诉讼费	0.00	*	0.00	*	*	*

续表

行次	项　目	销售费用	其中：境外支付	管理费用	其中：境外支付	财务费用	其中：境外支付
		1	2	3	4	5	6
13	十三、差旅费	1079107.01	*	514961.06	*	*	*
14	十四、保险费	0.00	*	0.00	*	*	*
15	十五、运输、仓储费	9012677.34	0.00	0.00	0.00	*	*
16	十六、修理费	0.00	0.00	0.00	0.00	*	*
17	十七、包装费	0.00	*	0.00	*	*	*
18	十八、技术转让费	0.00	0.00	0.00	0.00	*	*
19	十九、研究费用	0.00	0.00	17198115.71	0.00	*	*
20	二十、各项税费	0.00	*	2329.93	*	*	*
21	二十一、利息收支	*	*	*	*	12161672.28	0.00
22	二十二、汇兑差额	*	*	*	*	0.00	0.00
23	二十三、现金折扣	*	*	*	*	0.00	*
24	二十四、党组织工作经费	*	*	0.00	*	*	*
25	二十五、其他	72474676.03	0.00	2079148.26	0.00	390423.69	0.00
26	合计（1+2+3+…24+25）	100400237.59	0.00	34368710.60	0.00	12552095.98	0.00

（案例作者：浙江财经大学严斯瀚、黄毕辉、胡耀予；指导老师：张帆、郑家兴、吴伟强）

第二节　高校专家点评

一、对案例的总体评价

本案例选取某药业有限公司为分析对象，完整介绍了医药行业整体发展与经营情况，整理了医药行业的税收优惠政策与行业税收风险点，选取 16 项评估指标，根据三年的财务报表、纳税申报表数据及其他补充资料进行风险点筛选，发现 16 处异常情况。经进一步的分析、计算，直接确认与排除部分风险，对于需进一步确认的风险，进行约谈和实地调研。对确认存在的问题，进行税务处理。案例较为全面地揭示了医药行业税收风险，展示了税收风险管控的基本流程，逻辑清晰，分析结构完整，符合大赛案例撰写规范，是一篇比较优秀的税收风险管控案例。

二、案例的优点

1. 逻辑清晰

案例根据行业特点，设计相应的行业风险指标与预警值，根据财务报表与纳税申报表等资料进行风险扫描，对于可能的风险进行案头分析，对于不能排除的风险点进一步进行约谈举证与实地调查，对风险点进行识别与确认。根据税收风险管理理念，完整展示了如何进行风险指标设计、风险识别与风险应对流程。

2. 文本撰写规范

文本结构完整，在行企背景部分总结了医药行业的税收优惠政策与行业税收风险，在企业资料部分提供了详细的报表数据，设计了相应的行业风险指标，在案头分析、约谈举证、实地调查、调查结论与案例总结中条理清晰，详略得当。

3. 数据翔实

案例基于三年的企业财务报表与纳税申报表数据，通过单项指标分析、关联指标间的对比分析，通过案头分析、约谈与实地调查来进行风险识别，链条完整，证据资料比较充分，有理有据，结论具有可信度。

三、案例分析存在的问题和不足

1. 部分风险指标的应用不够完整、精准

（1）行业风险指标数据设计中有净资产收益率与总资产周转率两个指标，但后面的风险扫描与分析中并未见有对这两个指标的应用。根据报表数据计算，2020—2023 年总资产周转率分别为 0.20、0.34 与 0.43，而预警值为小于 0.29；净资产周转率预警值为小于 4.35%，企业在 2020 年与 2023 年均显示亏损，而 2021 年的净资产周转率为 3.91%，低于预警值。应进行风险的识别与确认。

（2）判断风险点的思路和依据部分，应收账款异常行为判断依据是“该企业应收款项期末余额占营业收入的比例偏高”，但在“行业风险指标数据”表及实际指标的判断中，应收账款异常风险是通过“应收账款期末挂账率异常”指标来判断的，前后指标存在不一致，并且案例中也未给出“应收款项期末余额占营业收入”比例的风险判断预警值。

（3）部分风险点的判断过于简略或稍显突兀。如根据 2020 年主营业务收入变动率与主营业务成本变动率配比数据超出预警值，在企业风险点判断中简略标示为“少计收入风险”，可能存在概括不全的问题。

2. 部分分析不够完整、深入

（1）根据印花税纳税申报表，企业 2020—2022 年产生买卖合同分别为 17479.01 万元、34841.26 万元、51280.78 万元，借款合同三年都为 0。仅对买卖合同缴纳了印花税，后面调查发现存在未对购货合同和借款合同缴纳印花税的行为。实际经营中，企业不可能仅有销售与借款两类需纳印花税的合同，可能还会涉及运输合同、仓储合同、财产保险等合同。建议应对其是否涉及运输合同、仓储合同、财产保险合同等进行风险分析或说明。

（2）根据 2020 年增值税税负率低，进销项比率异常判断企业可能存在“虚抵增值税专票风险”。通过比对各年营业收入并结合当时外部环境分析，认为 2020 年收入的轻微下降属于正常波动，排除 2020 年隐匿销售收入的可能性。根据企业资产负债表，2020 年与 2019 年相比，期末存货增加 277.73 万元，长期待摊费用增加 2014.30 万元。排除这两个干扰因素后，增值税进销项比变为 60.44%，处于企业正常区间，据此判定 2020 年增值税税负率偏低的原因是囤积存货和产生长期待摊费用，不存在虚抵增值税专用发票的行为。上述分析证据不够充分。

案例中提到，医药制造行业的行企税收风险之一是向小型农业生产者收购农产品作原材料。收购免税农产品进行进项抵扣是税务管理中的一个难题，历来是税务稽查的重点。案例对于存货的产生与使用应进一步核实。

（3）发现企业 2021 年和 2022 年企业增值税税负率均高于行业平均水平，但毛利率却低于行业正常区间，显示不同步。同时企业应付账款长期大额挂账，怀疑是由于业务没有真实发生，所以相应的进项税额无法抵扣，但存在虚增生产成本风险。通过实地查验相关合同票据发现企业确实存在一部分虚假应付账款，涉及金额为 360.58 万元，需补缴企业所得税 $360.58 \times 15\% = 54.08$ 万元。虚构采购，虚增应付账款并不直接导致企业生产成本增加，应比较一下行业的投入产出指标、同类产品的原料耗用率等，再进一步对生产材料的领用、成本归集等细节进行核查，以确认虚增成本风险的存在。

（4）案例在第 2 部分总结医药行业税收风险时提到，制药企业常采用“销售费用大包干”制度激励销售人员，个人专户资金由销售人员支配，通过发票报销领回。销售人员可能利用发票造假非法操作拨款，给企业带来合规风险。现实经营中，这的确是一个高风险地带，但后面的案例设计中并无这一部分内容。

3. 部分涉税分析缺乏细节

在案头分析部分发现，2022 年营业外支出中有除 750.09 万元由税收行政处罚造成且已进行纳税调增，剩余的 384.65 万元（211.29 万元剩余罚没支出，173.36 万元其他支出）进行了税前扣除。在约谈中企业回复这部分罚没支出源于与其他企业经济业务上的违约，并非政府部门的罚款。但从数据资料及约谈中知道，公司 2022 年因生产经营及技术水平的提高完善，所以还在 2022 年减少了一部分的管理人员岗位，使得管理费用率从 2021 年的 7.45% 下降至 3.38%。一方面显示管理水平在提高，另一方面又产生高昂的经济违约罚款，不符合经营常识。案例简单地给出数据无误的结论，缺少细节，比如是什么情况下的违约，是否存在责任人等，案例应进一步调查违约细节，增加可信度。

4. 部分涉税问题可能存在争议

意外停电导致培养基变质，使整个培养罐失效，按《增值税暂行条例实施细则》规定，管理不善造成菌种变质报废属非正常损失。在实际的税务管理中，如何界定“管理不善”，如何确定“非正常损失”可能存在争议。

四、完善该案例的建议

首先，围绕医药行企涉税风险特点，设计风险指标，充分挖掘报表数据，通过单项指标分析、各指标间的交叉比对分析等，来发现可能风险点。

其次，增加分析的现实感与真实性，根据企业的真实经营情况，完整、深入地进行分析，丰富分析的内容。如以分析中存在的问题为例，在案例设计时，印花税部分，应对其是否涉及运输合同、仓储合同、财产保险合同等进行风险分析或说明。为排除企业“虚抵增值税专票风险”，应进一步检查企业采购情况，核查相关合同、原始凭证、入库与出库记录，有必要的话进行实地核查。对于可能的虚增成本问题，应比较一下行业的投入产出指标、同类产品的原料耗用率等，再进一步对生产材料的领用、成本归集等细节进行核查，以确认虚增成本风险的存在。

最后，增加分析的针对性，加大细节分析。如对于医药企业较为突出的购进免税农产品进项抵扣问题，大量存在会议推广费、营销提成、居间费问题，都应成为风险分析的重点。而通过细节分析的设计，通过层层剥茧的分析，也有助于提高风险识别方法的多样性与故事的冲突效果，提高案例的可阅读性。

（点评人：浙江财经大学财政税务学院黄冠豪）

第三节　行业专家点评（1）

一、对案例的总体评价

本次纳税风险管控案例选择了极具代表性的医药行业进行编写，基于医药制造业经营和财务状况，介绍医药行业发展情况和主要税收风险点，提供近三年财务报表和纳税申报表，通过资产负债表、利润表、所得税、增值税申报表及发票数据，进行税务风险分析，计算风险指标，筛选税收风险，进行约谈举证和实地调查，核实税收风险点，案例较完整，但对医药行业特点涉税风险和涉税风险的分析和排查可以更加深入。

二、案例的优点

1. 选取行业具有代表性

案例选取医药行业作为涉税分析，具有行业代表性。

2. 多税种多维度分析

案例多税种分析，包括增值税、企业所得税、个人所得税、房产税及土地使用税、印花税，在案例分析时，将固定资产、无形资产变动与房产税土地使用税申报表相对比，发现涉税疑点，将长期借款、短期借款增减变动与印花税－借款合同纳税情况相比对，具有很强实务思维。

三、案例存在的问题和不足

1. 财务报表数据逻辑有误

企业资料中，财务报表中各年度资产负债表标识“税款所属期间”不符合要求，2022年资产负债表期初未分配利润加上2022年当期利润额不等于期末未分配利润，资产负债表有大额长期股权投资，但三年利润表投资收益均为零。

2. 企业资料中纳税申报表有误

企业资料中，纳税申报资料2020年度、2022年度的房产税从价申报表准确，但2021年房产税申报明细有误，从价计征的房产税按年申报，而非申报表列式按季申报，申报所属期与列式的应纳税额不一致。

3. 涉税风险中，未体现医药制造行业涉税风险特点，部分涉税风险提示不到位

案例中公司集生产、销售、研发于一体，但在案头分析未充分体现医药行业特点，案头资料分析不合理，比如：

虚增销售费用风险，2022年度较2021年度增长300%，评论结果走访调查发现增加销售费用为应对市场竞争，属于正常现象，不符合行业特点。

研发产品未入账风险的描述，未结合申报表和财务报表提示到位，企业所得税申报表显示的免税、减计收入及加计扣除金额大于研发费用加计扣除金额，在涉税风险中未具体说明。

评论结论中，发现企业通过员工个人账户收款并转账于股东账户，涉及金额达1020.79万元，股东需补缴个税204.16万元，存在未代扣代缴个人所得税的风险，应同时考虑是否存在账外收入未入账情况，增值税和企业所得税的风险是否同步考虑。

4. 案头分析资料不符合逻辑，评估结果中补缴税款金额与案头资料无逻辑关系

案头分析中，计算应补缴的税金，但从案头资料中无法准确计算应补税金。

四、完善该案例的建议

案头分析资料要结合医药行业特点，案头资料分析要全面、深入，多税种同步考虑，分情况描述，政策依据要具体，计算应补缴税金时最好能列出具体计算公式。

（点评人：中汇（浙江）税务师事务所有限公司章淑菠）

第四节 行业专家点评（2）

一、对案例的总体评价

本案例完整度较高，首先分析了医药行业背景及税务现状，其次分析了企业经营情况，为进一步纳税评估打好了基础。评估过程非常扎实，案头分析能做到有的放矢，并通过约谈举证与实地调查排除或确定涉税风险点，最后得出案例总结与启示。从完整度、逻辑性、可读性上来说都是一个非常好的案例分析。

首先，案例对医药行业发展现状及其趋势进行了介绍，分析了我国医药行业的特点，并全面梳理了我国医药行业税收优惠政策，并在此基础上分析了医药行业税收风险。

其次，对企业的资料分析较为详细，尤其是对经营信息及财务信息的分析非常到位。

再次，案头分析特别出彩，尤其是根据案头资料展开分析的逻辑非常清晰。这一点在同类案例分析中特别不容易，也是最为出彩的地方。

最后，约谈调查、实地核查后的结论实事求是，符合税法的规定。

二、案例的优点

通过阅读本案例，体会到比较突出的优点是：

1. 资料收集完整

无论是行业资料还是企业资料，从经济数据到税收数据，再到具体的纳税申报表与财务报表，资料非常完整，为后续开展评估奠定了坚实的基础。

2. 交代了预警值的出处

大学生从事类似案例分析，容易陷入“讲故事”的窠臼，尤其是对于行业预警值，如果没有说清楚数据的出处，容易被人质疑，本案例巧妙以上市公司的数据作为案例分析的依据，有理有据。

3. 利用了企业的发票数据

由于目前技术手段的变化，传统的纳税评估所依赖的数据来源已不足以支撑精准评估的要求，而本案例利用电子税务局提供的企业发票数据进行分析，大大提高了评估的精准度。

4. 案头分析疑点有案头资料数据作为支撑

大学生风险评估，往往结果先行，容易颠倒因果关系，从而留下“作假”的痕迹，而本案例完全模拟实际工作程序，难能可贵。

5. 风险分析实事求是

在本案例的风险分析段落中，学员对企业存在的涉税风险进行了详细分析，根据分析过程给出了客观的评估可能，并不武断下结论，对于依据不充分的疑点，留待后续环节进行解决。

6. 约谈与实地调查比较扎实

为最终确定企业应补缴税款做了最终的核实。

7. 分析全面、税种齐全

案例不仅分析了主体税种，还对大学生平时并不关心的财行税进行了细致入微的分析，很不容易。

三、案例存在的问题和不足

（1）行业分析与最终评估的案例风险之间缺少关联性，存在“两张皮”的现象，从而使得前半部分的行业分析显得比较突兀，篇幅有点冗余；

（2）最终税款计算时，根据单个违法事实逐个计算企业所得税，有违企业所得税的计算原理。

（3）对于评估约谈过程中，笔录上体现了企业对涉税疑点的“解释”，但最后实地走访如何破除企业的观点、做实风险疑点的过程显得比较仓促，链条略显得不够完整。

四、完善该案例的建议

（1）如此正规的纳税评估，必然需要税务机关的支持，因此在交代案源时有必要介绍学生是如何参与到税务局的执法行动中去的。

（2）财务报表及纳税申报表占用篇幅过大，可以选择性地介绍与风险疑点有关系的报表条目进行展示，删除无关的内容。

（3）税收是一门实践性极强的学科，案例大赛尤其要体现实战性，因此，不必过分追求起转承合，体现实际效果即可。

（点评人：税安科技（杭州）有限公司财税专家徐心梧）

第七章　房地产业税收风险管控案例与点评

第一节　甲房地产股份有限公司税收风险管控案例

一、学习指引

税收风险管控案例大赛将理论知识学习、专业能力锻炼和团队协作配合融为一体，激发学生学习掌握税法知识的热情，促进学生在理解税法基础上实现对于税法知识点的灵活运用，培养学生法治思维，树立成本意识、风险意识和全局观念。

在本案例中，结合房地产行业特点，以企业的财务报表和纳税申报表为基础，运用纳税评估相关指标，查找可能存在的税收风险点，结合房地产业纳税人及纳税情况对比，进行案头分析。

二、行业背景

此部分主要从行业现状、行业特点和行业发展趋势三个方面进行分析。

房地产行业现状是房地产业从高速增长向低速增长转变，供不应求向供过于求转变。

房地产行业的主要特点是：（1）房地产行业多跨地区经营，税收征管复杂；（2）房地产行业贷款较多，高度依赖融资；（3）房地产行业涉税税种多、税负重。

房地产行业的发展趋势主要是：（1）坚持“房住不炒”、维持房价平稳的调控基调不会变；（2）行业竞争更激烈，集中度会进一步提升；（3）满足消费者需求个性化，走向细分化、多元化。

三、企业资料

（一）公司基本信息

纳税人名称：甲房地产股份有限公司

统一社会信用代码：××××××××××××××××××

公司成立时间：2005年6月28日

注册资本：30000万元人民币

经济性质：股份有限公司

增值税类型：一般纳税人

法定代表人：王小亮

注册地址：宇宙市地球区

经营范围：城镇土地开发；房屋营造；基础设施建设；房地产开发；销售自行开发的商品房；销售建材、装饰材料；从事货物和技术的进出口业务；售后或租赁物业的维修保养、住宅小区的清洁绿化、治安保卫；房屋租赁；居室装修、商业服务、搬家服务，以及其他经营服务等。

该房地产企业集团总部在宇宙市地球区，公司适用企业所得税税率25%，房产税按照最高比例减除30%，城镇土地使用税每平方米2元，城市维护建设税税率为7%，教育费附加、地方教育附加征收比率分别为3%、2%。公司出资人由自然人和法人共同组成。

（二）公司经营情况

1. 公司经营产品

（1）住宅地产。独栋别墅、双拼别墅、合院、洋房、大平层、公寓等。

（2）商业地产。特色文旅小镇、医疗康养养老公寓、商业写字楼、购物中心、商业街和商业广场等。

（3）配套设施。交通、停车位、医院、公园等。

2. 公司经营模式

一般房地产企业有两种经营模式：一种是住宅式地产，另一种是商业地产。该公司两种经营模式兼备。

（1）住宅地产经营模式。住宅地产顾名思义是专供居住的房产，主要包括公寓、宿舍、别墅等。该房地产公司住宅地产可以分为以下几个阶段：

①土地取得阶段。在取得政府规划的用地之前，公司完成开发项目的可行性报告。

②开发建设阶段。公司根据政府要求完成勘察设计和工程施工，投入大量人力、物力和财力，涉及各项成本费用，这些直接影响到后期公司企业所得税和土地增值税的缴纳。

委托第三方完成此阶段的开发成本是委托第三方的劳务费。

③销售阶段。在房产实际竣工之前，公司为了尽早回笼资金支持后续的项目建设，在达到开放条件和销售许可证之后，公司开始对外预售房屋。

④清算阶段。在项目竣工验收之后，相关竣工证明按照国家法律要求向当地报备，然后房地产项目正式投入清算。但无论项目验收是否合格，或者项目备案手续是否完成，一旦房产办理交付手续或已开始投入使用，房产开发项目都应开始清算。

（2）商业房地产经营模式。

①分散销售，自主经营。在商业地产开发的早期阶段，由于资本占用的压力，公司在地产完成后卖给不同的商家。

②整体销售，整体管理。公司通过商业经营的物业增值和整体销售，以迅速获得投资利润。

③整体租赁，整体管理。公司把地理位置相对优越的租位以具有优势的价格出租给其他企业，使得此位置的客流量大大增加，并把剩余的位置租给小商户，利用此种方式促使小商户分享大型企业带来的客流量。

3. 公司组织架构（见图 7－1）

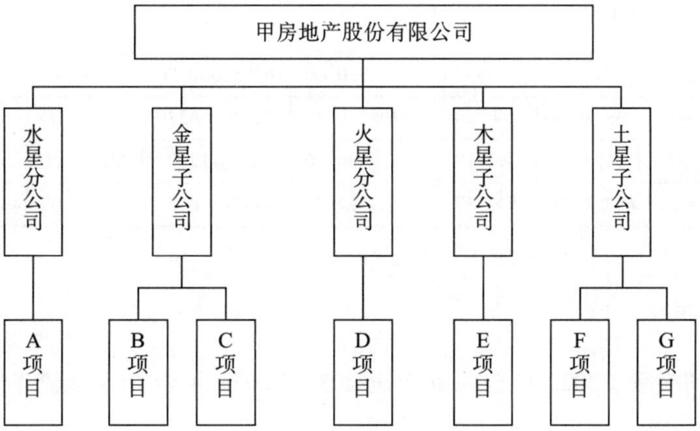

图 7－1　公司组织架构

4. 其他材料

2022 年 10 月 30 日，公司将原有房产用于生产经营，该房产原值 2000 万元；公司于 2021 年购进宇宙市地球区一处房产，2022 年 9 月 30 日用于投资联营（收取固定收入，不承担联营风险），投资期 3 年，当年取得不含税固定收入 160 万元，该房产原值 20000 万元；当地政府规定的房产计税余值的扣除比例为 30%；2022 年 12 月未分配利润 6000 万元转为实收资本。

（三）公司A项目销售情况明细

A项目建筑情况及A项目合同累计签订情况分别如表7－1及表7－2所示。

表7－1　　A项目建筑情况

楼号	房屋类型	建筑情况			
		房屋套数	房屋建筑面积（平方米）	地下室套数	地下室面积（平方米）
1#－10#	高层住宅（10层及以上）	1150.00	122279.58	—	—
11#－16#	洋房（7层）	168.00	21840.64	24.00	3120.76
17#－21#	别墅（3层）	5.00	1880.96	5.00	618.98
合计		1323.00	146001.18	29.00	3739.74

表7－2　　A项目合同累计签订情况（截至2022年12月31日）

合同累计签订情况									
套数			合同面积		房款		地下室款（元）	房屋装修款（元）	小计（元）
一次性付款套数	按揭付款套数	地下室套数	房屋面积（平方米）	地下室面积（平方米）	一次性及首付款金额（元）	按揭贷款金额（元）			
20.00	320.00	—	37543.48	—	99580720.00	167950000.00	—	—	267530720.00
3.00	47.00	5.00	6578.96	460.98	32408219.74	22520966.26	921960.00	460980.00	56312126.00
1.00	2.00	3.00	1128.58	376.19	26634488.00	18508712.00	1880950.00	—	47024150.00
24.00	369.00	8.00	45251.02	837.17	158623427.74	208979678.26	2802910.00	460980.00	370866996.00

（四）会计报表

2022年合并利润表、2022年合并资产负债表及2022年合并现金流量表分别如表7－3、表7－4及表7－5所示。

表7－3　　2022年合并利润表

编制单位：甲房地产股份有限公司　　2022年度　　单位：元

项目	本期金额	上期金额
一、营业总收入	1615023327.00	1419836588.00
其中：营业收入	1615023327.00	1419836588.00
利息收入*	0.00	0.00
已赚保费*	0.00	0.00
手续费及佣金收入*	0.00	0.00
二、营业总成本	1440131634.00	1262226200.00

续表

项目	本期金额	上期金额
其中：营业成本	1440131634.00	1262226200.00
利息支出*	0.00	0.00
手续费及佣金支出*	0.00	0.00
退保金*	0.00	0.00
赔付支出净额*	0.00	0.00
提取保险合同准备金净额*	0.00	0.00
保单红利支出*	0.00	0.00
分保费用*	0.00	0.00
税金及附加	15895535.00	17220003.00
销售费用	5522266.00	4330826.00
管理费用	28982939.00	27685477.00
研发费用	28000000.00	17289939.00
财务费用	7797699.00	7911711.00
其中：利息费用	12423310.00	10476405.00
利息收入	3760919.00	3648525.00
加：其他收益	612604.00	301988.00
投资收益（损失以“－”号填列）	6151615.00	4212538.00
其中：对联营公司和合营公司的投资收益	5918135.00	4673782.00
以摊余成本计量的金融资产终止确认收益	2200204.00	2330684.00
汇兑收益（损失以“－”号填列）*		
净敞口套期收益（损失以“－”号填列）		
公允价值变动收益（损失以“－”号填列）	50773.00	484752.00
信用减值损失（损失以“－”号填列）	3341524.00	2271556.00
资产减值损失（损失以“－”号填列）	328482.00	1266669.00
资产处置收益（损失以“－”号填列）	166167.00	131105.00
三、营业利润（亏损以“－”号填列）	99344419.00	91841040.00
加：营业外收入	809174.00	1294032.00
减：营业外支出	1000430.00	3621272.00
四、利润总额（亏损总额以“－”号填列）	99153163.00	89513800.00
减：所得税费用	23340225.00	18262603.00
五、净利润（净亏损以“－”号填列）	75812938.00	71251197.00
（一）按经营持续性分类		
1. 持续经营净利润（净亏损以“－”号填列）	70950380.00	63205243.00
2. 终止经营净利润（净亏损以“－”号填列）		
（二）按所有权归属分类		

续表

项目	本期金额	上期金额
1. 归属于母公司股东的净利润（净亏损以“－”号填列）	44944250.00	41881399.00
2. 少数股东损益（净亏损以“－”号填列）	26006130.00	21323844.00
六、其他综合收益的税后净额	938030.00	606129.00
（一）归属于母公司所有者的其他综合收益的税后净额	908034.00	580780.00
1. 不能重分类进损益的其他综合收益	776873.00	1033764.00
（1）重新计量设定受益计划变动额	44024.00	27690.00
（2）权益法下不能转损益的其他综合收益		
（3）其他权益工具投资公允价值变动	732849.00	1061454.00
（4）公司自身信用风险公允价值变动		
……		
2. 将重分类进损益的其他综合收益	1684907.00	452984.00
（1）权益法下可转损益的其他综合收益	95073.00	189202.00
（2）其他债权投资公允价值变动	22825.00	11483.00
（3）金融资产重分类计入其他综合收益的金额		
（4）其他债权投资信用减值准备		
（5）现金流量套期储备		
（6）外币财务报表折算差额	1612659.00	275265.00
……		
（二）归属于少数股东的其他综合收益的税后净额	29996.00	25349.00
七、综合收益总额	71888410.00	63811372.00
（一）归属于母公司所有者的综合收益总额	45852284.00	42462179.00
（二）归属于少数股东的综合收益总额	26036126.00	21349193.00
八、每股收益：	63.00	63.00
（一）基本每股收益	1.07	0.97
（二）稀释每股收益	1.07	0.96

表7－4　　2022年合并资产负债表

编制单位：甲房地产股份有限公司　　2022年12月31日　　单位：元

资产	期末余额	上年年末余额	负债和所有者权益（或股东权益）	期末余额	上年年末余额
流动资产：			流动负债：		
货币资金	295857190.00	292441419.00	短期借款	293170961	28498331.00
结算备付金*	0.00	0.00	向中央银行借款*	0.00	0.00
拆出资金*	0.00	0.00	拆入资金*	0.00	0.00
交易性金融资产	244459.00	902072.00	交易性金融负债	0.00	0.00
衍生金融资产	0.00	0.00	衍生金融负债	0.00	0.00

续表

资产	期末余额	上年年末余额	负债和所有者权益（或股东权益）	期末余额	上年年末余额
应收票据	31989282.00	26918443.00	应付票据	5265592.00	7030414.00
应收账款	160441814.00	153961875.00	应付账款	502386965.00	493129630.00
应收款项融资	3788082.00	3674166.00	预收款项	607427.00	449953.00
预付款项	42243346.00	55084548.00	合同负债	110363613.45	91789584.00
应收保费*	0.00	0.00	卖出回购金融资产款*	0.00	0.00
应收分保账款*	0.00	0.00	吸收存款及同业存放*	0.00	0.00
应收分保合同准备金*	0.00	0.00	代理买卖证券款*	0.00	0.00
其他应收款	54626721.00	53186521.00	代理承销证券款*	0.00	0.00
买入返售金融资产*	0.00	0.00	应付职工薪酬	306315998.55	197757862.00
存货	675125328.00	578917620.00	应交税费	64026873.00	59368941.00
合同资产	141065956.00	150975326.00	其他应付款	118273242.00	114030641.00
持有待售资产	0.00	0.00	应付手续费及佣金*	0.00	0.00
一年内到期的非流动资产	77936729.00	57463704.00	应付分保账款*	0.00	0.00
其他流动资产	94311158.00	87980288.00	持有待售负债	0.00	0.00
流动资产合计	1577630065.00	1461505982.00	一年内到期的非流动负债	88146285.00	89017494.00
非流动资产：			其他流动负债	70311655.00	64654827.00
发放贷款和垫款*	0.00	0.00	流动负债合计	1265697651.00	1145727677.00
债权投资	104605329.00	67759804.00	非流动负债：		
其他债权投资	356377.00	87759804.00	保险合同准备金*	0.00	0.00
长期应收款	177642042.00	164825662.00	长期借款	292897038.00	247800428.00
长期股权投资	86439061.00	74916901.00	应付债券	88782471.00	99596598.00
其他权益工具投资	5838384.00	8069043.00	其中：优先股		
其他非流动金融资产	335510.00	50510.00	永续债	0.00	0.00
投资性房地产	97123680.00	76301157.00	租赁负债		
固定资产	39126960.00	37554496.00	长期应付款	17500260.00	19897230.00
在建工程	20933089.00	20885813.00	预计负债	3849660.00	4108734.00
生产性生物资产	0.00	0.00	递延收益	482490.00	444795.00
油气资产	0.00	0.00	递延所得税负债	6056150.00	4655710.00
使用权资产	0.00	0.00	其他非流动负债	7496502.00	8320948.00
无形资产	22558997.00	22409157.00	非流动负债合计	417064571.00	384824443.00
开发支出	0.00	0.00	负债合计	1682762222.00	1530552120.00
商誉	91738983.00	139318593.00	所有者权益（或股东权益）：		
长期待摊费用	1098709.00	935800.00	实收资本（或股本）	42965072.00	38975630.00
递延所得税资产	115249442.00	15129128.00	其他权益工具	10000000.00	20975410.00

续表

资产	期末余额	上年年末余额	负债和所有者权益（或股东权益）	期末余额	上年年末余额
其他非流动资产	139945933.00	147948942.00	其中：优先股	0.00	14975410.00
非流动资产合计	902992496.00	863864810.00	永续债	10000000.00	6000000.00
			资本公积	10265751.00	9027610.00
			减：库存股	4204385.00	2501460.00
			其他综合收益	1179401.00	1776745.00
			专项储备	95769.00	58474.00
			盈余公积	10101632.00	1151202.00
			一般风险准备*	0.00	0.00
			未分配利润	131953228.00	197541411.00
			归属于母公司所有者权益（或股东权益）合计	300421431.00	277197681.00
			少数股东权益	276673670.00	224637639.00
			所有者权益（或股东权益）合计	797860339.00	794818672.00
资产总计	2480622561.00	2325370792.00	负债和所有者权益（或股东权益）总计	2480622561.00	2325370792.00

表 7-5　　2022 年合并现金流量表

编制单位：甲房地产股份有限公司　　2022 年度　　单位：元

项目	上期金额	本期金额
一、经营活动产生的现金流量：		
销售商品、提供劳务收到的现金	1504062812	1718935581
收到的税费返还	89985	195961
收到其他与经营活动有关的现金	19369597	16405472
经营活动现金流入小计	1523522394	1735537014
购买商品、接受劳务支付的现金	1394717262	1543777349
支付给职工以及为职工支付的现金	73848103	78597334
支付的各项税费	59391122	65839462
支付其他与经营活动有关的现金	29785984	27051088
经营活动现金流出小计	1557742471	1715265233
经营活动产生的现金流量净额	34220077	20271781
二、投资活动产生的现金流量：		

续表

项目	上期金额	本期金额
收回投资收到的现金	8393599	6358245
取得投资收益收到的现金	4957371	3944880
处置固定资产、无形资产和其他长期资产收回的现金净额	2186400	3277269
处置子公司及其他营业单位收到的现金净额	48539	20018
收到其他与投资活动有关的现金	16235302	15930043
投资活动现金流入小计	31821211	29530455
购建固定资产、无形资产和其他长期资产支付的现金	20436792	49497737
投资支付的现金	11280575	13207131
取得子公司及其他营业单位支付的现金净额		2496697
支付其他与投资活动有关的现金	20384348	16956675
投资活动现金流出小计	52101715	82158240
投资活动产生的现金流量净额	20280504	52627785
三、筹资活动产生的现金流量：		
吸收投资收到的现金	29815290	57099738
取得借款收到的现金	184449477	271654818
收到其他与筹资活动有关的现金	10533485	14260156
筹资活动现金流入小计	224798252	343014712
偿还债务支付的现金	161987155	254857899
分配股利、利润或偿付利息支付的现金	37387427	40939333
支付其他与筹资活动有关的现金	14023834	37519166
筹资活动现金流出小计	213398416	333316398
筹资活动产生的现金流量净额	11399836	9698314
四、汇率变动对现金及现金等价物的影响	642592	2328275
五、现金及现金等价物净增加额	27082386	3866228
加：期初现金及现金等价物余额	298810194	271727808
六、期末现金及现金等价物余额	271727808	267861580

有关项目说明：

企业实际收到的政府补助，无论是与资产相关还是与收益相关，均在“收到其他与经营活动有关的现金”项目填列。

（五）纳税申报表

1. 增值税及附加税费预缴表（见表 7－6、表 7－7）

表 7－6　　2022 年 8 月木星股份有限公司增值税及附加税费预缴表

税款所属时间：2022 年 8 月 1 日至 2022 年 8 月 31 日

纳税人识别号（统一社会信用代码）：911100007108888888					是否适用一般计税方法：是□　否□	
纳税人名称：木星股份有限公司						金额单位：元（列至角分）
项目编号：123456		项目名称：				
项目地址：						
预征项目和栏次		销售额	扣除金额	预征率	预征税额	
		1	2	3	4	
销售不动产	1		0			
出租不动产		89541201.89	0	3%	2686236.06	
合计		89541201.89			2686236.06	
附加税费						
城市维护建设税实际预缴税额		188036.52	教育费附加实际预缴费额	80587.08	地方教育附加实际预缴费额	53724.72

声明：此表是根据国家税收法律法规及相关规定填写的，本人（单位）对填报内容（及附带资料）的真实性、可靠性、完整性负责。

纳税人（签章）：　　年　月　日

经办人： 经办人身份证号： 代理机构签章： 代理机构统一社会信用代码：	受理人： 受理税务机关（章）： 受理日期：　　年　月　日

表 7－7　　2022 年 12 月甲房地产股份有限公司增值税及附加税费预缴表

税款所属时间：2022 年 12 月 1 日至 2022 年 12 月 31 日

<table>
<tr><td colspan="5">纳税人识别号（统一社会信用代码）：91110000710888666</td><td colspan="2">是否适用一般计税方法：是☐　否☐</td></tr>
<tr><td colspan="6">纳税人名称：甲房地产股份有限公司</td><td>金额单位：元（列至角分）</td></tr>
<tr><td colspan="3">项目编号：123456</td><td colspan="4">项目名称：</td></tr>
<tr><td colspan="7">项目地址：</td></tr>
<tr><td colspan="2" rowspan="2">预征项目和栏次</td><td>销售额</td><td>扣除金额</td><td>预征率</td><td colspan="2">预征税额</td></tr>
<tr><td>1</td><td>2</td><td>3</td><td colspan="2">4</td></tr>
<tr><td>销售不动产</td><td>1</td><td>182067967.43</td><td>0</td><td>3%</td><td colspan="2">5462039.02</td></tr>
<tr><td>出租不动产</td><td></td><td>125864125.87</td><td>0</td><td>3%</td><td colspan="2">3775923.78</td></tr>
<tr><td>合计</td><td></td><td>307932093.3</td><td></td><td></td><td colspan="2">9237962.80</td></tr>
<tr><td colspan="7">附加税费</td></tr>
<tr><td colspan="2">城市维护建设税实际预缴税额</td><td>26009.17</td><td>教育费附加实际预缴费额</td><td>15902.74</td><td>地方教育附加实际预缴费额</td><td>10601.83</td></tr>
</table>

声明：此表是根据国家税收法律法规及相关规定填写的，本人（单位）对填报内容（及附带资料）的真实性、可靠性、完整性负责。

纳税人（签章）：　　年　月　日

经办人： 经办人身份证号： 代理机构签章： 代理机构统一社会信用代码：	受理人： 受理税务机关（章）： 受理日期：　　年　月　日

2. 增值税及附加税费申报表（见表 7－8 至表 7－12）

表 7－8 **2021 年 12 月增值税及附加税费申报表**

（一般纳税人适用）

税款所属时间：2021 年 12 月 1 日至 2021 年 12 月 31 日　　填表日期：2021 年 12 月 31 日　　金额单位：元（列至角分）

纳税人识别号（统一社会信用代码）：	911100007108886666				所属行业：	房地产行业	
纳税人名称：甲房地产股份有限公司	法定代表人姓名	王小亮	注册地址	宇宙市地球区	生产经营地址	地球区银河路	
开户银行及账号：太阳银行 2455984751912341	太阳银行 2455984751912341	登记注册类型	银行一般户			电话号码	136373 × × × ×

项目		栏次	一般项目		即征即退项目	
			本月数	本年累计	本月数	本年累计
销售额	（一）按适用税率计税销售额	1	49803568. 59	952129479. 9	0	0
	其中：应税货物销售额	2	49803568. 59	952129479. 9	0	0
	应税劳务销售额	3	0	0	0	0
	纳税检查调整的销售额	4	0	—	0	0
	（二）按简易办法计税销售额	5	41834110. 99	521368493. 2	0	0
	其中：纳税检查调整的销售额	6	0	0	0	0
	（三）免、抵、退办法出口销售额	7	0	0	—	—
	（四）免税销售额	8	0	0	—	—
	其中：免税货物销售额	9	0	0	—	—
	免税劳务销售额	10	0	0	—	—
税款计算	销项税额	11	4108321. 173	95734242. 7	0	0
	进项税额	12	1934423. 86	98289466. 9	0	0
	上期留抵税额	13	0		0	—
	进项税额转出	14	90777. 02	960000	0	0
	免、抵、退应退税额	15	0		—	—
	按适用税率计算的纳税检查应补缴税额	16	0		—	—

续表

项目		栏次	一般项目		即征即退项目	
			本月数	本年累计	本月数	本年累计
税款计算	应抵扣税额合计	17 = 12 + 13 - 14 - 15 + 16	1837646. 84	—	0	—
	实际抵扣税额	18（如 17 < 11，则为 17，否则为 11）	1537646. 84	87129466. 9	0	0
	应纳税额	19 = 11 - 18	2570674. 333	8604775. 8	0	0
	期末留抵税额	20 = 17 - 18	0		0	—
	简易计税办法计算的应纳税额	21	1205023. 33	14841054. 79	0	0
	按简易计税办法计算的纳税检查应补缴税额	22	0		—	—
	应纳税额减征额	23	1986. 61	8800	0	0
	应纳税额合计	24 = 19 + 21 - 23	3873611. 053	23443744. 07	0	0
税款缴纳	期初未缴税额（多缴为负数）	25	1385054. 5	1337067. 95	0	0
	实收出口开具专用缴款书退税额	26	0	0	0	—
	本期已缴税额	27 = 28 + 29 + 30 + 31	1412344. 89	2528049. 73	0	0
	①分次预缴税额	28	117290. 39	—	0	—
	②出口开具专用缴款书预缴税额	29	0	—	—	—
	③本期缴纳上期应纳税额	30	1235054. 5	2128049. 73	0	0
	④本期缴纳欠缴税额	31			0	0
	期末未缴税额（多缴为负数）	32 = 24 + 25 + 26 - 27	3546320. 663	22252762. 29	0	0
	其中：欠缴税额（≥0）	33 = 25 + 26 - 27	117290. 39	—	0	—
	本期应补（退）税额	34 = 24 - 28 - 29	0	—	0	—
	即征即退实际退税额	35	—	—	0	
	期初未缴查补税额	36	0	0	—	—

续表

项目		栏次	一般项目		即征即退项目	
			本月数	本年累计	本月数	本年累计
税款缴纳	本期入库查补税额	37	0	0	—	—
	期末未缴查补税额	38 = 16 + 22 + 36 − 37	0	0	—	—
附加税费	城市维护建设税本期应补（退）税额	39	0	1641062.09	—	—
	教育费附加本期应补（退）费额	40	0	703312.32	—	—
	地方教育附加本期应补（退）费额	41	0	468874.88	—	—

声明：此表是根据国家税收法律法规及相关规定填写的，本人（单位）对填报内容（及附带资料）的真实性、可靠性、完整性负责。

纳税人（签章）：　　年　月　日

经办人： 经办人身份证号： 代理机构签章： 代理机构统一社会信用代码：	受理人： 受理税务机关（章）：　　受理日期：　　年　月　日

表 7－9

2022 年 12 月增值税及附加税费申报表

（一般纳税人适用）

税款所属时间：2022 年 12 月 1 日至 2022 年 12 月 31 日　　填表日期：2022 年 12 月 31 日　　金额单位：元（列至角分）

纳税人识别号（统一社会信用代码）：	911100007108886666					所属行业：	房地产行业	
纳税人名称：甲房地产股份有限公司	法定代表人姓名	王小亮	注册地址	宇宙市地球区		生产经营地址	地球区银河路	
开户银行及账号：太阳银行 2455984751912341	太阳银行 2455984751912341	登记注册类型	银行一般户			电话号码	136373 × × × ×	

项目		栏次	一般项目		即征即退项目	
			本月数	本年累计	本月数	本年累计
销售额	（一）按适用税率计税销售额	1	51203568.59	537798493.13	0	0
	其中：应税货物销售额	2	51203568.59	537798493.13	0	0

续表

项目		栏次	一般项目		即征即退项目	
			本月数	本年累计	本月数	本年累计
销售额	应税劳务销售额	3	0	0	0	0
	纳税检查调整的销售额	4	0	0	0	0
	（二）按简易办法计税销售额	5	46834110.99	561368493.2	0	0
	其中：纳税检查调整的销售额	6	0	0	0	0
	（三）免、抵、退办法出口销售额	7	0	0	—	—
	（四）免税销售额	8	0	0	—	—
	其中：免税货物销售额	9	0	0	—	—
	免税劳务销售额	10	0	0	—	—
税款计算	销项税额	11	4608321.173	115734242.7	0	0
	进项税额	12	2034423.86	108289466.9	0	0
	上期留抵税额	13	0	0	0	—
	进项税额转出	14	0	0	0	0
	免、抵、退应退税额	15	0	0	—	—
	按适用税率计算的纳税检查应补缴税额	16	0	0	—	—
	应抵扣税额合计	17 = 12 + 13 − 14 − 15 + 16	1937646.84	—	0	—
	实际抵扣税额	18（如 17 < 11，则为 17，否则为 11）	1937646.84	107129466.9	0	0
	应纳税额	19 = 11 − 18	2670674.333	8604775.89	0	0
	期末留抵税额	20 = 17 − 18	0	0	0	—
	简易计税办法计算的应纳税额	21	1405023.33	16841054.79	0	0
	按简易计税办法计算的纳税检查应补缴税额	22	0	0	—	—
	应纳税额减征额	23	2086.61	9800	0	0
	应纳税额合计	24 = 19 + 21 − 23	4073611.053	25443744.07	0	0

续表

项目		栏次	一般项目		即征即退项目	
			本月数	本年累计	本月数	本年累计
税款缴纳	期初未缴税额（多缴为负数）	25	1485054.5	1637067.95	0	0
	实收出口开具专用缴款书退税额	26	0	0	—	—
	本期已缴税额	27 = 28 + 29 + 30 + 31	1612344.89	2828049.73	0	
	①分次预缴税额	28	127290.39	—	0	—
	②出口开具专用缴款书预缴税额	29	0	—	—	—
	③本期缴纳上期应纳税额	30	1485054.5	2828049.73	0	0
	④本期缴纳欠缴税额	31	0	0	0	0
	期末未缴税额（多缴为负数）	32 = 24 + 25 + 26 − 27	3946320.663	24252762.29	0	0
	其中：欠缴税额（≥0）	33 = 25 + 26 − 27	127290.39	—	0	—
	本期应补（退）税额	34 = 24 − 28 − 29	0	—	0	—
	即征即退实际退税额	35	—	—	0	0
	期初未缴查补税额	36	0	0	—	—
	本期入库查补税额	37	0	0	—	—
	期末未缴查补税额	38 = 16 + 22 + 36 − 37	0	0	—	—
附加税费	城市维护建设税本期应补（退）税额	39		1781062.09		
	教育费附加本期应补（退）费额	40		763312.32		
	地方教育附加本期应补（退）费额	41		508874.88		

声明：此表是根据国家税收法律法规及相关规定填写的，本人（单位）对填报内容（及附带资料）的真实性、可靠性、完整性负责。

纳税人（签章）：　　年　月　日

经办人： 经办人身份证号： 代理机构签章： 代理机构统一社会信用代码：	受理人： 受理税务机关（章）：　　　受理日期：　　年　月　日

3. 企业所得税纳税申报表

表 7-10　　2021 年中华人民共和国企业所得税年度纳税申报表（A 类）

税款所属期：2021 年 1 月 1 日至 2021 年 12 月 31 日　　单位：元

行次	类别	项目	金额
1	利润总额计算	一、营业收入（填写 A101010\101020\103000）	1419836588.00
2		减：营业成本（填写 A102010\102020\103000）	1262226200.00
3		减：税金及附加	6091960.18
4		减：销售费用（填写 A104000）	4330826.00
5		减：管理费用（填写 A104000）	27685477.00
6		减：财务费用（填写 A104000）	7911711.00
7		减：资产减值损失	9928182.00
8		加：公允价值变动收益	50723.00
9		加：投资收益	145495.37
10		二、营业利润（1-2-3-4-5-6-7+8+9）	101858450.19
11		加：营业外收入（填写 A101010\101020\103000）	899174.00
12		减：营业外支出（填写 A102010\102020\103000）	10198430.00
13		三、利润总额（10+11-12）	92559194.19
14	应纳税所得额计算	减：境外所得（填写 A108010）	0.00
15		加：纳税调整增加额（填写 A105000）	27120000.00
16		减：纳税调整减少额（填写 A105000）	6051200.00
17		减：免税、减计收入及加计扣除（填写 A107010）	18000000.00
18		加：境外应税所得抵减境内亏损（填写 A108000）	0.00
19		四、纳税调整后所得（13-14+15-16-17+18）	95627994.19
20		减：所得减免（填写 A107020）	0.00
21		减：弥补以前年度亏损（填写 A106000）	0.00
22		减：抵扣应纳税所得额（填写 A107030）	0.00
23		五、应纳税所得额（19-20-21-22）	95627994.19
24	应纳税额计算	税率（25%）	25.00%
25		六、应纳所得税额（23×24）	23906998.55
26		减：减免所得税额（填写 A107040）	0.00
27		减：抵免所得税额（填写 A107050）	0.00
28		七、应纳税额（25-26-27）	23906998.55
29		加：境外所得应纳所得税额（填写 A108000）	0.00
30		减：境外所得抵免所得税额（填写 A108000）	0.00
31		八、实际应纳所得税额（28+29-30）	23906998.55
32		减：本年累计实际已缴纳的所得税额	20504000.00
33		九、本年应补（退）所得税额（31-32）	3402998.55
34		其中：总机构分摊本年应补（退）所得税额（填写 A109000）	0.00
35		财政集中分配本年应补（退）所得税额（填写 A109000）	0.00
36		总机构主体生产经营部门分摊本年应补（退）所得税额（填写 A109000）	0.00

表 7－11　　2022 年中华人民共和国公司所得税年度纳税申报表（A 类）

税款所属期：2022 年 1 月 1 日至 2022 年 12 月 31 日　　单位：元

行次	类别	项目	金额
1	利润总额计算	一、营业收入（填写 A101010 \ 101020 \ 103000）	1615023327.00
2		减：营业成本（填写 A102010 \ 102020 \ 103000）	1440131634.00
3		减：税金及附加	15895535.00
4		减：销售费用（填写 A104000）	5522266.00
5		减：管理费用（填写 A104000）	28982939.00
6		减：财务费用（填写 A104000）	25522546.00
7		减：资产减值损失	328482.00
8		加：公允价值变动收益	50773.00
9		加：投资收益	6151615.00
10		二、营业利润（1－2－3－4－5－6－7＋8＋9）	104842313.00
11		加：营业外收入（填写 A101010 \ 101020 \ 103000）	809174.00
12		减：营业外支出（填写 A102010 \ 102020 \ 103000）	1000430.00
13		三、利润总额（10＋11－12）	104651057.00
14	应纳税所得额计算	减：境外所得（填写 A108010）	0.00
15		加：纳税调整增加额（填写 A105000）	30300000.00
16		减：纳税调整减少额（填写 A105000）	7054000.00
17		减：免税、减计收入及加计扣除（填写 A107010）	21000000.00
18		加：境外应税所得抵减境内亏损（填写 A108000）	0.00
19		四、纳税调整后所得（13－14＋15－16－17＋18）	106897057.00
20		减：所得减免（填写 A107020）	0.00
21		减：弥补以前年度亏损（填写 A106000）	0.00
22		减：抵扣应纳税所得额（填写 A107030）	0.00
23		五、应纳税所得额（19－20－21－22）	106897057.00
24	应纳税额计算	税率（25%）	25.00%
25		六、应纳所得税额（23×24）	56724264.25
26		减：减免所得税额（填写 A107040）	0.00
27		减：抵免所得税额（填写 A107050）	0.00
28		七、应纳税额（25－26－27）	26724264.25
29		加：境外所得应纳所得税额（填写 A108000）	0.00
30		减：境外所得抵免所得税额（填写 A108000）	0.00
31		八、实际应纳所得税额（28＋29－30）	26724264.25
32		减：本年累计实际已缴纳的所得税额	23504000.00
33		九、本年应补（退）所得税额（31－32）	3220264.25
34		其中：总机构分摊本年应补（退）所得税额（填写 A109000）	0.00
35		财政集中分配本年应补（退）所得税额（填写 A109000）	0.00
36		总机构主体生产经营部门分摊本年应补（退）所得税额（填写 A109000）	0.00

表7-12　　纳税调整项目明细表A105000（节选）

税款所属期：2022年1月1日至2022年12月31日

行次	项目	账载金额	税收金额	调增金额	调减金额
		1	2	3	4
1	一、收入类调增项目	*	*	210888.67	3810669.89
2	（一）视同销售收入	*	0.00	0.00	*
3	（二）未按权责发生制确认的收入	0.00	210888.67	210888.67	0.00
4	（三）投资收益	38101669.89	0.00	0.00	38101669.89

4. 财产及行为税纳税申报表（见表7-13和表7-14）

（六）案头资料

（1）公司2022年因库房管理不善造成一批外购的原材料被盗，该批原材料账面价值50万元，保险公司赔偿25万元，库房值班人员赔偿2.5万元，该批原材料在购进时已抵扣进项税额。

（2）公司2020—2022年向当地大型商超分多次支付劳保用品价款合计800万元，借记“劳动保护费”，贷记“银行存款”“应付账款”等，但当地大型商超主营日常生活用品，劳保用品较少。

（3）①2022年10月30日，公司将原有房产用于生产经营。该房产原值2000万元。②2021年公司购进宇宙市地球区一处房产，2022年9月30日用于投资联营（收取固定收入，不承担联营风险），投资期3年，当年取得不含税固定收入160万元。该房产原值2000万元。当地政府规定的房产计税余值的扣除比例为30%。

（4）公司2022年公司共为残疾人员工发放工资28万元。其中有20名残疾人员工为新入职员工，尚未为其缴纳社保，这20名员工工资共计12万元。

（5）2022年12月为了合理分配企业的盈利，确保各利益相关方能够按照其权益份额获得相应的收益，企业将当年未分配利润中的8000万元转为实收资本，其中个人股东甲持有该公司股权的比例为2%。

（6）为了给集团公司的金星子公司提供正常经营资金，保证子公司的资产周转，2022年3月1日，甲房地产股份有限公司向银行借款8000万元（不含增值税），并将其用于子公司的资金周转，向子公司收取贷款利率为15%，而银行同期借款利率为8%。

（7）企业于2022年3月15日以出让方式取得土地使用权用于该公司房地产开发。土地出让合同记载土地出让金12000万元，征收补偿费4000万元、城市基础设施配套费1500万元，青苗补偿费500万元。2022年公司针对该项业务申报契税360万元（土地所在地契税税率为3%）。

（8）2022年共开具增值税专用发票100张，其中蓝字增值税专用发票92张，红字增

表 7－13　2021 年财产及行为税纳税申报表

纳税人识别号（统一社会信用代码）：911100007108886666

纳税人名称：甲房地产股份有限公司　　　　金额单位：人民币元（列至角分）

序号	税种	税目	税款所属期起	税款所属期止	计税依据	税率	应纳税额	减免税额	已缴税额	应补（退）税额
1	印花税	借款合同	2021.09.1	2021.12.31	8500000	0.05‰	425	0	0	425
2	印花税	产权转移数据	2021.09.1	2021.12.31	160000	0.05%	800	0	0	800
3	印花税	购销合同	2021.09.31	2021.12.31	1000000	0.03%	30000	0	0	30000
4	印花税	产权转移数据	2021.10.20	2021.12.31	10000	0.05%	50000	0	0	50000
5	房产税	从价计征	2021.10.31	2021.12.31	1400000	1.20%	16800	0	0	16800
6	房产税	从租计征	2021.10.31	2021.12.31	45000	12%	5400	0	0	5400
7	城镇土地使用税	土地使用面积	2021.1.1	2021.12.31	3000 平方米	2 元/平方米	6000	0	0	6000
8	土地增值税	土地增值额	2021.1.1	2021.12.31	13500000		897565			897565
9	合计						1006990			1006990

声明：此表是根据国家税收法律法规及相关规定填写的，本人（单位）对填报内容（及附带资料）的真实性、可靠性、完整性负责。

纳税人（签章）：　　年　月　日

经办人： 经办人身份证号： 代理机构签章： 代理机构统一社会信用代码：	受理人： 受理税务机关（章）： 受理日期：　　年　月　日

表 7-14　　**2022 年财产和行为税纳税申报表**

纳税人识别号（统一社会信用代码）：911100007108886666

纳税人名称：甲房地产股份有限公司　　　　金额单位：人民币元（列至角分）

序号	税种	税目	税款所属期起	税款所属期止	计税依据	税率	应纳税额	减免税额	已缴税额	应补（退）税额
1	印花税	借款合同	2022. 12. 01	2022. 12. 31	85000000. 00	0. 05‰	4250. 00	0. 00	0. 00	4250. 00
2	印花税	产权转移书据	2022. 12. 01	2022. 12. 31	1600000. 00	0. 5‰	8000. 00	0. 00	0. 00	8000. 00
3	印花税	购销合同	2022. 12. 01	2022. 12. 31	10000000. 00	0. 3‰	300000. 00	0. 00	0. 00	300000. 00
4	印花税	产权转移书据	2022. 12. 01	2022. 12. 31	100000. 00	0. 5‰	500000. 00	0. 00	0. 00	500000. 00
5	房产税	从价计征	2022. 1. 1	2022. 12. 31	14000000. 00	1. 20%	168000. 00	0. 00	0. 00	168000. 00
6	房产税	从价计征	2022. 10. 30	2022. 12. 31	14000000. 00	1. 20%	42000. 00	0. 00	0. 00	42000. 00
7	城镇土地使用税	土地使用面积	2022. 01. 01	2022. 12. 31	3000 平方米	2 元/平方米	6000. 00	0. 00	0. 00	6000. 00
8	土地增值税	土地增值额	2022. 01. 01	2022. 12. 31	15200000. 00		1175657. 00			1175657. 00
9	契税	土地出让合同	2022. 3. 15	2022. 3. 15	120000000. 00	3%	3600000. 00	0. 00	0. 00	3600000. 00
10	合计						5803907. 00			5803907. 00

声明：此表是根据国家税收法律法规及相关规定填写的，本人（单位）对填报内容（及附带资料）的真实性、可靠性、完整性负责。

纳税人（签章）：　　年　月　日

经办人： 经办人身份证号： 代理机构签章： 代理机构统一社会信用代码：	受理人： 受理税务机关（章）： 受理日期：　　年　月　日

值税专用发票3张，作废增值税专用发票5张，5张作废增值税专用发票金额共计487500元。

（9）资料显示，金星子公司A项目2022年网签收入为10000万元，住建部门关于该项目的土地增值税应税收入申报为6000万元。

（10）2022年5月30日，该房地产企业新取得一块土地进行C项目的开发，该土地原本为政府部门使用的免征城镇土地使用税的土地，该土地面积为10000平方米（该市城镇土地使用税每平方米2元）。

（11）2022年1月，该公司的房地产A项目为实施对员工的激励政策，决定面向公司内部员工优惠销售商品房一批，对于有5年以上工龄的15名员工，以正常销售价格的80%为内部优惠价格。对于有5年以下工龄的20名员工，以正常销售价格的90%为内部优惠价格。对公司有突出贡献的10名员工可享受按正常销售价格的60%为内部优惠价格，每人购买100平方米的房产。经计算，A项目的正常销售价格为8000元/平方米，平均建造成本为5500元/平方米。

（12）资料显示，2017年以出让的方式取得一块土地，支付土地使用权价款20000万元，并缴纳契税800万元，该土地的一半用于开发位于M县城的B项目；2019年开始动工建设，因逾期开发支付土地闲置费400万元；房地产开发成本8000万元（包含向政府支付的征地和拆迁补偿费用，土地前期开发费用共300万元）；财务费用中包含按商业银行同期同类贷款利率计算的分摊到该项目的利息为2000万元（利息支出能够提供金融机构证明）。该项目于2021年12月完工验收，2022年4月该项目已对外销售可销售面积的85%，共取得含税51000万元，该企业发生的与转让B房地产项目有关的可抵扣的增值税进项税额合计为560万元，该项目缴纳城市维护建设税及附加税费共计292.81万元。B项目剩余部分用于出租，符合清算条件，2022年对B项目进行土地清算，资料显示该公司将土地闲置费作为土地开发成本扣除，2022年申报缴纳土地增值税9281.86万元（当地省政府规定的计算其他房地产开发费用的比例为5%）。

（13）2022年期间费用中含广告费和业务宣传费20000万元，业务招待费10000万元，并结转上年度未扣除的广告费和业务宣传费500万元，资料显示当年的广告宣传费、业务招待费均据实扣除（见表7-15）。

表7-15　2022年费用限额扣除明细（节选）

期间费用名称	实际发生额	销售收入	限额扣除比例	上年结转额度
业务招待费	10000万元	1615023327元	60%；5‰（孰低）	—
广告宣传费	20000万元		15%	500万元

（14）2022年企业开发的D项目楼盘开展买房抽奖的营销活动，凡购买该公司房产的客户均可以进行抽奖活动，自然人甲购买了一套房产，成交价款163.5万元，成本价120

万元，该自然人甲抽中一台价值 40 万元的宝马车。

（15）2022 年 9 月，为了甲公司将来有更好的发展，该公司拟收购乙房地产股份有限公司 70% 的股权，将乙公司变为该公司的子公司。收购日乙公司每股资产的计税基础为 7 元，每股资产的公允价值为 9 元。在收购对价中甲公司以股权形式支付 5040 万元，以银行存款支付 1260 万元，甲公司选择特殊性税务处理确认应纳税所得额，缴纳企业所得税 70 万元。

（16）2022 年 6 月木星子公司将自行开发的位于市区的 E 楼盘对外宣传并开始收取诚意金，到 8 月末共收取诚意金 1050 万元。2022 年 8 月房屋取得预售许可证预售房屋，当月原有诚意金 1050 万元，与客户签订合同将诚意金转作业主首付款，并又与客户签订合同收取首付款 10500 万元，该楼盘于 2016 年 1 月动工，该公司对其采用简易计税办法。

（七）假设：纳税风险高低的认定标准

对税收风险等级划分的假设如下：

①无指标项目满足：无风险；②2 个指标项目满足：低风险；③3—5 个指标项目满足：中风险；④6 个及以上指标项目满足：高风险。主要风险指标预警区间如表 7－16 所示。

表 7－16　　主要风险指标预警区间

序号	指标项目	正常区间	预警区间
1	人工占营业成本比例	[0，18%]	(18%，+∞)
2	期间费用变动率与营业收入变动率配比	1	(－∞，1) ∪ (1，+∞)
3	增值税税负率	[2%，4%]	(－∞，2%) ∪ (4%，+∞)
4	应收（付）账款变动率	[0，30%]	(30%，+∞)
5	预收账款变动率	[0，20%]	(20%，+∞)
6	发票作废率（额）	[0，50%] 或 [0，10000]	(50%，+∞) 或 (10000，+∞)
7	申报收入与网签收入	[0.7，1]	(0，0.7)
8	资产负债率	[0.4，0.6]	(－∞，0.4) ∪ (0.6，+∞)
9	营业收入变动率与营业成本变动率配比	1	(－∞，1) ∪ (1，+∞)
10	企业所得税税负率	[3%，5%]	(－∞，3%) ∪ (5%，+∞)

四、案头分析

（一）纳税人风险等级分析

结合案头资料（见表 7－17），对上述风险指标进行计算分析，得出 7 个风险指标异常，具体过程如下：

表7-17　　主要风险指标测算和预警区间

序号	指标项目	测算值	预警值	风险判断
1	营业成本中人员工资占比	21.27%	（18%，+∞）	有风险
2	期间费用变动率与营业收入变动率配比	2.39	（-∞，1）∪（1，+∞）	无风险
3	增值税税负率	1.6%	（-∞，2%）∪（4%，+∞）	有风险
4	应收（付）账款变动率	3.82%（2.22%）	（30%，+∞）	有风险
5	预收账款变动率	35%	（20%，+∞）	无风险
6	发票作废率	20.10%	（50%，+∞）或（10000，+∞）	有风险
7	申报收入与网签收入	0.6	（0，0.7）	有风险
8	资产负债率	63.85%	（-∞，0.4）∪（0.6，+∞）	有风险
9	营业收入变动率与营业成本变动率配比	1	（-∞，1）∪（1，+∞）	有风险
10	企业所得税税负	3.5%	（-∞，3%）∪（5%，+∞）	无风险

①2022年人工占营业成本比例为306315998.55/1440131634=21.27%，超过同地区同规模行业公司分析指标的预警值18%，该指标异常；②2022年期间费用变动率=（54302904-39928014）/39928014=0.36，营业收入变动率=（1615023327-1419836588）/1419836588=0.14，期间费用变动率与营业收入变动率配比为2.39，远大于预警值1，所以该指标异常；③2022年增值税应纳税额为8604775.89元，按适用税率征税货物及劳务销售额为537798493.13元，计算得出增值税税负率为1.6%，小于预警值下限，因此该指标异常；④2022年预收账款变动率=（607427.00-449953.00）/449953.00×100%=35%，大于房地产行业预警值20%，因此该指标异常；⑤2022年增值税专用发票作废率=5/100×100%=5%，小于预警值50%，但发票作废金额超过10000元，所以该指标异常；⑥2022年申报收入与网签收入比=6000/10000=0.6，小于房地产行业预警值0.7，因此该指标异常。⑦2022年资产负债率=1583762222/2480622561×100%=63.85%，超过预警值0.6，因此该指标异常。

综上，公司有7个指标项目有风险，因此该案例纳税风险为高风险。

（二）可能存在的风险点

风险点1：公司可能存在进项税未足额转出。

风险点2：公司可能存在福利费和劳保费混用。

风险点3：公司可能存在人工占营业成本比例过高。

风险点4：公司可能存在少申报房产税。

风险点5：公司可能存在虚假享受优惠政策。

风险点6：公司可能存在少申报印花税。

风险点7：公司可能存在未分配利润转实收资本未代扣代缴个人所得税。

风险点 8：公司可能存在利息未视同销售。

风险点 9：公司的可能存在期间费用变动率与营业收入变动率配比较大。

风险点 10：公司可能存在增值税税负异常。

风险点 11：公司可能存在少申报契税。

风险点 12：公司可能存在应收（付）账款变动异常。

风险点 13：公司可能存在延迟确认应税收入。

风险点 14：公司可能存在虚假作废发票。

风险点 15：公司可能存在少申报土地增值税。

风险点 16：公司可能存在少申报城镇土地使用税。

风险点 17：公司可能存在向员工低于成本价出售房产未代扣代缴个人所得税。

风险点 18：公司可能存在土地增值税申报异常。

风险点 19：公司可能存在广告宣传费和业务招待费未作纳税调整。

风险点 20：公司可能存在买房抽奖营销活动中未代扣代缴个人所得税。

风险点 21：公司可能存在资产负债率异常。

风险点 22：公司可能存在营业收入变动率与营业成本变动率配比异常。

风险点 23：公司可能存在企业所得税税负异常。

风险点 24：公司可能存在股权收购少申报企业所得税。

风险点 25：公司可能存在少预缴增值税及附加税。

（三）判断风险点的思路和依据

（1）根据案头资料 1 得出：由于管理不善导致货物被盗、丢失、霉烂变质，以及因违反法律法规造成材料被依法没收、销毁，可能存在未按规定作进项税额转出，非正常损失可能存在未按规定进行所得税专项申报，少缴纳税款的风险。

政策依据：《财政部 国家税务总局关于全面推开营业税改征增值税试点的通知》（财税〔2016〕36 号）第二十七条："下列项目的进项税额不得从销项税额中抵扣：非正常损失的购进货物，以及相关的加工修理修配劳务和交通运输服务。"

《财政部 国家税务总局关于全面推开营业税改征增值税试点的通知》（财税〔2016〕36 号）第二十八条："非正常损失，是指因管理不善造成货物被盗、丢失、霉烂变质，以及因违反法律法规造成货物或者不动产被依法没收、销毁、拆除的情形。"《财政部 国家税务总局关于企业资产损失税前扣除政策的通知》（财税〔2009〕57 号）第十条："企业因存货盘亏、毁损、报废、被盗等原因不得从增值税销项税额中抵扣的进项税额，可以与存货损失一起在计算应纳税所得额时扣除。"

（2）根据案头资料 2 得出：房地产行业属于人员密集型行业，福利费、劳保费发生额往往较大，企业可能存在将职工福利费直接列入劳保费中从而少缴企业所得税的风险点。

政策依据：《中华人民共和国企业所得税法》第八条："企业实际发生的与取得收入有关的、合理的支出，包括成本、费用、税金、损失和其他支出，准予在计算应纳税所得额时扣除。"

《中华人民共和国企业所得税法实施条例》（国务院令第 512 号）第四十条："企业发生的职工福利费支出，不超过工资薪金总额 14% 的部分，准予扣除。"

《国家税务总局关于企业工资薪金及职工福利费扣除问题的通知》（国税函〔2009〕3 号）第三条："企业职工福利费，包括为职工卫生保健、生活、住房、交通等所发放的各项补贴和非货币性福利，包括企业向职工发放的因公外地就医费用、未实行医疗统筹企业职工医疗费用、职工供养直系亲属医疗补贴、供暖费补贴、职工防暑降温费、职工困难补贴、救济费、职工食堂经费补贴、职工交通补贴等。"

（3）根据指标项目 1 得出：参照公司资产负债表及利润表，人工占营业成本比例较大，可能会超过房地产行业预警值，公司可能存在虚增成本的风险。

（4）根据案头资料 3 得出：2022 年 10 月 30 日，公司将原有房产用于房产经营，应缴纳房产税；公司将 2021 年购入的位于宇宙市地球区的房产，2022 年 9 月 30 日用于投资联营，2022 年 1—9 月应从价计征房产税，2022 年 10—12 月应从租计征房产税，该企业财产行为税申报表只有从价计征房产税，没有从租计征缴纳房产税，因此业务处理可能存在风险。

政策依据：《国家税务总局关于 × × 省若干房产税业务问题的批复》（国税函发〔1993〕368 号）相关规定，对以房产投资联营、投资者参与投资利润分红、共担风险的，按房产余值作为计税依据计缴房产税。对以房产投资收取固定收入、不承担经营风险的，实际上是以联营名义取得房屋租金，应以出租方取得的租金收入为计税依据计缴房产税。

根据房产税的纳税义务发生时间规定，将原有房产用于生产经营的纳税义务发生时间自生产经营之月起。

（5）根据案头资料 4 得出：该企业在进行残疾人工资加计扣除申报扣除时，可能存在以下风险：①未履行残疾人工资加计扣除税收优惠备案手续；②将不符合残疾人条件的员工计入残疾人实际发放工资基数进行加计扣除。

政策依据：《财政部 国家税务总局关于安置残疾人员就业有关企业所得税优惠政策的通知》（财税〔2009〕70 号）第一条："企业安置残疾人员的，在按照支付给残疾职工工资据实扣除的基础上，可以在计算应纳税所得额时按照支付给残疾职工工资的 100% 加计扣除。"第三条："企业享受安置残疾职工工资 100% 加计扣除应同时具备如下条件：（一）依法与安置的每位残疾人签订了 1 年以上（含 1 年）的劳动合同或服务协议，并且安置的每位残疾人在企业实际上岗工作。（二）为安置的每位残疾人按月足额缴纳了企业所在区县人民政府根据国家政策规定的基本养老保险、基本医疗保险、失业保险和工伤保险等社会保险。（三）定期通过银行等金融机构向安置的每位残疾人实际支付了不低于企业所在区县适用的经省级人民政府批准的最低工资标准的工资。（四）具备安置残疾人上岗工作的基本设施。”

（6）根据案头资料5得出：企业将未分配利润8000万元转为实收资本，因此企业可能存在未就“资金账簿”项目少申报印花税的风险点。

政策依据：《中华人民共和国印花税法》（中华人民共和国主席令第八十九号）第五条：“印花税的计税依据如下：（一）应税合同的计税依据，为合同所列的金额，不包括列明的增值税税款；（二）应税产权转移书据的计税依据，为产权转移书据所列的金额，不包括列明的增值税税款；（三）应税营业账簿的计税依据，为账簿记载的实收资本（股本）、资本公积合计金额；（四）证券交易的计税依据，为成交金额。”

（7）根据案头资料5得出：企业在2022年12月未分配利润8000万元转为实收资本。同时对于股东来说，则视同分配利润后股东再投资，因此个人股东需按“利息、股息、红利所得”项目缴纳20%个人所得税，因此可能存在未就该项目代扣代缴个人所得税风险。

政策依据：《中华人民共和国个人所得税法》（中华人民共和国主席令第六十六号）第三条：“特许权使用费所得，利息、股息、红利所得，财产租赁所得，财产转让所得，偶然所得和其他所得，适用比例税率，税率为百分之二十。”

（8）根据案头资料6得出：企业实行集团管理，下属分、子公司的贷款均由集团公司出面，利息费用也由集团公司承担，并向企业集团或者集团内下属单位收取本息，因此可能存在应税利息未视同销售的风险。

政策依据：《财政部 国家税务总局关于全面推开营业税改征增值税试点的通知》（财税〔2016〕30号）附件3，“统借统还业务中，企业集团或企业集团中的核心企业以及集团所属财务公司按不高于支付给金融机构的借款利率水平或者支付的债券票面利率水平，向企业集团或者集团内下属单位收取的利息。统借方向资金使用单位收取的利息，高于支付给金融机构借款利率水平或者支付的债券票面利率水平的，应全额缴纳增值税”。

统借统还业务，是指：①企业集团或者企业集团中的核心企业向金融机构借款或对外发行债券取得资金后，将所借资金分拨给下属单位（包括独立核算单位和非独立核算单位，下同），并向下属单位收取用于归还金融机构或债券购买方本息的业务。②企业集团向金融机构借款或对外发行债券取得资金后，由集团所属财务公司与企业集团或者集团内下属单位签订统借统还贷款合同并分拨资金，并向企业集团或者集团内下属单位收取本息，再转付企业集团，由企业集团统一归还金融机构或债券购买方的业务。

（9）根据指标项目2得出：参照2022年利润表，纳税人期间费用变动率与营业收入变动率配比较大，可能会超过房地产行业预警值，该公司可能存在虚增成本的问题。

（10）根据指标项目3得出：参照2022年增值税纳税申报表，2022年增值税应纳税额为8604775.89元，按适用税率征税货物及劳务销售额为537798493.13元，增值税税负率较低，企业可能存在增值税税负异常的问题。

（11）根据案头资料7得出：该公司2022年以土地出让方式取得一块土地用于房地产开发，土地出让合同记载土地出让金12000万元，征收补偿费4000万元、城市基础设施配套费1500万元，青苗补偿费500万元，企业申报契税可能存在计税依据未包括征收补偿费、城市基础设施配套费、青苗补助费的风险。

政策依据：根据《财政部 国家税务总局关于国有土地使用权出让等有关契税问题的通知》（财税〔2004〕134号）："一、出让国有土地使用权的，其契税计税价格为承受人为取得该土地使用权而支付的全部经济利益。（一）以协议方式出让的，其契税计税价格为成交价格。成交价格包括土地出让金、土地补偿费、安置补助费、地上附着物和青苗补偿费、拆迁补偿费、市政建设配套费等承受者应支付的货币、实物、无形资产及其他经济利益。（二）以竞价方式出让的，其契税计税价格，一般应确定为竞价的成交价格，土地出让金、市政建设配套费以及各种补偿费用应包括在内。"

（12）根据指标项目4得出：参照2022年资产负债表，纳税人的应收账款变动较大，可能存在应收账款变动异常的风险；纳税人的应付账款变动较大，可能存在应付账款变动异常的风险。

（13）根据指标项目5得出：参照2022年资产负债表，2022年企业的预收账款变动较大，可能会超过房地产行业预警值，企业可能存在延迟确认收入的风险。

（14）根据案头资料8和指标项目6得出：2022年增值税专用发票作废5份，作废金额487500元，根据指标模型，发票作废率大于50%或作废金额超过1万元可能存在虚假作废发票的风险。

（15）根据案头资料9和指标项目7得出：企业在进行土地增值税清算时，应按照销售收入全额申报土地增值税，土地增值税申报收入应与企业销售合同的网签收入的比例保持一致，该公司可能存在申报收入与网签收入不一致的风险。

政策依据：《国家税务总局关于土地增值税清算有关问题的通知》（国税函〔2010〕220号）规定，土地增值税清算时，已全额开具商品房销售发票的，按照发票所载金额确认收入；未开具发票或未全额开具发票的，以交易双方签订的销售合同所载的售房金额及其他收益确认收入。销售合同所载商品房面积与有关部门实际测量面积不一致，在清算前已发生补、退房款的，应在计算土地增值税时予以调整。

（16）根据案头资料10得出：2022年5月该房地产企业使用市政府部门的免征城镇土地使用税的土地进行C项目的开发，应税单位使用免征城镇土地使用税单位的免税土地应照常征收城镇土地使用税，不再享受免征城镇土地使用税的税收优惠，该公司可能存在未就使用免税单位土地申报城镇土地使用税的风险。

政策依据：《国家税务局关于印发〈关于土地使用税若干具体问题的补充规定〉的通知》（〔1989〕国税地字第140号）第一条："对免税单位无偿使用纳税单位的土地（如公安、海关等单位使用铁路、民航等单位的土地），免征土地使用税；对纳税单位无偿使用免税单位的土地，纳税单位应照章缴纳土地使用税。”

（17）根据案头资料11得出：2022年1月，该房地产A项目以较低价格向满足激励政策条件的员工出售住房，税法规定，员工以低于成本价的价格取得的房产应就差额部分按照“工资、薪金所得项目”缴纳个人所得税，因此可能存在企业未就低于成本价向员工出售房产而代扣代缴个人所得税的风险。

《财政部 国家税务总局关于单位低于成本价向职工售房有关个人所得税问题的通知》（财税〔2007〕13号）规定：（1）根据住房制度改革政策的有关规定，国家机关、企事业单位及其他组织（以下简称“单位”）在住房制度改革期间，按照所在地县级以上人民政府规定的房改成本价格向职工出售公有住房，职工因支付的房改成本价格低于房屋建造成本价格或市场价格而取得的差价收益，免征个人所得税。（2）除第一条规定情形外，根据《中华人民共和国个人所得税法》及其实施条例的有关规定，单位按低于购置或建造成本价格出售住房给职工，职工因此而少支出的差价部分，属于个人所得税应税所得，应按照“工资、薪金所得”项目缴纳个人所得税。所称差价部分，是指职工实际支付的购房价款低于该房屋的购置或建造成本价格的差额。（3）对职工取得的上述应税所得，比照《国家税务总局关于调整个人取得全年一次性奖金等计算征收个人所得税方法问题的通知》（国税发〔2005〕9号）规定的全年一次性奖金的征税办法，计算征收个人所得税，即先将全部所得数额除以12，按其商数并根据个人所得税法规定的税率表确定适用的税率和速算扣除数，再根据全部所得数额、适用的税率和速算扣除数，按照税法规定计算征税。

（18）根据案头资料12得出：2022年该公司对B项目进行土地增值税清算时，可能存在将土地闲置费作为房地产开发成本进行扣除的风险。税法规定，土地闲置费不是房地产企业正常的开发成本，有一定的惩罚性质，土地闲置费不可以在进行土地增值税清算时作为房地产开发成本扣除，该企业在申报土地增值税时可能存在将土地闲置费作为房地产开发成本扣除，可能会导致企业少申报土地增值税，因此可能存在风险点。

政策依据：国家税务总局《关于土地增值税清算有关问题的通知》（国税函〔2010〕220号）规定，房地产企业逾期开发缴纳的土地闲置费不得扣除。《土地增值税暂行条例》及其实施细则的规定，土地闲置费不是正常的成本费用和国家统一规定缴纳的有关费用，不在转让环节缴纳税金的范围内，因此不能作为扣除的项目金额。

（19）根据案头资料13得出：企业发生的业务招待费和广告宣传费均为企业所得税限额扣除项目，应分别按照营业收入的5‰、实际发生额的60%孰低，以及营业收入的15%限额扣除，业务招待费超额部分不得结转至下一年度扣除，广告宣传费未扣除部分可结转至下一年度进行扣除。该企业的业务招待费、广告宣传费均未作纳税调整，因此可能存在风险点。

政策依据：《企业所得税法实施条例》第四十四条：“企业发生的符合条件的广告费和业务宣传费支出，除国务院财政、税务主管部门另有规定外，不超过当年销售（营业）

收入15%的部分，准予扣除过部分，准予在以后纳税年度结转扣除。”根据《中华人民共和国企业所得税法实施条例》（中华人民共和国国务院令第512号）第四十三条：“企业发生的与生产经营活动有关的业务招待费支出，按照发生额的60%扣除，但最高不得超过当年销售（营业）收入的5‰。”

（20）根据案头资料14得出：2022年企业的D项目开展买房抽奖的营销活动，对于客户抽奖获得的奖品企业应按照“偶然所得”项目代扣代缴个人所得税，企业可能存在未就该项目代扣代缴个人所得税的风险。

政策依据：根据《中华人民共和国个人所得税法》及其实施条例有关规定，企业对累积消费达到一定额度的顾客，给予额外抽奖机会，个人的获奖所得，按照“偶然所得”项目，全额适用20%的税率缴纳个人所得税。

（21）根据指标项目8得出：参照2022年资产负债表，企业的资产负债率可能存在资产税负率异常的风险。

（22）根据指标项目9得出：参照2022年利润表，企业可能存在营业收入变动率与营业成本变动率配比异常的风险。

（23）根据指标项目10得出：参照2021年、2022年企业所得税纳税申报表，企业可能存在企业所得税税负异常的风险。

（24）根据案头资料15得出：该企业2022年以股权形式支付5040万元、银行存款支付1260万元的形式收购乙公司70%的股权，针对该笔业务，企业用特殊性税务处理确认应纳税所得额280万元，缴纳企业所得税70万元。企业股权收购选择特殊性税务处理需满足一定的条件，企业可能不符合该条件，因此企业可能存在少确认应税所得额的风险。

政策依据：《财政部 国家税务总局关于企业重组业务企业所得税处理若干问题的通知》（财税〔2009〕59号）企业重组符合本通知第五条规定条件的，交易各方对其交易中的股权支付部分，可以按以下规定进行特殊性税务处理：“（二）股权收购，收购企业购买的股权不低于被收购企业全部股权的50%，且收购企业在该股权收购发生时的股权支付金额不低于其交易支付总额的85%，可以选择按以下规定处理：（1）被收购企业的股东取得收购企业股权的计税基础，以被收购股权的原有计税基础确定。（2）收购企业取得被收购企业股权的计税基础，以被收购股权的原有计税基础确定。（3）收购企业、被收购企业的原有各项资产和负债的计税基础和其他相关所得税事项保持不变。”

（25）根据案头资料16得出：木星子公司2022年8月与客户签订合同将2022年6月收取的诚意金1000万元转为首付款，并又签订合同收取首付款10000万元，企业可能存在未就首付款预缴增值税及附加税的风险。

政策依据：《房地产开发经营业务企业所得税处理办法》（国税发〔2009〕31号）第六条：企业通过正式签订《房地产销售合同》或《房地产预售合同》所取得的收入，应确认为销售收入的实现。房地产企业在不具备预售条件时所收取的诚意金、认筹金、订金，不属于预收款。

（四）税收风险特征分析判断

1. 2022年可能存在增值税进项税额未足额转出
2. 2022年可能存在劳保费与职工福利费混用
3. 2022年可能存在营业成本中人工占营业成本配比异常
4. 2022年肯定存在房产税未足额申报
5. 2022年可能存在虚假享受税收优惠政策
6. 2022年可能存在印花税未足额准确申报
7. 2022年可能存在未分配利润转实收资本时个人所得税未足额申报
8. 2022年可能存在利息收入未确认增值税应税收入
9. 2022年可能存在期间费用变动率与营业收入变动率配比异常
10. 2022年可能存在增值税税负异常
11. 2022年肯定存在企业少申报契税
12. 2022年肯定不存在应收（付）账款变动异常
13. 2022年可能存在预收账款变动率异常
14. 2022年可能存在增值税专用发票作废异常
15. 2022年可能存在申报收入与网签收入比值异常
16. 2022年可能存在城镇土地使用税未足额申报
17. 2022年肯定存在公司低于成本价出售住房未代扣代缴个人所得税
18. 2022年肯定存在土地增值税申报异常
19. 2022年肯定存在业务招待费和广告宣传费未作纳税调整
20. 2022年可能存在营销活动中未代扣代缴个人所得税
21. 2022年可能存在资产负债率异常
22. 2022年肯定不存在营业收入变动率与营业成本变动率配比异常
23. 2022年肯定不存在企业所得税税负率异常
24. 2022年肯定存在企业在股权收购时少确认应纳税所得额
25. 2022年可能存在少预缴增值税及附加税费

（五）税收风险特征分析计算过程

（1）根据案头资料1分析计算：企业发生非正常损失的原材料应作进项税额转出，然而参照增值税及附加税费申报表中进项税额转出额为0，根据申报表验证法可以判定企业肯定存在进项税额未足额转出。应补缴增值税（50－25－2.5）×13%＝2.93（万元），应补缴城建税及附加税费2.93×（7%＋3%＋2%）＝0.35（万元）。

（2）根据案头资料 2 分析计算：企业 2022 年可能将福利费和劳保费混用，企业所得税超限额税前列支，税法规定职工福利费应按工资总额的 14% 限额扣除的情况，因此针对该项业务应进一步核查企业向大型商超购买的物品是否为保护职工安全的劳保用品。

（3）根据指标项目 1 分析计算：参照 2022 年企业合并利润表，营业成本变动率 =（1440131634.00 − 1262226200.00）/1262226200.00 × 100% = 14.09%；营业收入变动率 =（1615023327.00 − 1419836588.00）/1419836588.00 × 100% = 13.7%；2022 年人工占营业成本比例为 306315998.55/1440131634 × 100% = 21.27%，超过同地区同规模行业公司分析指标的预警值 18%，根据指标预警值法得知该指标异常，该公司可能存在虚增成本，少缴企业所得税。营业成本变动率大于营业收入变动率并且人工占营业成本比例较大，但是不足以说明公司肯定存在虚增成本，所以公司是否存在虚增成本还需进一步核实。

（4）根据案头资料 3 分析计算：（1）纳税人将原有房产用于生产经营，从生产经营之月起缴纳房产税。计税依据为 2000 ×（1 − 30%）× 3/12 = 350（万元），应缴纳房产税 = 350 × 1.2% = 4.2（万元）。此部分房产税申报正确。

根据案头资料及公司基础资料（2），该公司全年仅以房产余值为计税依据，计税依据错误。对于以房产投资联营，投资者参与投资利润分红，共担风险的，按房产的计税余值作为计税依据计征房产税；对以房产投资，收取固定收入，不承担联营风险的，实际是以联营名义取得房产租金，应由出租方按不含增值税的租金收入计算缴纳房产税。该公司自 9 月 30 日起对外投资联营，收取固定收入，视为出租，以取得的不含增值税的固定收入从租计征房产税。

从租计征应申报房产税 = 160 万 × 12% = 19.2（万元）。

从价计征应申报房产税 = 原值 20000000 ×（1 − 30%）× 1.2% × 9/12 = 12.6（万元）。所以 2022 年应缴纳的房产税 = 12.6 + 19.2 = 31.8（万元）。而参照表中房产税申报税额为 16.8 万元，根据申报表验证法得知该公司肯定存在少缴房产税，可以判定公司肯定存在少申报房产税，应补缴房产税 31.8 − 16.8 = 15（万元）。

（5）根据案头资料 4 分析计算：新入职残疾人员工尚未其缴纳社保，因此，可能不满足残疾人工资加计扣除的税收优惠政策的适用条件，需进行约谈让纳税人对残疾人工资加计扣除材料进行补充举证。

（6）根据案头资料 5 分析计算：企业有将未分配利润转为实收资本，企业应缴纳印花税，然而企业未就此项业务缴纳印花税，根据申报表验证法得知企业可能存在少申报印花税。

（7）根据案头资料 5 分析计算：企业有将未分配利润转为实收资本，需要代扣代缴个人所得税，根据申报表验证法得知企业可能存在个人所得税代扣代缴异常。

（8）根据案头资料 6 分析计算：企业实行集团管理，下属分、子公司的贷款均由集团公司出面，利息费用也均由集团公司承担，不向分、子公司收取，不属于统借统贷，发生的贷款利息需要视同销售，2022 年企业未将此业务视同销售，因此判定企业可能存在少确认应税收入，少缴增值税的风险。

（9）根据指标项目 2 分析计算：纳税人期间费用变动率与营业收入变动率配比分析（该指标预警值等于 1）如下：

营业收入变动率与期间费用变动率配比指标值 = 纳税人期间费用变动率/营业收入变动率

纳税人期间费用变动率 =（本期期间费用期末值 - 上期期间费用期末值）/上期应收账款期末值

营业收入变动率 =（本期营业收入 - 上期营业收入）/上期营业收入

指标说明：正常情况下两者应基本同步增长，指标值应接近 1。①当指标值大于 1，且两者相差较大，两者都为正时，可能存在公司少报或瞒报收入以及多列成本费用等问题；二者都为负时，无问题。②当指标值小于 1，二者都为正时，无问题；二者都为负时，可能存在上述问题。

营业收入变动率 =（1615023327 - 1419836588）/1419836588 = 0. 14

期间费用变动比 =（54302904 - 39928014）/39928014 = 0. 36

营业收入变动率与期间费用变动率配比指标值 = 0. 36/0. 14 = 2. 39

通过配比分析发现，该公司的两项指标比值为 2. 39 > 1，通过分析计算纳税人期间费用变动率与营业收入变动率配比大于预警值 1，根据指标预警值法判断该指标存在异常，企业可能存在虚增成本、少缴企业所得税的情况，但企业是否真的虚增成本还无法确定，需进一步核实。

（10）根据指标项目 3 分析计算：增值税税负率（该指标预警区间：2%—4%）

增值税税负率 = 本期应纳税额/按适用税率征税货物及劳务销售额 × 100%，指标说明：当 2% ≤增值税税负率≤4%，税负正常；当增值税税负率≤2% 时，税负异常，可能存在少计收入、虚增进项等问题；当增值税税负率≥4% 时，税负异常，可能存在关联交易、税收优惠期多计收入等问题。

参照 2022 年增值税应纳税额为 8604775. 89 元，按适用税率征税货物及劳务销售额为 537798493. 13 元，计算得出增值税税负率 = 8604775. 89/537798493. 13 × 100% = 1. 6%，小于预警值下限。根据指标预警值法判断该指标存在异常，该公司可能存在少缴增值税的情况，但是否少申报增值税应税收入，还无法确定。

（11）根据案头资料 7 分析计算：参照表财产及行为税纳税申报表及案头资料，企业 2022 年以出让方式取得土地用于房地产开发，应申报契税 =（12000 + 4000 + 1500 + 500）× 3% = 540（万元），参照企业申报契税 360 万元，因此 2022 年针对该项业务，企业肯定存在少申报契税，应补缴契税 540 - 360 = 180（万元）。

（12）根据指标项目 4 分析计算：应收（付）账款变动率（应收（付）账款变动率大于 30% 为异常）。

应收账款变动率 =（期末应收账款 - 期初应收账款）/期初应收账款 ×100%。该指标用来分析纳税人应收账款增减变动情况，判断其销售实现和可能发生坏账情况。如应收账款增长率增高，而销售收入减少，可能存在隐瞒收入、虚增成本的问题。应收账款变动率 = [（160441814 + 54626721）-（153961875 + 53186521）]/（153961875 + 53186521）×100% = 3.82%。结合该公司资产负债表中"应收账款""其他应收账款"科目的期初、期末数进行分析，应收账款变动率为3.82%，根据指标预警值法判断该指标正常，说明该公司销售基本实现，发生坏账风险的概率比较小，无少计应税收入、少缴增值税的风险。

应付账款变动率 =（期末应付账款 - 期初应付账款）/期初应付账款 ×100%。该指标用来分析纳税人应付账款增减变动情况，判断其销售实现和可能发生坏账情况。如应付账款增长率增高，而销售收入减少，可能存在隐瞒收入、虚增成本的问题。应付账款变动率 = [（502386965 + 11827324）-（493129630 + 114030641）]/（493129630 + 114030641）×100% = 2.22%，结合该公司资产负债表中"应付账款"和"其他应付账款"科目的期初、期末数进行分析，应付账款变动率为2.22%，根据指标预警值法判断该指标正常，说明该公司采购情况稳定，生产经营正常，无多抵扣进项税额、少缴增值税的风险。

（13）根据指标项目5分析计算：2022年企业预收账款变动率 =（本期预收账款 - 上期预收账款）/上期预收账款 =（607427.00 - 449953.00）/449953.00 ×100% = 35%，高于预警值20%。根据企业所得税预收账款风险预警模型预收账款变动率远高于营业收入变动率，根据指标预警值法判断该指标存在异常，但企业是否存在延迟确认应税收入、少缴增值税的情况，还无法确定。

（14）根据案头资料8、指标项目6分析计算：企业增值税专用发票作废率未超过50%，但是作废税额较大，超过1万元预警值，导致增值税专用发票作废率异常，根据指标预警值法判断该指标存在异常，但企业是否存在增值税专用发票虚假作废、少缴增值税，还无法确定，需要进一步核查。

（15）根据案头资料9、指标项目7分析计算：企业申报收入与网签收入的比值 = 6000/10000 = 0.6 < 0.7，企业的申报收入应大于或等于网签收入，如果申报收入与网签收入的比值小于预警值0.7，根据指标预警值法判断该指标存在异常，说明该公司可能存在少申报土地增值税的问题，需进一步核查资料确认土地增值税申报是否异常。

（16）根据案头资料10分析计算：应税企业使用免税单位的免税土地应缴城镇土地使用税，然而，公司未就此项业务新增申报缴纳城镇土地使用税，根据申报表验证法判断该企业可能存在纳税单位使用免税单位土地未申报城镇土地使用税的风险。

（17）根据案头资料11分析计算：该企业出售商品房给员工，只要内部促销优惠价格不低于建造成本，就不用缴纳个人所得税。

①对于有5年以上工龄的公司员工，以正常销售价格的80%为内部优惠价格，即为8000 ×80% = 6400元/平方米 > 建造成本5500元/平方米，因此不需要计算缴纳个人所

得税。

②对于有5年以下工龄的公司员工，以正常销售价格的90%为内部优惠价格。

即为8000×90%＝7200元/平方米＞建造成本5500元/平方米，因此不需要计算缴纳个人所得税。

③对公司有突出贡献的员工可享受按正常销售价格的60%为内部优惠价格。

即为8000×60%＝4800元/平方米，低于建造成本5500元/平方米，因此需要计算缴纳个人所得税。

每套房产差价＝(5500－4800)×100＝7（万元）

7万元除以12个月得到的数额，按照月度税率表确定适用税率和速算扣除数，单独计算纳税，每人需要代扣代缴个人所得税70000×10%－210＝6790（元）。

因此，公司为员工发放激励时存在低于成本价出售住房的情况，肯定存在少代扣代缴个人所得税，公司总共应代扣代缴个人所得税6790×10＝67900（元）。

（18）根据案头资料12分析计算：2022年企业清算B项目时应申报土地增值税9558.11万元，计算过程如下：

①允许扣除的土地使用权价款：(20000＋800)×50%×85%＝8840（万元）

②允许扣除的房地产开发成本：8000×85%＝6800（万元）

③允许扣除的开发费用：2000＋(8840＋6800)×5%＝2782（万元）

④允许扣除的税金及附加：292.81万元

⑤房地产开发企业加计扣除项目：(8840＋6800)×20%＝3128（万元）

⑥允许扣除项目合计：8840＋6800＋2782＋292.81＋3128＝21842.81（万元）

⑦销项税额：[51000－(20000×50%＋300)×85%]/(1＋9%)×9%＝3488.12（万元）

⑧不含税销售收入：51000－3488.12＝47511.88（万元）

⑨增值率：(47511.88－21842.81)/21842.81＝117.52%

⑩应交土地增值税：(47511.88－21842.81)×50%－21842.81×15%＝9558.11（万元）

2022年企业B项目土地清算实际申报土地增值税9281.86万元＜9558.11万元，所以企业肯定存在少申报土地增值税的情况，应补缴土地增值税276.25万元。

（19）根据案头资料13分析计算：参照企业合并利润表，2022年该企业业务招待费扣除限额＝10000×60%＝6000（万元），扣除限额2＝161502.3327×5‰＝80751.116635（万元），可扣60000万元；应进行纳税调增4000万元。广告宣传费扣除限额＝161502.3327×15%＝24225.35（万元），实际发生额加上上年结转的为20000＋500＝20500（万元），可全额扣除，应进行纳税调减500万元。因此，2022年企业肯定存在业务招待费和广告宣传费未作纳税调整的情况，应补缴企业所得税3500×25%＝875（万元）。

（20）根据案头资料 14 分析计算：客户在企业举办的买房抽奖营销活动中中奖所得应按照偶然所得由企业代扣代缴个人所得税，该企业应代扣代缴个人所得税，企业可能存在少代扣代缴个人所得税的风险。

（21）根据指标项目 8 分析计算：资产负债率（一般认为，资产负债率的适宜水平是 0.4—0.6）。

资产负债率 = 负债总额/资产总额 ×100%，其中：负债总额 = 流动负债 + 长期负债，资产总额是扣除累计折旧后的净额。

资产负债率反映总资产中有多大比例是通过负债取得的。资产负债率越低，公司偿债越有保证，贷款越安全。分析纳税人经营活力，需要判断其偿债能力。如果资产负债率与预警值相差较大，则公司偿债能力有问题，要考虑由此对税收收入产生的影响。对于经营风险比较高的公司，为减少财务风险，应选择比较低的资产负债率。

2021 年资产负债率 = 1530552120/2331370792 ×100% = 65.65%

2022 年资产负债率 = 1583762222/2480622561 ×100% = 63.85%

经计算可得出该公司 2021 年和 2022 年的资产负债率分别为 65.65% 和 63.85%，根据指标预警值法判断企业的财务风险相对较高，可能导致现金流不足、资金链断裂、不能及时偿债。但是 2022 年公司资产负债率相较于 2021 年下降，说明公司风险在逐步减小，但仍需引起重视。

（22）根据指标项目 9 分析计算：营业收入变动率与营业成本变动率配比分析（预警值为 1）。

营业收入变动率与营业成本变动率配比指标值 = 纳税人营业收入变动率 ÷ 营业成本变动率

营业收入变动率 =（本期营业收入 − 上期营业收入）÷ 上期营业收入 ×100%

营业成本变动率 =（本期营业成本 − 上期营业成本）÷ 上期营业成本 ×100%

当比值出现以下情况时，公司可能存在多列成本费用、扩大税前扣除范围等问题：

①当比值 <1，且相差较大，二者都为负时；②当比值 >1 且相差较大、二者都为正时；③当比值为负数，且前者为正后者为负。依据合并利润表分析计算得到该企业营业收入变动率 =（1615023327.00 − 1419836588.00）/1419836588.00 ×100% = 14%，营业成本变动率 =（1440131634.00 − 1262226200.00）/1262226200.00 ×100% = 14%，营业收入变动率与营业利润变动率配比值为 1，根据指标预警值法判断该指标正常，该企业不存在少确认应税收入、少缴增值税的情况。

（23）根据指标项目 10 分析计算：企业所得税税负率（对于房地产公司的企业所得税税负率预警值区间［3%，5%］）。

企业所得税税负率 = 应纳税额/营业收入 ×100%，当公司的所得税税负率 <3% 时，表明公司可能存在不计或少计营业收入，多列成本费用、扩大税前扣除范围等问题，需要结合其他相关指标深入评估分析。要运用营业成本变动率、营业费用变动率、营业（管

理、财务）费用变动率、应纳税所得额变动率及通用指标中的收入、成本、费用、利润配比指标分析审核分析，并结合原材料、经营方式、业务开展等情况进一步分析异常情况及其原因。该公司企业所得税税负率 = 56724264.25/1615023327 × 100% = 3.5%，根据指标预警值法判断该指标正常，说明该企业所得税税负正常，不存在少缴企业所得税的情况。

（24）根据案头资料 15 分析计算：2022 年企业在股权收购时选择企业重组特殊性税务处理确认应纳税额所得额，但企业因股权收购时股权支付比例为 80% <85%，不符合企业重组特殊性税务处理的条件，因此企业应以股权收购的全部差价确认应纳税所得额，即确认应纳税所得额 1400 万元，应缴纳企业所得税 1400 × 25% = 350（万元），企业实际申报企业所得税 70 万元，因此企业 2022 年肯定存在股权收购少申报企业所得税的情况，应补缴企业所得税 350 − 70 = 280（万元）。

（25）根据案头资料 16 分析计算：参照表木星子公司 2022 年 8 月增值税及附加税费申报表，2022 年 8 月木星子公司将 2022 年 6 月收取的诚意金 1000 万元转换为首付款及新收取的 10000 万元首付款，均应预缴增值税及附加税费，因此，企业可能存在未就首付款预缴增值税及附加税费的风险。

案头分析如表 7 − 18 所示。

表 7 − 18　　　　案头分析总结

可能存在的风险点	涉及的税种	风险点应对策略
风险点 1（案头资料 1）	增值税	肯定存在风险，补增值税 2.93 万元及附加税 0.35 万元
风险点 2（案头资料 2）	企业所得税	无法确认风险，转入约谈举证
风险点 3（指标项目 1）	企业所得税	无法确认风险，转入约谈举证
风险点 4（案头资料 3）	房产税	肯定存在风险，补房产税 15 万元
风险点 5（案头资料 4）	企业所得税	无法确认风险，转入约谈举证
风险点 6（案头资料 5）	印花税	无法确认风险，转入约谈举证
风险点 7（案头资料 5）	个人所得税	无法确认风险，转入约谈举证
风险点 8（案头资料 6）	增值税	无法确认风险，转入约谈举证
风险点 9（指标项目 2）	企业所得税	无法确认风险，转入约谈举证
风险点 10（指标项目 3）	增值税	无法确认风险，转入约谈举证
风险点 11（案头资料 7）	契税	肯定存在风险，补契税 180 万元
风险点 12（指标项目 4）	增值税	排除风险，转入评估处理
风险点 13（指标项目 5）	增值税	无法确认风险，转入约谈举证
风险点 14（案头资料 8、指标项目 6）	增值税	无法确认风险，转入约谈举证
风险点 15（案头资料 9、指标项目 7）	土地增值税	无法确认风险，转入约谈举证
风险点 16（案头资料 10）	城镇土地使用税	无法确认风险，转入约谈举证
风险点 17（案头资料 11）	个人所得税	肯定存在风险，应代扣代缴个人所得税 6.79 万元
风险点 18（案头资料 12）	土地增值税	肯定存在风险，补土地增值税 276.25 万元

续表

可能存在的风险点	涉及的税种	风险点应对策略
风险点 19（案头资料 13）	企业所得税	肯定存在风险，补企业所得税 875 万元
风险点 20（案头资料 14）	个人所得税	无法确认风险，转入约谈举证
风险点 21（指标项目 8）	企业所得税	无法确认风险，转入约谈举证
风险点 22（指标项目 9）	企业所得税	排除风险，转入评估处理
风险点 23（指标项目 10）	企业所得税	排除风险，转入评估处理
风险点 24（案头资料 15）	企业所得税	肯定存在风险，补企业所得税 280 万元
风险点 25（案头资料 16）	增值税	无法确认风险，转入约谈举证

经过对 16 个案头资料、企业基本信息以及 10 个纳税风险指标，共提出 25 个可能存在的风险点，通过案头分析共确认了 7 个风险点，排除了 3 个风险点，有 15 个风险点无法确认风险，对未确定的 15 个风险点拟采取税务约谈形式的风险应对策略。

五、约谈举证

通过以上分析，我们确定了约谈方案和约谈重点，并采取由“外”到“内”的约谈方式，先与非财务人员（主要是业务人员、库管人员等）约谈，了解拿地、开发、销售、清算等流程，再与财务人员约谈，因为公司财务人员（特别是大公司财务人员）对税收政策比较敏感，往往会“避重就轻，提前准备”。我们于 2023 年 8 月 8 日向该公司送达《税务约谈通知书》，告知该公司的涉税疑点，要求该公司对 2022 年度纳税情况进行自查、如实填写《纳税情况报告表》，并委派财务负责人或单位负责人在收到本通知书之日起 15 日内，就有关涉税问题到税务部门办公室面谈。根据纳税评估案头分析发现的疑点以及确定的评估方案，评估人员分别对该公司主管业务的单位负责人和财务经理进行了约谈，对该公司主管业务的单位负责人的约谈此处不再列示，与财务经理约谈详情记录如表7－19所示。

表 7－19　　纳税评估约谈情况表

纳税评估序号：12345678　　纳税评估所属期：2022 年 1 月 1 日至 2022 年 12 月 31 日

纳税人名称	甲房地产股份有限公司		纳税人识别号	911100007108886666	
被约谈人姓名	×××	被约谈人职务	财务经理	被约谈人在职年限	3 年
税务代理人姓名	无	税务代理人单位名称	无	约谈人	税务 1
约谈时间	2023 年 8 月 16 日	约谈地点	××路×号××室	记录人	税务 2

约谈内容

告知：根据《中华人民共和国税收征收管理法》第五十四条第（四）项的规定，税务机关向你作询问（调查），你若发现询问（调查）人员少于两人或执法工作与身份不符的，有权拒绝询问（调查），你若认为询问（调查）人员与你或询问（调查）的事实有直接利害关系的，有权申请回避。

续表

你负有如实反映情况、回答询问（调查）、提供有关资料的义务。如提供虚假资料，不如实反映情况，或者拒绝提供有关资料的，将依照《中华人民共和国税收征收管理法》第七十条、《中华人民共和国税收征收管理法实施细则》第九十六条第（一）项规定追究法律责任。

1. 问：你对上述告知事项是否明白？

答：明白。

2. 问：请先介绍一下公司的业务情况？

答：该房地产股份有限公司注册地址为宇宙市地球区，法定代表人：王小亮；注册资本：30000 万元人民币；是增值税一般纳税人。公司成立于 2005 年 6 月 28 日，从事城镇土地开发、房屋营造、基础设施建设、房地产开发、销售自行开发的商品房、销售建材、装饰材料、从事货物和技术的进出口业务、售后或租赁物业的维修保养、住宅小区的清洁绿化、治安保卫、房屋租赁、居室装修、商业服务、搬家服务，以及其他经营服务等。公司适用企业所得税税率 25%，房产税按照最高比例减除 30%，城镇土地使用税每平方米 10 元，公司出资人由自然人和法人组成。公司 2022 年营业收入 1615023327 元，营业成本 1440131634 元，利润总额 104651057 元，纳税调增额 30300000 元，纳税调减额 7054000 元，免税、减计收入及加计扣除 21000000 元，应缴纳 2022 年企业所得税 26724264.25 元，实际缴纳企业所得税 26724264.25 元，未缴企业所得税 0 元。2022 年增值税销项税额 115734242.7 元，进项税额 108289466.9 元，增值税应纳税额 25443744.07 元，应缴纳城建税 1781062.09 元，教育费附加 763312.32 元及地方教育附加 508874.88 元。

3. 问：我们之前给您发送过一份关于你们公司的涉税风险评估报告，请问您是否知悉？

答：嗯，收到了。

4. 问：针对风险点 2，资料显示 2022 年你们公司多次向大型商超支付劳保用品价款，这笔钱真的是用于为员工购买劳保用品吗？

答：我们这段时间在公司内也自查了相关资料，我们确实是用于购买劳保用品。

5. 问：但我们通过查阅发现与你们公司有业务往来的商超的经营范围主要是日常用品，很少涉及劳保用品，请您对此作出解释。

答：那可能是我们这边账簿登记出错了，我回去再查阅相关资料，查完以后将会给您答复。

结论：评估人员认为该项业务需要进行实地核查，核查企业的相关材料，确认是否存在相关风险。

6. 问：针对风险点 3，我们分析计算发现你们公司 2022 年人工占营业成本的比例 21.27%，超过房地产行业的预警值 18%，请您对此进行解释。

答：因为公司受疫情影响，施工进度缓慢施工、经营所需的各项材料价格也上涨，员工工资增加，并且公司在管理方面还存在一定的漏洞，因此 2022 年人工占营业成本的比例偏高。

评估人员认为约谈人说明的情况属实，且该指标偏离程度较小，因此可以排除人工占营业成本超预警值的风险。

7. 问：针对风险点 5，资料显示你们公司进行残疾人工资加计扣除的时候有 4 名残疾人员没有提供社保证明，为什么？

答：因为这 4 名员工为新入职员工，还未来得及缴纳社保。

8. 问：但是根据《财政部 国家税务总局关于安置残疾人员就业有关企业所得税优惠政策的通知》（财税〔2009〕70 号），公司享受残疾人工资加计扣除需要为安置的每位残疾人按月足额缴纳企业所在区县人民政府根据国家政策规定的基本养老保险、基本医疗保险、失业保险和工伤保险等社会保险。如果不满足该条件，就不能享受残疾人工资加计扣除的税收优惠。

续表

答：嗯，好的。我回去将会查阅相关资料，向领导反映该情况，以后在做该项业务的时候也将会严格执行该法条。这次我们也认识到问题所在，愿意补缴税款。

结论：评估人员认为约谈人已认识到问题所在，并愿意补缴税款。

9. 问：针对风险点6、风险点7，资料显示2022年你们公司有一笔8000万元的未分配利润转为实收资本的业务，该项业务你们是否缴纳印花税，是否代扣代缴个人所得税？

答：我们也查阅了相关凭证，就该项业务没有缴纳印花税，也没有代扣代缴个人所得税，因为我们认为该业务不涉及这两个税种。

10. 问：根据《中华人民共和国印花税法》应税营业账簿的计税依据，为账簿记载的实收资本（股本）、资本公积合计金额，因此将未分配利润转为实收资本应缴纳印花税。将未分配利润转为实收资本对于个人股东来说相当于向股东分配利润，并且股东用该利润进行再投资，根据《中华人民共和国个人所得税法》股息、红利所得适用百分之二十的比例税率。因此，你们公司针对该笔业务应进行个人所得税代扣代缴。

答：嗯，明白了，针对该项业务我们愿意补缴税款。

结论：评估人员认为约谈人已认识到问题所在，并愿意补缴税款。

11. 问：针对风险点8，资料显示你们公司有一笔8000万元的银行借款用于子公司的资金周转，这项业务你们视同销售缴纳增值税了吗？

答：没有，因为这是我们集团公司内部资金往来，我们认为并没有产生增值部分，所以就没有视同销售缴纳增值税。

12. 问：根据《财政部 国家税务总局关于全面推开营业税改征增值税试点的通知》统借方向资金使用单位收取的利息，高于支付给金融机构借款利率水平或者支付的债券票面利率水平的，应全额缴纳增值税。资料显示，你们集团公司借给子公司的贷款利率为15%，而银行同期贷款利率为8%，因此你们公司应将该笔利息收入视同销售并缴纳增值税。

答：好的，明白了。这次我们也认识到问题所在，愿意补缴税款，以后在做该项业务的时候也将会严格执行该法条。

结论：评估人员认为约谈人已认识到问题所在，并愿意补缴税款。

13. 问：针对风险点9，我们根据你们公司的财务报表通过分析计算发现你们公司的期间费用变动率与营业收入变动率配比较大，请你对此进行解释。

答：因为公司近两年房地产行业不景气且市场竞争激烈，我们公司为铺开业务发生再多地进行宣传，销售费用增加，人工成本以及销售成本也增加了很多，所以公司的期间费用增加较多，与营业收入的变动配比大于1。

结论：评估人员认为被约谈人的解释符合客观事实，但具体情况仍需进行实地核查。

14. 问：针对风险点10，我们根据你们公司的增值税纳税申报表，通过分析计算发现你们公司的增值税税负率为1.6%，低于房地产行业预警值，请你对此进行解释。

答：因为我们查阅了相关的资料文件，我们公司增值税税负偏低是因为我们公司享受的有地区政府的税收返还和税收减免优惠，所以实际缴纳的增值税应纳税额较小，实际税负要低于行业预警值。

结论：评估人员认为被约谈人的解释解释过于笼统，不能做定量分析，缺乏足够的说服力需要进行深入实地核查账务数据，进一步加以核实。

15. 问：针对风险点13，我们根据你们公司的资产负债表计算分析得出你们公司的预收账款变动率为50%，高于行业预警值20%，你们公司为什么会出现这样的情况，是因为延迟确认收入了吗？

续表

答：我们公司的收入都是严格按照纳税义务发生时间确认的，应该不存在延迟确认收入的情况，我回去查阅相关资料后再给您答复。

结论：评估人员认为被约谈人的解释无从考证，具体情况仍需进行实地核查。

16. 问：针对风险点14，资料显示你们公司2022年增值税专用发票作废金额高达487500元，请你对此进行解释。

答：其中两张200000元发票是因为两个公司因为金额一样，财务人员在开具发票时将两个公司的名称和纳税人识别号混用，因此作废发票。有三张共计87500元是因为录入错误的商品代码导致增值税专用发票作废。

结论：评估人员认为约谈人的解释符合客观事实，但具体情况仍需进行实地核查。

17. 问：针对风险点15，我们通过分析计算发现你们公司的网签收入与土地增值税申报收入的比值为0.6，小于房地产行业预警值0.7，请你对此进行解释。

答：我们公司的每项业务都进行了土地增值税申报，这个情况的出现也出乎我的意料，我回去查阅销售合同和土地增值税申报表后，再给您答复。

结论：评估人员认为该项业务需要进行实地核查，核查企业的相关材料，确认是否存在相关风险。

18. 问：针对风险点16，资料显示你们公司使用市政府部门免税土地进行房地产商品房开发，针对该项业务有没有进行城镇土地使用税的申报？

答：没有，我们使用的是免税土地，不需要申报城镇土地使用税吧？

19. 问：根据《国家税务局关于印发〈关于土地使用税若干具体问题的补充规定〉的通知》对纳税单位无偿使用免税单位的土地，纳税单位应照章缴纳城镇土地使用税。

答：好的，明白了。我回去再查阅相关资料，针对此次业务我们愿意补缴税款，以后在做该项业务的时候也将会严格执行该法条。

结论：评估人员认为约谈人已认识到问题所在，并愿意补缴税款。

20. 问：针对风险点20，根据资料显示，你们公司开展买房抽奖的营销活动，对客户抽奖获得的车辆是否代扣代缴个人所得税？

答：没有，客户并不属于我们公司的人员，我们没有权利代扣代缴个人所得税吧？

21. 问：根据《中华人民共和国个人所得税法》及其实施条例有关规定，企业对累积消费达到一定额度的顾客，给予额外抽奖机会，个人的获奖所得，按照“偶然所得”项目，全额适用20%的税率缴纳个人所得税。

答：好的，明白了。针对此项业务我们愿意补缴税款，以后在做该项业务的时候也将会严格执行该法条。

结论：评估人员认为约谈人已认识到问题所在，并愿意补缴税款。

22. 问：针对风险点21，我们通过分析发现你们公司的资产负债率异常，该指标略微高于房地产行业预警值，请你们及时关注企业的经营风险，杜绝偷税漏税情况的发生。

答：好的，谢谢您的提醒！我们日后也会加大对财务人员的培训，不断学习新的税收政策法规，努力做到应税尽税。

结论：评估人员认为该指标偏离程度低，且偏离度正在逐年缩小，因此可以排除该风险。

23. 问：针对风险点25，资料显示2022年8月你们的木星子公司将2022年6月的1000万元诚意金转为首付款，并又收取10000万元的首付款，针对该项业务你们是否预缴增值税及附加税费？

答：没有，因为我们还没有交房，只是预售阶段，所以我们认为纳税义务还没有发生，因此就没有预缴增值税及附加税费。

24. 问：根据《房地产开发经营业务企业所得税处理办法》（国税发〔2009〕31号）第六条：

续表

企业通过正式签订《房地产销售合同》或《房地产预售合同》所取得的收入，应确认为销售收入的实现。

房地产企业在不具备预售条件时所收取的诚意金、认筹金、订金，不属于预收款。也就是说如果你们收款部分只是诚意金，也没有签订销售合同的话不需要预缴增值税，但如果你们签订了销售合同，且符合预售条件，就需要针对收取的首付款预缴增值税。因此，你们公司针对此项业务应补缴增值税330万元，附加税费39.6万元。

答：好的，明白了。我回去将会继续学习有关增值税预缴部分的税收政策法规。针对此项业务，我们愿意补缴税款。

结论：评估人员认为约谈人已认识到问题所在，并愿意补缴税款。

25. 问：谢谢你们的配合，本次的谈话还有需要补充说明的问题吗？

答：没有。谢谢！

约谈人：税务1　　　　被约谈人：×××　　　　记录人：税务2

填表说明：

1. 本约谈记录由纳税评估实施人员填写。
2. 本约谈记录应当用钢笔（碳素笔）、毛笔书写或计算机操作，不得使用圆珠笔、铅笔。
3. 记录人与约谈人不能为同一人，并不得相互代为签名。
4. 因约谈内容较多，请使用附页，每页须由约谈人、被约谈人、记录人签名。
5. 被约谈人必须注明："以上笔录我已看过，与本人所说相符。"

约谈情况总结如表7-20所示。

表7-20　　约谈情况总结

可能存在的风险点	涉及的税种	风险点应对策略
风险点2（案头资料2）	企业所得税	无法确认风险，转入实地调查
风险点3（指标项目1）	企业所得税	排除风险，转入评估处理
风险点5（案头资料4）	企业所得税	肯定存在风险，补企业所得税3万元
风险点6（案头资料5）	印花税	肯定存在风险，补印花税2万元
风险点7（案头资料5）	个人所得税	肯定存在风险，应代扣代缴个人所得税32万元
风险点8（案头资料6）	增值税	肯定存在风险，补增值税480万元及附加税57.6万元
风险点9（指标项目2）	企业所得税	无法确认风险，转入实地调查
风险点10（指标项目3）	增值税	无法确认风险，转入实地调查
风险点13（指标项目5）	增值税	无法确认风险，转入实地调查
风险点14（案头资料8、指标项目6）	增值税	无法确认风险，转入实地调查
风险点15（案头资料9、指标项目7）	土地增值税	无法确认风险，转入实地调查
风险点16（案头资料10）	城镇土地使用税	肯定存在风险，补缴城镇土地使用税1万元
风险点20（案头资料14）	个人所得税	肯定存在风险，应代扣代缴个人所得税8万元
风险点21（指标项目8）	企业所得税	排除风险，转入评估处理
风险点25（案头资料16）	增值税	肯定存在风险，补缴增值税330万元，附加税39.6万元

经过评估小组与纳税人的约谈举证环节，确认了7个风险点，排除了2个风险点，无法确定6个风险点，需要进一步核实的有6个风险点，对未确定的6个风险点拟进行实地调查形式的风险应对措施。

六、实地调查

税务约谈于2023年9月8日得出约谈评估结果，已告知纳税人。评估小组以公司的财务报表、纳税申报表为基础，运用纳税评估相关指标、结合房地产行业有较高的产业关联度、专业分工较为细化等特点展开分析，对公司部分问题仍存在疑点。针对这些疑点，评估小组拟2023年9月15日到公司实地考察，审核有关账簿凭证。经相关税源管理科科长批准，评估小组与该公司税收管理员对企业进行了实地调查核实。实地调查情况如下（见表7-21）。

表7-21　　实地调查情况总结

可能存在的风险点	涉及的税种	风险点应对策略
风险点2（案头资料2）	企业所得税	肯定存在风险，补企业所得税200万元
风险点9（指标项目2）	企业所得税	排除风险，转入评估处理
风险点10（指标项目3）	增值税	排除风险，转入评估处理
风险点13（指标项目5）	增值税	排除风险，转入评估处理
风险点14（案头资料8、指标项目6）	增值税	排除风险，转入评估处理
风险点15（案头资料9、指标项目7）	土地增值税	排除风险，转入评估处理

1. 针对风险点2，实地查看了公司与大型商超的销售合同，并实地走访大型商超，发现该公司与大型商超的交易实质为购买用于职工福利的购物卡，因此要求该企业补缴企业所得税200万元。

2. 针对风险点9，实地查看了公司的销售费用明细及原始凭证，发现该公司2022年销售费用确实存在大幅上涨，且能够提供与销售费用发生相关的原始凭证来佐证业务发生的真实性，故排除此风险。

3. 针对风险点10，实地查看了公司的营业外收入明细，并逐笔审查了各营业外收入的真实性，发现营业外收入并无异常，因此可以排除此风险。

4. 针对风险点13，实地查看了公司的预收款明细及销售合同，公司的相关业务均已在应确认纳税义务发生时间时及时确认了收入，不存在延迟确认收入的情况，可以排除该风险。

5. 针对风险点14，实地查看了企业的增值税专用发票作废明细及作废发票原件，发现作废发票均属于正常作废发票的情况，因此排除该风险。

6. 针对风险点15，实地查看了公司的销售合同及土地增值税申报明细表，发现该公司确实如实申报土地增值税，不存在少缴土地增值税的情况，因此排除该风险。

经评估小组的实地调查，共确认了1个风险点，排除了5个风险点，没有需要转到税务稽查环节进一步核实确认的风险点。

七、评估调查结论

评估小组以公司的财务报表分析为基础，运用纳税评估相关指标、结合房地产行业特点展开分析，共提出25个风险点，经过案头分析、税务约谈、评估处理、完成评估，确认公司肯定存在15个风险点，公司承认在2022年少缴增值税812.93万元、城市维护建设税及附加税费97.55万元、企业所得税1358万元、土地增值税276.25万元、房产税15万元、印花税2万元、契税180万元、城镇土地使用税1万元、少代扣代缴个人所得税46.79万元，公司愿意补缴这部分税款及滞纳金。

八、案例总结

（一）案例的简要描述

本案选择了房地产行业中的代表为评估对象，在评估分析环节，通过调取公司2021年和2022年的基本情况表、财务报表和纳税申报表等有关申报资料和公司备案的相关资料，并向公司了解各种经营信息，利用指标预警值法、财务报表洞察法、申报表验证法等风险识别方法结合公司自身特点，有针对性地对企业进行纳税评估。通过本案例的评估，进一步进行分析、归纳、总结，以便找准房地产行业的纳税评估对象。

评估小组以公司的财务报表分析、纳税申报表为基础，根据采集的数据，运用人工占营业成本比例、期间费用变动率与营业收入变动率配比、增值税税负率、应收（付）账款变动率、预收账款变动率、发票作废率（额）、申报收入与网签收入比率、资产负债率、营业收入变动率与营业成本变动率配比等纳税评估相关指标、结合房地产行业特点展开分析，查找公司存在的疑点，经过分析、约谈、评估处理和实地调查，公司承认2022年少缴增值税、城市维护建设税及附加税、企业所得税、房产税、印花税等税额，愿意补缴税款及滞纳金。

（二）案例分析的特点

案例分析有如下四个特点：一是案例分析的综合性较强，涉及的数据指标、纳税评估方法较多，不仅使读者能够学习纳税评估、税收风险管理等知识，而且有利于读者提升对纳税评估模型、指标、税法知识等实际运用能力，帮助读者形成对税收风险、纳税评估的高层次认知；二是案例分析相对于理论学习更贴近业务实践，案例分析是基于真实案例改编进行，可以更好地反映实际问题和情况，具有较高的实用性；三是案例分析具有系统性，案例分析可以从多个角度和维度对问题进行分析和研究，可以帮助读者将学习的理论知识应用于实际情况中，可以形成较为完整的分析框架和解决方案；四是案例分析具有可比性，案例分析可以对不同的案例进行比较和对比，可以让读者更直观地理解不同理论点之间的差异。

（三）对该案例分析的得失点评

1. 优点

（1）现有的大多数案例理论性偏强，不便于学习理解，本案例不局限于学术理论研究，融入了更多现实特征，给读者以身临其境的现实感。

（2）案例中的内容从现实案例中抽象形成，既有共性又有个性，更具有研究的普遍意义。

（3）案例分析采用风险点判断——税收风险特征计算——风险信息排除确认的逻辑链条，逻辑清晰，条理清楚，有说服力。

（4）在对税收风险进行识别时，对税收风险识别指标建立模型，并将其合理分类，对税收风险的识别能力强，识别思路可供大多行业借鉴。

（5）大量运用纳税评估模型进行定量分析，既使用纳税评估通用分析指标，又使用分税种特定分析指标，使得评估结果真实可信。

（6）案例分析结构完整，文字翔实，深入浅出，不仅可以作为税务机关的智慧锦囊，还可以作为公司的学习手册，有良好的警醒作用和税收知识普及作用。

（7）虽为文字研究，但实际可操作性强，对不同行业的可迁移能力强，具有现实意义。

2. 缺点

（1）现实中的数据更加庞杂，实际情况更加复杂，而案例中的数据为方便计算进行过简化处理，是一种理想状态的分析，运用案例中的方法在现实进行纳税评估时的可操作性会受现实复杂数据情况的约束。

（2）受可获得信息的限制，对于部分指标采用的预警值可能会存在偏差，随着经济形势的不断变化及宏观政策调控的影响，房地产行业的发展在不断波动，各指标也在不断变化，案例选用的预警值具有一定的滞后性。

（案例作者：河南财经政法大学常晓宇、郝傲妮、秦焕焕；指导老师：宋尚恒、薛桂芝、徐颖科）

第二节 高校专家点评

一、对案例的总体评价

该案例结合房地产行业的特点，以企业资料为基础，进行案头分析和约谈举证，并实施了实地调查，得出了评估调查结论。案例情境较复杂，案例要素齐全，数据翔实。总体而言，该案例符合全国本科院校税收风险管控案例大赛的案例编写规范，且有一定的深度和难度。同时，该案例存在的问题也较为突出。

二、案例的优点

1. 企业资料较为丰富和翔实。提供了房地产项目销售明细、会计报表、纳税申报表等数据，且都有两期以上数据，给人一种数据丰富和翔实的感觉。

2. 该案例有一定的深度和难度。这主要表现在税收风险点数量较多。案例设计了25个风险点，涉及增值税、个人所得税、企业所得税、土地增值税、房产税等税种。

3. 税收风险识别方法多样。案例既有案头分析，又有约谈举证和实地调查方法。案头分析既有风险指标预警法，也有报表分析法等。

三、案例存在的问题和不足

1. 会计报表存在问题。案例提供了合并报表，不仅冠以“合并”的名称，而且格式上也确实采用了合并报表的格式，比如合并利润表的格式再明显不过了。但纳税申报表是母公司单体纳税申报表，二者不存在紧密的逻辑关系。

2. 会计报表与纳税申报表在数据上不匹配。2021年合并利润表的营业收入为1419836588.00元，与甲房地产股份有限公司2021年中华人民共和国企业所得税年度纳税申报表（A类）的营业收入1419836588.00元完全一致，这显然不合常理。2022年合并利润表的营业收入同企业所得税年度纳税申报表（A类）的营业收入均为1615023327.00元，但2022年增值税及附加税费申报表中显示，按适用税率计税销售额和按简易办法计税销售额合计数为1099166986.33元（537798493.13+561368493.20），二者数额相差很大。

3. 存在个别项目计算错误。①“（五）税收风险特征分析计算过程”的第1点，应补缴增值税计算有误，正确的计算应该是：应补缴增值税 = 50 × 13% = 6.5（万元）。②2022年对B项目清算土地增值税，计算允许扣除的开发费用有误。

4. A项目的归属存疑。A项目到底属于“甲房地产股份有限公司”还是“金星子公司”？“（三）公司A项目销售情况明细”表明A项目属于“甲房地产股份有限公司”，但“案头资料9”中明确表明，金星子公司A项目2022年网签收入为10000万元。而在公司组织架构图中显示，A项日属于甲房地产股份有限公司下属水星分公司。

5. 将木星子公司的税收风险纳入甲房地产股份有限公司涉税风险，逻辑上难以自圆其说。

6. 甲房地产股份有限公司2021年按适用税率计税销售额为952129479.90元，销项税额95734242.70元，可以得到平均税率大约10%。2022年按适用税率计税销售额为537798493.10元，销项税额115734242.70元，平均税率大约21.5%。如此大的差异也不正常。

7. 对股权收购的特殊性税务处理给定的条件不充分且计算错误。

8. 案例局部存在结构不尽合理的情况。“（四）税收风险特征分析判断”的内容与“（二）可能存在的风险点”存在高度重复，没有存在的必要。

四、完善该案例的建议

1. 若能避免以上问题和不足，该案例的质量将大大提升。

2. 撰写案例如同进行艺术创作，除了有创作的冲动外，还需要花大量时间和精力对案例进行打磨，避免出现一些低级错误。

（点评人：浙江财经大学财政税务学院董根泰）

第三节　行业专家点评（1）

一、对案例的总体评价

本案例针对一家房地产企业进行了详尽的税收风险分析，内容涵盖了企业资料、案头分析、约谈举证等多个方面。案例结构完整，层次清晰，行文规范，为我们提供了一个房地产行业税收风险管理的典型样本。

首先，案例提供了丰富的企业资料，包括企业经营产品及公司经营模式，详细描述了住宅地产与商业房地产两种经营模式的运作方式。

其次，案例在财务报表和纳税申报表方面做得相当完备，提供了2021年、2022两个年度的资产负债表、利润表及现金流量表，还提供了同期的主要税种企业所得税、增值税、财产及行为税的纳税申报表。这些数据不仅种类齐全，而且数据翔实，为后续的税收风险分析提供了坚实的基础。

最后，案例展示税收风险点较多，所涉税种全面、业务众多。核心部分的案头资料分为“纳税人风险等级分析”等五个部分，脉络清晰、循序渐进、层级感强。然而，尽管案例在整体结构和数据提供方面表现出色，但仍存在一些不足之处。例如，案例所涉的税收风险行业特点不够鲜明，与房地产行业特有的税收风险点关联度不够紧密。案例提供的财务报表不严谨，风险点的判断与财务报表、纳税申报表的关联度不够紧密。案例中的税务文书使用格式也存在一定的不规范之处。尽管如此，瑕不掩瑜，总体上该案例质量较高，对于了解房地产行业的税收风险管理具有重要的参考价值。

二、案例的优点

1. 企业资料详尽

案例详细介绍了企业的经营产品及公司经营模式，包括住宅地产和商业房地产两种经营模式。财务报表及纳税申报表完备，专门提供了“公司A项目销售情况明细”。该表数据较为翔实，不仅提供高层、洋房、别墅三类不同房屋类型的套数与建筑面积，还提供了房地产项目的合同累计签订情况表，将房地产项目的销售明细按一次性付款、按揭付款加以分类，统计了一次性付款及首付款金额。全面详尽的资料有助于深入了解企业的运营模式和业务特点，有助于掌握企业的财务状况和纳税情况，为后续的税收风险分析提供了重要依据与有力的数据支持。

2. 风险点全面性及判断依据

案例涉及的税收风险点基本涵盖了房地产行业的所有主要税种。案例还涉及了企业重组等复杂的税收业务，显示出案例在业务覆盖面的广泛性和深入性。

判断风险点的思路和依据较完善，风险判断与排除有理有据。对每个案头资料分析详细列出了据以判断税收法律法规及规范性文件名称、文号及主要政策条文，对照案头资料列出的16个事项或交易，使得业务与判断依据一一对应、一目了然。

3. 案头分析逻辑清晰

案例的核心部分“案头分析”分为五个部分，包括“纳税人风险等级分析”“可能存在的风险点”“判断风险点的思路与依据”“税收风险特征分析判断”和“税收风险特征分析计算过程”。如剥开洋葱般循序渐进，这种层层递进的分析方式有助于我们逐步深入了解企业的税收风险情况，符合层层探究的思维习惯。

三、案例存在的问题和不足

（一）企业资料

1. 提供财务报表不合规

案例呈现了“合并利润表”“合并资产负债表”等合并报表作为企业资料，这是错误的，是本案例的一大败笔。从会计处理角度，合并报表可以正确反映以母公司为核心的整个合并会计报告主体的财务状况、经营成果及现金流量。从税务视角来看，应是个别报表才适合。合并会计报告主体不构成我国税法的纳税主体。合并会计报表数据是将几个纳税主体财报数据经过会计专业方法合并而成，无法成为税法上适用的财务报表。

2. 不同报表之间的数据不自洽

比如“2021年12月增值税及附加税费申报表”，按适用税率计税销售额本年累计952129479.90元；按简易办法计税销售额本年累计521368493.20元，合计销售额为1473497973.10元；但同期“2021年中华人民共和国企业所得税年度纳税申报表（A类）”营业收入为1419836588.00元；利润总额92559194.19元。案例没有提供2021年同期的财务报表，仅提供了2022年度的利润表与资产负债表，遗憾的是没有提供母公司个别报表。从2022年的报表中可知，2021年度的企业营业收入为1419836588.00元，利润总额为89513800.00元。

“2022年12月增值税及附加税费申报表”，按适用税率计税销售额本年累计537798493.13元；按简易办法计税销售额本年累计561368493.20元；合计销售额为1099166986.33元，但同期“2022年中华人民共和国企业所得税年度纳税申报表（A类）”营业收入为1615023327.00元；利润总额为104651057.00元。合并利润表的营业收入也为1615023327.00元；利润总额为99153163.00元。

一般情况下，企业所得税年度纳税申报表的利润总额与利润表的利润总额数据一致。增值税销售额与利润表营业收入大多情况下是一致的。当然并非要求增值税申报表的销售额与企业所得税年度申报表、利润表的营业收入数据必定完全一致。但如果两者不一致，本身就是一个应该分析的风险点。

3. 部分风险指标预警值设置不合理

期间费用变动率与营业收入变动率配比、营业收入变动率与营业成本变动率配比正常区间设置为1，意味着只要该指标不等于1就有风险预警，过于严格。发票作废额正常区间为固定值10000元，对房地产公司来说，一套房子价值少则几十万元，多则几千万元，将预缴指标设置太小，严重影响风险防控应对的工作效率。

（二）税收风险管控

案例中的“案头分析”“约谈举证”“实地调查”“评估调查结论”“案例总结”5部分组成税收风险管控的关键环节。

1. 风险判断有误

“表7－17主要风险指标测算和预警区间”根据“表7－16主要风险指标预警区间”测算。其中有几个值套用预警值作出的风险判断有误，比如：期间费用变动率与营业收入变动率配比测算值为2.39，预警值为（$-\infty$，1）∪（1，$+\infty$）风险判断应为“有风险”，但案例判断为“无风险”。同样判断错误的指标有：预收账款变动率。

相反，增值税税负率测算值为 1.6%，预警值为（$-\infty$，2%）∪（4%，$+\infty$），风险判断应为“无风险”，但案例判断为“有风险”。同样判断错误的指标有：应收（付）账款变动率、发票作废率、营业收入变动率与营业成本变动率配比。

上述判断有误的内容在“表 7-17 主要风险指标预警区间”前文字部分计算及判断均正确，即文字判断与表格判断不完全一致。

2. 重组业务税收风险点逻辑错误

（1）纳税主体有误。该企业重组业务在“（七）案头资料”第 15 项和“判断风险点的思路和依据”第 24 项、“税收风险特征分析计算过程”第 24 项。在案头资料为：甲公司拟收购乙房地产公司 70% 的股权。甲公司以股权形式支付 5040 万元及银行存款 1260 万元。在其他部分陈述时均以该公司指代。按最初案头资料甲公司为收购方。转让方应为乙房地产公司的股东，那么该重组业务对应的企业所得税纳税人应为乙公司的股东，而非甲公司。案例将重组业务应补缴企业所得税税款认定为甲公司，属于“张冠李戴”。

（2）交易标的不清。对转让标的数量没有交代清楚，案例没有说清 70% 的股权有多少股。虽根据后文公允价值及支付对价总额可以倒推出有 700 万股。对该业务计税基础的描述也含糊不清。文中为“乙公司每股资产的计税基础为 7 元，每股资产的公允价值为 9 元”，正确的应为“乙公司原股东”每股计税基础为 7 元。

（3）业务用语不规范。支付对价中的“以股权形式支付 5040 万元”表述不够严谨规范。《财政部 国家税务总局关于企业重组业务企业所得税处理若干问题的通知》（财税〔2009〕59 号）有“股权支付”的表述，该“股权支付”与“以股权形式支付”不能简单画等号。“股权支付”是重组税收业务的专有用语，并非只要是以股权形式支付的均是“股权支付”。根据财税〔2009〕59 号及《国家税务总局关于发布〈企业重组业务企业所得税管理办法〉的公告》（国家税务总局公告 2010 年第 4 号）规定，所谓的“股权支付”，是指企业重组中购买、换取资产的一方支付的对价中，以本企业或其控股企业的股权、股份作为支付的形式。所称控股企业，是指由本企业直接持有股份的企业。也就是说股权支付中的股权只能是本企业及子公司的股权，其他股权形式的支付不属于重组税收政策中的“股权支付”。暴露了选手对重组业务税收政策的掌握程度不够精准，当然重组税收业务属税务界的天花板，我们不能对尚在就学期间选手有太高要求。这里仅作为问题提出来。

3. 税收风险疑点不穷尽

（1）利用财报发现风险疑点不足。利用财务报表与纳税申报表的数据予以发现疑点较少，只是简单计算了几个指标，没有深入利用财务报表与纳税申报表数据进一步案头分析，以排除几个风险指标是否存在涉税风险。

（2）个别业务忽略了其他税收风险。“案头资料”第 11 项有关向内部员工优惠销售商品房，案例分析了个人所得税有关风险，缺少对该业务增值税、土地增值税及企业所得税涉税风险予以判断。

"三、非直接销售和自用房地产的收入确定

房地产开发企业将开发产品用于职工福利、奖励、对外投资、分配给股东或投资人、抵偿债务、换取其他单位和个人的非货币性资产等，发生所有权转移时应视同销售房地产，其收入按下列方法和顺序确认：

（1）按本企业在同一地区、同一年度销售的同类房地产的平均价格确定；

（2）由主管税务机关参照当地当年、同类房地产的市场价格或评估价值确定。土地增值税的价格认定主要针对视同销售行为。"

根据《房地产开发经营业务企业所得税处理办法》（国税发〔2016〕31 号）第七条规定，企业将开发产品用于捐赠、赞助、职工福利、奖励、对外投资、分配给股东或投资人、抵偿债务、换取其他企事业单位和个人的非货币性资产等行为，应视同销售，于开发产品所有权或使用权转移，或于实际取得利益权利时确认收入（或利润）的实现。确认收入（或利润）的方法和顺序为：①按本企业近期或本年度最近月份同类开发产品市场销售价格确定；②由主管税务机关参照当地同类开发产品市场公允价值确定；③按开发产品的成本利润率确定。开发产品的成本利润率不得低于 15%，具体比例由主管税务机关确定。

根据上述税收法规条款，案例中低价转让商品房给单位员工，对是否涉增值税、土地增值税、企业所得税等风险，需要有说明。

（3）税收风险方面。①案头分析层次递进较为混乱。案头分析分为纳税人风险等级分析、可能存在的风险点、判断风险点的思路和依据、税收风险特征分析判断、税收风险特征分析计算过程共五个步骤，其中的"可能存在的风险点"与"税收风险特征分析判断"只有标题不同，两部分的内容完全一样。②涉税风险行业特点不明显。作为房地产行业税收风险管控案例，行业特性不明显，房地产有关的行业涉税风险点所涉较少。案例 25 个风险点分析判断，只有第 11 个有关契税风险点、第 15 个土地增值税申报收入与企业销售合同的网签收入比对、第 18 个有关土地闲置费扣除风险、第 25 个有关诚意金转为首付款涉税风险。

（4）税务文书使用不规范。"纳税评估约谈情况表"对每一个风险点的问答后，有一个对风险排除的判断或查补税费的说明。这不符合实务工作中的文书规范格式，建议将对风险的进一步处理作为纳税评估约谈后的一个独立步骤，或对该内容以备注形式单独说明。

（三）其他问题

（1）案例"公司经营情况"中的"公司经营模式"的分类不严谨。商业房地产经营模式与住宅地产经营模式分类不严谨。住宅地产模式按房产开发阶段、商业房地产模式按经营状况。实际上，商业房地产经营也有土地取得阶段、开发建设阶段。根据上下文，两种产品经营模式主要是在销售阶段不一致，住宅房地产项目面对的是个人业务为主，分散销售占主导。商业房地产经营模式既有销售又有租赁，销售有分散销售与整体销售。从税务管理的角度来看，对整体销售与分散销售的税务处理没有区别，只有租赁与销售的税收政策是不一样的。

住宅地产经营模式将清算阶段作为公司经营模式不妥。因为清算条件不唯一。《国家税务总局关于房地产开发企业土地增值税清算管理有关问题的通知》（国税发〔2006〕187 号）、《土地增值税清算管理规程》（国税发〔2009〕91 号）规定清算条件分为税务机关要求清算与必须清算两类。税务机关要求清算的时间主观因素较强，清算阶段也是商业房产的必经阶段。

（2）个别风险判断依据值得探讨。“案头资料 10”及后续第 16 个风险点表明，该企业 2022 年 5 月 30 日新取得原政府部门使用的 10000 平方米土地用于项目开发。税收风险判断的依据为《国家税务总局关于印发〈关于土地使用税若干具体问题的补充规定〉的通知》（〔1989〕国税地字第 140 号）有关纳税单位无偿使用免税单位应缴纳土地使用税的规定。

实务中，房地产开发公司用于项目开发的土地基本都是招拍挂方式公开取得，与该土地原由谁拥有无关，该业务不属于纳税单位无偿使用免税单位业务，应该属于纳税人取得土地没有依法缴纳土地使用税。

判断依据为：《国家税务总局关于通过招拍挂方式取得土地缴纳城镇土地使用税问题的公告》（国家税务总局公告 2014 第 74 号）、《财政部 国家税务总局关于房产税、城镇土地使用税有关政策的通知》（财税〔2006〕186 号）：以出让或转让方式有偿取得土地使用权的，应由受让方从合同约定交付土地时间的次月起缴纳城镇土地使用税；合同未约定交付土地时间的，由受让方从合同签订的次月起缴纳城镇土地使用税。

四、完善该案例的建议

1. 突出行业税收风险特点

提高风险点与行业特点的关联度，以便更好地为行业内的企业提供有针对性的风险管理建议。

2. 规范税务文书使用格式

在未来的案例编写中，应更加注重税务文书使用格式的规范性，避免出现合并报表等错误呈现的情况。这将有助于提高案例的专业性和可信度。

3. 提供报表及有关数据要正确

（点评人：国家税务总局绍兴市柯桥区税务局包关云）

第四节 行业专家点评（2）

一、对案例的总体评价

案例的完整性较高，通过对企业经营业务过程的一系列的经济活动进行描述，并通过现有数据的分析进行税务涉税风险的推导论证，从完整度、逻辑性、可读性上来说都是一个非常好的案例分析。

案例首先分析了经济与行业的特点，随后详细介绍了企业的财务与税务情况，在此基础上开展案例评估，有理有据。

从分析的过程看，有点结果先行的影子，部分风险疑点并不能在案头分析时得出，这一为风险而风险的特点比较明显。

二、案例的优点

通过阅读本案例，体会到比较突出的优点是：

（1）故事性强：开篇介绍的房地产企业的规模情况，使得读者有一个框架结构的认识，然后结合案例房地产企业发生的一系列业务的情况循循善诱，使得读者能够有兴趣去了解这个案例的展开。

（2）现实情况和税收理论的结合度高：对于每一个税收风险识别时都会将相关的税法文件准确、完整地进行描述，对于税收这门学科，需要依法办事，那么如何准确引用文件以及理论依据是否充分需要编辑者的思考；而对于读者，从案例判断的推导风险并用税法条款予以验证，更好地加强了对于这个税收风险的认识。

三、案例存在的问题和不足

（1）行业指标的阀值有待运用更多的数据去验证：在文中提到风险指标的预警区间，该部分中对于指标预警区间的引用时基于什么获得的，这个未有具体的说明。因此比如提到发票作废率的金额超过10000.00元即会产生风险，由于房地产企业的单位价值均较高，因此一旦存在错误开具金额一定超过10000.00元，哪怕是其他行业这个指标的设定也是不合理的，如果用这个指标论证企业开票风险，那么所有企业都会触发这个风险指标，但误报的可能性会更高。

（2）数字前后的描述需要保持一致，前文资料的提及的数据在后文中数据存在出入，因此该部分需要加强。

（3）大量的行业背景资料与后续的风险分析没有关联，因此，存在凑篇幅的嫌疑，完全可以删除。

（4）大量的申报表与财务报表的内容充斥了篇幅，完全可以提取片段进行分析。

（5）对于房地产行业特有的税收管理现状“先预征、后清算”的特点缺少清晰的分析，并在税收风险中并没有突出该特点带来的税收风险特点，这是非常大的缺憾。

四、完善该案例的建议

（1）关于“（四）税收风险特征分析判断”与“（五）税收风险特征分析计算过程”两者之间前后需要有做置换，从提出疑问——风险分析——风险判断。

（2）房地产行业的风险不够突出。我们是以行业作为风险指标的部分，因此该部分提供房地产行业的指标需要更加突出。

（3）对于房地产行业的经营情况、税收征管现状了解不够，从而使分析缺少了行业特征。从这个意义上来说，本案例不符合房地产行业典型案例的特征。

（点评人：税安科技（杭州）有限公司财税专家余晓云）

第八章　金融资产管理业税收风险管控案例与点评

第一节　某资产管理有限公司税收风险管控案例

一、学习指引

金融资产管理公司（Asset Management Companies，以下简称“AMC”）在经营过程中分为两条业务线，即自购处置不良资产和受托处置不良资产。金融资产管理主要涉及抵债资产处置的增值税、企业所得税、土地增值税等，其涉税风险分析对税务风险评估有较大价值，因此希望通过此案例来识别、分析、认定与排除确认该类行业税收风险点，同时促进相关行业税收风险管理研究的深入以及风险管理体系的构建和完善。

二、行业背景

我国 AMC 的发展历程可以大致划分为三个阶段：中央 AMC 的建立、地方 AMC 的兴起以及民营 AMC 的涌入，反映了中国金融市场的逐步开放和多元化。如今，金融资产管理行业已建立完整产业链。上游主要是不良资产的供应方，包括金融机构和非金融机构；中游是不良资产处置的主体，包括 AMC 等；下游主要是不良资产的买方。此外还有许多诸如拍卖公司、催收公司等第三方服务机构。近年来，世界经济环境较为严峻，我国内需不足、预期转弱，部分企业面临债务违约的风险，不良资产大幅增加。为丰富融资途径、拓展业务合作及业务模式，吸引社会资本，民营资本开始跻身其中。自此，金融资产管理行业形成了“中央 + 地方 + 民营”的结构。

AMC 主要在链条的中下游发挥作用，主要业务涵盖资产处置、金融服务、股权投资和投资顾问，通过债转股、债务重组等多种策略实现不良资产的价值，从而直接或间接赚取收入。但由于该行业属于资金密集型行业，在收购不良资产时往往需要大量的融资，发生的利息支出可能存在扣除不合规的情况。企业处置资产方式的多样化提高了少交增值税、企业所得税的风险，此外AMC涉及权益性投资较多，可能存在投资收益错用免税条框的风险以及交易性金融资产公允价值变动损益未进行纳税调整的风险。

三、企业资料

（一）企业基本信息

纳税人名称：××资产管理有限公司

统一社会信用代码：××××××××××××××××××

公司成立时间：20×8年5月24日

注册资本：××××××××××元

经济性质：有限责任公司

所属行业：金融服务

增值税类型：一般纳税人

开户银行：××银行××支行

银行账号：1234567000000

经营范围：收购、受托经营金融机构不良资产；对不良资产的经营、资产管理；对股权资产进行管理、投资和处置等

企业规模：企业目前拥有7家子公司。企业总人数45人，其中高管4人，普通员工40人

持股股东：××投资控股集团（67.88%）、××股权投资基金（有限合伙）（29.12%）、××商业银行（3%）

投资企业：××生物有限公司（43.32%）、××金融租赁公司（45%）、××汽车制造公司（56%）、××基金（合伙公司）（60%）、××生物技术公司（10%）、××资产管理公司（65%）、××建筑工程公司（10%）

企业涉及的主要税费：增值税、企业所得税、个人所得税、印花税、房产税、契税、土地增值税、城市维护建设税和教育费附加等。企业所得税为查账征收，税率为25%，城市维护建设税率为7%

（二）企业经营情况

1. 主要业务

（1）不良资产处置。金融资产管理公司主要业务有收购处置不良资产、受托处置不良资产。

①收购处置不良资产：公司收购的不良资产主要分为抵债不动产和不良债权两个部分。处置抵债不动产：直接从人民法院或仲裁机构收购的法拍抵债不动产或从银行、企业

以折扣价收购的抵债不动产。公司采用公开拍卖的方式或者协议处置、招标处置、打包出售、委托销售进行处置，从而将不动产进行变现。处置债权：公司从企业或者金融机构收取的债权，以直接处置、债转股的方式进行处置，实现不良债权资产价值增值。

②受托处置不良资产：公司接受金融机构或者企业的委托管理不良资产，通过测算现金流，采取折价的方式，以信托计划作为SPV，然后发行重整资产支持证券，向投资者出售。不良资产后期的管理，由公司进行管理。企业通过收取受托管理不良资产的手续费、佣金来赚取收入。

（2）债权股权投资及收益。企业对外进行债权股权投资，获得利息、股息红利等投资收益，并通过直接出售、股权置换、股权支付的方式处置资产获得债权股权转让收入。

公司债权投资主要为对企业贷款收取利息，股权来源主要分为三个部分：第一部分是其他公司直接质押给本公司股票股权，第二部分是债权转股权，第三部分是直接投资。

（3）中间服务。投资顾问服务：公司为委托人介绍专业的投资顾问，为客户提供有针对性的投资建议，并协助客户进行相关的投资操作，帮助客户增加投资收益和降低风险。

2. 经营状况

企业2020—2022年经营状况如表8－1所示。

表8－1　　企业2020—2022年经营状况表　　单位：元

	2020年	2021年	2022年
营业收入	498661226.13	782686457.49	592269337.79
主营业务收入	485170514.24	769868503.86	582373754.76
其中：不良资产处置	441077635.67	728183462.24	531085455.62
其他业务收入	13490711.89	12817953.63	9895583.03
营业成本	379197487.21	639392952.69	468865001.30
主营业务成本	375302165.76	634788731.13	463191580.07
其中：不良资产收购成本	362420581.92	620532707.82	450221665.93
其他业务成本	3895321.45	4604221.56	5673421.23
净利润	82680339.59	111392468.66	67738252.50
增值税	16029181.18	23403091.74	20069875.20
企业所得税	10316396.03	6224695.05	4870174.27
代扣代缴个人所得税	6999824.67	10290066.59	7557464.40
房产税	2016463.38	2878632.27	1387880.00

（三）财务报表

2022年资产负债表和2021年资产负债表分别如表8－2、表8－3所示。

表8-2　　2022年12月31日资产负债表　　单位：元

项目	期末数	期初数	项目	期末数	期初数
资产：			负债：		
货币资金	94263604.47	118349673.9	短期借款	427329673.72	462677378.70
存放中央银行款项			向中央银行借款		
应收款项	12793721.20	17642991.34	拆入资金		
合同资产			交易性金融负债		
拆出资金			应付款项	17793419.41	17793419.41
买入返售金融资产			合同负债		
发放贷款和垫款			应付职工薪酬	6352883.32	7426904.34
金融投资：			应交税费	5087332.38	6014723.39
交易性金融资产	593469233.51	635492368.43	责任准备金		
债权投资	221534790.98	252768639.67	预计负债		
其他债权投资	10267597.57	6788390.87	应付债券	182848914.96	206842675.85
其他权益工具投资	16735213.20	11422563.56	长期借款	886513923.45	964527134.65
持有至到期投资	7086497.48	9471972.38	递延所得税负债		106864.39
长期股权投资	763245412.42	789214478.98	其他负债	43269110.36	41784350.74
投资性房地产	42855426.65	58274386.67	负债合计	1569195257.60	1707173451.47
固定资产	6935521.60	10968508.60	股东权益：		
固定资产清理	90973.49	104363.39	实收资本	1030927835.05	1030927835.05
无形资产			其他权益工具		
商誉			资本公积	1736821.32	1736821.32
抵债资产	489386453.23	469685674.3	减：库存股		
递延所得税资产	2974224.38	5786634.31	其他综合收益		
其他资产	26428736.45	24836914.43	盈余公积		
			一般风险准备		
			未分配利润	347904915.02	142758777.29
			所有者权益合计	1379290825.85	1174144688.12
资产总计	2288067406.65	2410807560.90	负债和所有者权益总计	2949764828.99	2882596885.13

表8-3　　2021年12月31日资产负债表　　单位：元

项目	期末数	期初数	项目	期末数	期初数
资产：			负债：		
货币资金	118349673.95	72567968.89	短期借款	242677378.70	203689078.56
存放中央银行款项			向中央银行借款		
应收账款	17642991.34	14865821.10	拆入资金		
合同资产			交易性金融负债		
拆出资金			应付款项	17793419.41	
买入返售金融资产			合同负债		
发放贷款和垫款			应付职工薪酬	166842675.85	184842675.85
金融投资：			应交税费	6014723.39	4832946.65

续表

项目	期末数	期初数	项目	期末数	期初数
交易性金融资产	635492368.43	410176422.73	责任准备金	6352883.32	7426904.34
债权投资	252768639.67	388924790.98	预计负债	5087332.38	6014723.39
其他债权投资	6788390.87	5728190.87	应付债券	166842675.85	184842675.85
其他权益工具投资	11422563.56	13453476.56	长期借款	564527134.65	564527135.65
持有至到期投资	9471972.38	7937512.29	递延所得税负债	106864.39	
长期股权投资	789214478.98	659213722.46	其他负债		
投资性房地产	58274386.67	78254386.67	负债合计	1005389100.73	967671682.47
固定资产	10968508.60	8968508.60	股东权益：		
固定资产清理	104363.39	48364.13	实收资本	1030927835.05	1000000000.00
无形资产			其他权益工具		
商誉			资本公积	1736821.32	458075.78
抵债资产	469685674.32	696425202.32	减：库存股		
递延所得税资产	5786634.31	3946542.24	其他综合收益		
其他资产	24836914.43	25362641.23	盈余公积		
			一般风险准备		
			未分配利润	372753803.80	417743792.82
			所有者权益合计	1405418460.17	1418201868.60
资产总计	2410807560.90	2385873551.07	负债和所有者权益总计	2410807560.90	2385873551.07

2020—2022 年利润表如表 8-4 所示。

表 8-4　　2020—2022 年利润表　　单位：元

项目	2022 年度	2021 年度	2020 年度
一、营业收入	214734269.48	243399149.97	194636237.45
主营业务净收入	80863789.69	107650754.42	78657053.75
中间业务净收入	38318385.00	27429018.31	31211294.73
投资收益（损失以“-”号填列）	99323613.37	90426124.29	76421173.14
其他收益	1826423.18	842453.27	835429.39
公允价值变动收益（损失以“-”号填列）	-19088653.65	2074382.39	-2384296.59
其他业务收入	13490711.89	12817953.63	9895583.03
资产处置收益（损失以“-”号填列）	—	2158463.66	—
二、营业支出	138531884.38	145198294.23	118897625.73
税金及附加	4176433.32	4806482.40	3704312.48
业务及管理费	115743329.69	119141075.77	98748169.35
信用减值损失	6974326.45	10753285.78	8532289.75
保险业务支出			
提取保险责任准备			
其他资产减值损失	5964373.69	5893228.72	4017532.70
其他业务成本	5673421.23	4604221.56	3895321.45

续表

项目	2022年度	2021年度	2020年度
三、营业利润（亏损以"-"号填列）	76202385.10	98200855.74	75738611.72
加：营业外收入	1085338.89	897624.69	97538.76
减：营业外支出	17402642.68	372961.49	15347513.10
四、利润总额（亏损总额以"-"号填列）	59885081.31	98725518.94	60488637.38
减：所得税费用	6578113.30	1276329.53	6965927.94
五、净利润（净亏损以"-"号填列）	53306968.01	97449189.41	53522709.44

（四）纳税申报表

纳税申报相关资料如表8-5至表8-18所示。

表8-5　　2020—2022年增值税纳税申报表　　单位：元

项目		栏次	一般项目		
			2022年累计	2021年累计	2020年累计
销售额	（一）按适用税率计税销售额	1	476359229.76	623790663.49	408891857.89
	其中：应税货物销售额	2			
	应税劳务销售额	3	476359229.76	623790663.49	408891857.89
	纳税检查调整的销售额	4	—	—	—
	（二）按简易办法计税销售额	5	119505236.89	158895794.00	86174239.38
	其中：纳税检查调整的销售额	6	—	—	—
	（三）免、抵、退办法出口销售额	7	—	—	—
	（四）免税销售额	8	—	—	—
	其中：免税货物销售额	9	—	—	—
	免税劳务销售额	10	—	—	—
税款计算	销项税额	11	29111398.00	44095086.04	29077959.06
	进项税额	12	15016784.65	28636784.00	17357489.85
	上期留抵税额	13			
	进项税额转出	14	—	—	
	免、抵、退应退税额	15	—	—	
	按适用税率计算的纳税检查应补缴税额	16	—	—	
	应抵扣税额合计	17	15016784.65	28636784.00	17357489.85
	实际抵扣税额	18	15016784.65	28636784.00	17357489.85
	应纳税额	19	14094613.35	15458302.04	11720469.21
	期末留抵税额	20			
	简易计税办法计算的应纳税额	21	5975261.84	7944789.70	4308711.97
	按简易计税办法计算的纳税检查应补缴税额	22			
	应纳税额减征额	23			
	应纳税额合计	24	20069875.20	23403091.74	16029181.18

表 8-6　2020—2022 年中华人民共和国企业所得税年度纳税申报表（A 类）　单位：元

行次	类别	项目	2020 年	2021 年	2022 年
1	利润总额计算	一、营业收入	495066097.27	782686457.49	595864466.65
2		减：营业成本	379197487.21	639392952.69	468865001.30
3		减：税金及附加	3704312.48	4806482.40	4176433.32
4		减：销售费用	1073252.86	1785438.75	5254839.65
5		减：管理费用	49301070.42	62858351.89	58709536.80
6		减：财务费用	48373846.07	54497285.13	51778953.24
7		减：资产减值损失	12549822.45	16646514.50	12938700.14
8		加：公允价值变动收益	-2384296.59	2074382.39	-19088653.65
9		加：投资收益	76421173.14	100426124.29	99323613.37
10		二、营业利润	74903182.33	105199938.81	74375961.92
11		加：营业外收入	932968.15	3898541.62	2911762.07
12		减：营业外支出	15347513.10	372961.49	17402642.68
13		三、利润总额	60488637.38	108725518.94	59885081.31
14	应纳税所得额计算	减：境外所得	0.00	0.00	0.00
15		加：纳税调整增加额	45437232.98	14713797.56	22491242.17
16		减：纳税调整减少额	15764731.38	19574294.17	6874812.19
17		减：免税、减计收入及加计扣除	48895554.87	73966242.15	56020814.21
18		加：境外应税所得抵减境内亏损	0.00	0.00	0.00
19		四、纳税调整后所得	41265584.11	29898780.18	19480697.08
20		减：所得减免	0.00	0.00	0.00
21		减：弥补以前年度亏损	0.00	0.00	0.00
22		减：抵扣应纳税所得额	0.00	0.00	0.00
23		五、应纳税所得额	41265584.11	29898780.18	19480697.08
24	应纳税额计算	税率（25%）	25%	25%	25%
25		六、应纳所得税额	10316396.03	7474695.05	4870174.27
26		减：减免所得税额	0.00	0.00	0.00
27		减：抵免所得税额	0.00	0.00	0.00
28		七、应纳税额	10316396.03	7474695.05	4870174.27
29		加：境外所得应纳所得税额	0.00	0.00	0.00
30		减：境外所得抵免所得税额	0.00	0.00	0.00
31		八、实际应纳所得税额	10316396.03	7474695.05	4870174.27
32		减：本年累计实际已缴纳的所得税额	30949188.08	18674085.14	14610522.81
33		十、本年实际应（退）所得税额	-20632792.05	-11199390.09	-9740348.54

表 8-7　　2020—2022 年一般企业收入明细表　　单位：元

行次	项目	2020 年	2021 年	2022 年
1	一、营业收入（2+9）	495066097.27	782686457.49	595864466.65
2	（一）主营业务收入（3+5+6+7+8）	485170514.24	769868503.86	582373754.76
3	1. 销售商品收入	441077635.67	728183462.24	531085455.62
4	其中：非货币性资产交换收入			
5	2. 提供劳务收入	44092878.57	41685041.62	51288299.14
6	3. 建造合同收入			
7	4. 让渡资产使用权收入			
8	5. 其他			
9	（二）其他业务收入（10+12+13+14+15）	9895583.03	12817953.63	13490711.89
10	1. 销售材料收入			
11	其中：非货币性资产交换收入			
12	2. 出租固定资产收入	2942403.24	2839624.29	2737432.25
13	3. 出租无形资产收入			
14	4. 出租包装物和商品收入			
15	5. 其他	6953179.79	9978329.34	10753279.64
16	二、营业外收入（17+18+19+20+21+22+23+24+25+26）	932968.15	3898541.62	2911762.07
17	（一）非流动资产处置利得		2158463.66	
18	（二）非货币性资产交换利得			
19	（三）债务重组利得			
20	（四）政府补助利得	835429.39	842453.27	1826423.18
21	（五）盘盈利得			
22	（六）捐赠利得			
23	（七）罚没利得	97538.76	897624.69	1085338.89
24	（八）确实无法偿付的应付款项			
25	（九）汇兑收益			
26	（十）其他			

表 8－8　　2020—2022 年一般企业成本支出明细表　　单位：元

行次	项目	2020 年	2021 年	2022 年
1	一、营业成本（2＋9）	379197487. 21	639392952. 69	468865001. 30
2	（一）主营业务成本（3＋5＋6＋7＋8）	375302165. 76	634788731. 13	463191580. 07
3	1. 销售商品成本	362420581. 92	620532707. 82	450221665. 93
4	其中：非货币性资产交换成本			
5	2. 提供劳务成本	12881583. 84	14256023. 31	12969914. 14
6	3. 建造合同成本			
7	4. 让渡资产使用权成本			
8	5. 其他			
9	（二）其他业务成本（10＋12＋13＋14＋15）	3895321. 45	4604221. 56	5673421. 23
10	1. 材料销售成本			
11	其中：非货币性资产交换成本			
12	2. 出租固定资产成本	186438. 58	108348. 60	120593. 86
13	3. 出租无形资产成本			
14	4. 包装物出租成本			
15	5. 其他	3708882. 87	4495872. 96	5552827. 37
16	二、营业外支出（17＋18＋19＋20＋21＋22＋23＋24＋25＋26）	15347513. 10	372961. 49	17402642. 68
17	（一）非流动资产处置损失			
18	（二）非货币性资产交换损失			
19	（三）债务重组损失			
20	（四）非常损失			
21	（五）捐赠支出	14218645. 36		14192347. 32
22	（六）赞助支出			
23	（七）罚没支出			385419. 73
24	（八）坏账损失			
25	（九）无法收回的债券股权投资损失			
26	（十）其他	1128867. 74	372961. 49	2824875. 63

表 8 – 9　　**2020—2022 年期间费用明细表**　　单位：元

行次	项目	销售费用			管理费用			财务费用		
		2020 年	2021 年	2022 年	2020 年	2021 年	2022 年	2020 年	2021 年	2022 年
1	一、职工薪酬	0	0	*	34052891.45	41205648.88	36688599.08	*	*	*
2	二、劳务费	0	0		0	0	827548.89	*	*	*
3	三、咨询顾问费	0	0		1077921.89	1541551.96	2004170.05	*	*	*
4	四、业务招待费	0	0	*	5242748.97	2806541.78	2907528.86	*	*	*
5	五、广告费和业务宣传费	1073252.86	1785438.75	5254839.65				*	*	*
6	六、佣金和手续费	0	0		1037864.38	1239642.53	1339224.38			
7	七、资产折旧摊销费	0	0	*	1236959.30	3029502.36	4267556.21	*	*	*
8	八、财产损耗、盘亏及毁损损失	0	0	*				*	*	*
9	九、办公费	0	0	*	74134.28	88605.61	1568642.37	*	*	*
10	十、董事会费	0	0	*	290853.79	3109653.41	240743.35	*	*	*
11	十一、租赁费	0	0		0	0	0	*	*	*
12	十二、诉讼费	0	0	*	995752.59	787657.57	1074345.28	*	*	*
13	十三、差旅费	0	0	*	187532.48	298653.48	256432.78	*	*	*
14	十四、保险费	0	0	*	0	0	0	*	*	*
15	十五、运输、仓储费	0	0		0	0	0	*	*	*
16	十六、修理费	0	0		645339.86	402459.37	607622.36	*	*	*
17	十七、包装费	0	0	*	0	0	0	*	*	*
18	十八、技术转让费	0	0		0	0	0	*	*	*
19	十九、研究费用	0	0		3878959.04	4783702.39	3038434.92	*	*	*
20	二十、各项税费	0	0	*				*	*	*
21	二十一、利息收支	*	*	*	*	*	*	48373846.07	54497285.13	51778953.24
22	二十二、汇兑差额	*	*	*	*	*	*			
23	二十三、现金折扣	*	*	*	*	*	*			*
24	二十四、党组织工作经费	*	*	*	0	0	0	*	*	*
25	二十五、其他	0	0		580112.39	3564732.55	3888688.27			
26	合计（1 + 2 + 3 + …25）	1073252.86	1785438.75	5254839.65	49301070.42	62858351.89	58709536.80	48373846.07	54497285.13	51778953.24

表 8 - 10　　2020—2022 年免税、减计收入及加计扣除优惠明细表　　单位：元

行次		2020 年	2021 年	2022 年
1	一、免税收入（2 + 3 + 9 + … + 16）	63445500. 65	70079483. 96	53342379. 29
2	（一）国债利息收入免征企业所得税	7937512. 29	284159. 17	212594. 92
3	（二）符合条件的居民企业之间的股息、红利等权益性投资收益免征企业所得税（4 + 5 + 6 + 7 + 8）（填写 A107011）	37806388. 36	69795324. 79	53129784. 37
4	1. 一般股息红利等权益性投资收益免征企业所得税（填写 A107011）	37806388. 36	69795324. 79	53129784. 37
5	2. 内地居民企业通过沪港通投资且连续持有 H 股满 12 个月取得的股息红利所得免征企业所得税（填写 A107011）	0. 00	0. 00	0. 00
6	3. 内地居民企业通过深港通投资且连续持有 H 股满 12 个月取得的股息红利所得免征企业所得税（填写 A107011）	0. 00	0. 00	0. 00
7	4. 居民企业持有创新企业 CDR 取得的股息红利所得免征企业所得税（填写 A107011）	0. 00	0. 00	0. 00
8	5. 符合条件的永续债利息收入免征企业所得税（填写 A107011）	0. 00	0. 00	0. 00
17	二、减计收入（18 + 19 + 23 + 24）	0. 00	0. 00	0. 00
25	三、加计扣除（26 + 27 + 28 + 29 + 30）	3151654. 22	3886758. 19	3038434. 92
26	（一）开发新技术、新产品、新工艺发生的研究开发费用加计扣除（填写 A107012）		3886758. 19	3038434. 92
31	合计（1 + 17 + 25）	48895554. 87	73966242. 15	56380814. 21

表 8 - 11　　2020—2022 年研发费用加计扣除优惠明细表　　单位：元

行次	项目	2020 年	2021 年	2022 年
1	本年可享受研发费用加计扣除项目数量	3878959. 04	4783702. 39	3038434. 92
2	一、自主研发、合作研发、集中研发	3878959. 04	4783702. 39	3038434. 92
3	（一）人员人工费用	3668697. 54	4608706. 10	2919538. 626
4	1. 直接从事研发活动人员工资薪金	3008086. 35	3883625. 33	2281427. 44
5	2. 直接从事研发活动人员五险一金	506826. 43	588326. 43	534326. 43
6	3. 外聘研发人员的劳务费用	153784. 76	136754. 34	103784. 76
7	（二）直接投入费用	194087. 54	159087. 54	108087. 54
13	6. 用于试制产品的检验费	194087. 54	159087. 54	108087. 54
16	（三）折旧费用	0. 00	0. 00	0. 00
19	（四）无形资产摊销	16173. 96	15908. 75	10808. 75
20	1. 用于研发活动的软件的摊销费用	16173. 96	15908. 75	10808. 75

续表

行次	项目	2020年	2021年	2022年
35	二、委托研发	0.00	0.00	0.00
40	三、年度研发费用小计	3878959.04	4783702.39	3038434.92
41	（一）本年费用化金额	3878959.04	4783702.39	3038434.92
42	（二）本年资本化金额			
43	四、本年形成无形资产摊销额			
44	五、以前年度形成无形资产本年摊销额			
45	六、允许扣除的研发费用合计	3878959.04	4783702.39	3038434.92
46	减：特殊收入部分			
47	七、允许扣除的研发费用抵减特殊收入后的金额	3878959.04	4783702.39	3038434.92
48	减：当年销售研发活动直接形成产品（包括组成部分）对应的材料部分			
49	减：以前年度销售研发活动直接形成产品（包括组成部分）对应材料部分结转金额			
50	八、加计扣除比例及计算方法	前三季度75%且第四季度100%（其他企业）——按比例计算	前三季度75%且第四季度100%（其他企业）——按比例计算	前三季度75%且第四季度100%（其他企业）——按比例计算
L1	本年允许加计扣除的研发费用总额	3878959.04	4783702.39	3038434.92
L1.1	其中：第四季度允许加计扣除的研发费用金额	969739.76	1195925.60	759608.73
L1.2	前三季度允许加计扣除的研发费用金额	2909219.28	3587776.79	2278826.19
51	九、本年研发费用加计扣除总额	3151654.22	3886758.19	2468728.37

表8-12　　2022年纳税调整项目明细表　　单位：元

行次	项目	账载金额	税收金额	调增金额	调减金额
		1	2	3	4
1	一、收入类调整项目（2+3+4+5+6+7+8+10+11）	*	*	0.00	5773395.93
2	（一）视同销售收入（填写A105010）	*	0.00	0.00	*
3	（二）未按权责发生制原则确认的收入（填写A105020）	0.00	0.00	0.00	0.00
4	（三）投资收益（填写A105030）	99323613.37	82095809.84	0.00	5773395.93
5	（四）按权益法核算长期股权投资对初始投资成本调整确认收益	*	*	*	
6	（五）交易性金融资产初始投资调整	*	*		*
7	（六）公允价值变动净损益	0.00	*	0.00	0.00
8	（七）不征税收入	*	*		

续表

行次	项目	账载金额	税收金额	调增金额	调减金额
		1	2	3	4
9	其中：专项用途财政性资金（填写 A105040）	*	*	0.00	0.00
10	（八）销售折扣、折让和退回			0.00	0.00
11	（九）其他			0.00	0.00
12	二、扣除类调整项目（13 + 14 + … + 24 + 26 + 27 + 28 + 29 + 30）	*	*	10106651.65	0.00
13	（一）视同销售成本（填写 A105010）	*	0.00	*	0.00
14	（二）职工薪酬（填写 A105050）	36688599.08	36688599.08	0.00	0.00
15	（三）业务招待费支出	2907528.86	1744517.32	1163011.54	*
16	（四）广告费和业务宣传费支出（填写 A105060）	5254839.65	5254839.65	0.00	0.00
17	（五）捐赠支出（填写 A105070）	14192347.32	7186209.76	7006137.56	0.00
18	（六）利息支出	60674415.66	59386232.29	1288183.37	0.00
19	（七）罚金、罚款和被没收财物的损失	385419.73	*	385419.73	*
20	（八）税收滞纳金、加收利息		*	0.00	*
21	（九）赞助支出		*	0.00	*
31	三、资产类调整项目（32 + 33 + 34 + 35）	*	*	12384590.52	1101416.26
32	（一）资产折旧、摊销（填写 A105080）	4267556.21	5368972.47	0.00	1101416.26
33	（二）资产减值准备金	5964373.69	*	5964373.69	0.00
34	（三）资产损失（填写 A105090）	*	*	6420216.83	0.00
35	（四）其他				
36	四、特殊事项调整项目（37 + 38 + … + 43）	*	*	0.00	0.00
37	（一）企业重组及递延纳税事项（填写 A105100）	0.00	0.00	0.00	0.00
44	五、特别纳税调整应税所得	*	*		
45	六、其他	*	*		
46	合计（1 + 12 + 31 + 36 + 44 + 45）	*	*	22491242.17	6874812.19

表 8－13　　2022 年捐赠支出及纳税调整明细表　　单位：元

行次	项目	账载金额	以前年度结转可扣除的捐赠额	按税收规定计算的扣除限额	税收金额	纳税调增金额	纳税调减金额	可结转以后年度扣除的捐赠额
		1	2	3	4	5	6	7
1	一、非公益性捐赠		*	*	*		*	*
2	二、限额扣除的公益性捐赠（3 +4 +5 +6）	14192347.32	0.00	7186209.76	7186209.76	7006137.56	*	7006137.56

续表

行次	项目	账载金额	以前年度结转可扣除的捐赠额	按税收规定计算的扣除限额	税收金额	纳税调增金额	纳税调减金额	可结转以后年度扣除的捐赠额
		1	2	3	4	5	6	7
3	前三年度（2019年）	*		*	*	*		*
4	前二年度（2020年）	*		*	*	*		
5	前一年度（2021年）	*		*	*	*		
6	本年（2022年）	14192347.32	*	7186209.76	7186209.76	7006137.56	*	7006137.56
7	三、全额扣除的公益性捐赠	0.00	0.00		0.00	*	*	*
8	1		*	*		*	*	*
9	合计（1+2+7）	14192347.32	0	7186209.76	7186209.76	7006137.56	0	7006137.56

表8-14　2022年符合条件的居民企业之间的股息、红利等权益性投资收益优惠明细表　单位：元

被投资企业	投资成本	投资比例	被投资企业利润分配确认金额	合计
			依决定归属于本公司的股息、红利等权益性投资收益金额	
××生物有限公司	102474234.37	43.32%	8217378.38	8217378.38
××金融租赁公司	62479234.47	45.00%	9373462.48	9373462.48
××汽车制造公司	150357673.48	56.00%	5042034.38	5042034.38
××基金合伙企业	58426945.48	60.00%	7946923.38	7946923.38
××生物技术公司	24246522.48	10.00%	7982323.38	7982323.38
××资产管理公司	56794542.48	65.00%	9707662.37	9707662.37
××建筑工程公司	90000000.00	10.00%	4500000.00	4500000.00
合计				52769784.37

表8-15　2021年纳税调整项目明细表　单位：元

行次	项目	账载金额	税收金额	调增金额	调减金额
		1	2	3	4
1	一、收入类调整项目（2+3+4+5+6+7+8+10+11）	*	*	0.00	10866913.29
4	（三）投资收益（填写A105030）公允价值变动	0.00	0.00	0.00	0.00
12	二、扣除类调整项目（13+14+…+24+26+27+28+29+30）	*	*	4905057.85	9924920.72
13	（一）视同销售成本（填写A105010）	*	0.00	*	0.00
14	（二）职工薪酬（填写A105050）	36205648.88	36205648.88	0.00	0.00
15	（三）业务招待费支出	2806541.78	1683925.07	1122616.71	*
16	（四）广告费和业务宣传费支出（填写A105060）	6785438.75	5254839.65	1530599.10	0.00

续表

行次	项目	账载金额	税收金额	调增金额	调减金额
		1	2	3	4
17	（五）捐赠支出（填写 A105070）	0.00	9924920.72	0.00	9924920.72
18	（六）利息支出	64716470.69	62769732.89	1946737.80	0.00
19	（七）罚金、罚款和被没收财物的损失		*	0.00	*
20	（八）税收滞纳金、加收利息		*	0.00	*
21	（九）赞助支出		*	0.00	*
22	（十）与未实现融资收益相关在当期确认的财务费用			0.00	0.00
23	（十一）佣金和手续费支出（保险企业填写 A105060）	1239642.53	934538.29	305104.24	
24	（十二）不征税收入用于支出所形成的费用	*	*		*
31	三、资产类调整项目（32 +33 +34 +35）	*	*	9808739.71	856842.55
32	（一）资产折旧、摊销（填写 A105080）	3029502.36	3886344.91	0.00	856842.55
33	（二）资产减值准备金	5893228.72	*	5893228.72	0.00
34	（三）资产损失（填写 A105090）	*	*	3915510.99	0.00
35	（四）其他	*	*	9808739.71	856842.55
36	四、特殊事项调整项目（37 +38 +⋯ +43）	*	*	0.00	0.00
44	五、特别纳税调整应税所得	*	*		
45	六、其他	*	*		
46	合计（1 +12 +31 +36 +44 +45）	*	*	14713797.56	21648676.56

表 8 –16　2021 年符合条件的居民企业之间的股息、红利等权益性投资收益优惠明细表　单位：元

被投资企业	投资成本	投资比例	被投资企业利润分配确认金额	合计
			依决定归属于本公司的股息、红利等权益性投资收益金额	
××生物有限公司	102474234.37	43.32%	18294682.37	18294682.37
××金融租赁公司	62479234.47	45.00%	9873462.48	9873462.48
××汽车制造公司	150357673.48	70.00%	7742934.38	7742934.38
××基金合伙企业	58426945.48	60.00%	10946923.38	10946923.38
××生物技术公司	24246522.48	10.00%	10722323.38	10722323.38
××资产管理公司	56794542.48	65.00%	9207662.37	9207662.37
××建筑工程公司	9000000.00	10.00%	3008136.43	3008136.43
合计				69795324.79

表 8 –17　2020 年纳税调整明细表　单位：元

行次	项目	账载金额	税收金额	调增金额	调减金额
		1	2	3	4
1	一、收入类调整项目（2 +3 +4 +5 +6 +7 +8 +10 +11）	*	*	15764731.38	0.00

续表

行次	项目	账载金额	税收金额	调增金额	调减金额
		1	2	3	4
4	（二）投资收益（填写A105030）公允价值变动损益	0.00	0.00	0.00	0.00
12	二、扣除类调整项目（13+14+…+24+26+27+28+29+30）	*	*	21847053.35	12799819.54
14	（二）职工薪酬（填写A105050）	30052891.45	29576207.69	476683.76	0.00
15	（三）业务招待费支出	5242748.97	3145649.38	2097099.59	*
16	（四）广告费和业务宣传费支出（填写A105060）	5073252.86	5254839.65	0.00	0.00
17	（五）捐赠支出（填写A105070）	17183557.20	7258636.49	9924920.72	0.00
18	（六）利息支出	57416269.75	48299039.11	9117230.64	0.00
19	（七）罚金、罚款和被没收财物的损失	0.00	0.00	0.00	0.00
20	（八）税收滞纳金、加收利息		*	0.00	*
21	（九）赞助支出		*	0.00	*
31	三、资产类调整项目（32+33+34+35）	*	*	7825448.25	2964911.84
32	（一）资产折旧、摊销（填写A105080）	1037864.38	1037864.38	0.00	0.00
33	（二）资产减值准备金	4017532.70	*	4017532.70	0.00
34	（三）资产损失（填写A105090）	*	*	3807915.55	0.00
35	（四）其他	14218645.36	17183557.20	0.00	2964911.84
36	四、特殊事项调整项目（37+38+…+43）	*	*	0.00	0.00
44	五、特别纳税调整应税所得	*	*		
45	六、其他	*	*		
46	合计（1+12+31+36+44+45）	*	*	45437232.98	15764731.38

表8-18　2020年符合条件的居民企业之间的股息、红利等权益性投资收益优惠明细表　单位：元

被投资企业	投资成本	投资比例	被投资企业利润分配确认金额	合计
			依决定归属于本公司的股息、红利等权益性投资收益金额	
××生物有限公司	102474234.37	43.32%	1694682.37	1694682.37
××金融租赁公司	62479234.47	45.00%	6873462.48	6873462.48
××汽车制造公司	150357673.48	70.00%	7942934.38	7942934.38
××基金合伙企业	58426945.48	60.00%	8045323.38	8045323.38
××生物技术公司	24246522.48	10.00%	5142323.38	5142323.38
××资产管理公司	56794542.48	65.00%	8107662.37	8107662.37
合计				37806388.36

（五）案头资料

1. 企业涉税情况资料

（1）该资产管理公司是2018年新获批的民营AMC公司。该公司在融资上，渠道仅仅

是银行借款、信托、发行债券等。所以一直以来，公司都面临着融资难、融资贵的问题，较高的融资成本和不良资产处置回收的不确定性叠加，导致公司倾向于交易频率较高的短期经营行为，如收益回报较高的投资咨询等。因此该公司同时进行投资业务、租赁业务等短平快的非主业业务。

（2）根据《企业会计准则第22号——金融工具确认和计量》，该公司不良资产主要记载在交易性金融资产、债权投资和抵债资产等科目下，其中抵债资产科目主要是不良不动产。

（3）该公司行业规模、盈利模式及税收能力在同行业处于中下水平，风险评估人员从税收风险管理系统中查找了同行业、同规模的金融资产管理公司的纳税申报数据，最终确定了三年间的同业相关参考指标：同业利润率15.22%，同业增值税税负率3.5%、同业企业所得税税率2.25%。

（4）该公司2018年成立以来持股公司变动：2018年，该公司1.5亿元增资××汽车制造公司，又以1.2亿元持股××生物有限公司43.32%股权。之后以债务重组持股××金融租赁公司，同时他还持股了××生物技术公司、××基金合伙企业等等公司。2021年，公司出资9000万元持股××建筑工程有限公司10%的股份，具体操作不详。2022年，又将手中××汽车制造公司14%的股权转让。

（5）通过爱企查发现企业2021年3月发生了股权变动：××商业银行拥有该公司3%的股权，公司从注册资本1000000000元增资到1030927835.05元。

（6）在税务系统中发现该公司2020—2022年的房产税分别为2016463.38元、2878632.27元、1387880.00元。同时发现该公司申报的房产税中存在一定的从租计征部分。

2. 涉税风险指标

行业风险指标明细如表8－19所示。

表8－19　　行业风险指标明细表

风险指标名称	预警值
增值税税负率	<3.5%
企业所得税贡献率	<2.25%
营业外支出变动率	>50%
长期股权投资变动率	<0
董事会费变动率	>50%
其他费用变动率	>100%
利息支出变动率与借款变动率配比	绝对值>1.5
代扣代缴个人所得税增减率	<20%
重组利得缴纳所得税	0

续表

风险指标名称	预警值
公允价值变动损益纳税调整	0
房产税变动率	<20%
固定资产变动率	<30%

（六）假设：纳税风险高低的认定标准

1. 预警区间无指标项目满足：无风险
2. 3个指标项目满足：低风险
3. 4—7个指标项目满足：中风险
4. 8个及以上项目满足：高风险

四、案头分析

（一）可能存在的风险点

1. 出售不动产简易计税少缴税收的风险
2. 隐匿利息收入少缴纳税金的风险
3. 企业债务重组利得少缴所得税的风险
4. 长期股权投资变动少缴税收的风险
5. 从合伙企业分回的股息红利错用税收优惠的风险
6. 利息支出超过规定标准扣除的风险
7. 多计董事会费在所得税税前扣除的风险
8. 其他费用金额较大存在不合规税前扣除的风险
9. 虚增营业外支出的风险
10. 研发费用加计扣除归集不规范的风险
11. 捐赠支出不符合规定扣除的风险
12. 公允价值变动损益未进行纳税调整的风险
13. 房产税申报异常存在少缴相关税费的风险
14. 固定资产变动异常存在少缴相关税费的风险

（二）判断思路及判断依据

2023年6月风险评估人员通过所掌握的资料对企业的主要财务数据进行分析并计算发现（见表8-20）：企业存在13个指标不达标，属于高风险企业；同时该公司2022年利润率、企业所得税贡献率、增值税税负率等指标与系统反映的行业均值差异较大，存在较大疑点。根据利润率，企业可能存在少计收入、做低利润的风险；根据代扣代缴个人所得税增减率，企业可能存在未预扣预缴员工工资的风险等。在上述了解中，风险评估人员认为该企业可能存在14个风险点，下面将一一阐述判断思路及依据。

表8-20　　资产管理公司财务数据及指标分析　　单位：元

项目	年度			变动幅度	
	2020年	2021年	2022年	2021年相较2020年	2022年相较2021年
增值税	16029181.18	23403091.74	20069875.20	0.46	(0.14)
投资收益	76421173.14	90426124.29	99323613.37	0.18	0.10
企业所得税	10316396.03	6224695.05	4870174.27	(0.40)	(0.22)
净利润	54118783.59	96930593.81	57989131.42	0.79	(0.40)
利润率	10.81%	11.59%	9.42%	0.07	(0.19)
增值税税负率	3.24%	2.99%	3.37%	(0.08)	0.13
企业所得税税负	2.08%	0.80%	0.82%	(0.62)	0.03
营业外支出变动率		-97.57%	4566.07%	(0.62)	0.03
长期股权投资变动率		19.72%	-3.29%		(1.17)
董事会费变动率		969.15%	-92.26%		(1.10)
其他费用变动率		514.49%	9.09%		(0.98)
利息支出变动率与借款变动率配比		5.77	-1.50		(1.26)
代扣代缴个人所得税增减率		47.00%	-26.56%		(1.56)
房产税变动率		42.76%	-51.79%		(2.21)
固定资产变动率		22.30%	-36.77%		(2.65)

1. 风险点1：出售不动产简易计税少缴税收的风险

（1）判断思路。由企业2020—2022年增值税纳税申报表可以看到，企业在这三年均存在简易计税的部分，且数额较大。根据国家税务总局2016年第14号文第三条，一般纳税人转让其2016年4月30日前取得（不含自建）的不动产，可以选择适用简易计税方法计税。由企业资料可知，该公司于2018年成立，不会存在2016年4月30日前取得的不动产，为确认该差额计税的部分为出租不动产还是转让不动产，判断企业是否将转让不动产按5%征收率简易计税，因此需重点关注。

（2）风险分析。结合企业经营业务了解到不良资产的处置是企业最主要的收入来源，其中不良资产处置包含抵债资产的处置。由表8-20指标分析可以发现2020—2022年增值税税负均低于同行业税负水平，因此认为该企业可能存在部分抵债不动产未按9%税率计税，而是按5%征收率简易计税，错误适用不动产处置的增值税计税方式，从而使增值税税负降低的风险。

（3）风险信息排除确认。风险评估人员认为该风险无法排除，需重点关注排查。

2. 风险点2：隐匿利息收入少缴税收的风险

（1）判断思路。根据资产负债表发现企业债权投资占比资产总额较大（见表8-21），同时查看《期间费用明细表》和《纳税调整项目明细表》发现财务费用和利息支出的金额并不一致，因此需要重点关注。

表8-21 2020—2022年债权投资相关明细 单位：元

项目	2020年	2021年	2022年
债权投资	388924790.98	252768639.67	221534790.98
资产总额	2385873551.07	2410807560.90	2288067406.65
占比	16.30%	10.48%	9.68%

（2）风险信息排除确认。风险评估人员认为债权投资必然会产生利息收入，该部分利息收入需要按照贷款业务缴纳增值税和企业所得税。但是查看企业资料和报表里发现企业并没有披露利息收入的明细，因此需要企业提供利息收支的明细账，并进一步进行约谈排查。

3. 风险点3：企业债务重组利得少交所得税的风险

（1）判断思路。根据企业财务报表和案头资料发现2021年实收资本增加3092万元，××商业银行拥有该公司3%的股权，同时资产负债表中应付款项存在1779万元挂账两年，经计算发现“实收资本”增加额+“资本公积”增加额+“应付款项”增加额=5000万元。结合2021年和2022年《一般企业收入明细表》中“债务重组利得”为0，在《一般企业支出明细表》中“债务重组损失”为0，确定企业在2021年并未确认企业债务重组损失或利得，因此企业可能将债务重组利得级计入应付款项中。同时，根据企业资产负债表和股权架构可知，企业在2021年实收资本增加，涉及数额较大，因此需要查看是否足额缴纳印花税。企业三年实收资本金额如表8-22所示。

表8-22 2020—2022年企业实收资本金额 单位：元

	2020年	2021年	2022年	2021年增加额
实收资本	1000000000.00	1030927835.05	1030927835.05	30927835.05
资本公积	458075.78	1736821.32	1736821.32	1278745.54
应付款项	—	17793419.41	17793419.41	17793419.41
合计				50000000.00

（2）风险信息排除确认。经分析，风险评估人员认为企业并未对债务重组进行申报纳税，后续需重点跟进，需向企业财务人员要求提供相关合同、“实收资本”明细账，从而判断是否将债务重组利得是否合规申报纳税。该风险直接转入约谈举证。

4. 风险点4：长期股权投资变动少缴税收的风险

（1）判断思路。通过对企业资产负债表进行结构性和变化率分析，发现企业长期股权投资占资产总额较大，并且2022年长期股权投资下降。同时根据案头资料可知（见表8-23），2021年和2022年股权都发生了变动，该公司于2021年持股了一家××建筑工程公司，2022年进行了股权转让，需要重点关注。

表8-23　　长期股权投资科目分析　　单位：元

	2020年	2021年	2022年
长期股权投资	659213722.46	789214478.98	763245412.42
资产总额	2385873551.07	2410807560.90	2288067406.65
结构性分析	27.63%	32.74%	33.36%
变化率分析		19.72%	-3.29%

（2）风险信息排除确认。需核查企业长期股权投资明细账、股权收购协议、股权转让协议书和相关明细账等资料，并转入约谈举证。

5. 风险点5：从合伙企业分回的股息红利错用税收优惠的风险

（1）判断依据。经案头资料和股权架构发现，该公司的投资对象有法人企业和合伙企业。经过调查《符合条件的居民企业之间的股息、红利等权益性投资收益优惠明细表》，发现企业将合伙企业分回的股息红利免税处理。根据《中华人民共和国企业所得税法》第二十六条规定，合伙企业不符合居民企业的条件，分回的股息红利不能免税。

（2）风险信息排除确认。要求企业提供投资收益明细账，并转入约谈举证。

6. 风险点6：利息支出超过规定标准扣除的风险

（1）判断思路。该企业开展自身业务需要大量融资，会有较大利息支出，因此风险评估人员重点关注该企业的利息支出。通过查看《纳税调整项目明细表》发现企业利息支出2021年和2022年的账面金额较大，纳税调整金额较小，风险评估人员根据银行同期同类借款利率估算企业的利息支出是否符合规定，发现企业可能存在向非金融机构借款的利息支出超出限额扣除的风险。

（2）指标计算过程。

风险指标：利息支出变动率=(本期利息支出-上期利息支出)/上期利息支出×100%

2021年利息支出变动率=(64716470.69-57416269.75)/57416269.75×100%=13%

2022年利息支出变动率=(60674415.66-64716470.69)/64716470.69×100%=-6%

风险指标：利息支出变动率与借款变动率的配比=利息支出变动率/借款变动率

2021年利息支出变动率与借款变动率的配比=13%/2%=650%

2022年利息支出变动率与借款变动率的配比=-6%/4%=-150%

（3）风险信息排除确认。风险评估人员通过上述计算，发现2021年和2022年的利息支出变动与借款变动配比数据异常，且2022年为负数。为进一步排查，要求企业提供借款合同、财务费用明细账等资料，并转入约谈举证。

7. 风险点7：多计董事会费在所得税税前扣除的风险

（1）判断思路。根据企业纳税申报表中的《期间费用明细表》可知（见表8－24），三年的董事会费变动较大，2021年的数额巨大，企业可能将与企业业务无关的费用计入董事会费，多计管理费用税前扣除。

表8－24　　2020—2022年企业期间费用支出明细　　单位：元

项目	2020年	2021年	2022年
期间费用－其他	580112.39	3564732.55	3888688.27

（2）指标计算过程。

风险指标：董事会费变动率＝(本期董事会费－基期董事会费)/基期董事会费×100%

2021年董事会费变动率＝(3109653.41－290853.79.00)/290853.79.00×100%＝969%

2022年董事会费变动率＝(240743.35－3109653.41)/3109653.41×100%＝－92%

由上述风险指标计算可发现2021年和2022年的董事会费增长幅度十分异常，2021年的董事会费巨额增加，而2022年的董事会费又大幅下降，数据异常。

（3）风险分析。由《期间费用明细表》发现2020年、2021年分别列支了董事会费290853.79元、3109653.41元，2021年相较2020年增加了969%，2021年董事会费异常，且未进行纳税调整。

（4）风险信息排除确认。风险评估人员应就管理费用—董事会费明细账进一步调查。

8. 风险点8：其他费用金额较大存在不合规税前扣除的风险

（1）判断思路。根据企业纳税申报表《期间费用明细表》发现2021年和2022年其他费用金额较高，但2020年其他费用仅有58万元，因此需要进一步调查。

（2）指标计算过程。

风险指标：其他费用变动率＝(本期其他费用费金额－上期其他费用金额)/上期其他费用金额×100%

2021年其他费用变动率＝(3564732.55－580112.39)/580112.39×100%＝514.49%

2022年其他费用变动率＝(2907528.86－3564732.55)/3564732.55×100%＝9.09%

（3）风险信息排除确认。经计算，风险评估人员认为企业可能存在虚列其他费用的风险，要求企业提供管理费用—其他费用明细账，并转入约谈举证。

9. 风险点9：虚增营业外支出的风险

（1）判断思路。根据企业所得税申报表发现，2022年《一般企业成本支出明细表》中营业外支出中的其他支出有2524875.63元，数额较大且无详细披露，因此需要进一步调查。

（2）指标计算过程。

风险指标：营业外支出－其他支出变动率＝(本期其他支出－上期其他支出)/上期其他支出×100%

2021 年营业外支出－其他支出变动率＝(372961.49－1128867.74)/1128867.74×100%
＝－66.96%

2022 年营业外支出－其他支出变动率＝(2824875.63－372961.49)/372961.49×100%
＝657.42%

(3) 风险信息排除确认。要求企业提供营业外支出明细账，并转入约谈举证。

10. 风险点 10：研发费用加计扣除归集不规范的风险

(1) 判断思路。该企业为金融资产管理公司，业务大多为不良资产的收购与处置，对于研究与开发项目可能很少涉及。根据企业《期间费用明细表》可知（见表 8－25），发现企业管理费用明细中存在一定的研发费用的支出，且 2020—2021 年研发费用逐年增加，需重点核查。

表 8－25　　2020—2021 年企业研发费用明细表　　单位：元

项目	2020 年	2021 年
研发费用	3878959.04	4783702.39

(2) 指标计算过程。

风险指标：研发费用变动率＝(本期研发费用－基期研发费用)/基期研发费用×100%

2021 年研发费用变动率＝(4783702.39－3878959.04)/3878959.04×100%＝23.32%

(3) 风险分析。查看企业三年的《期间费用明细表》可知，企业研发费用呈上升趋势。由上述风险指标计算可知 2021 年相比于 2020 年增长了 23%，因此 2021 年的数据可能存在异常。

(4) 风险信息排除确认。2021 年研发费用变动异常，核查变动原因需转入约谈举证。

11. 风险点 11：捐赠支出不符合规定扣除的风险

(1) 判断思路。通过纳税申报表《捐赠支出及纳税调整明细表》发现，企业在 2020 年和 2022 年均有较高的捐赠支出，由于该笔数额较大，因此需要调查捐赠支出扣除是否合规。

(2) 指标计算过程。

风险指标：营业外支出变动率＝(本期营业外支出－上期营业外支出)/上期营业外支出×100%

2021 年营业外支出变动率＝(372961.49－15347513.10)/15347513.10×100%＝－97.57%

2022 年营业外支出变动率＝(17402642.68－372961.49)/372961.49×100%＝4566.07%

2020 年与 2022 年均有较大数额营业外支出变动，存在较大风险。

风险指标：营业外支出变动率与主营业务收入变动率弹性系数＝营业外支出变动率/主营业务收入变动率

2021 年营业外支出变动率与主营业务收入变动率弹性系数＝－97.57%/58.68%＝－1.66

2022年营业外支出变动率与主营业务收入变动率弹性系数＝4566.07%／－24.35%＝－187.49

2022年营业外支出变动率与主营业务收入变动率弹性系数小于1，且弹性系数的绝对值较大，企业存在多列支营业外支出的风险。部分财务数据如表8－26所示。

表8－26　部分财务数据　单位：元

项目	2020年	2021年	2022年
主营业务收入	485170514.24	769868503.86	582373754.76
营业外支出	15347513.10	372961.49	17402642.68

（3）风险分析。根据上述计算，2020年和2022年企业营业外支出变化异常，2021年同比减少98.77%，2022年同比增加4378.38%，且2022年营业外支出变动率与主营业务收入变动率弹性系数下降了179.79，在2022年收入明显下降的情况下仍然增加营业外支出，该情况存在较大问题，需重点排查。

（4）风险信息排除确认。要求企业提供2020年和2022年的捐赠票据、营业外支出明细等资料，转入约谈举证。

12. 风险点12：公允价值变动损益未进行纳税调整的风险

（1）判断依据。风险评估人员查看财务报表发现2020年和2022年利润表中公允价值变动损益科目有余额（见表8－27），可能存在较大公允价值变动，因此查看纳税申报表中的纳税调整表。调查发现该家企业在2020年和2022年均未对公允价值变动损失进行纳税调增并进行税前扣除。

表8－27　公允价值变动收益金额明细表　单位：元

项目	2022年	2021年	2020年
公允价值变动收益	－19088653.65	2074382.39	－2384296.59

（2）风险排除确认。企业未对公允价值变动损益进行纳税调增并税前扣除，故该风险点确认。企业需在2022年调增企业所得税应纳税所得额1908.65万元，2020年调增企业所得税应纳税所得额238.42万元。

13. 风险点13：房产税申报异常存在少缴相关税费的风险

（1）判断思路。根据案头资料（见表8－28）可知企业2022年房产税为1387880.00元，相比于2021年下降了52%，数据变动异常，可能存在少缴房产税的风险。

表8－28　相关数据明细　单位：元

项目	2020年	2021年	2022年
房产税	2016463.38	2878632.27	1387880.00

（2）指标计算过程。

房产税变动率 =（本期房产税 - 上期房产税）/上期房产税 ×100%

2021 年房产税变动率 =（2878632.27 - 2016463.38）/2016463.38 ×100% =43%

2022 年房产税变动率 =（1387880.00 - 2878632.27）/2878632.27 ×100% = -52%

（3）风险信息排除确认。风险评估人员为了排查企业房产税少缴的原因，需进入约谈进行核查。

14. 风险点 14：固定资产变动异常存在少缴相关税费的风险

（1）判断思路。根据企业财务报表发现 2022 年固定资产大幅减少（见表 8 - 29），风险评估人员需要重点核查。

表 8 - 29　　2020—2022 年企业相关财务数据　　单位：元

项目	2020 年	2021 年	2022 年
固定资产	8968508.60	10968508.60	6935521.60

（2）指标计算过程。

风险指标：固定资产变动率 =（本期固定资产 - 上期固定资产）/上期固定资产 ×100%

2021 年固定资产变动率 =（10968508.60 - 8968508.60）/8968508.60 ×100% =22%

2022 年固定资产变动率 =（6935521.60 - 10968508.60）/10968508.60 ×100% = -37%

（3）风险信息排除确认。风险评估人员核查固定资产去向，需要企业提供房屋出售合同、固定资产明细账、相关发票等资料，转入约谈核查。

（三）案头分析结论

1. 风险特征数量 14 个
2. 排除风险点 0 个
3. 确认风险点 1 个
4. 需进一步核实风险数量 13 个
5. 税收风险等级：高风险

五、约谈举证

（一）约谈举证过程

经批准，风险评估人员按照流程，将剩余风险点信息发给企业，要求公司自查，提供相应的证明资料，并于 2023 年 × 月 × 日到税务局面谈，约谈情况如下所述：

1. 风险点 1：出售不动产简易计税少缴税收的风险

该公司财务负责人解释：由于在会计处理中固定资产包括不动产，根据《财政部 国家税务总局关于一般纳税人销售自己使用过的固定资产增值税有关问题的公告》（财政部 税务总局公告2012年第1号）第二条，增值税一般纳税人发生按简易办法征收增值税应税行为，销售其按照规定不得抵扣且未抵扣进项税额的固定资产，我司在法拍取得该抵债不动产时未能取得进项发票，因此我司认为符合简易计税的条件，将符合条件的部分采用5%简易计税缴纳增值税。

风险评估人员：根据新法优于旧法的原则，国家税务总局2016年第14号文第五条，一般纳税人转让其2016年5月1日后取得（不含自建）的不动产，适用一般计税方法，以取得的全部价款和价外费用为销售额计算应纳税额。由于该不动产不满足2016年5月31日前取得（不含自建）的不动产的条件，因此不能适用于简易计税，与2012年第1号文无关，故该风险点确认。

根据《财政部　税务总局关于银行业金融机构、金融资产管理公司不良债权以物抵债有关税收政策的公告》（财政部　税务总局公告2022年第31号）第一条，银行业金融机构、金融资产管理公司中的增值税一般纳税人处置抵债不动产，可选择以取得的全部价款和价外费用扣除取得该抵债不动产时的作价为销售额，适用9%税率计算缴纳增值税，本公告执行期限为2022年8月1日至2023年7月31日。因此2022年8月1日后全额简易计税部分对应的抵债不动产可以按照9%的税率差额计算销项。经审查调整，2022年8月1日后申报的9%不动产不含税销售额70313432.29元，且该部分销售额确认存在20714834.38元，含税金额符合9%销项扣除的条件，最终补缴增值税1137.93万元，补缴附加税136.55万元。计算过程如下：

2020年补缴增值税：86174239.38×9%/(1+5%)－4308711.97=3077651.41（元）

2020年补缴附加税：3077651.41×(7%＋3%＋2%)=369318.17（元）

2021年补缴增值税：158895794.00×9%/(1+5%)－7994789.70=5674849.79（元）

2021年补缴附加税：5674849.79×(7%＋3%＋2%)=680981.97（元）

2022年补缴增值税：(70313432.29×1.05－20714834.38)×9%/1.09＋(119505236.89－70313432.29)×9%/1.05－5975261.84=2626760.44（元）

2022年补缴附加税：2626760.44×(7%＋3%＋2%)=315211.25（元）

2. 风险点2：隐匿利息收入少缴税金的风险

该公司财务负责人解释：我司确实未将利息收入单独罗列出来，财务人员在核算时认为利息收入是属于财务费用的一部分，所以将利息收入冲减了财务费用。

风险评估人员：那该利息收入是债权投资和交易性金融资产产生的利息收入吗？

财务负责人解释：是的。

风险评估人员：债权投资和交易性金融资产所产生的利息收入属于增值税中的贷款服务，需要按照6%缴纳增值税。

风险评估人员进一步查阅企业财务费用会计明细，发现了财务费用明细为：

借：银行存款

贷：财务费用

风险评估人员认为该笔利息收入应确认为企业的其他业务收入，不能冲减财务费用，同时需要申报缴纳增值税。风险评估人员要求企业更改错误的财务处理方式，严格区分利息收入和财务费用，故确认该风险点。

经计算，调增2020—2022年利息收入8067892.00元、9796964.00元和7968973.00元，共补缴增值税155万元，补缴城市维护建设税、教育费附加、地方教育附加共计18.6万元，计算过程如下：

2020年补缴增值税 = 8067892.00 × 6% = 484073.52（元）

2021年补缴增值税 = 9796964.00 × 6% = 587817.84（元）

2022年补缴增值税 = 7968973.00 × 6% = 478138.38（元）

2020年补缴城市维护建设税、教育费附加、地方教育附加 = 484073.52 ×（7% + 3% + 2%）
= 58088.82（元）

2021年补缴城市维护建设税、教育费附加、地方教育附加 = 587817.84 ×（7% + 3% + 2%）
= 70538.14（元）

2022年城市维护建设税、教育费附加、地方教育附加 = 478138.38 ×（7% + 3% + 2%）
= 57376.61（元）

3. 风险点3：企业债务重组利得少缴所得税的风险

该公司财务负责人解释：实收资本增加原因是××商业银行看好我司在未来的发展，因此将我司债权转为股权，我们认为该行为拥有合理商业目的，符合特殊性税务重组条件，因此无须确认债务重组的利得和损失，无须申报缴纳。由于实收资本变动涉及涉税事项较多，财务人员遗漏印花税的申报。

风险评估人员通过核查财务人员提供的“实收资本”的明细账，发现该公司对该笔债转股处理为：

借：长期借款　50000000.00

　贷：实收资本　30927835.05

　　资本公积——资本溢价　1278745.54

　　其他应付款　17793419.41

风险评估人员发现该笔“其他应付款”在2021年和2022年均未结转确认收入，同时比照债转股合同，认为该行为不符合特殊性税务重组条件。根据财税〔2009〕第59号文第四条规定，发生债权转股权的，应当分解为债务清偿和股权投资两项业务，确认有关债务清偿所得或损失。××商业银行以5000万元债权转为该公司3%股权，应确认该债务重组利得缴纳企业所得税，故该风险点确认，同时由于企业2021年实收资本和资本公积增加，应按照应税营业账簿缴纳印花税。经计算，该公司需调增企业所得税应纳税所得额1779.3万元，补缴印花税8051.65元，计算过程如下：

补缴印花税：（30927835 + 1278745.54）×0.025% = 8051.65（元）

4. 风险点4：长期股权投资变动少缴税收的风险

该公司财务负责人解释：2022年长期股权投资变动是因为我司将××汽车制造公司股权转让，由于财务人员疏漏而未申报该股权转让所得。

风险评估人员翻阅该公司提供的股权转让合同、情况说明及查询××市场监督管理局档案登记资料显示，该于2019年12月16日与××投资有限公司签订股权转让合同，从该投资公司取得××汽车制造公司的股权，合同价格15035.76万元。该资产管理公司于2022年6月5日与××实业有限公司签订股权转让合同，将持有的汽车制造公司股权的20%（即14%股权）转让给该实业公司，合同价格3999.00万元。经查询，该资产管理公司仅于2019年12月16日申报缴纳从××投资有限公司取得汽车制造公司股权印花税75178.84元，未对2022年6月5日将持有的汽车制造公司14%股权转让的相关股权转让收入进行纳税申报。

经计算，该笔股权转让账面价值应为30071534.70元。根据与《国家税务总局关于贯彻落实企业所得税法若干税收问题的通知》（国税函〔2010〕79号）第三条“关于股权转让所得确认和计算问题。企业转让股权收入，应于转让协议生效且完成股权变更手续时，确认收入的实现。转让股权收入扣除为取得该股权所发生的成本后，为股权转让所得”的规定，因此该公司应就其转让汽车制造公司14%的股权的转让所得申报缴纳税款。经计算，企业在2022年6月5日转让汽车制造公司股权应纳税所得额990.34万元，故2022年度企业所得税应纳税调增990.34万元，补缴印花税1.50万元。计算过程如下：

转让股权应纳税所得额 = 39990000.00 − 39990000.00 − 75178.84 × 20% = 9903429.54（元）

补缴印花税 = 39990000.00 × 0.5‰ = 19995.00（元）

同时因为企业2021年新收购一家企业，风险评估人员照例查看了该公司股权收购协议，却发现了一些问题。该协议明确表示：××建筑工程公司需按季支付112.5万元股息，并在5年期后赎回投资，该协议于2021年6月1日生效。根据《国家税务总局关于企业混合型投资业务企业所得税处理问题的公告》（国家税务总局公告2013年第41号）规定，该业务属于取得固定收益的投资行为，不属于权益性投资，符合明股实债的交易安排。对于××建筑工程公司按季支付的112.5万元股息应视作利息，本企业应于××建筑工程公司应付利息的日期，确认收入的实现并计入当期应纳税所得额，同时该利息收入应按照“贷款服务”缴纳增值税。经计算，企业2021年应调增企业所得税应纳税所得额300万元，增值税18万，附加税2.16万元；2022年应调增企业所得税应纳税所得额450万元，增值税27万元，附加税3.24万元。计算过程如下：

2021年确认利息收入：3000000.00元

2022年确认利息收入：4500000.00元

2021年补缴增值税：3000000.00 × 6% = 180000.00（元）

2022 年补缴增值税：4500000. 00 ×6% =270000. 00（元）

2021 年补缴附加税：180000. 00 ×（7% +3% +2%） =21600. 00（元）

2022 年补缴附加税：270000. 00 ×（7% +3% +2%） =32400. 00（元）

5. 风险点 5：从合伙企业分回的股息红利错用税收优惠的风险

风险评估人员调取企业 2022 年、2021 年、2020 年企业投资收益明细表比对发现申报免税额中将从 × ×基金合伙企业分回的股息红利一并免税。

该公司财务负责人解释：从合伙企业分回的这笔股息红利收入，是来源于 A 证券公司分配股息红利给基金合伙企业后，基金合伙企业再按照股权比例和合同约定分配日期分配股利分回我们企业。因此在经济实质上，该笔股利实际上是来源于 A 证券公司，因而仍然满足居民企业间的股息红利免企业所得税的税法规定。

风险评估人员：根据《中华人民共和国企业所得税法实施条例》规定：符合条件的居民企业之间的股息、红利等权益性投资收益，是指居民企业直接投资于其他居民企业取得的投资收益，因为有限合伙企业不属于居民企业，所以不能穿透适用免税优惠。因此视为从基金合伙企业分回股利给金融资产管理公司，不满足居民间股息红利免税的税法规定，需要补缴相关税费。因此确认该风险点。

企业需要在 2020 年调增企业所得税应纳税所得额 804. 53 万元，2021 年调增企业所得税应纳税所得额 1094. 61 万元，2022 年调增企业所得税应纳税所得额 794. 69 万元。

6. 风险点 6：利息支出超过规定标准扣除的风险

该公司财务负责人解释：确实有利息支出超过规定标准扣除的问题。财务人员只是对利息支出进行较少的调增处理，仍然有超过规定标准的利息支出并未纳税调整。

风险评估人员要求企业提供利息相关的付款单据、发票、借款合同和利率说明等资料，核查超出标准的利息支出。核查之后发现企业向两家非金融机构有较大金额的借款，根据金融机构人民币贷款基准利率计算可得 2021 年和 2022 年的数据明显高于准予扣除的利息支出，故该风险点可以确认。根据《中华人民共和国企业所得税法实施条例》第三十八条规定：向非金融企业借款的利息支出，不超过按照金融企业同期同类贷款利率计算的数额的部分准予扣除。经计算，2021 年、2022 年需调增企业所得税应纳税额 1789. 4 万元、1317. 3 万元，详细如表 8 – 30 所示。

表 8 – 30　　借款金额明细表　　单位：元

项目	2020 年	2021 年	2022 年	银行同期同类贷款利率
短期借款	203689078. 56	242677378. 70	267329673. 72	4. 35%
长期借款	564527135. 65	564527134. 65	564527134. 65	4. 75%
应付债券	184842675. 85	166842675. 85	182848914. 96	4. 75%
调增金额	0	17893696. 45	13173364. 72	

7. 风险点 7：多计董事会费在所得税税前扣除的风险

该公司财务负责人解释：我司行业不同于一般行业，需经常在外出差与合作方进行沟通交流，因此我司董事的差旅费金额较大，2021 年的业务较多，因此该年度的董事会费支出较多。

风险评估人员认为该说法不能排除风险，通过查看董事会费的收支明细发现 2021 年一笔 280 万元的支出。通过审阅该笔支出的明细、收款方、合同以及银行流水发现该支出是支付给股东 × × 股权投资基金合伙企业的实控人张某发放的一笔奖金，而该笔奖金纳入了企业的董事会费，确认存在企业将含股东报销与企业业务无关的费用计入董事会费，故确认风险点 7，在风险评估人员要求下企业重新自查，最终确定 2021 年需要调增企业所得税应纳税所得 280 万元，还需代扣代缴张某股息红利所得对应的个人所得税 56 万元。计算公式如下：

代扣代缴张某个人所得税：2800000. 00 × 20% = 560000. 00（元）

8. 风险点 8：实际发生的业务招待费可能以其他费用的形式扣除的风险

该财务负责人解释：2020 年其他费用较少，而 2021 年、2022 年明显增加原因是公司在 2021 年扩展了新的业务和新的客户来源，为了更好地开展新业务，我司增加了相关其他费用，因此才会产生 2021 年其他费用同比增加 514. 49%；对于业务招待费，我司在 2021 年为控制成本，减少了业务招待费支出，因此 2021 年业务招待费同比下降 46. 47%。

风险评估人员认为该说法并不能排除风险，通过审阅该企业近三年产生其他费用的明细账以及相关合同，判定 2021 年存在 2875242. 73 元业务招待费以其他费用的形式记账，2022 年存在 3083241. 38 元业务招待费以其他费用形式记账，故确定存在风险点 8。经风险评估人员计算，2021 年企业需调增企业所得税应纳税所得税 119. 13 万。2022 年企业需调增企业所得税应纳税所得税 174. 45 万元。计算过程如下：

2021 年实际业务招待费金额：2875242. 73 + 2806541. 78 = 5681784. 51（元）

2021 年业务招待费的 60% = 5681784. 51 × 60% = 3409070. 71（元）

2021 年营业收入的 0. 5% = 782686457. 49 × 0. 5% = 3913432. 29（元）

2021 实际可扣除业务招待费：3409070. 71（元）

申报表中已扣除 2806541. 78 × 60% = 1683925. 06（元）

2021 年调增企业所得税应纳税所得 = 2875242. 73 − (3409070. 71 − 1683925. 06)

= 1150097. 09（元）

2022 年实际发生的业务招待费金额 = 3083241. 38 + 2907528. 86 = 5990770. 24（元）

2022 年业务招待费的 60% = 5990770. 24 × 60% = 3594462. 14（元）

2022 年营业收入的 0. 5% = 595864466. 65 × 0. 5% = 2979322. 33（元）

2022 实际可扣除业务招待费 2979322. 33 元

申报表中已扣除 2907528. 86 × 60% = 1744517. 31（元）

2022 年调增企业所得税应纳税所得 = 3083241.38 − (2979322.33 − 1744517.31)
= 1233296.55（元）

9. 风险点 9：虚增营业外支出的风险

风险评估人员将这笔数额比对企业明细账中与数额相近的业务，一一排除后剩下一笔银行存款支出，收款方是某广告公司，经过法人身份信息的查询发现该公司大股东为 AMC 公司高管张某和李某，该笔经营活动为购进广告服务支付的广告费。同时风险评估人员查询期间费用中的广告费为 32067800 元，数额较大。并且计算 2022 年预扣预缴个人所得税增减率发现同比减少 27%，详细如表 8－31 所示。

表 8－31　　个人所得税相关数据　　单位：元

项目	2020 年	2021 年	2022 年
预扣预缴个人所得税	6999824.67	10290066.59	7557464.40
预扣预缴个人所得税增减率		47%	－27%

该公司财务负责人解释：有两笔实际是支付给高管张某和李某的工资，分别记入营业外支出和广告费用，未预扣预缴个人所得税故确认该风险点。

经核实，张某 2022 年工资为 201.48 万元，专项扣除金额 50.37 万元，专项附加扣除金额 2.4 万元，李某 2022 年工资为 320.68 万元，专项扣除金额 80.17 万元，专项附加扣除金额 2.4 万元，经计算，企业需补缴预扣预缴个人所得税 165.03 万元。计算过程如下：

张某个人所得税：(2014800.00 − 503700.00 − 24000.00 − 60000.00) × 45% − 181920.00 = 624003.00（元）

李某个人所得税：(3206780.00 − 801695.00 − 24000.00 − 60000.00) × 45% − 181920.00 = 1026296.25（元）

补缴个人所得税：624003.00 + 1026296.25 = 1650299.25（元）

10. 风险点 10：研发费用加计扣除归集不规范的风险

该公司财务负责人解释：企业研发花费的支出主要是在公司资产管理系统的研发，每年企业都会花费一定的费用去支持系统的更新换代。没有将不符合规定的支出当作研发费用并加计扣除的问题。

风险评估人员结合企业经营情况，发现该公司的业务主要为不良资产业务，研发支出主要花费在资产管理系统的研发，研发人员较少。因此要求企业进一步提供相应的研发人员名单，但是由于风险评估人员无法确认名单的真实性，所以需要到实地对相应的研发人员进行询问，转入实地调查。

11. 风险点 11：捐赠支出不符合规定扣除的风险

该公司财务负责人解释：2022 年新冠疫情较为严重，作为我国的居民企业应承担一份责任，因此 2022 年我司捐赠支出相较于 2021 年增加较多。公司都是以合理的渠道进行捐赠，因此可以按规定扣除。对于2020年，根据《财政部 税务总局关于公共租赁住房税收优惠政策的公告》（财政部 税务总局公告2019年第61号）第五条，企事业单位、社会团体以及其他组织捐赠住房作为公租房，符合税收法律法规规定的，对其公益性捐赠支出在年度利润总额12%以内的部分，准予在计算应纳税所得额时扣除。我司为响应政府号召，将库存抵债资产作为公租房捐赠，并按利润总额12%进行扣除。

风险评估人员认为该说法并不明确，因此审阅2020年公租房捐赠的记账凭证、相关财政收据，发现该公司通过红十字捐赠公租房，认为确实存在该捐赠，并且企业按规定作了限额扣除，故2020年捐赠风险排除。同时风险评估人员通过对2022年捐赠支出及纳税调整明细表进行审阅，发现捐赠支出共计14192347.32元，2022年度企业自行调增应纳税所得额7006137.56元。再核查营业外支出明细账、捐赠支出明细和捐赠凭证，发现仅有400万元是符合条件的捐赠，剩下1019万元是以捐赠名义对××公司赞助费用，因此该1019万元不得税前扣除，可以确认该风险。经计算，2022年企业应调增应纳税所得额318.62万元。计算过程如下：

调增应纳税所得额：14192347.32－4000000.00－7006137.56＝3186209.76（元）

12. 风险点12：房地产申报异常存在少缴相关税费的风险

该公司财务负责人解释：2022年疫情导致各个企业出现许多不良资产，因此各个企业只能以较低的价格出售，公司借此机会收购了大量不良资产，通过出租不良不动产获取收益。因为疫情的原因，企业各行业经济不景气，所以租赁获取的收入较少，房产税降低。

风险评估人员认为其解释模糊不清，进一步查阅企业相关租赁合同，发现2022年租赁收入和成本变动状态发生异常，收入和成本的变动率并未同步变动，详细如表8－32所示，故风险无法排除，核实租赁实际情况需要到企业进一步实地调查。

表8－32　　租赁收入、租赁成本变动表　　单位：元

项目	2020年	2021年	2022年
租赁收入	2942403.24	2839624.29	2737432.25
租赁成本	186438.58	108348.60	120593.86

13. 风险点13：固定资产变动异常存在少缴相关税费的风险

该公司财务负责人解释：2022年疫情导致市面出现大量不良资产，我司借此机会收购了大量房地产。为了不囤积房地产，对一些房地产进行出售。

风险评估人员：查阅企业售房相关资料和税务系统，为什么我们发现售房对象都为公司人员？是否对其代扣代缴了个人所得税？

财务负责人解释：为了给员工更好的工作体验，所以向两名员工出售我司所拥有的不动产，以此促进员工工作积极性和提高企业运营效率。但财务人员认为我司自有房产向员工出售无须代扣代缴个税，因此企业并未为这两名员工代扣代缴个人所得税。

风险评估人员：根据《财政部关于个人所得税法修改后有关优惠政策衔接问题的通知》（财税〔2018〕164号）第六条规定：单位按低于购置或建造成本价格出售住房给职工，职工因此而少支出的差价部分，不并入当年综合所得，以差价收入除以12个月得到的数额，按照月度税率表确定适用税率和速算扣除数，单独计算纳税。

风险评估人员通过翻阅固定资产明细账、相关房产证原件及复印件，发现这两户房产取得价款均为2269655.65万元每一套均折旧25.32万元。同时查看房屋出售合同以及房屋出售相关账务处理，发现企业出售给2名高管合同价款均为175万元，且增值税和企业所得税均按照合同价申报。为进一步确认是否存在低价售房，排查增值税和企业所得税相关问题，需实地核查房屋地段、面积等具体情况。

（二）约谈举证结论

经过上述案头分析、约谈举证共确认11个风险点，其中约谈举证共确认10个风险点，剩余3个风险点需进入实地调查。详细如表8-33所示。

表8-33　风险点排除/确认表

☑	出售不动产简易计税少缴税收的风险
☑	隐匿利息收入少缴纳税金的风险
☑	企业债务重组利得少缴所得税的风险
☑	长期股权投资变动少缴税收的风险
☑	从合伙企业分回的股息红利错用税收优惠的风险
☑	利息支出超过规定标准扣除的风险
☑	多计董事会费在所得税税前扣除的风险
☑	其他费用金额较大存在不合规税前扣除的风险
☑	虚增营业外支出的风险
	研发费用加计扣除归集不规范的风险
☑	捐赠支出不符合规定扣除的风险
☑	公允价值变动损益未进行纳税调整的风险
	房产税申报异常存在少缴相关税费的风险
	固定资产变动异常存在少缴相关税费的风险

六、实地调查

评估团队针对上述尚未排除的疑点，来到了该资产管理公司，并按照流程进行了实地核查：

1. 对风险点10进行实地调查

风险评估人员对名单上人员进行相关研发知识的询问，发现有些员工并不是研发人员，企业将未参与研发的管理人员工资列入了研发费用，故可以确认该风险点。

该公司违反了《财政部　税务总局　科技部关于提高研究开发费用税前加计扣除比例的通知》（财税〔2018〕99 号）的规定，该公司虚增三年年度的亏损的行为，构成了《中华人民共和国税收征收管理法》第六十四条第一款规定的编造虚假计税依据的行为。经计算，企业 2021 年需调增研发费用 396.9 万元。计算过程如下：

调增应纳税所得额：2268141.42 + 2268141.42 × 75% = 3969247.49（元）

2. 对风险点 12 进行实地调查

风险评估人员查阅企业 2022 年相关租赁合同，并实地调研租赁房屋发现企业租赁房屋在该公司关联子公司附近，并为关联子公司所租用。同时风险评估人员调查同类型、同地段的房屋租赁标准，发现租赁的租金为每平方米每天 2.08 元，而企业租赁价格为每平方米每天 0.5 元，远远低于同行业租金标准，且没有说明正当理由。根据《营业税改征增值税试点实施办法》（财税〔2016〕36 号印发）规定，纳税人发生应税行为价格明显偏低或者偏高且不具有合理商业目的的，或者发生视同销售服务、无形资产或者不动产行为的，主管税务机关有权按照下列顺序确定销售额：一是按照纳税人最近时期销售同类服务、无形资产或者不动产的平均价格确定。二是按照其他纳税人最近时期销售同类服务、无形资产或者不动产的平均价格确定。三是按照组成计税价格确定，组成计税价格 = 成本 ×（1 + 成本利润率），成本利润率由国家税务总局确定。故应按照 2.08 元/平方米计算缴纳增值税、房产税等税费。经计算，企业 2022 年需调增租赁收入 127.4 万元，补缴增值税 11.5 万元，补缴房产税 15.3 万元，补缴城市维护建设税、教育费附加、地方教育附加 1.4 万元，补缴计算过程如下：

调增租赁收入：1274041.67 元

补缴增值税：1274041.67 × 9% = 114663.75（元）

补缴房产税：1274041.67 × 12% = 152885.00（元）

补缴城市维护建设税、教育费附加、地方教育附加 = 114663.75 ×（7% + 3% + 2%）

= 13759.65（元）

3. 对风险点 13 进行实地调查

风险评估人员实地核查房屋相关信息，发现该公司两户房屋属于同类型房屋，房屋面积约 100 平方米，调研房地产交易中心指定的评估机构评估的价格的为 2153557.63 元，该公司向员工售房的价格远远低于市场价，故风险点 14 可确认。

经计算，每位员工确认差价部分为 664151.06 元，每个员工涉及预扣预缴个人所得税 15.15 万元，合计预扣预缴个人所得税 45.06 万元。同时补缴增值税 98649.55 元，补缴附加税 11837.95 元，调增企业所得税应纳税所得额 1096106.09 元。计算过程如下：

取得价款：2269655.65 元

折旧：506324.29 元

不含税合同价：1700000.00/（1+9%）=1605504.58（元）

合计合同价：16605504.58×2=3211009.17（元）

每位员工应确认差价部分：2269655.65-1605504.58=664151.06（元）

补缴个人所得税：（664151.04×35%-7160）×2=450585.74（元）

调增企业所得税应纳税所得额：2153557.63×2-3211009.17=1096106.09（元）

补缴增值税：（2153557.63×2-1096106.09）×9%=98649.55（元）

补缴城市维护建设税、教育费附加、地方教育附加=98649.55×（7%+3%+2%）

=11837.95（元）

七、评估调查结论

风险评估人员通过案头分析、约谈举证和实地调查三个方式共确认14个风险点。经排查，三年共调增企业所得税应纳税所得额1.29亿元，增值税及附加1522.37万元、个人所得税266.09万元、房产税15.29万元、印花税2.8万元。

通过本次的风险管控，可以有效减少资产管理公司税收风险事件发生的各种可能性，给金融资产管理行业建立一个良好的税收环境。下面我们将14个风险点分成三类展开详细叙述：

（一）企业以出售不动产简易计税方式少交增值税

风险评估人员经过案头分析、约谈举证排查，发现风险点1为误用简易计税的方式缴纳增值税的风险，根据国家税务总局公告2016年第14号文，企业转让其取得的营改增之后的不动产应适用一般纳税方法。企业应依法补缴税款，根据国家税务总局2022年第31号文，金融资产管理公司在2022年8月1日之后取得的抵债不动产，可以选择以取得的全部价款和价外费用扣除取得该抵债不动产时的作价为销售额，适用9%税率计算并缴纳增值税。因此企业在2022年补缴增值税262.67万元，2021年补缴增值税567.49万元，2020年补缴增值税307.77万元，滞纳金474.40万元，共计1748.87万元。

（二）企业收入未申报或少申报

债务重组利得未申报、“明股实债”、股权转让未申报、合伙企业分回的股息红利被误用免税政策、低价向关联方租房和低价向员售房均为收入未申报或少申报问题，根据国家税务总局关于发布《企业重组业务企业所得税管理办法》（国税局2010年第4号文）的公告，发生债权转股权的，应当分解为债务清偿和股权投资两项业务，确认有关债务清偿所得或损失。根据《营业税改征增值税试点实施办法》（财税〔2016〕36号附件1）的规定，利息收入应按贷款服务缴纳增值税、国家税务总局公告2013年第41号《关于企业混合性投资业务企业所得税处理问题的公告》、国家税务总局关于《企业国债投资业务企业所得税处理问题》（国家税务总局公告 2011 年第 36 号）的公告和根据《国家税务总局关于印发《个人所得税管理办法》的通知（国税发〔2005〕120 号）代扣代缴个人所得税，对于收入未申报或少申报类相关问题调增企业所得税应纳税所得额 6450.54 万元，增值税及附加 233.28 万元，印花税 2.81 万元，房产税 46.06 万元。详细税费如表 8－34 所示。

表 8－34　　收入未申报或少申报补缴税费明细表　　单位：万元

风险点	风险描述	调增应纳税所得额			增值税及附加		房产税	印花税	个人所得税
		2020 年	2021 年	2022 年	2021 年	2022 年			
风险 2	利息收入未缴纳增值税		—	—	65.84	53.55			
风险点 3	企业重组未申报纳税	—	1779.34	—	—	—		0.81	
风险点 4	固定收益的投资取得的利息未确认收入	—	300.00	450.00	36.00	54.00		—	
风险点 4	股权转让未申报纳税	—	—	990.34	—	—		2.00	
风险点 5	将合伙企业股息红利作为免税收入	804.53	1094.61	794.69	—	—		—	
风险点 13	向关联方低租少缴税费			127.40		12.84	15.29		
风险点 14	低价向员工售房，少缴相关税费			109.61	0.00	11.05	0.00	0.00	45.06
合计		804.53	3173.95	2472.05	101.84	131.44	15.29	2.80	45.06

（三）企业税前扣除项目不规范

经风险评估人员的排查，利息支出超限扣除、虚增董事会费、业务招待费计入其他费用扣除、研发费用多计无关人员工资、赞助费用计入捐赠支出、公允价值变动损失为按规定调增均是企业税前扣除项目不规范问题，经风险评估人员的计算，共调增企业所得税应纳税所得额 7188.50 万元，个人所得税 56 万元。详细税费如表 8－35 所示。

表 8－35　　企业税前扣除项目不规范明细表　　单位：万元

风险点	风险描述	企业所得税			个人所得税
		2020 年	2021 年	2022 年	
风险点 6	利息扣除超限额，纳税	—	1789.37	1317.34	
风险点 7	虚增董事会费	—	280.00	—	56.00
风险点 8	将业务招待费计入其他费用，超支扣除	—	115.01	123.33	
风险点 10	研发费用多计无关人员工资	—	396.92		
风险点 11	将赞助费计入捐赠支出	—	—	1019.23	
风险点 12	公允价值变动损益未按规定调增	238.43	—	1908.87	
合计		238.43	2581.30	4368.77	56.00

（四）查补税款及滞纳金

经计算，企业共计补缴企业所得税 3193.83 万元。详细税费如表 8－36 所示。计算过程如下：

2020 年补缴企业所得税：（10429619.97 - 427406.99） ×25% =2500553.24（元）

2021 年补缴企业所得税：（57552583.81 - 781171.76） ×25% =14194865.92（元）

2022 年补缴企业所得税：（61402025.35 - 610064.35） ×25% =15242859.97（元）

表 8 - 36　　补缴税费明细表　　单位：元

	2020 年	2021 年	2022 年	合计
补缴增值税	3561724.93	6442667.63	3588212.11	13592604.67
调增应纳税所得额	10429619.97	57552583.81	61402025.35	129384229.13
调增税金及附加	427406.99	781171.76	603465.45	1812044.21
其中：房产税	—	—	152885.00	152885.00
印花税	—	8051.65	19995.00	28046.65
附加税	427406.99	773120.12	437184.35	1637711.46
补缴企业所得税	2500553.24	14194865.92	15242859.97	31938279.14
代扣代缴个人所得税		560000.00	2100884.99	2660884.99
合计	6489685.16	21978705.31	21535422.53	50003813.01

根据《中华人民共和国税收征收管理法》第三十二条，纳税人未按照规定期限缴纳税款的，扣缴义务人未按照规定期限解缴税款的，税务机关除责令限期缴纳外，从滞纳税款之日起，按日加收滞纳税款万分之五的滞纳金。经计算，企业共计缴纳滞纳金 1031.01 万元。

八、案例总结

（一）案例的简要描述

本案选择了金融资产管理行业作为风险案例行业，由于行业发展较短、税收管控监管较为困难，有许多不良资产公司借此躲避税款。风险评估人员通过调取该公司的财务报表、纳税申报表、股权架构等相关资料以及了解公司相应的经营模式和盈利对象，通过财务数据分析、纳税申报分析及与行业自身特点相结合，针对性地对企业进行税收风险评估。

（二）案例分析的特点

1. 综合利用涉税大数据进行风险分析

风险评估人员通过企业自身数据系统获取企业财务报表、相关明细账、各方交易合同，结合案头资料初步筛选可能存在的风险；通过电子税务局“金税四期”获取纳税申报情况、指标异常值、同业率进一步确认或排除风险；同时通过银行等第三方机构进行“银税互通”，获取银行对账单、银行流水明细比照查验资金去向和交易方；以及辅助采用爱企查、企查查调查企业股权架构、投资人信息等抓取关联方、子公司等相关信息尽力了解该企业运行的真实情况，确保评估公平性和真实性，最终排除风险和确认风险。

2. 案例分析深入挖掘商业模式及经济实质

风险评估团队深入了解企业的股权架构，对涉及的经济利益方例如母子公司、上下游企业、企业高管等的相关经济流入和流出进一步挖掘带有勾稽关系资产的经济实质。例如表面上是实收资本增加，实质却是债权转股权；表面上是通过红十字会进行捐赠，实质上一部分捐赠支出是对××企业的赞助费；表面上签订了股权投资合同，实际在投资期间企业获取固定收益，属于债权投资等。同时与企业财务负责人约谈举证，进一步了解企业收购处置和受托处置抵债资产的经营模式以及会计处理思路，例如交易性金融资产科目放置的是不良资产，抵债资产科目数额反映的是抵债不动产的金额，进一步判断涉税事项的合理性。

（三）对案例进行点评

通过本次案例，风险评估小组明悉了如何对金融资产管理行业进行风险管控。同时今后涉及该金融资产管理行业可以从以下6个方面来探究：

1. 增值税方面，主要涉及债务重组利息是否缴纳增值税、资产转让价格不公允少缴增值税等风险。

2. 企业所得税方面，主要涉及债务重组利得未确认收入、利息是否超标扣除、债务重组收回利息是否计收入、手续费佣金能否全额扣除等风险。

3. 抵债不动产方面，需要注意是否适用差额计税少交增值税、是否低价向员工售房、出租房屋价格是否公允等风险。

4. 由于金融资产管理行业涉及交易性金融资产的业务多，相关的债权股权股票量大且变动频繁，因此需要注意企业是否对公允价值变动损益进行纳税调增处理。

5. 该行业涉及众多对外投资和自身融资情况，因此需要核查投资者和子公司的身份，如果出现合伙企业间接投资分回股息或者是持有<1年股票投资收益等不能免税的情况，需要审查企业是否合规免税。

6. 金融资产管理公司涉及研发费用加计扣除的数额和情况理应不多，因此需要重点关注研发费用归集范围是否规范、加计扣除是否真实合理等问题。

（案例作者：上海立信会计金融学院王一婷、邹晨丹、贾惠绫；指导老师：王晓玲、江金彦、林德）

第二节　高校专家点评

一、对案例的总体评价

本案选择了金融资产管理行业风险案例行业，通过风险点识别、案头分析、约谈举证、实地调查及风险最终税务风险认定评估程序，最后揭示该行业主要在增值税、企业所得税及具有行业特点的抵债不动产、金融资产管理行业涉及交易性金融资产的业务税务风险。案例结构基本完整、行业行特色突出、企业资料翔实，有现实指导意义与运用价值。

二、案例的优点

1. 案例风险点切合金融资产管理的实际：例如，抵债不动产、利息收支、交易性金融资产业务等金融行业特色明显的税务风险控制。

2. 企业涉及的主要税费明确、股权架构清楚、经营范围明晰，企业的经营情况与后面的业务有逻辑关系。

3. “案头分析”“约谈举证”“实地调查”“评估调查结论”“案例总结”5 部分阐述清楚，有一定的逻辑性。

三、案例存在的问题和不足

1. 案例只分析了金融资产管理风险点，未提出风险管控措施。

2. 有些分析判断有误：例如风险点“出售不动产简易计税少缴税收的风险”中“该公司于 2018 年成立，不会存在 2016 年 4 月 30 日前取得的不动产，为确认该差额计税的部分为出租不动产还是转让不动产，判断企业是否将转让不动产按 5% 征收率简易计税，因此需重点关注”。该资产管理公司接收不良资产中如有不动产，可能这类不动产有可能是 2016 年 4 月 30 日前取得，可能会适用简易计税。是否有，有待最后确认。前文涉及税收有“土地增值税”，但后面税务风险分析中未涉及该税种。

3. 对金融资产管理中“金融商品”“租赁”的流转税风险分析不足。

4. 风险识别、预警值来源与风险评判标准未交待清楚。

5. 风险判断包括确认风险判断与非确认风险判断，案例中无非确认风险判断。

四、完善该案例的建议

1. 针对案例中提出的确认风险提出具体的风险管控措施。

2. 注意案例的逻辑性与主题的相关性。

（点评人：湖南大学谭光荣）

第三节　行业专家点评（1）

几年来，受诸多因素冲击，国内经济发展面临下行压力，在此背景下，房地产市场、地方政府债务、中小金融机构、企业经营风险等问题层出不穷，过去累计的信用风险难以化解，导致我国不良资产供给规模呈增长势头，不良资产市场变得更加复杂化和多元化，给资产管理行业带来新的机遇与挑战。金融资产管理公司作为不良资产市场的主要参与者，在防范及化解金融风险方面发挥了巨大的作用。

一、对案例的总体评价

资产管理行业主营业务是收购和处置不良资产，由于不良资产收购或处置涉及业务复杂、交易结构多样，且不良资产具有运作时间长、处置难度大的特点，现有的税收法规对资产管理行业及其创新业务缺乏明确的规定。本文选取民营资产管理公司作为税收风险管控案例，聚焦当前热点问题，从稽查的角度，首先对取得资料进行案头分析判断，然后针对税收风险疑点，进一步进行约谈举证和实地调查，比较全面地对该公司的涉税风险问题进行了挖掘。本案例选取行业典型，对于促进行业的税务合规和税负优化管理，深入研究行业税收风险管理，构建和完善税收风险管理体系具有现实指导意义。同时我们看到，本文在税收风险点质量、税收风险识别逻辑、行业代表性等方面存在不足之处。

二、案例的优点

1. 取得资料方面

案例部分先对××资产管理有限公司的主要业务进行了说明，使读者对公司业务内容有一个初步的了解。然后利用取得的 2020—2022 年财务报表、纳税申报表、经营状况表进行数据综合分析，找出异常情况。从取得的资料数量来看数据是比较充分的，能够满足案头分析的需要。

2. 税收风险点数量方面

本文在案头分析环节，风险评估人员通过对财务报表、纳税申报表、经营状况表的分析、计算与关联比对，发现可能存在 14 个税收风险点，并通过后续的约谈举证和实地调查环节一一确认风险点，识别与确认的税收风险点数量比较充足。

3. 税收风险识别方法方面

本文在案头分析环节，风险评估人员通过计算、比对及分析财务报表、纳税申报表、经营状况表等资料，发现税收疑点并确认1个税收风险点。在约谈举证环节，风险评估人员通过约谈核实，查阅会计凭证、合同、支付单据、发票、工商登记等资料核实确认10个税收风险点。在实地调查环节，通过询问、查阅、实地调查等手段核实确认3个税收风险点。总体而言，在本案例中风险评估人员运用的税收风险识别方法具有多样性。

4. 税收风险识别证据方面

本案例税收风险点通过财务报表、会计明细账、相关合同或协议、工商登记、情况说明、银行流水、发票等资料进一步核实确认，取得的上述证据比较可靠。

5. 故事前后冲突性方面

从故事的前后冲突性来看，本案例在税收风险分析及后续的核查环节基本不存在不一致的情况。

三、案例存在的问题和不足

（一）取得企业资料的质量不高

从公司获得的财务报表、纳税申报表相关数据前后不一致、纳税申报表相关数据计算方法明显有误。

（1）表8－1中的净利润、表8－4中的净利润、表8－20中的净利润，三张表2022—2022年净利润金额不一致。

（2）表8－1中2020年、2022年营业收入与表7－6中对应年度的营业收入金额不一致。

（3）表8－2中短期借款、应付职工薪酬、长期借款、应付债券科目期初数与表8－3中对应科目期末数据不一致。表8－2期初期末资产负债表均不平，即资产总计与负债和所有者权益合计数勾稽不一致。

（4）表8－11中2020年、2021年研发费加计扣除比例应为75%，但表中按照《关于加大支持科技创新税前扣除力度的公告》（财政部 税务总局 科技部公告2022年第28号）的规定计算2020年及2021年的研发费加计扣除金额，该文件适用2022年，故2020年及2021年加计扣除比例运用有误。

（二）税收风险点质量方面

本案例从取得报表资料入手，对变动异常的项目有无税收风险进行了分析，并在约谈举证及实地调查阶段进行核查确认了14个税收风险点，所涉及的税种比较全面，分析及核查过程比较详细、规范，但在相关数据、核查角度、相关表述、引用法规条文等方面存在不少问题，具体如下。

1. 数据方面的问题

（1）数据有误。判断思路及判断依据部分风险点8：在2022年其他费用变动率的计算过程中，2022年的其他费用发生额应该为3888688.27元，计算过程中的数据为2907528.86元。

（2）税款计算有误。

①约谈举证过程部分中风险点4：2022年转让汽车制造公司股权补缴的印花税应为19995.00元，文中列示为1.50万元，转让股权应纳税所得额计算过程中扣除的股权取得原价应是3007.15万元，文中列示为3999.00万元，另扣除的印花税应该是19995.00元，文中扣除的印花税为取得该股权缴纳的税款，故转让股权应纳税所得额 = 39990000.00 - 30071520.00 - 19995.00 = 9898485.00（元）。

②约谈举证过程部分中风险点4：2021年取得建筑公司股权，实质为债权，其中2021年应取得的利息收入应为7个月的利息收入：112.5/3 × 7 = 262.50（万元），文中列示为300.00（万元），相应应补缴增值税及附加税计算金额也有误，补缴增值税应为：262.5 × 6% = 15.75（万元），补缴附加税应为：15.75 × 12% = 1.89（万元）。

③约谈举证过程部分中风险点7：文中指出支付给股东股权投资基金合伙企业的实控人张某奖金280万元，如果张某为公司的员工，则该笔奖金应并入综合所得或单独计税来计算个税，而后文又指出该笔奖金按股息红利扣缴了个税，张某不是公司的股东，个税不应按照股息红利计算。

④约谈举证过程部分中风险点8：2022年业务招待费纳税调增的金额有误，应为：3083241.38 -（2979322.33 - 1744517.31）= 1848436.36（元），文中为3083241.38 -（2979322.33 - 1744517.31）= 1233296.55（元）。

⑤约谈举证过程部分中风险点9：张某个人所得税应纳税额金额有误，应为：（2014800.00 - 503700.00 - 24000.00 - 60000.00）× 45% - 181920.00 = 460275.00（元），文中为：（2014800.00 - 503700.00 - 24000.00 - 60000.00）× 45% - 181920.00 = 624003.00（元）。李某个人所得税应纳税额金额有误，应为：（3206780.00 - 801695.00 - 24000.00 - 60000.00）× 45% - 181920.00 = 862568.25（元），文中为：（3206780.00 - 801695.00 - 24000.00 - 60000.00）× 45% - 181920.00 = 1026296.25（元）。

⑥约谈举证过程部分中风险点14：两名高管取得房屋合同价款均为175万元，但在实地调查部分风险点14税款计算中：不含税合同价1700000.00/（1 + 9%）= 1605504.58（元），此处合同价款用的是170万元，从而导致补缴的个税、企业所得税、增值税及附加税均计算有误。

（3）数据遗漏。表8 - 25中2022年研发费用的相关数据缺失。

（4）风险指标运用不当。判断思路及判断依据部分风险点6中利息支出变动率与借款变动率配比指标运用有误，实务中无此指标。

（5）计税依据有误。约谈举证过程部分风险点 6 中以短期及长期借款金额为基础计算纳税调整的金额，而短期借款和长期借款主要核算企业向金融机构的借款，向非金融机构借款一般在其他应付款中核算，故应根据其他应付款中向非金融机构的借款金额计算超过按金融机构同期同类贷款利率部分的利息支出，并进行纳税调整，而不是根据短期、长期借款计算。

2. 文字或标点问题

（1）约谈举证过程部分风险点 7，文中“还需代扣代缴张某股息红利所得对应的个人所得税 56 万元”，此处多了一个“还”。

（2）约谈举证过程部分风险点 14，文中“风险评估人员通过翻阅固定资产明细账、相关房产证原件及复印件，发现这两户房产取得价款均为 2269655.65 万元”，此处多了一个“万”。

3. 相关表述有误

案例总结部分中对案例的点评中提到债务重组利息是否缴纳增值税、债务重组收回利息是否计入收入、手续费佣金能否全额扣除是以后金融资产管理行业税收风险管控的探究方向，但在前文的案例风险分析、约谈举证、实地调查中均未关注这三方面的内容，故在此处提这三方面的内容有欠妥当。

4. 引用的法规条文不够准确

（1）约谈举证部分风险点 1 财务人员的解释中，引用的财政部税务总局公告 2012 年第 1 号文是适用纳税人销售自己使用过的固定资产，适用简易办法依照 3% 征收率减按 2% 征收增值税这样的情形，而销售不动产应该引用财税〔2016〕36 号文的规定，一般纳税人销售其 2016 年 4 月 30 日前取得（不含自建）的不动产，可以选择适用简易计税方法，以取得的全部价款和价外费用减去该项不动产购置原价或者取得不动产时的作价后的余额为销售额，按照 5% 的征收率计算应纳税额。

（2）实地调查部分风险点 10 指出公司违反了《财政部 税务总局 科技部关于提高研究开发费用税前加计扣除比例的通知》（财税〔2018〕99 号）的规定，该文件未对研发人员的概念有所表述，故引用该文件有欠妥当，应引用《关于研发费用税前加计扣除归集范围有关问题的公告》（国家税务总局公告 2017 年第 40 号）。

5. 核查角度不够全面

（1）判断思路及判断依据部分中风险点 1 及约谈举证过程部分中风险点 14 出售不动产未考虑企业是否足额缴纳了土地增值税。根据《关于中国信达等 4 家金融资产管理公司税收政策问题的通知》（财税〔2001〕10 号），仅对中国信达等 4 家资产公司处置不良资产，转让房地产取得的收入免征土地增值税，因此其他资产管理公司在处置不良资产过程中，涉及处置不动产的需要缴纳土地增值税。故本案例中应对公司是否缴纳土地增值税进行关注。

（2）实地调查部分中风险点 10，仅仅从检查研发人员名单真实性角度来排除研发费用加计扣除归集不规范的风险，实际上如判断思路及判断依据部分中风险点 10 提到的，资产管理公司的主业为不良资产的收购与处置，故我们应先核查研发项目是否属于研发活动，如果不属于研发活动，则整个研发费用都不能加计扣除。如果属于研发活动，则如实地调查部分中风险点 10，核查 2020—2022 年是否将非研发人员费用计入加计扣除范围，而非仅仅 2021 年，另外 2021 年应纳税调增的金额计算有误，应纳税调增为 2268141.42 × 75% = 1701106.07（元），而非文中“2268141.42 + 2268141.42 × 75% = 3969247.49（元）”。

（3）公司收购的抵债不动产的涉税风险识别过程已在本案例中反应，但不良债权作为公司经营的另一块主要业务应该关注其相关的税收风险，不良债权主要在交易性金融资产和债权投资科目核算，根据公司 2020—2022 年资产负债表，交易性金融资产和债权投资在这期间变动较大，在持有和处置环节可能涉及增值税与企业所得税相关风险，本案例未予以关注。

（三）税收风险识别的逻辑方面

本案例存在税收风险分析逻辑不够严密的问题，有如下表现：

1. 判断思路及判断依据中风险点 10 因资产管理公司的主业为不良资产的收购与处置，对于研发项目可能涉及较少。但公司 2020—2022 年均有大量的研发费用发生，且均进行了加计扣除，故在风险分析中应指出 2020—2022 年的研发费用均可能存在异常的情况，而不应单指 2021 年的研发费用情况异常。另外在判断思路及风险分析中指出 2020—2022 年研发费用逐年增加，但实际 2021 年较 2020 年增加，2022 年较 2021 年是下降的，表述情况有误。

2. 判断思路及判断依据部分中风险点 12 判断依据中指出发现 2020 年和 2022 年利润表中公允价值变动损益科目有余额，公允价值变动损失是发生额的概念，这里应该为发生额。另外 2021 年利润表中也有公允价值变动损益发生额，应作纳税调整处理，对该情况的表述文中有遗漏。

3. 约谈举证部分中风险点 4 指出公司 2021 年收购建筑工程公司股权，根据收购协议的约定该业务实际上属于债权，但需要符合 5 个条件才能满足国家税务总局公告 2013 年第 41 号的规定，相应补缴企业所得税、增值税及附加税。本案例仅满足固定投资收益及期满后赎回投资两个条件，对于是否满足以下 3 个条件未提及：对被投资企业净资产不具有所有权、对被投资企业不具有选举权和被选举权、不参与对方的日常生产经营活动的条件，核查过程不够严谨。

4. 税款未调整原因不明

约谈举证部分中风险点 6 对于公司向非金融机构借款利率超过金融机构同期同类贷款

利率部分所得税作纳税调增处理，但文中只是列示了2021年及2022年调增的金额，2020年为何没有纳税调增？文中未写明具体原因，可能存在未识别该税收风险点的情况。

（四）行业代表性不足

根据有关市场报告指出，目前我国金融资产管理行业市场集中度较高，其中五大全国性的金融管理公司市场份额占比非常大，尤其是两家上市的全国性金融资产管理公司中国信达和中国华融的市场份额已经占到半壁江山。因此从本案例来看，××资产管理有限公司作为民营资产管理公司，与全国性或地方性的金融资产管理公司相比，其资本实力、业务空间明显存在不足，能否全面体现行业的税收风险是个值得商榷的问题。

四、完善该案例的建议

（一）对于案例中的文字、数据、相关表述、法规条文引用、核查角度、风险识别分析逻辑等方面的错误或遗漏，建议进行再次检查核对并修改。

（二）资产管理公司在税务方面需要关注其企业特性，因为该类公司通常涉及不良债权持有及处置相关的增值税、企业所得税，抵债不动产处置相关的土地增值税等问题，建议仔细分析和评估其业务模式，识别潜在的税收风险。

（点评人：天健税务师事务所有限公司胡赟、黄慧英）

第四节　行业专家点评（2）

一、案例的总体评价

本案例针对一家资产管理公司进行了详细的税收风险点评，内容包括行业背景、企业资料、案头分析、约谈举证、实地调查等多个方面。金融资产管理行业作为我国重点行业，行业行为具有多样性、创新性、复杂性的特点，导致行业税收法规适用有许多争议。该案例选取了金融资产管理行业作为典型，结合了我国现行的税收制度，对于税收风险管理进行税收风险的剖析，体现金融资产管理行业风险防范意识，具有较强的现实意义。

首先，案例提供了丰富的企业资料，包括经营范围、企业规模、股权架构和主要业务，详细介绍了不良资产处置、债权股权投资及收益及中间服。案例分别通过树状图和流程图的形式生动地展现了股权架构和业务流程，为我们提供了直观的组织架构和业务模式。

其次，案例在财务报表和纳税申报表方面提供的资料很齐全，财务报表方面提供了2021—2022年的资产负债表和2020—2022年的利润表，还提供了同期的主要税种如企业所得税、增值税、财产及行为附加税的纳税申报表。这些数据种类多样，为后续税务分析提供了大量的数据资料基础。

最后，案例展示的风险点较多，涉及税种种类多，业务类型多样。核心的案头资料部分企业资料翔实，层层递进，重点突出。

二、案例优点

1. 企业资料翔实

案例详细介绍了主要业务以及盈利模式，包括直接处置资产和间接处置案例不良资产收取管理费、提供提供投资建议收取咨询费等。财务报表和纳税申报表资料完整，专门提供了2020—2022年经营状况表，对于企业的收入、成本、税金通过表格的方式进行直观的呈现，还根据行业特性特别列示了不良资产处置收入和不良资产收购成本，便于对不良资产业务单独进行统计和分析。

2. 风险点全面性

案例分析部分列举的14个风险点涵盖了几乎金融业的所有税种。案例还涉及了复杂的债务重组事项，体现出业务的广泛性和代表性。

3. 案头分析逻辑清晰

案例的核心部分案头分析分为三个部分，包括“可能存在的风险点”“判断思路及判断依据”和“案头分析结论”。案头分析的过程好比抽丝剥茧，由直观的风险点逐步延伸至风险产生的原因，并进一步判断指标不达标的合理性，有助于更好地分析风险并给出修改建议。

4. 从行业的性质、交易性质出发分析资产管理公司的本质，得出相关的涉税风险

本方案看到资产管理行业是资金密集型的产业，涉税金额较大。主要业务是从金融企业购入不良资产进行处置，会产生资产利得和损失；管理产品多样，存在不同计量方式下金额差异较大的特征；主要特征是一些产品类型新颖，未出台相关的法规进行监管或者存在争议；金融产品采用公允价值计量，存在公允价值变动，容易以此操纵利润。基于以上种种原因，存在难定性的风险，也需要进一步通过性质判定其适用的法规。

三、案例的不足

1. 未说明经营情况和财报的数据取数差异

表3-4中的营业收入、投资收益和利润总额与表3-1经营情况表中的三个指标存在较大差异，但是未作具体说明，会给企业判断和数据解读造成很多的分歧。

2. 部分预警指标设置不合理

其他费用变动率的正常期间设置为100%，意味着其他费用发生额超过上年发生额2倍才会触发预警，指标设置的预警值过高，会导致该指标失去预警的效果，建议降低

至 50%。

3. 债权投资仅关注到利息收入

本方案关注产生利息收入，需缴纳增值税和企业所得税，然而债券投资收益包括合同约定的持有收益和转让收益，都会影响增值税和企业所得税。此外，隐匿利息不能只看产生收入时点的收入，还应看约定发放的利息。建议获得债权合同，进一步查看约定发放利息的时间和金额；如涉及转让需查看债权转让的合同，关注转让的时间和金额。

4. 对于出售的不动产原值使用的税率表述不清

在 2016 年 4 月 30 日之后获得的房地产，普遍采用一般计税方法，按照 9% 的税率进行征收。首先，根据《财政部 税务总局关于银行业金融机构、金融资产管理公司不良债权以物抵债有关税收政策的公告》（财政部 税务总局公告 2022 年第 31 号），一、银行业金融机构、金融资产管理公司中的增值税一般纳税人处置抵债不动产，可选择以取得的全部价款和价外费用扣除取得该抵债不动产时的作价为销售额，适用 9% 税率计算缴纳增值税。本方案中未提及该法规，对于金融资产管理公司于 2022 年 8 月 1 日至 2023 年 7 月 31 日获得的不动产，可以按照 9% 的税率差额征收，如适用需进一步提供合同、房产证等资料。用于进一步核实。其次，本方案约谈举证过程中针对风险点 1 的计算补交税额的计算中，应先将原来按照 5% 征收率进行简易征收的销售额转化成含税收入，然后用含税收入除以 1.09 转化成不含税销售额，最后不含税销售额乘以 9% 的税率进行计算销项税额。

5. 对于企业所得税前可扣除的利息支出适用的标准选择具有争议性

风险评估人员根据金融机构人民币贷款基准利率计算可得 2021 年和 2022 年的数据明显高于准予扣除的利息支出，因此确认风险点。然而根据《中华人民共和国企业所得税法实施条例》第三十八条，非金融企业向非金融企业借款的利息支出，不超过按照金融企业同期同类贷款利率计算的数额的部分可据实扣除，超过部分不允许扣除，如果采用人民币贷款基准利率计算的标准可能低于用金融企业同期同类贷款利率计算的标准，如果采用金融企业同期同类贷款利率计算在企业所得税前扣除的利息支出的金额可能会有差异。

6. 对于明股实债的法规应用情况表述不明

对于增值税，根据《销售服务、无形资产、不动产注释》（财税〔2016〕36 号），保本收益需征收增值税，而非保本的投资收益不属于应税范围，需要根据合同进一步判断，是否为保本收益，从而判定增值税纳税义务，但该方案未对增值税的法规进行阐述。对于企业所得税，本方案参考了《国家税务总局关于企业混合性投资业务企业所得税处理问题的公告》（国税公告 2013 年第 41 号），如果被投资企业不满足明股实债的调减，则投资双方应按照一致性的税务处理原则来处理。对于被投资方的股权是否可以作为债务将其利息支出进行扣除，但作为投资方应从股息是否免税的角度出发，参考《企业所得税法》及实施条例以下规定：符合条件的居民企业之间的股息、红利等权益性投资收益免征企业所得税。具体是指居民企业直接投资于其他居民企业取得的投资收益，不包括连续持有居民企业公开发行并上市流通的股票不足12个月取得的投资收益。对于是否适用企业所得税免税条款，获取合同，进行进一步判定。

7. 赞助支出和公益性捐赠的列示不正确

捐赠支出中1019万元是赞助支出，应在纳税申报表不可扣除的赞助支出项下单独列示，全额调增。对于捐赠中剩下的符合条件的400万元捐赠，应列示为2022年度的公益性捐赠支出，用年度利润总额的12%进行限额测算，因为不超过7186209.76元（59885081.31×12%=7186209.76）的限额，所以公益性捐赠不作纳税调整。

四、案例完善方向

1. 由于本案例选取了金融资产管理行业作为典型，业务类型表现多样，建议案例进一步结合合同，展示业务实质，对一些税法的争议点充分表述。这样才能通过指标来解读涉税风险，提高整个案例风险分析的指导性意义。

2. 提供报表及有关数据要相关且具有可比性。纳税调整要根据费用的性质先进行分类，然后进行列示和调整，否则会影响调整的金额。

（点评人：税安科技（杭州）有限公司财税专家陈华）